Philipp Vandenberg

Das Geheimnis der Orakel

Philipp
Vandenberg

Das Geheimnis der Orakel

Archäologen entschlüsseln

tosa

Wir waren bemüht, die Inhaber der Coverbilder-Urheberrechte ausfindig zu machen. Sollten wir unabsichtlich bestehende Rechte verletzt haben, so bitten wir die Betroffenen, sich mit dem Verlag in Verbindung zu setzen.

Lizenzausgabe: Tosa Verlag, Wien, mit freundlicher Genehmigung der Verlagsgruppe Lübbe GmbH & Co. KG, Bergisch Gladbach
Covergestaltung: Joseph Koó
Druck: Ueberreuter Print, Austria, 2004

Besuchen Sie uns auf unserer Homepage unter
www.tosa-verlag.com

Orakelstätten

15°
20°
Rom
Präneste
Antium
Cumae
Italien
Sizilien
Syrakus
Mittel
Korfu
Epirus
Dodona
Ephyra
Ionisches Meer
Artemision
Ägäisches Meer
Golf v. Euböa
Euböa
Thermopylen
Parnassos
Phokis
Abai
Delphi
Trophonion
Lebadeia
Kopais-S.
Ptoion
Böotien
Chalkis
Euripus
Helikon
Theben
Golf v. Korinth
Amphiareion
Kithairon
Parnes
Marathon
Attika
Athen
Salamis
Korinth
Peloponnes
Saronischer Golf
Aegina
Sunion
Troizen
0
50 km

25°
30°
40°
35°
30°
Thrakien
Hebros
Bosporus
Sangarios
Halys
Mysien
Phrygien
Gordion
Troja
Hellespont
Lemnos
Lesbos
Lydien
Hermos
Smyrna
Sardes
Kolophon
Klaros
Chios
Samos
Maiandros
Milet
Didyma
Karien
Lykien
Ikaros
Mykonos
Delos
Naxos
Paros
Amorgos
Andros
Ägäisches Meer
Rhodos
Karpathisches Meer
Karpathos
Knossos
Kreta
Zypern
Meer
Alexandria
Naucratis
Tanis
Memphis
Nil
Ägypten
Ammonion
(Oase Siwa)
200 km

Inhalt

I.
Das Totenorakel am Acheron 17

Abschied vom 20. Jahrhundert 19 – Ein Friedhof, der Eingang zur Unterwelt? 21 – Auf den Spuren des Odysseus 23 – Der unheimliche Weg eines Orakelsuchenden 26 – Haschisch und heiße Bäder 28 – Im Hades stand das Blut meterhoch 30 – Rekonstruktion des Orakelgeschehens 34 – Eine Stätte zwielichtiger Vergangenheit 36 – Striptease für einen Tyrannen 40 – Priester und Geheimnisse 41

II.
Die künstlichen Stimmen von Dodona 45

Die Archäologen kommen 47 – Als Zeus noch in der Eiche saß 52 – Spuren führen nach Norden und Süden 54 – Fragen ohne Antwort 57 – Klagelaute aus dem Kessel 61 – Dodona erlangt Weltruf 64 – Mit den Römern kam das Ende 66

III.
Die Propheten der Oase Siwa 69

Weissagungen um Alexander den Großen 71 – Das Orakel mit dem Gordischen Knoten 74 – Das Geheimnis, das Alexander mit ins Grab nahm 76 – Spurensuche nach dem legendären Orakel 78 – Das harte Los der Entdecker 80 – Zwei Deutsche erwecken das Orakel zu neuem Leben 82 – Stumme Zeugen einer großen Zeit 84 – Der dunkle Ursprung des Heiligtums 87 – Siwa war nicht das einzige Orakel 89 – Herodot ließ sich einen Bären aufbinden 91 – Ein historischer Tag: der 1. Mai 1490 v. Chr. 93 – Das Orakel und die Diebe 95

IV.
Das Rätsel von Didyma 99

Eine Handvoll Männer und eine Stadt unter der Erde 101 – Wenn Wiegand nicht gewesen wäre 104 – Das Orakelheiligtum kommt zum Vorschein 107 – Ausgräber-Alltag anno 1907 110 – Jeder Meter liefert neue Erkenntnisse 113 – Die Frühgeschichte des Orakels 116 – Die Perser brachten die Propheten zum Schweigen 118 – Didyma wird das Lieblingsheiligtum der Seleukiden 121 – Das Projekt, das Millionen verschlang und Jahrhunderte dauerte 126 – Es bleiben mehr Fragen als Antworten 128

V.
Klaros – das Orakel der tausend Namen 131

Die »Traum«-Stadt Smyrna 134 – Der Todesspruch des Germanicus 136 – Ein Tempel unter Wasser 138 – Wo liegt die Orakelgrotte? 140 – Hochkonjunktur im 2. Jahrhundert n. Chr. 142

VI.
Delphi – der geheimnisvollste Nabel der Welt 145

Vom Orakel keine Spur 146 – Die Franzosen kommen 150 – Zwei Füße ragten aus dem Schutt: der Wagenlenker 152 – Folgen wir Pausanias 154 – Schätze, soweit das Auge reicht 157 – Götter, Sphingen und Sibyllen 161 – Skandalös: Eine halbnackte Dame vor dem Tempel! 163 – Wohin man auch blickt, vergoldete Eitelkeit 166 – Ein Sieg war zwanzig Statuen wert 168 – Das Herz von Delphi: der Orakeltempel 172 – Archäologen haben Legenden zerstört 175 – Die Zelle der Pythia im Licht der Wissenschaft 176

VII.
Wenn Pythia auf dem Dreifuß saß ... 181

Der Ansturm der Klienten 183 – Das Dreifuß-Rätsel 186 – Bei Armen entschied das Los, bei Reichen die Ekstase 189 – Bis heute ungeklärt: der Omphalos 192 – Präkognition und Wahnsinn 195 – Auf der Suche nach dem fauchenden Erdspalt 197 – Die Lösung lag im Wörterbuch 200 – Eine Pythia wurde verrückt ... 202 – ... eine andere bezahlte mit ihrem Leben 203 – Antworten, in Versform und in Prosa 205 – Wie die Befragung vor sich ging 208 – Der geheimnisvollste Spruch der Pythia 212 – Die CIA der Antike 216 – Geld stinkt nicht, schon gar nicht, wenn es von Gott kommt 218 – Das Orakel war stets informiert, sogar über Bettgeschichten 220

VIII.
Götter, Priester, Scharlatane 223

Die goldenen Sängerinnen von Delphi 225 – Ein Gott hinterläßt seine Spuren 227 – Delos, das Genf der Antike 230 – Apollon und die Moral 232 – Die delphischen Eidgenossen 236 – Liedermacher und Rennfahrer 238

IX.
Krösus – der Mann, der sich die Zukunft erkaufte 241

Auch ein König hatte seine Probleme 242 – Die Pythia sprach: »Wenn du den Halys überschreitest ...« 246 – Warnung vor Leuten in Lederhosen 248 – Ein zweites Orakel geht in Erfüllung 250 – Könige unter sich 252 – Die Suche nach dem Palast des Krösus 255 – Geheimnisvolle Tunnel, ein Beweis für Geschichtsfälschung? 258 – Das Lotterleben von Sardes 260

X.
Selbst Götter sind bestechlich 263

1 Stein + 1 Professor = 1 Sensation 265 – Das Themistokles-Dekret 267 – Ein Genie, radikal und rücksichtslos 269 – Befragt das Orakel! 271 – Rätsel um den Spruch der Pythia 274 – Mit dem Mut der Verzweiflung gegen die Perser 277 – Die letzte List des Themistokles 279 – Nach der Schlacht: der Kampf der Historiker 281 – Stumme Zeugen für Themistokles 284 – Ein Held wird demontiert 286 – Der Fall Themistokles war nicht der erste 288 – Der Vaterschaftstest der Pythia 291 – Nur Lysandros bekam eine Abfuhr 292

XI.
Wie Orakel Schlachten entschieden 295

Die Stars der Augurenzunft 296 – 150 000 Mann warten auf ein Zeichen 299 – Der tödliche Irrtum des Mardonios 301 – Auch Siegen will gelernt sein 303 – Wenn Mond und Sonne sich verfinstern ... 305 – Der verhängnisvolle 27. August des Jahres 413 v. Chr. 307 – Wenn Seher etwas übersehen 309 – Ein Orakelpriester geißelt den Aberglauben 311

XII.
Die Traumfabriken von Oropos, Epidauros und Lebadeia 313

Ein bißchen Lourdes, ein bißchen Baden-Baden 315 – So wurden Träume produziert 317 – Eine Fundgrube der Psychoanalyse 319 – Die Wunderheilungen von Epidauros 320 – Der schauerliche Backofen des Trophonios 323 – Imagepflege wurde großgeschrieben 326 – Der Orakeltest des Pausanias 328 – Gehirnwäsche bis zur Bewußtlosigkeit 330

XIII.
Die vergessenen Orakel 333

Die Seher von Olympia 335 – Das Weltwunder im Zeus-Tempel 336 – Prophetenspuren am Berg Ptoion 338 – Abai, ein Denkmal des Hasses 340

XIV.
Die Sprüche der Sibyllen 343

Warum Kassandra nur Unheil prophezeite 345 – Die Sibylle von Cumae, eine Frau mit Vergangenheit 347 – Praeneste, das Orakel für Arme 348 – Der Einfluß der Sibyllinischen Bücher 350

XV.
Wenn Cäsar seinem Orakeldeuter geglaubt hätte ... 353

Die Warnungen des Eingeweideschauers 354 – Die Blitzbücher der Haruspizes 356 – Die Leber, ein Abbild des Kosmos 358 – Der letzte Haruspex kam mit Billigung des Papstes 362

XVI.
Das Ende der Propheten 363

Die dunklen Rituale der Skythen 364 – Die fünf Funktionen der Orakel 367 – Die Christen zogen den Schlußstrich 368 – Die letzten Klienten von Dodona und Delphi 370

Quellenangaben 373
Register 377

Gewidmet Äsop,
dem phrygischen Dichter,
der von den allwissenden Orakelpriestern
ermordet wurde

I.

Das Totenorakel am Acheron

Verbirg nichts! Denn die Zeit, die alles sieht
Und alles hört, sie faltet alles auf.

Sophokles

Die hellenistische Ära war eine Zeit
des wissenschaftlich geprägten Verstandeskultes
und zwang die Priesterschaft des Totenorakels
am Acheron damals,
die Erscheinungen aus dem Jenseits
aufs kunstreichste zu inszenieren.

Prof. Sotiris Dakaris, Archäologe

Als der steinreiche Lyderkönig Krösus endlich einmal wissen wollte, welches der zahlreichen Orakel, die er seit Jahren für teures Geld um Rat fragte, wohl das beste sei, da schickte er sieben Delegationen zu den sieben bekanntesten Orakelstätten seiner Zeit und stellte siebenmal dieselbe Frage. Das war um das Jahr 550 vor Christus und sollte ein Test sein.

2525 Jahre später machte ich mich auf den Weg, um dieses wohl bestgehütete Geheimnis der Antike zu ergründen. Auf meinem Reiseplan standen nicht sieben Orakel, sondern fünfzehn, auch war ich nicht – wie die Boten des Krösus – nach hundert Tagen am Ziel, ich benötigte tausend Tage, fast genau drei Jahre. An den berühmten Stätten traf ich auch keine blutjungen Pythien an, keine steinalten Branchiden, aber ich begegnete modernen Wissenschaftlern, Archäologen und Historikern, verwegenen Ausgräbern und gesetzten Professoren. Ich hauste in Höhlen und schluckte den trockenen Treibsand der Wüste, und ich wurde Zeuge von Entdekkungen, die mir nachts den Schlaf raubten. Als leidenschaftlicher Nichtraucher war ich nahe daran, alle Grundsätze aufzugeben, nur um die bisweilen vor Aufregung zittrigen Finger zu beschäftigen.

»Ich bin nicht sicher, ob ich am 1. September 1975 (Montag) im Nekromanteion sein werde, es ist besser, wenn wir uns am Dienstag (2. September) dort treffen könnten«, hatte mir Professor Sotiris Dakaris von der Universität Joannina telegrafiert. Dakaris, 1916 in der nordgriechischen Stadt Joannina geboren, verheiratet, Vater einer Tochter und eines Sohnes, hatte in Athen und Tübingen klassische Archäologie studiert, war von 1965 bis 1968 Professor für Archäologie in Joannina, wurde vom Obristenregime entlassen, nach dessen Ende rehabilitiert und grub seit 1970 in einer gottverlassenen Gegend Nordgriechenlands das Totenorakel von Ephyra aus, eine unheimliche Stätte, an der Tote erschienen und die Zukunft geweissagt haben sollen. Herodot, Thukydides und Strabon berichten von Ephyra, und Homer erzählt in seiner *Odyssee* (X, 503 ff.), wie der erfindungsreiche Odysseus von der Zauberin Kirke den Rat erhält, in die Unterwelt hinabzusteigen, um vom blinden Seher Teiresias das Ende seiner jahrelangen Irrfahrten und den sicheren Weg nach Ithaka zu erfragen.

Experten, unter ihnen Sotiris Dakaris, suchten schon seit langem in dieser Gegend nach dem Totenorakel und dem legendären Zugang zur Unterwelt. Schon der griechische Schriftsteller Pausanias, der zwischen 160 und 180 n. Chr. eine stilistisch schlichte, aber meist auf Augenschein beruhende Schilderung Griechenlands verfaßt hat, hegte die Vermutung, daß Homer diese Gegend gekannt, den Namen des Totenflusses Acheron und seiner Nebenflüsse übernommen und die Landschaft treffend geschildert habe. Wo aber lag der Beweis für diese Annahme?

Abschied vom 20. Jahrhundert

Bepackt mit Kameras, Tonbandgeräten, einigen Kilogramm antiker Literatur, darunter Homers *Odyssee*, flog ich am 31. August 1975 nach Korfu, der nördlichsten von den großen Ionischen Inseln, und übernachtete fürstlich in einer ehemaligen Kaiserresidenz. Es war für lange Zeit die letzte Erinnerung an Bad und WC und 20. Jahrhundert. Tags darauf ergatterte ich einen Mietwagen, verfrachtete ihn auf die Fähre nach Igoumenitsa und nahm von dort Kurs auf Parga, ein malerisches Fischerdorf, wo ich, wie mir Professor Dakaris geraten hatte, noch einmal kräftig zu Mittag aß, Fisch natürlich. In der Kneipe am Hafen sprach mich ein Mädchen an, vom Typ her eine griechische Studentin.

Ob das mein Auto sei da draußen?

»Ja, zumindest habe ich es gemietet!«

Ob ich sie nicht ein Stück mitnehmen könne, ich führe doch sicher in Richtung Athen?

»Nein«, sagte ich, »ich fahre nicht nach Athen. Ich will in ein Dorf, zwanzig Kilometer südlich von hier. Es heißt Mesopotamon und ist auf keiner Karte der Welt verzeichnet.«

»Da will ich auch hin«, sagte das Mädchen – ich muß wohl sehr ungläubig dreingeschaut haben. »Zu wem wollen Sie?«

»Ich bin mit Professor Dakaris verabredet.«

»Das paßt gut, ich bin seine Assistentin.«

So gelangte ich noch am selben Tag nach Mesopotamon, allein hätte ich das Dorf nie gefunden.

Der Empfang war ungewöhnlich herzlich und erinnerte

mich an meine Zeit in einem oberbayerischen Internat, wo wir Jungen den neuen Religionslehrer, einen braunkuttigen Mönch, alle einmal anfaßten, weil er so heilig aussah. Dakaris, ein grauhaariger Sechziger mit rauchiger Stimme, stellte mir sein Ausgräber-Team vor, allesamt Studentinnen und Studenten der Universitäten Joannina und Athen, den Grabungswächter Demetrios Panousis, der den wohlklingenden Titel »Phylax Archaiotiton« trug, was nichts weiter als »Antikenwächter« heißt, ihn aber so stolz macht, daß sein Brustumfang nach Aussage der Dorfbewohner seit seiner Amtseinführung um 15 Zentimeter zugenommen haben soll, und die Grabungsarbeiter, die ehrfurchtsvoll die Qualität meines Jeansanzuges prüften: »gutt!«; »gutt!« wurde zum meistgebrauchten Wort der nächsten Tage und Wochen. »Dortmund gutt!« hieß es, wenn die Arbeiter ein vergilbtes Männerporträt aus der Tasche zogen, »Mönchengladbak gutt!« – was soviel bedeutete wie: »Mein Sohn, mein Bruder ist in Dortmund oder Mönchengladbach und verdient gut.«

Professor Dakaris stellte mich vor die Wahl, mein Quartier in Parga aufzuschlagen und die zwanzig Kilometer Entfernung zweimal täglich zurückzulegen oder mit dem ehelichen Schlafzimmer des »Phylax Archaiotiton« vorliebzunehmen, was ich aber praktisch nicht ablehnen könne, weil ich mir damit seine Todfeindschaft auf Lebenszeit zuzöge, und das wollte ich nicht.

Ephyra, das nördlich des Dorfes Mesopotamon liegt und dem Totenorakel seinen Namen gab, ist eine spätmykenische Stadt, von der nur wenige Baureste erhalten sind. Kaum 500 Meter entfernt auf einem Bergkegel ist die kleine Kirche eines spätbyzantinischen Klosters zu erkennen. Mönche des Klosters Santa Katherina in Joannina hatten hier im 18. Jahrhundert eine Zweigniederlassung gegründet. Als Professor Dakaris im Mai 1959 zum erstenmal hierherkam, war das kleine Kloster bereits verlassen, aber in der Kirche wurde sonntags bisweilen noch eine Messe gelesen, beliebt war die Kapelle auf dem Bergkegel jedoch nicht. »Da oben«, erzählten sich die Leute, »ist der Eingang zur Unterwelt!« Wo genau die Pforten des Hades zu finden seien, das wußte allerdings niemand.

Die Gerüchte waren für Dakaris nicht neu. Schon zu Beginn des 19. Jahrhunderts hatte ein englischer Colonel die Gegend bereist und berichtet, die Leute wüßten zu erzählen, daß hier der Eingang in die Unterwelt liege. Homer siedelte des »Hades dumpfe Behausung« bei den »Hainen Persephoneiens, voll unfruchtbarer Weiden und hoher Erlen und Pappeln« an, dort, »wo in den Acheron sich der Pyriphlegeton stürzt und der Strom Kokytos« (X, 509–14). Dichtung oder Wahrheit?

Die topographische Schilderung, das stand eindeutig fest, war durchaus realitätsbezogen. Noch heute mündet der Pyriphlegeton in den Kokytos, und wo dieser sich mit dem Acheron vereint, liegen die Reste von Ephyra. Selbst Weiden, Erlen und Pappeln wachsen hier, so wie es Homer vor mehr als zweieinhalbtausend Jahren geschildert hat. Wo aber lag der Zugang zum Hades, zur Unterwelt? Hatte es ihn überhaupt gegeben?

Ein Friedhof, der Eingang zur Unterwelt?

Der Professor aus Joannina erzählt, er habe damals an die Ilias gedacht, an Troja mit seinen zahlreichen Kulturschichten. Deshalb sei er um das spätbyzantinische Kirchlein auf dem Bergkegel herumgegangen, das inzwischen vom Friedhof des Dorfes umsäumt wurde, habe sich jeden Stein angesehen, der hier herumlag, und jede Vertiefung im Boden untersucht.

Neben einem Grab klaffte ein faustgroßes Loch im Boden,

hielt man die Hand darüber, wurde ein kühler Luftstrom spürbar. Für Dakaris war das die Initialzündung. Mißtrauisch beäugt von den Dorfbewohnern, grub er eine Woche lang auf dem Friedhof. Dann war er sich seiner Sache sicher: Unter den Gräbern des Friedhofes, unter der Kirche, lag ein geheimnisvolles Bauwerk aus riesigen Quadern übereinandergetürmt. Dakaris hatte den oberen Teil eines Torbogens und damit gleich mehrere Probleme auf einmal freigeschaufelt.

Erstens war es fraglich, worauf er überhaupt gestoßen war, ob es sich lohnen würde, weiterzugraben. Zweitens brauchte er eine Institution, die für die Ausgrabungen verantwortlich zeichnete, und eine Grabungskonzession. Und drittens mußte er die Bewohner von Mesopotamon überzeugen, daß es notwendig sei, ihren kompletten Dorffriedhof abzutragen. Fragt man den Professor heute, wie er das geschafft habe, dann zuckt er mit den Schultern, und über sein Gesicht huscht ein verschmitztes Lächeln.

Obwohl er noch gar nicht so recht wußte, was er da eigentlich entdeckt hatte, erteilte die zuständige Behörde in Athen die Grabungskonzession, die Archäologische Gesellschaft Griechenlands übernahm Kosten und Trägerschaft und der Professor überzeugte die Männer von Mesopotamon, daß für die Abtragung des Friedhofs Arbeitskräfte gebraucht würden, gut bezahlte – versteht sich.

Zwischen 1958 und 1964 exhumierte Sotiris Dakaris einen kompletten Friedhof, goß unter die Fundamente der kleinen Kirche eine Platte aus Stahlbeton und wühlte sich – ohne die Kapelle zu beschädigen – unter dem byzantinischen Kleinod hindurch. 1970 nahm er die Grabungen wieder auf, er hatte inzwischen einen rechteckigen Bezirk von 62 mal 46 Metern freigelegt. Der Professor war sicher: Er stand vor dem Totenorakel von Ephyra.

»Warum waren Sie sich Ihrer Sache so sicher?« fragte ich den Professor, als wir den steilen Weg vom Dorf hinauf zur

Grabungsstätte gingen. Es war ein heißer Septembermorgen, und die Sonne stand schräg hinter dem Glockenturm der Klosterruine. Die Ausgräber hatten sich hinter eine Westwand des weitverzweigten Mauerwerkes zurückgezogen, um hinter dem Hitzeschild der meterdicken Quader weiterzugraben und nach Zeugnissen zu suchen, die von diesem einzigartigen Unternehmen die Jahrhunderte überdauert haben.

»Wissen Sie«, sagte Sotiris Dakaris, und wir mußten uns durch einen schmalen Mauerdurchlaß hindurchzwängen, »ich habe einfach Homer geglaubt.« Und schon war ich gefangen in einer Welt geheimnisvoller Mystik, ehrfürchtiger Religion und großangelegten Betrugs, einer Welt der Toten für die Lebenden, Hilfskrücke für das Diesseits und beschämendes Alibi für die Götter, die allmächtigen.

Auf den Spuren des Odysseus

Das Totenorakel von Ephyra bot ein verwirrendes Bild, lange Korridore, von denen schmale Türen in kleine Zimmer führten, Gänge, die die Richtung änderten, labyrinthartige Durchschlüpfe, die zu einem zentralen, mehrräumigen Heiligtum führten, über dem jetzt die Kirche hing; ich hatte bald die Richtung verloren. Das Blut hämmerte in meinen Schläfen bei dem Gedanken, daß hier an diesem unheimlichen Ort der sagenhafte Odysseus bei den Seelen der Verstorbenen Rat suchte, ob er, ermattet von jahrelangen Irrfahrten, je seine Heimat wiedersehen würde.

»Ich gebiete dir, eine Grube zu graben«, hatte die schöne Zauberin Kirke dem Odysseus geraten, »von einer Elle im Geviert [54 cm]. Rings um die Grube gieße Sühneopfer für alle Toten: erst von Honig und Milch, von süßem Wein das zweite, und das dritte von Wasser, mit weißem Mehl bestreut.«

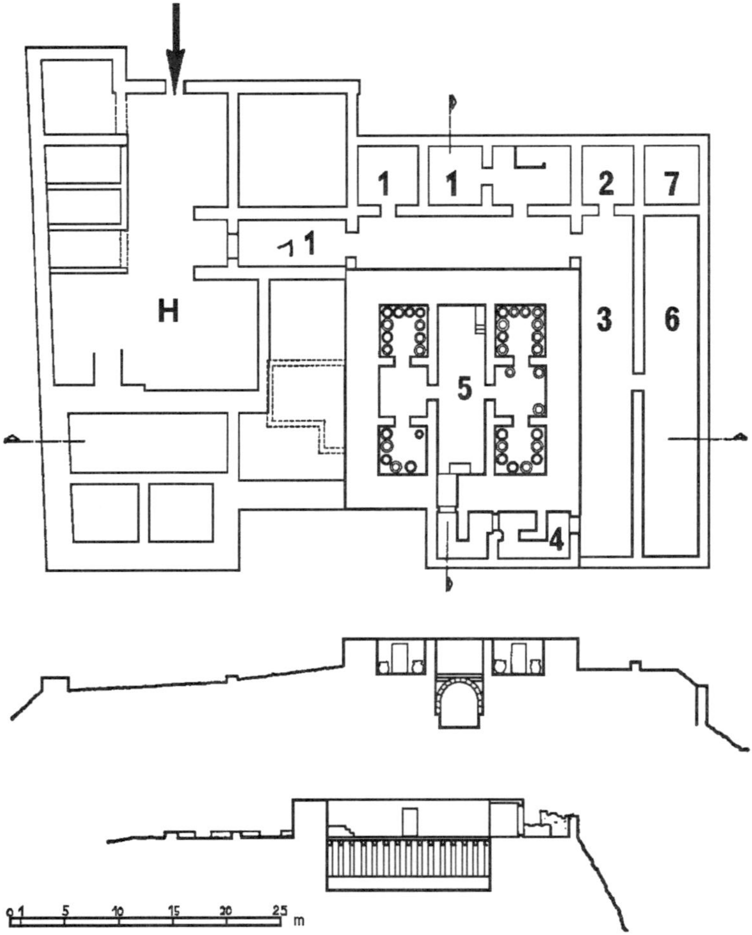

Plan des Totenorakels am Acheron. H = Heiliger Bezirk. 1 dunkler Gang und Zimmer, 2 weiteres Zimmer, 3 Gang, in dem Schafopfer dargebracht wurden, 4 labyrinthischer südlicher Gang, 5 dreischiffiger Hauptsaal, 6 östliche Pforte zum äußeren Gang, 7 Zimmer zur Reinigung (Zeichnung von Sotiris Dakaris)

Als hätte er meine Gedanken erraten, zeigte Sotiris Dakaris in eine etwa zwei Meter tiefe Grube, in der die Ausgräber mit kleinen Hacken, Spachteln und Besen dabei waren, die Reste von vier dickbauchigen Tongefäßen freizulegen, jedes mindestens einen Meter im Durchmesser. Diese vier Tongefäße nahmen das Opfer auf, mit dem der Orakelsuchende sein Begehren zu bezahlen hatte, genau wie Odysseus.

Kirke hieß den verschlagenen König von Ithaka die Seelen der Toten anflehen und geloben, in der Heimat eine unfruchtbare schwarze Kuh zu opfern und dem blinden Seher Teiresias den stattlichsten Widder seiner Herde. An der Orakelstätte selbst solle er einen Bock und ein Schaf schlachten, den Blick zum Acheron gerichtet. Während die Tiere im Feuer verbrannten, sollten Odysseus und seine Gefährten zu Hades und der strengen Persephone beten. Daraufhin, so kündigte Kirke an, würden die Seelen der Toten erscheinen, um von dem Opferblut zu trinken. Odysseus solle ihnen mit dem Schwert entgegentreten und sie so lange daran hindern, bis die Lichtgestalt des Sehers Teiresias erscheine und er als erster getrunken habe. Erst dann könne er Teiresias befragen, und er werde »den Weg und die Mittel der Reise und wie du heimgelangst auf dem fischdurchwimmelten Meere« verraten.

Odysseus tat, wie ihm geheißen. Er erreichte das Land der Chimerer, ging zum Orakel, verrichtete die geforderten Opfer und begegnete den Seelen der Toten, namenlosen Jünglingen und Mädchen, aber auch seiner während der Irrfahrten verstorbenen Mutter Antikleia und schließlich dem Seher Teiresias, der ihm die Heimkehr nach Ithaka prophezeite, aber auch großes Leid.

Bei Homer heißt es wörtlich:

»Also sprach des hohen Teiresias Seele, und eilte
Wieder in Hades' Wohnung, nachdem sie mein Schicksal geweissagt.
Aber ich blieb dort sitzen am Rande der Grube, bis endlich
Meine Mutter kam, des schwarzen Blutes zu trinken.

Und sie erkannte mich gleich und sprach mit trauriger Stimme:
›Lieber Sohn, wie kamst du hinab ins nächtliche Dunkel,
Da du noch lebst?‹«

(XI, 150–156)

Eine legendäre, blutrünstige Geschichte. Selbst wundergläubigen Altphilologen dürfte es schwergefallen sein, in diesen homerischen Versen einen Hauch von Realität zu entdecken. Und doch, Homer muß dieses Totenorakel von Ephyra und den unheimlichen Ablauf seiner kultischen Handlung gekannt haben. Anders ist das, was Sotiris Dakaris nahe dem Dorf Mesopotamon ausgegraben hat, nicht zu erklären.

Begleiten wir den Professor bei seinem Gang durch »sein« Orakel, so wird schon sehr bald klar, warum.

Der unheimliche Weg eines Orakelsuchenden

»Kommen Sie«, sagte Dakaris mit einladender Geste. Sie war auch nötig; denn obwohl das Orakel heute zum Himmel hin offen ist – in antiker Zeit lag es zugedeckt unter der Erde –, obwohl die Sonne in die kyklopenhaften Mauern brennt, ist es ein unheimlicher Ort.

Am Eingang gab der Orakelsuchende mit seinen Opferspenden auch die Frage ab, die er einem Verstorbenen zu stellen wünschte. Ob diese Frage schriftlich fixiert war wie im nahen Orakel von Dodona oder ob sie nur mündlich gestellt wurde, konnte Dakaris bisher nicht klären; denn im Gegensatz zu Dodona fanden die Ausgräber hier kein einziges Täfelchen mit einer Orakelfrage. Allerdings ist dies kein Beweis dafür, daß es keine solchen Fragetäfelchen gab; denn wären sie wie die zahlreichen in Dodona gefundenen aus Blei gewesen, dann wären sie bei der Brandkatastrophe des Orakels im Jahre 167 v. Chr. ohnehin geschmolzen und zerstört worden wie die dickbauchigen Opfergefäße, die sogenannten Pithoi, deren kochender Inhalt die Tonkrüge zum Bersten brachte. Die Öffnungen waren jedenfalls noch verschlossen, als Dakaris die Gefäße fand.

Möglicherweise wurden die Klienten des Orakels aber auch gleich bei ihrem Eintreffen befragt, was ihr Begehren sei. Vor dem Orakeleingang lagen Wohnungen für Priester und Orakelsuchende. Nicht jeder, der ankam, konnte gleich bedient werden. Wurde er dann aber eingelassen, so verließ er für 29 Tage das Tageslicht, vertraute sich blind einem Priester an, unwissend, was ihm bevorstand. »Es kam einem Todesurteil gleich«, sagte Dakaris, »wenn man auch nur *ein* Wort über das, was hier geschah, verlauten ließ.«

Gebete murmelnd führte, schob, stieß der Orakelpriester sein ihm ausgeliefertes Opfer einen dunklen Korridor entlang. In einem kleinen, kaum 20 Quadratmeter großen Raum, links von dem Gang, verbrachte es die ersten Tage, die nur aus einer unendlichen Nacht bestanden. Professor Dakaris fand Spuren von Feuerstellen, Tierknochen, zentnerweise Muschelschalen und dicke Bohnen, die in Griechenland unbekannt sind, aber in Pharaonengräbern der 11. Dynastie gefunden wurden. Unmengen von Gefäßen, die hier zum Vorschein kamen, stammten vom Ende des 3. und Anfang des 2. Jahrhunderts. Das entsprach auch der sorgfältigen polygonalen Mauertechnik, die auf das 3. Jahrhundert hinwies.

Bohnen, Muscheln und Schweinefleisch waren von alters her Totengerichte. Die großsamigen Sau- oder Pferdebohnen galten wegen ihrer blähenden, aphrodisischen Wirkung bei den ägyptischen Priestern als unrein, waren bei den griechischen Apollonkulten aber als Zeichen keimenden Lebens geschätzt. Muscheln, ebenso schwerverdaulich wie Bohnen, dabei wenig nahrhaft, abführend und harntreibend, galten als »lebendiges Totes«, sie konnten nicht sehen und hören. Das Schwein erscheint seit Menschengedenken im griechischen Bereich bei Reinigungsriten und Sühneopfern.

Schwarze Klumpen von Haschisch, die Dakaris sackweise entdeckte, lassen keinen Zweifel aufkommen, daß die Klienten des Orakels in eine Incubatio versetzt wurden, eine Art Tempelschlaf. Hier unter der Erde, nahe den Toten, sollten sie durch unmittelbaren Kontakt mit göttlichen Kräften Träume und Offenbarung empfangen.

Babylonier, Ägypter und Griechen kannten den Tempelschlaf, und Herodot erzählt, die Zasamoner hätten die Gabe der Weissagung besessen, sie seien zu den Gräbern ihrer Ahnen gegangen und hätten sich dort zum Schlafen niedergelegt, im Traum sei ihnen dann ihre Zukunft erschienen (IV, 172). Geschlafen wurde beim Isis- und Serapiskult, und laut Diodor war damit sogar eine Heilwirkung verbunden. Über die griechischen Schlaforakel, das Amphiareion in Argos, das Asklepion in Epidauros und das Trophonion in Lebadeia, werden wir noch hören.

Haschisch und heiße Bäder

In Ephyra gehörten rituelle Waschungen, dampfende heiße Bäder und eiskalte Abschreckungen zur folgenden Prozedur. Magische Handlungen, unverständliche Gebete, suggestive Erzählungen von den Seelen der Verstorbenen machten den Orakelsuchenden zum willenlosen Werkzeug der Priester und bereit, Träume zu deuten und Erscheinungen zu realisieren, die es gar nicht gab. Es war dunkel, schon seit Tagen, nur die Priester trugen, wenn sie erschienen, flackernde Öllämpchen oder rußende Fackeln; dann versank der Klient wieder in eine tagelange quälende Finsternis, dem nächsten Erscheinen des Orakelpriesters entgegenbangend. Wann die gespenstische Erscheinung kommen würde, niemand wußte es.

Dann, nach tagelangem Halbschlaf, war der Priester plötzlich wieder da, in der Hand die Fackel, selbst wie eine Lichtgestalt aussehend, weiß wie eine Totenseele, leise murmelnd, forderte er den Klienten auf zu folgen, drückte ihm einen Stein in die Hand, hieß ihn, im langen Korridor angelangt, diesen rückwärts über die Schulter werfen, das sollte alles Unheil abwehren. Von diesen Abwehrsteinen fanden die Ausgräber einen ganzen Haufen. Am Ende des Ganges war ein Raum, noch kleiner als der erste, dort hinein wurde der Orakelsuchende gebracht, er dämmerte weiter vor sich hin. Wann würde sie endlich erscheinen, die Seele der verstorbenen Mutter, des Vaters, der Gattin, wann würde sie ihn von seinem Bangen erlösen?

»Wir wissen nicht, wie lange er in diesem Raum ausharren mußte«, sagte Professor Dakaris, »aber von nun an wurden die Speisenvorschriften noch strenger, das Schauspiel der Priester unheimlicher, die Erregung in dieser Totenstille wuchs. Manche fielen in Ohnmacht, hatten Schwindelzustände und Halluzinationen, der kritische Augenblick kam immer näher.«

»Was war dieser kritische Augenblick?«

Der Professor ließ sich von meiner Ungeduld nicht beeindrucken. Stockend dozierend führte er mich traumwandlerisch sicher wie ein Orakelpriester um einen Mauervorsprung, hinter dem sich ein noch längerer Gang auftat. Er deutete auf den Boden: »Hier wurden die Schafopfer dargebracht. Wir haben die Knochen und Holzkohle gefunden.«

Am Ende des Korridors wandten wir uns nach rechts und standen plötzlich in einem Labyrinth. Die winzigen ineinander übergehenden Räume waren, das läßt sich aus Funden schließen, mit eisenbeschlagenen Türen verschlossen. Die nächste wurde erst geöffnet, wenn die vorhergehende geschlossen war. Dabei fiel mir der bekannte Dante-Satz ein: »Ihr, die Ihr hier eintretet, laßt alle Hoffnung fahren!«

Der Orakelsuchende, der bis jetzt nicht die Orientierung, jedwedes Gefühl für Zeit und Entfernung verloren hatte, vergaß spätestens hier in diesem Labyrinth alles hinter ihm Liegende und fieberte nur noch dem kritischen Augenblick entgegen.

Er war von den Priestern vorbereitet, wenn er durch die letzte Tür trat, er wußte genau, was ihm bevorstand, aber er konnte es sich nicht vorstellen. Die Priester hatten ihm gesagt, daß, wenn er das letzte Tor durchschritten habe, genau unter seinen Füßen die dampfende Behausung des Totengottes Hades und seiner Frau Persephone lag, die Unterwelt.

Ein Loch tat sich im Boden auf. Es hatte die Größe eines Steinquaders. Der Priester hieß den Orakelsuchenden das Blut seiner Opfertiere, das er in einem Krug mit sich führte, hinabgießen. Dieses Blut mußten die Seelen der Verstorbenen trinken, dadurch erlangten sie ihr Bewußtsein zurück, so konnten sie dem Fragesteller die Zukunft prophezeien.

Wie sagte der Seher Teiresias zu Odysseus? »Weiche zurück und wende das Schwert von der Grube, daß ich trinke des Blutes und dir dein Schicksal verkünde ...« Ein Loch im Boden, ein fehlender Quaderstein – welch ungeheuere Bedeutung!

Im Hades stand das Blut meterhoch

»Wir können in den Hades hinabsteigen«, sagte Dakaris beinahe ironisch und fügte hinzu: »Das konnte der Orakelsuchende natürlich nicht!«

Eine gewisse Scheu überkam mich, ich verspürte eine beklemmende Angst. Von unten hörte man Stimmen, ich sah die oberste Sprosse einer Leiter. Noch bevor ich eine Antwort geben konnte, verschwand der Professor in dem Erdloch, ich mußte hinterher.

Eins, zwei, drei, vier – ich zählte instinktiv die Sprossen der Leiter bis zwölf. Zwei Grabungsarbeiter hielten mit dem Schaufeln inne, starrten auf den unbekannten Besucher. Es war heiß und roch süßlich. So hatte ich mir den Hades nicht vorgestellt: Ein aus behauenen Steinen aufgetürmtes Tonnengewölbe grenzte mit Stirn- und Rückseite an gewachsenen

Fels, 15 Bögen trugen die Last, es gab keine Licht- und keine Türöffnung außer der Öffnung in der Decke.

Der Hades maß keine 15 Meter in der Länge, aber er präsentierte sich in beklemmender Eindringlichkeit. Nie mehr hatte in der Antike eines Menschen Fuß diesen Boden betreten, nachdem das Gewölbe vor über 2000 Jahren aufeinandergetürmt worden war. Es gab zu allen Zeiten Menschen, die sich ihre Götter schufen. Was hier verstummen läßt, ist das Wissen um die historischen Ereignisse.

Professor Dakaris gab den beiden Ausgräbern unverständliche Anweisungen, sie setzten ihre Arbeit fort, indem sie eine etwa einen Meter hohe schwarze Erdschicht in Tragekörbe aus Gummi schaufelten. Die Erde war weich und schwammig und gab unter jedem Schritt leicht nach. »Blut«, sagte Dakaris, als er meinen fragenden Blick sah, »das Blut der Opfertiere staute sich hier meterhoch und wurde mit der Zeit zu Humus.«

Inzwischen war ich von Schwindel- und Ohnmachtgefühlen nicht weniger entfernt als unser Orakelklient, der noch immer vor der Hadesöffnung stand. Was fühlte der Archäologe Sotiris Dakaris, als er zum erstenmal in dieses Heiligtum eindrang? Dakaris wollte nicht antworten. Ich wiederholte meine Frage.

»Ich kann es jetzt sagen«, meinte er nach einer Weile, »bei der Entdeckung selbst war ich nur aufgeregt, aber einige Monate später wurde mein Sohn Joannis schwer krank, er war damals zweieinhalb Jahre alt. Die Ärzte fanden keine Diagnose, schließlich mußte ich die Einwilligung zu einer Operation geben. Damals dachte ich, ich sei schuldig geworden, weil ich den Hades betreten hatte.«

Der Professor blickte zu Boden und scharrte verlegen in dem Blut-Humus. Wir stiegen die zwölf Sprossen der Leiter hoch, und ich hatte, als wir durch die enge Öffnung im Deckengewölbe schlüpften, tatsächlich das Gefühl, der Unterwelt entronnen zu sein, es war wie eine Befreiung – aber nur für Sekunden.

Dakaris sagte: »Vergessen Sie, was ich Ihnen eben gezeigt

habe; kein Orakelsuchender hat diese Halle des Hades und der Persephone gesehen. Er wartete oben auf den kritischen Augenblick.«

Nach 29 Tagen wurde der »Tote« in einem Bronzekessel von der Decke herabgelassen

Phantasierend, ängstlich, kaum noch unterscheidend zwischen Traum und Wirklichkeit fieberte der Klient, nachdem er das Opferblut in den Hades gegossen hatte, dem Erscheinen des ihm nahestehenden Toten entgegen. Es war der 29. Tag.

Die Priester zauberten mit Rauchschwaden und Fackeln gespenstische Erscheinungen an die Wände der langgestreckten Halle, ihr Singsang wirkte einschläfernd.

Da plötzlich hob ein Quietschen, Ächzen und Krachen an, jammernde unmenschliche Laute ertönten. An der Stirnseite des Saales schwebte ein unförmiges Etwas von der Decke, ein riesiger bauchiger Kessel, eine Hand ragte über den Rand hervor, eine zweite wurde sichtbar, ein Kopf, ein bleiches Gesicht, eine unmenschliche menschliche Gestalt stand in dem von der Decke schwebenden Kessel, es war der Verstorbene.

Ein hartes Geräusch brachte den Kessel zum Stillstand. Die Erscheinung rührte sich, sie redete, wohlgesetzte Worte wie der blinde Seher Teiresias zu Odysseus:

»... Und wenn du selber entrinnest,
Wirst du doch spät, unglücklich, und ohne Gefährten, zur Heimat
Kommen, auf fremdem Schiff, und Elend finden im Hause,
Übermütige Männer, die deine Habe verschlingen,
Und dein göttliches Weib mit Brautgeschenken umwerben ...«
(XI, 113–117)

Unfähig zu erkennen, ob all dies Traum oder Wirklichkeit war, versuchte der betäubte Klient näher an die Erscheinung in dem Bronzekessel heranzukommen. Eine Balustrade hinderte ihn daran.

Die Antwort war kaum verklungen, da setzte sich der Kessel unter Getöse wieder in Bewegung, schwebte zur Decke und verschwand in Schwaden von Rauch. Der monotone Singsang der Priester verebbte, die Fackeln verloschen, dann war es still.

Ein Priester faßte den Klienten am Arm, zog ihn durch das Labyrinth zurück in den langen Korridor und dort durch eine schmale Tür in einen anderen endlosen Gang, den er noch nicht kannte und an dessen Ende ein kleiner Raum lag, der zur Nachbehandlung diente. Reste von Schwefel, die hier ausgegraben wurden, deuten darauf hin, daß die Fragesteller hier jene Reinigungsprozeduren über sich ergehen lassen mußten, die nach der Berührung mit Toten vorgeschrieben waren. Auch Odysseus mußte sich nach dem Freiermord abschwefeln.

Von diesem letzten Raum führte eine Tür unmittelbar ins Freie. Geblendet stand der Orakelbesucher nach 29 Tagen Dunkelheit im gleißenden Licht der Sonne. Unsicher tappte er einen schmalen Pfad bergabwärts zum Kokytos, wo er sich waschen konnte und darüber nachdachte, ob er das alles nicht nur geträumt hatte.

Rekonstruktion des Orakelgeschehens

»War es Traum oder Wirklichkeit?« fragte ich Professor Dakaris, als wir bei einer Tasse pechschwarzen Kaffees im verfallenen Klosterkeller, der den Ausgräbern als Standquartier diente, einander gegenübersaßen.

»Nein, nein«, antwortete Dakaris, »das war alles ganz real, sogar die Erscheinungen der Verstorbenen, eine kunstreiche Inszenierung der Orakelpriester.«

Auf welche Quellen stützte sich der griechische Professor bei der Rekonstruktion des unglaublichen Geschehens in dem Orakellabyrinth?

Da sind zunächst die antiken Autoren. Lukian, der berühmte Sophist, Wanderredner und Satiriker, hielt in seinem Werk *Menippos* den Zeitgenossen des zweiten nachchristlichen Jahrhunderts einen Spiegel vor. Spottend schildert jener Menippos, wie er ein Totenorakel befragte. Zwar spielt die Handlung in Mesopotamien, aber, meint Dakaris, sie sei typisch für alle Totenorakel zur damaligen Zeit.

»Es fing damit an«, heißt es bei Lukian, »daß der Magier Mithrobarzanes mich 29 Tage lang, vom Neumond gerechnet, jedesmal vor Sonnenaufgang an den Euphrat führte und abwusch, indem er, mit dem Gesicht gen Osten gewendet, ein langes Gebet hersagte, von dem ich nicht viel verstand; denn er haspelte es in einem undeutlichen und leiernden Ton ab, nur so viel war mir verständlich, daß er gewisse Dämonen zitierte. Wenn diese Formel zu Ende war, spuckte er mir dreimal ins Gesicht, und nun ging's wieder nach Hause, ohne daß es mir erlaubt war, unterwegs einen Menschen anzusehen.«

Menippos habe sich während der 29tägigen Orakelprozedur nur von Nüssen, Milch, Met und Wasser ernähren dürfen und unter freiem Himmel schlafen müssen. In der Nacht vor der Befragung des Orakels sei er nochmals gewaschen und unter Gebetsgemurmel mit einem Löwenfell und einer Leier ausgerüstet worden, während der Priester ein »magisches Gewand« anlegte. In einem Sumpfgebiet habe er schließlich eine Grube graben, Schafe schlachten und das Erdloch mit Opferblut besprengen müssen ...

Obwohl beinahe tausend Jahre zwischen Lukian und Homer liegen, scheint sich im Ablauf des Totenorakels kaum etwas geändert zu haben. Doch wie können wir uns die gespenstische Erscheinung der Verstorbenen vorstellen?

Sotiris Dakaris fand im mittleren Erscheinungssaal des Totenorakels von Ephyra, unmittelbar unter der Klosterkirche, einen riesigen Bronzekessel. Unter Gesteinsmassen, auf denen immerhin die Fundamente einer Kirche geruht hatten, war er wie eine Blechbüchse zerquetscht, aber Durchmesser und ungefähres Aussehen waren gut erkennbar. Doch die interessanteste Entdeckung bestand aus einer ganzen Kollektion von sonnenradähnlichen Zahnrädern, die allesamt um den Kessel verstreut lagen. »Ihr Vorhandensein«, meint Professor Dakaris, »ist nur damit zu erklären, daß sie Bestandteile eines Flaschenzuges, einer technisch perfekten Hebemaschinerie waren, mit der die Erscheinung in dem Bronzekessel von der Decke herabgesenkt werden konnte.«

Diese Maschinerie war also offenbar gewichtiger als die Seele eines Verstorbenen. Vermutlich traten die Orakelpriester selbst als Seelendarsteller auf. Die Beschäftigung von Schauspielern hätte die Gefahr des Verrats mit sich gebracht. Zeit hatten die Priester genug, sich auf das makabre Spiel vorzubereiten. Wie die gewünschte Erscheinung zu Lebzeiten ausgesehen hatte, konnten sie ihren Klienten gewiß schon während der Wartezeit in den Gästeunterkünften unauffällig entlocken. Die Antwort auf die gestellte Frage war sicher wahl- und oft auch wertlos. Bei wichtigen Persönlichkeiten genügte die 29tägige Vorbereitungszeit im Inneren des Orakels aber auch, um gezielte Recherchen anzustellen.

Eine Stätte zwielichtiger Vergangenheit

Das von Sotiris Dakaris freigelegte Totenorakel von Ephyra ist sicher nicht das erste an diesem Ort. Es stammt aus hellenistischer Zeit und wurde wohl am Ende des 3. Jahrhunderts v. Chr. an der Stelle eines älteren Orakels errichtet. Das beweisen Funde von Vasen, Vorratsgefäßen und eisernen Werkzeugen. Eine Persephone-Statue mit dem Polos, ihrer typischen hohen Kopfbedeckung, und Fruchtbarkeitssymbolen läßt sich ebenfalls in diese Zeit datieren.

In einer Entfernung von hundert Metern fanden die Archäologen jedoch eine Schutthalde mit Terrakotta-Figuren einer chthonischen Göttin, wie sie vom dritten Viertel des 6. bis zum Ende des 5. Jahrhunderts gefertigt wurden. Die Halde war beim Bau des neuen Orakels entstanden, für das man die Spitze des Felsplateaus eingeebnet hatte.

Daß das Orakel des Todes zu dieser Zeit bereits in Betrieb war, bestätigt der griechische Geschichtsschreiber Thukydides, der um 460 v. Chr. in Athen geboren wurde und in seinem Werk auch die griechische Geschichte der Frühzeit zusammenfaßt.

Im Gegensatz zu Herodot ist er eher ein Historiker zu nennen; er schildert die Ereignisse knapp und präzise und in chronologischer Reihenfolge, nennt Namen und Zahlen, zitiert Augenzeugenberichte und Urkunden und geht sogar auf archäologische Befunde ein. Daß seinem Geschichtsbild der weltweite Aspekt Herodots und bisweilen der religiöse Hintergrund fehlen, mag insgesamt als Mangel erscheinen, im konkreten Fall der Landschaftsbeschreibung von Ephyra ist es jedoch nicht von Belang. Hier lokalisiert Thukydides präzise die alte Stadt, den Unterweltsfluß Acheron, der in den heute verlandeten See Acherousia und in der Bucht des »süßen Hafens« ins Meer mündete.

Diese Schilderung rief bei den Archäologen zunächst Ratlosigkeit hervor; denn den Totensee Acherousia gab es nicht.

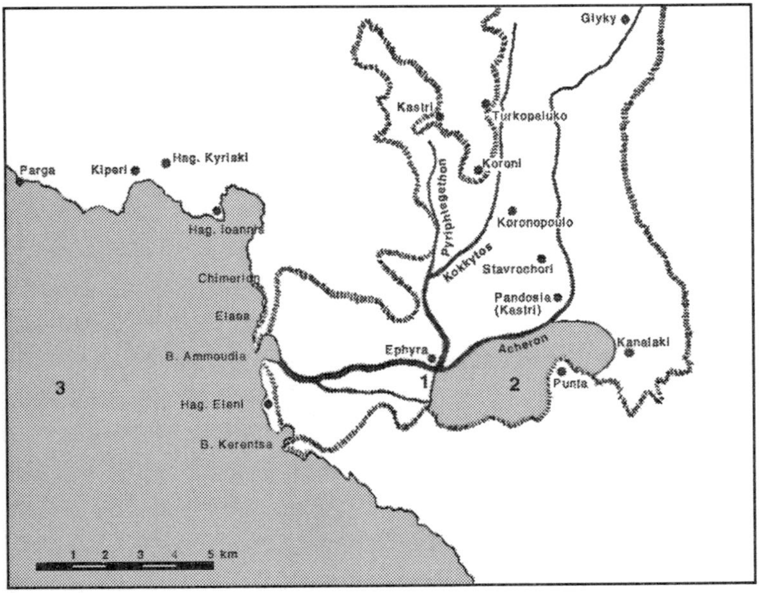

Lageplan des Totenorakels am Acheronfluß. 1 Totenorakel bei Ephyra, 2 Acherousia-See, 3 Ionisches Meer. Zeichnung von Winfried Konnertz nach einer Vorlage von Professor Dakaris

Es dauerte eine Weile, bis den Forschern klar wurde, daß die Reisfelder, auf denen die Bauern in der Umgebung ihren Lebensunterhalt verdienten, der inzwischen verlandete Totensee waren. Und noch eine zweite Ungereimtheit brachte die Archäologen aus der Fassung: Bei Thukydides ist von den Kimmerern die Rede. Auch Homer erwähnt diese Anwohner des Okeanos, nahe beim Eingang zum Hades, wo die berühmte kimmerische Finsternis herrschte.

Nach moderner Geschichtsforschung waren die Kimmerer jedoch ein nomadisches Reitervolk, das vielleicht zu den Thrakern gehörte, noch im 8. Jahrhundert am Schwarzen Meer wohnte und, von den Skythen verdrängt, gen Süden zog, wo es um 680 v. Chr. von den Assyrern besiegt wurde. Wie konnten die Kimmerer also nahe dem Eingang zum Hades hausen? Sie waren doch den ionischen Griechen zu dieser Zeit überhaupt noch nicht bekannt. Wer irrte sich, Homer oder die Geschichtsschreibung?

Professor Dakaris beantwortete die Frage mit sichtlichem Vergnügen: »Keiner von beiden! Es gibt nämlich zwei Stämme: die Kimmerer am Schwarzen Meer und jene Cheimerer, die auf der Landzunge Cheimerion wohnten, die hier die Mündungsbucht des Flusses Acheron bildet.«

Daß das Totenorakel von Ephyra schon damals hohes Ansehen genoß, daß die bedeutendsten Männer jener Zeit hier anfragten, bestätigt uns Herodot (VI, 92).

Periandros, 40 Jahre lang harter Tyrann von Korinth, schickte eine Delegation zum Totenorakel. Der ebenso strenge wie weise Alleinherrscher, unter dem Korinth seine höchste Blüte erreichte, regierte etwa zwischen 600 und 560 v. Chr. Die Frage, die er dem Orakel irgendwann um 580 v. Chr. stellte, war delikat, die Antwort sogar pikant.

Der strenge Gesetzgeber trug seinen Boten auf, sie sollten der Seele seiner toten Frau Melissa die Antwort abringen, wo sie den Schatz eines Freundes versteckt habe. Periandros selbst hatte wohl nicht den Mut, persönlich nach Ephyra zu reisen, schließlich war er schuld daran, daß Melissa unter den Toten weilte, er hatte sie, nachdem sie ihm drei Kinder geschenkt hatte, ermorden lassen.

Die Gesandten des Tyrannen unterzogen sich in Ephyra der strapaziösen 29tägigen Vorbereitungsprozedur, dann erschien ihnen Melissa, nackt und schön in dem von der Decke schwebenden Kessel, doch die Erscheinung weigerte sich, auch nur den geringsten Hinweis zu geben, wo der Schatz vergraben liege. »Ich friere und bin nackt«, sagte Melissa mit dumpfer Stimme. Periandros, der Geizhals, habe zwar ihren Leichnam verbrannt, aber ihre kostbaren Kleider zurückbehalten.

Und dann sprach Melissa einen Satz, der die Tyrannenboten in Ratlosigkeit stürzte, dem Herrn jedoch beweisen sollte, daß es wirklich Melissas Seele war, die hier sprach. Er lautete: »Periandros, du warst es doch, der Brote in einen kalten Ofen gelegt hat!«

Der Tyrann von Korinth erkannte sofort, was dieser Satz zu bedeuten hatte, die Frage ist nur: Wie hatten die Priester des Totenorakels von Ephyra davon Wind bekommen, daß Periandros sich an Melissa, als sie schon tot war, vergangen hatte?

Trotz dieser schändlichen Tat glaubte Periandros der verblichenen Melissa das Geheimnis doch noch entlocken zu können. Schließlich war er lange genug mit ihr verheiratet und kannte ihre schwachen Seiten: Beim Anblick eines schönen Kleides wird jede Frau schwach, wird ihr gar eine ganze Kollektion überbracht, verliert sie den Verstand. So war es auch mit der schönen Melissa, der Periandros haufenweise Kleider opferte, indem er sie verbrannte, und als die Boten des Tyrannen zum zweitenmal im Totenorakel erschienen, gab sie ihr Geheimnis preis.

Bleibt allerdings nachzutragen, wie der Herrscher von Korinth in den Besitz der Kleiderkollektion kam: Periandros ließ öffentlich verkünden, alle Korintherinnen hätten sich an einem bestimmten Tag im Heraion, dem Heiligtum der Göttin Hera, auf dem äußersten Kap der Halbinsel Peiraion gegenüber von Korinth einzufinden. Die Damen putzten sich festlich heraus für den Empfang. Doch als sie alle eingetroffen waren, hieß der Tyrann die Korintherinnen sich entkleiden, die Gewänder in eine Grube legen und betete zu Melissa, der Fromme.

So jedenfalls hat es Herodot überliefert. Bedauerlicherweise schweigt er sich darüber aus, wie die entkleideten Korintherinnen nach Hause gekommen sind und was die korinthischen Männer dazu gesagt haben. Bei Herodot heißt es nur: »Jetzt wißt ihr's, so ist die Tyrannenherrschaft.«

Man mag den Wahrheitsgehalt der Geschichte bezweifeln, in unserem Zusammenhang erscheint wesentlich, daß das Totenorakel von Ephyra zu Zeiten des Periandros, also im 6. Jahrhundert, in Betrieb war. Und auch die noch weitere 200 Jahre zurückzudatierende Orakelbefragung des Odysseus läßt darauf schließen, daß die Fragestätte in hohem Ansehen stand. Wie alt überhaupt ist sie?

Sotiris Dakaris räumt die Möglichkeit ein, daß der Hades-Kult älter als die *Odyssee* ist. Mykenische Einwanderer brachten ihn vermutlich von der Westpeloponnes nach Epirus. Auf der Peloponnes war der Unterweltkult nämlich sehr verbreitet. Bewiesen scheint aufgrund der Grabungen und archäologischen Funde, daß Ephyra im 14. vorchristlichen Jahrhundert gegründet wurde und damals den Namen Xylokastro trug. Ob freilich bereits damals ein Totenorakel existierte, bleibt Spekulation.

So unmöglich es ist, die Anfänge dieser historischen Orakelstätte auszumachen, so präzise kennen wir ihr Ende. Es wurde mehr als hundert Jahre vor der eigentlichen Zerstörung eingeleitet, als Pyrrhus, der König von Epirus, im Jahre 280 v. Chr. gegen die Römer zu Felde zog. Auf einen Hilferuf der Stadt Tarent hatte Pyrrhus das Zeusorakel von Dodona um Rat gefragt und von dort aus dem Rauschen der heiligen Eiche die Antwort erhalten, er könne den Tarentern ruhig zu Hilfe eilen. Pyrrhus zog mit 25 000 Mann und 20 Elefanten los und schlug mit Hilfe dieser »Tanks« bei Herakleia den römischen Konsul Publius Valerius Laevinus. Dies war der legendäre Pyrrhus-Sieg. Der König von Epirus hatte zwar die Schlacht gewonnen, sein Heer war aber so dezimiert worden, daß er gesagt haben soll: »Noch ein solcher Sieg, und wir sind geschlagen.«

Bis auf 60 Kilometer rückte Pyrrhus damals an die Hauptstadt Rom heran, und dieser Schreck saß den Römern noch hundert Jahre in den Knochen. Erst der römische Konsul Lucius Aemilius Paullus rächte die Keckheit der Epiroten auf verheerende Weise. Im 3. Makedonischen Krieg schlug er am 22. Juni 168 v. Chr. König Perseus, hielt im darauffolgenden Jahr in Epirus ein furchtbares Strafgericht und zerstörte 70 Städte des Landes, darunter Ephyra und sein Totenorakel. Große Mengen von Hülsenfrüchten und Schwefel, die von den Orakelpriestern als Vorrat gehalten wurden, schürten das Feuer, unwiederbringbare Dokumente und Gerätschaften schmolzen und wurden ein Raub der Flammen. Das Orakel und der Eingang zur Unterwelt versanken in Schutt und Asche und Vergessenheit, bis 1958 n. Chr. die Spaten der Archäologen ihre große Vergangenheit zu neuem Leben erweckten.

Priester und Geheimnisse

Spätestens hier jedoch stellt der kritische Betrachter der Geschichte die Frage, ob oder wie es möglich war, daß ganze Völker und deren klügste Köpfe Opfer einer derartigen Inszenierung werden konnten. Erscheint es nicht zweifelhaft, daß ein paar clevere Priester die übrige Menschheit, darunter Staatsmänner wie Krösus, Themistokles und Alexander den Großen, Dichter, Denker und Historiker wie Herodot, Sophokles, Pindar und Aischylos auf plumpe Weise betrogen, ja zum Narren gehalten haben? Vor allem bliebe das Motiv ihres Handelns im dunkeln.

Die im Totenorakel von Ephyra aufgedeckte Manipulation demaskiert zwar den Vollzug der Orakelgebung, aber die Frage: Wie kamen die Orakelpriester zu ihren Antworten? bleibt deshalb weiter unbeantwortet. Es gibt Historiker, die behaupten, die Orakelpriester seien weniger Wahrsager als Philosophen gewesen. Darin steckt manche Wahrheit, jedoch nicht die geringste Erklärung für die präzise Ankündigung historischer Ereignisse.

Auch die Einsicht des griechischen Tragikers Euripides (485–406 v. Chr.), nur die zutreffenden Vorhersagen würden in Erinnerung bleiben, die falschen gerieten ganz von selbst in Vergessenheit, ist nicht von der Hand zu weisen. Aber selbst Herodot, der vom Orakel in Delphi bisweilen wie ein Propagandist redet, nimmt kein Blatt vor den Mund und berichtet in einigen wenigen Fällen von unzutreffenden Prophezeiungen. Dies macht seine übrigen positiven Orakel-Berichte jedoch nur um so glaubwürdiger.

Es besteht kein Zweifel, daß in archaischer und hellenistischer Zeit die Wundergläubigkeit sehr ausgeprägt war. Trotzdem gab es immer wieder kritische Stimmen in der damaligen Zeit, die zur Skepsis gegenüber der bedingungslosen Fügung in das prophezeite Schicksal mahnten. Solche Mahnungen enthalten auch die Preisgesänge, die der griechische Lyriker Pindar (518–446 v. Chr.) auf die Olympischen Wettkämpfe verfaßte. Sie verdienen gerade deshalb besondere Erwähnung, weil Pindar ein großer Verehrer des Apollon-Orakels von Delphi war.

Von den Orakelstätten der Alten Welt sind zahllose Antworten erhalten. Ihre Aussagen haben nicht selten Geschichte gemacht. Damit kommt ihnen eine Bedeutung zu, die wir nicht einfach mit dem Hinweis auf Humbug oder Hokuspokus abtun dürften. Doch so viele Fragen die Orakel des Altertums auch beantwortet haben mögen, eine Antwort war nie darunter, die Antwort auf die Frage: Wie funktionierten die Orakel? Basierten sie auf reiner Manipulation, auf purem Aberglauben, oder kamen hier paranormale Erscheinungen zum Tragen?

Die Vorstellung ist beängstigend, daß die berühmtesten Männer der Geschichte von Orakelsprüchen unsichtbar gesteuert wurden. Noch atemberaubender wäre es jedoch, wenn diese Männer selbst Drahtzieher der Orakel gewesen wären, wenn sie die Orakelsprüche als Rechtfertigung für ihre einsamen Entscheidungen mißbraucht hätten.

»Vergessen Sie eines nicht«, sagte Professor Sotiris Dakaris beim Abschied, und der Satz klang wie aus dem Mund eines Orakelpriesters: »Das Warum des Schicksals werden wir nie ergründen.«

»Nein«, sagte ich, »aber das Wie darf in einer Zeit wie der unseren kein Geheimnis bleiben.« Und ich machte mich auf den Weg, dieses Geheimnis zu ergründen.

II.

Die künstlichen Stimmen von Dodona

*Odysseus war, wie es hieß, nach Dodona
gegangen, aus Gottes
Hochgewipfelter Eiche Kronions Willen
zu hören,
Wie er in Ithaka ihm, nach seiner langen
Entfernung
Heimzukehren befähle, ob öffentlich oder
verborgen.*

Homer, Odyssee XIV, 327–330

Wir haben es bei den Griechen mit einem Volk zu tun, dessen Glaube an Mantik wahrhaft unbegrenzt, und dessen Beschäftigung mit der Zukunft im großen und kleinen, mit den Schicksalen der einzelnen wie der Staaten eine tägliche und stündliche war.

Jacob Burckhardt

Einen Augenblick kam ich mir vor wie bei der Briefkastentante einer Illustrierten: Fragen Sie Frau Erika.

»Soll ich die Vormundschaft für das Kind übernehmen?«

»Ist es besser, wenn Onasimos jetzt heiratet, oder soll er es lieber bleiben lassen?«

»Warum bekomme ich keine Kinder von meiner Frau Meniska?«

»Kann ich Näheres über Frau N. erfahren?«

Doch die Briefe und Klagen waren allesamt zweieinhalbtausend Jahre alt, auf dünne Bleiplättchen geschrieben, und die freundliche Dame, die sie mir vorlegte, war die Direktorin des Museums von Joannina.

Das Museum ist ein sehr moderner Gebäudekomplex, es steht in einem auffälligen Kontrast zu der nordgriechischen Kleinstadt, deren Hauptstraße nicht anders aussieht als der Strip einer amerikanischen Goldgräberstadt, mit Strom- und Telefonleitungen vor den Häusern, Lichtreklamen und hölzernen Altanen. Der Grund mag sein, daß hier die Erde häufiger bebt als anderswo und daß »Jánina« – wie die Einwohner sagen – noch bis 1912 zur Türkei gehörte.

Aber die Kleinstadt mit ihren 40 000 Einwohnern hat immerhin eine Universität und ein Museum, in dem auch die Ausgrabungen von Dodona aufbewahrt werden. Die Sammlung von einigen hundert Orakeltäfelchen ist sicher die umfangreichste der Welt. Kein Wunder, Dodona, das 22 Kilometer südlich von Joannina in einem nur über eine einzige hohe Paßstraße erreichbaren Gebirgstal versteckt liegt, ist das älteste Orakel der griechischen Welt.

Man könnte meinen, Orakel seien nur von bedeutenden Männern zu weltbewegenden Problemen angerufen worden. Diese Vermutung ist falsch. Sie liegt wohl darin begründet, daß antike Historiker wie Herodot, Thukydides, Diodoros und Pausanias eben nur bedeutsame Orakelsprüche aufgezeichnet haben. Doch die Mehrzahl der ergangenen Orakel findet in keinem Geschichtsbuch Erwähnung. Sie beschäftigten sich mit Problemen, die wir auch heute haben, mit Alltagssorgen, Beruf und Familie. Die Orakeltäfelchen von Dodona zeigen, daß unsere Welt zwar älter, aber kaum anders geworden ist.

Ariston, ein Geschäftsmann im späten fünften Jahrhundert, fragte, ob es für ihn gut und möglich sei, zu einem späteren Termin nach Syrakus zu fahren. Ein gewisser Lysias wollte wissen, ob er im Seehandel erfolgreich sein würde und Schiffsanteile zeichnen sollte. Vorwurfsvoll fragten die Bewohner von Dodona, warum Zeus einen so strengen Winter geschickt habe, wo es doch genug arme Leute gebe, die darunter litten. Die Einwohner der kretischen Hafenstadt Phönike wollten wissen, ob es vielleicht besser sei, den Standort des Tempels der Athena Polias zu wechseln. Und ein Ungenannter hegte den Verdacht, daß Vostrycha, die Tochter Dorkons, das Geld gestohlen habe, das Dion der Frau Aktia geborgt hatte. »War es nicht so?«

Auf jede dieser Fragen wußte das Zeus-Orakel von Dodona eine Antwort. Manche waren rätselhaft und geheimnisvoll, und die Ratsuchenden waren so klug wie zuvor. Was konnte der anfragende Geschäftsmann schon anfangen mit einer Antwort wie: »Vertraue nichts der Erde an!« Aber es gab auch klare Aussagen, die den Klienten in seinem künftigen Handeln bestärkten. So den Silberminenbesitzer Timodamos, der anfragte, wo er sein Geld anlegen solle, in einer Handelsflotte oder einem Geschäft. »Bleibe in der Stadt und mache ein Geschäft auf«, war die Antwort der Priester, sie hatten sie direkt unter die Frage auf dem Bleiplättchen geschrieben.

Daß diese Orakelplättchen hier im Museum von Joannina aufbewahrt werden, hat einen einfachen Grund: In Dodona, am Fuße des beinahe 2000 Meter hohen Tomaros-Gebirges, gibt es keinen Ausstellungsraum. Die Gegend ist so einsam und verlassen, daß es für Antikenräuber ein leichtes wäre, ein komplettes Museum auszuräumen.

Die Archäologen kommen

Bis zu Beginn des vorigen Jahrhunderts wußte man nicht einmal, wo das antike Orakel von Dodona überhaupt lag. Vornehmlich britische Forschungsreisende hatten die Bergtäler von Epirus nach antiken Bauresten abgesucht. In der Literatur von Homer bis Pausanias gab es genügend Hinweise auf die

Orakelstätte, Ortsbezeichnungen, Entfernungsangaben, Landschaftsbeschreibungen. Dennoch, Dodona schien wie vom Erdboden verschluckt.

Der Berg mit dem Namen Tomaros hatte die Forscher zunächst in die Irre geführt. Ein Engländer namens Leake glaubte in den Ruinen des Dorfes Kastritsa, östlich von Joannina, das Orakel entdeckt zu haben. Der Berg, an dessen Hängen Dodona liegen sollte, trägt heute den Namen Mitsikeli, doch das Tal wird Tomarochoria genannt, ein Zufall. Alle Burgruinen und Zitadellen in und um Joannina mußten schon als Dodona-Ersatz herhalten, bis der Engländer Christopher Wordsworth 1832 das wirkliche Dodona fand.

Als das Christentum die »heidnischen« Götter Griechenlands verdrängte, errichteten die frühen Christen aus dem Material der Bauten von Dodona unmittelbar vor dem alten Dione-Tempel und zum Teil über dem Herakles-Tempel eine dreischiffige christliche Basilika.

Dieses christliche Gemäuer war das besterhaltene in ganz Dodona, und es ist nicht verwunderlich, daß der griechische Politiker Konstantin Karapanos 1875 hier zu graben begann. Er wurde auch sofort fündig: Im Nordwesten der Basilika-Fundamente stieß er auf eine Halde mit antiken Kostbarkeiten. Weihegaben der Orakelklienten und »heidnische Gegenstände« waren von den christlichen Priestern hier vergraben worden. Der Fundort und die offensichtlich antiken Quadersteine, aus denen das Fundament der Kirche gelegt war, verleiteten Karapanos zu der Annahme, die Basilika sei exakt über dem alten Zeus-Orakel errichtet worden. Daß die Mauern, die er nur wenige Meter entfernt freigelegt hatte, zum Zeus-Tempel gehörten, erkannte er nicht. Vielleicht – und die Archäologen sagen heute ob der doch recht dilettantischen Ausgrabungen Gott sei Dank –, weil Karapanos nicht tief genug grub. Er hatte nur einen Teil der Cella des Tempels freigelegt, der Umriß, die Säulenhallen, war ihm entgangen.

Das Innere des Zeus-Heiligtums zu Anfang des 3. Jahrhunderts

Trotzdem gebührt dem Politiker Konstantin Karapanos die Ehre, der erste gewesen zu sein, der hier den Spaten ansetzte. Nur ein Mann seines Standes konnte den lokalen türkischen Behörden und schließlich sogar dem türkischen Außenministerium in Konstantinopel die Grabungslizenz abringen. Heinrich Schliemann hatte mit seinen trojanischen Goldfunden das Ausgräberwesen zwar populär, die Behörden aber äußerst mißtrauisch gemacht. Ausgrabungen, so die weitverbreitete Meinung, waren keine Angelegenheit von Altertumsforschern, sondern von Schatzgräbern. Und was Dodona zutage fördern würde, das wußte niemand.

Konstantin Karapanos, der in den Jahren 1875/76 die meisten Orakel-Anfragen ausgegraben hatte, schürfte weniger aus historischem Interesse, er suchte Antiquitäten. Im Frühjahr 1908 kam einer der prominentesten deutschen Archäologen, der Rheinländer Theodor Wiegand, nach Dodona. Wiegand grub zu dieser Zeit gerade das Orakel von Didyma an der kleinasiatischen Küste aus und hatte offenbar an der Suche nach diesen geheimnisumwitterten Kultstätten Gefallen gefunden. Er gelangte mit seiner Frau Marie, einer geborenen von Siemens, zu Schiff nach Preveza und war dann 14 Stunden in einem Pferdewagen nach Joannina geschaukelt. Tags darauf hatten die Wiegands, wie es damals üblich war, sämtlichen Konsuln des Ortes einen Höflichkeitsbesuch abgestattet, dem österreichischen, französischen, britischen, italienischen und russischen. Bei letzterem, schrieb Marie Wiegand an ihre Mutter, sei es »besonders nett« gewesen, weil die Dame des Hauses höchst amüsant war. Im Haus habe ein einziges Durcheinander geherrscht, auf jedem Tisch lagen Hammer und Nägel, überall standen Bilder und gerahmte Fotografien herum. Die Exzellenzen waren nämlich gerade umgezogen.

»Am anderen Morgen ging's mit Sonnenaufgang hinaus zu Pferd nach Dodona. Wir hatten vier Stunden zu reiten, anfangs schnell durch flache Wiesen, und dann steil hinauf durch Steine bis auf die Paßhöhe. Dort stand unter alten Eichen, dem Baum des Heiligtums von Dodona, eine kleine Kapelle und sah frei hinunter in das Tal auf die kleinen unscheinbaren Dörfer und hinüber auf den schneebedeckten Tomaros. Bergab zu Fuß mit dem Pferd am Zügel, und auf einmal standen wir oben auf dem oberen Rang des großen alten Theaters und sahen hinunter über die verworfenen Sitzstufen in den Spielraum, in dem ein Bauer sein Maisfeld ackerte.«

Wiegand fotografierte und machte Vermessungen und war von der Landschaft ebenso fasziniert wie seine Frau. Er meinte: »Die Alten haben es wohl verstanden, ihre Orakel an eindrucksvolle Orte zu legen.« Damals faßte er den Entschluß, Dodona auszugraben, und beantragte bei der türkischen Regierung die Grabungskonzession. Die Verhandlungen zogen sich in die Länge. Als Epirus 1912 an Griechenland zurückgegeben wurde, waren sie hinfällig geworden. Zwar erteilten die griechischen Behörden ein Jahr später dem Deutschen Archäologischen Institut in Athen die Konzession, doch nun brach der Erste Weltkrieg aus. Schützengräben waren wichtiger als Suchgräben im Orakelheiligtum von Dodona, und nach Beendigung des Krieges fehlten jegliche Mittel. 1923 wurde den Deutschen die Grabungskonzession entzogen. Die Griechen wollten ihre eigene Vergangenheit selbst erforschen.

Der Archäologe Demetrios Evangelides stellte die Grabungen 1929 auf wissenschaftliche Basis. Bis 1958 grub Evangelides im Auftrag der Griechischen Archäologischen Gesellschaft im Orakelheiligtum, dann übernahm Sotiris Dakaris die Grabungsleitung. Da Dodona abseits jeglichen Touristenverkehrs liegt, ging die Arbeit der Ausgräber beinahe unbemerkt von der Öffentlichkeit vonstatten. Der Reisende, der zum erstenmal das Orakel sieht, ist überwältigt von der gigantischen Architektur, die sich hier zwischen steilen Bergwänden auftürmt.

Die Abgelegenheit der Stätte war auch der Grund für das allmähliche In-Vergessenheit-Geraten in klassischer Zeit. Schon Homer nannte Dodona »weit entfernt«, und Hesiod sah es »am Rand der griechischen Welt gelegen«. »Daß dies Orakel von Dodona immer mehr zurücktrat«, schreibt der durch seine Deutung antiker Gedankenwelt berühmt gewordene Thassilo von Scheffer (1873–1951), »wenn auch durchaus nicht ganz in Vergessenheit geriet, so lag das nur daran, daß sich der Schwerpunkt griechischen Staatswesens und griechischer Kultur immer mehr südlich verlagerte. Was zur Zeit der dorischen Wanderung noch als griechische Heimat betrachtet werden konnte, blieb später nur ein rauhes, halb barbarisches Hinterland ohne eigene Kultur und Entwicklung, eine zeitlose, unzugängliche Gebirgsgegend, die man fast nur noch dem

Namen nach kannte oder höchstens zu solchen kultischen Zwecken aufsuchte.«

In dem Maß, wie der Ruhm Delphis zunahm, ging der Einfluß Dodonas zurück. Dakaris und seine Vorgänger haben hier am Fuße des Tomaros neolithisches Tongeschirr ausgegraben. Sie datieren es etwa in die Zeit des Trojanischen Krieges, als die zivilisierten Völker Mittelgriechenlands längst die Metallbearbeitung beherrschten. Dodona wurde damals noch von einer ziemlich primitiven Völkerschaft bewohnt. In der hundertjährigen Ausgrabungsgeschichte des Orakelheiligtums kam nicht eine einzige Tonscherbe mit helladischer oder mykenischer Charakteristik ans Tageslicht. Herbert W. Parke, Professor für alte Geschichte am Trinity College in Dublin, meint dazu: »Funde des späten Helladicum III und ein Grabhügel an der Küste von Epirus legen die Vermutung nahe, daß die Mykener gegen Ende ihrer Zivilisation wohl die adriatische Küstenregion heimgesucht haben, aber nicht das Landesinnere. Man hat in Dodona nur zwei Schwerter gefunden, einen bronzenen Degen und ein eisernes Breitschwert. Daraus läßt sich ableiten, daß Waffen entweder gelegentlich von Handelsreisenden in den fernen Nordwesten des Landes gebracht wurden, oder aber auch, daß ein oder zwei mykenische Krieger bis zum fernen Dodona vordrangen und beim Kriegsgott eine Weihegabe zurückließen.«

Als Zeus noch in der Eiche saß

Dieser Gott des Krieges war kein anderer als der große Zeus, der hier in den Bergen eine sonst nirgends auf dem Festland bekannte und daher wohl auch besonders beeindruckende Verehrungsform genoß: Zeus saß, so erzählten die Dodoner, in einer riesigen heiligen Eiche inmitten seines Heiligtums. Seinen Ursprung fand jener Kult gewiß in den häufigen Blitzeinschlägen, für die gerade jene Eiche sich besonders eignete. Wir kennen die alte Gewitterregel: »Vor den Eichen sollst du weichen ...«

Der Baumkult spielte in der minoischen Kultur eine erhebliche Rolle. Verbindungen zwischen Dodona und Kreta lassen sich jedoch nicht herstellen. Professor Parke hat einen viel interessanteren Zusammenhang entdeckt. Er sagt: »Die Eiche von Dodona findet ihre deutlichste Parallele nicht so sehr in Griechenland als in Italien und noch mehr in so entfernten Gegenden Nordeuropas wie im heidnischen Germanien, wo der indoeuropäische Himmelsgott mancherorts in einer heiligen Eiche verehrt wurde.«

In der Tat gibt es verblüffende Zusammenhänge, vor allem bei den legendären Seilern, jenen exzessiv asketisch lebenden Bergpriestern von Dodona, die ihre Füße nie waschen durften und auf dem nackten Boden schlafen mußten, sowie germanischen Priestern, die drei Tage auf der Erde schliefen, bevor sie ihrem Gott gegenübertraten. Zur Zeit des Trojanischen Krieges waren diese Seller-Priester wohl noch in Aktion; denn in der *Ilias* lesen wir:

»Zeus, du Herr von Dodona, pelasgischer Zeus in der Ferne,
Herrscher des rauhen Dodona, wo deine Priester, die Seller,
Um dich liegen am Boden mit ungewaschenen Füßen!
Wie meine flehenden Bitten du einst schon früher erhörtest,
Ehre mir gabst und gewaltig bedrängtest das Volk der
Achaier,
So erfülle auch heut' noch einmal, was ich dich bitte.«
(XVI, 235–238)

Die homerischen Seller geben den Historikern auch heute noch Rätsel auf. Unergründlich wie die Herkunft ihres Namens sind auch ihre Umgangsformen. Daß sie ausschließlich barfuß gingen, ist dabei nicht so erstaunlich, weil Dodona damals nur zur Sommerszeit bevölkert war. Offenkundig ist ihre Wahrsagetätigkeit: Die Seller lauschten dem Rauschen der heiligen Eiche und glaubten dabei Stimmen zu hören. Eine Frage, mit lauter Stimme in den Wind gesprochen, fand im Rascheln, Lispeln und Rauschen der Eichenblätter eine Antwort. Das ist dem Besucher von Dodona auch heute noch verständlich. Beinahe ständig weht ein kühler Lufthauch durch das schweigsame Gebirgstal.

Neben den Seilern waren im alten Dodona aber auch prophetische Frauen tätig. Herodot, Pindar und andere antike Schriftsteller berichten, es seien jeweils drei gewesen. Zusammenhänge mit germanischen und indischen Bräuchen scheinen rein zufällig zu sein. »Diese italischen, nordeuropäischen und indischen Parallelen zu Dodona«, meint Herbert W. Parke, »stehen weniger durch das Orakel in Verbindung als durch einen männlichen Götterkult. Ihre Ähnlichkeit läßt sich am ehesten mit der Annahme erklären, daß sie allesamt von primitivem Charakter sind und ihren Ursprung in den frühen Kulten dieser verschiedenen Regionen haben, über die sich die Indoeuropäer verbreiten.«

Spuren führen nach Norden und Süden

Eine andere Version über die Herkunft des Orakels liefert Herodot. Er nennt Dodona das älteste griechische Orakel, und vieles spricht für diese Behauptung. Die Orakelpriesterinnen von Dodona, Promeneia, Timarete und Nikandra erzählten zu Herodots Zeiten gerne folgende Geschichte: Im *ägyptischen* Theben seien zwei schwarze Täubchen aufgeflogen und nach tagelangem Flug in Libyen und Griechenland gelandet. Jede Taube redete mit menschlicher Stimme. Die in Libyen gebot ein Orakel des Amun zu gründen, und so geschah es. Die Taube, die es nach Griechenland verschlagen hatte, habe sich auf einer Steineiche bei Dodona niedergelassen und gesprochen, »daß hier ein Orakel des Zeus entstehen solle« (II, 55).

Dies ist ein interessantes Beispiel für die Mythologisierung historischen Geschehens, dessen Fakten nicht mehr greifbar waren. Jedenfalls beteuert Herodot (II, 57), Orakel und Weissagekunst seien aus Ägypten nach Griechenland gekommen. Im Amun-Tempel von Theben hat Herodot dann auch die »wirkliche« Geschichte erfahren:

Phöniker hatten zwei thebanische Orakelpriesterinnen entführt und die eine in Libyen, die andere in Griechenland als Sklavinnen verkauft. Die beiden Seherinnen machten ihre neuen Herren auf ihre Fähigkeiten aufmerksam, und beide gründeten eine Orakelstätte. Herodot wörtlich: »Wenn wirklich die Phöniker die heiligen Frauen weggeführt und die eine von ihnen nach Libyen, die andere nach Griechenland verkauft haben, so scheint mir die letztere zu den Thesprotern im jetzigen Griechenland, das früher auch Pelasgien hieß, verkauft worden zu sein. Als sie danach bei ihnen Sklavin war, hat sie unter einer dort gewachsenen Speiseeiche ein Heiligtum des Zeus gegründet, wie es ja natürlich war, daß sie, die in Theben im Heiligtum des Zeus diente, dort, wohin sie gekommen war, dessen gedachte. So hat sie ein Orakel gestiftet, nachdem sie sich die griechische Sprache angeeignet hatte, und dann hat sie wohl gesagt, daß ihre Schwester von denselben Phönikern, von denen sie selbst verkauft worden sei, nach Libyen gegeben worden sei.

Tauben aber scheinen die Frauen von den Dodonaiern deshalb genannt worden zu sein, weil sie Barbarinnen waren und wie Vögel zu gurren schienen ... Sie sagen, die Taube sei schwarz gewesen; damit deuten sie an, daß die Frau eine Ägypterin war.« (II, 56, 57)

Es sei dahingestellt, ob Herodot mit seiner Vorliebe für ägyptische Kultur und Religion tatsächlich den Ursprung des Heiligtums von Dodona zutreffend überliefert. Die von Sotiris

Dakaris vertretenen Thesen sind zwar weniger phantasiereich, decken sich aber weit eher mit den Erkenntnissen, zu denen die Vergleichende Religionswissenschaft bei ähnlichen Kulten gelangte.

Dodona-Ausgräber Sotiris Dakaris bezieht sich auf prähistorische Keramikfunde, wenn er den Beginn des Kultes ins späte Frühhelladisch bis frühe Mittelhelladisch, also um das Jahr 2000 vor Christus, zurückdatiert. Er verweist dabei auf die enge Verbindung der Taube mit der kretisch-mykenischen Religion, wo die Taube als göttliches Symbol und heiliges Tier verehrt wird. Zeus wurde in Dodona erst im 13. Jahrhundert seßhaft. Die Eiche, im Griechischen *drys* genannt, hat sprachwissenschaftlich eine indogermanische Wurzel, und der Eichenkult wurde vermutlich von aus dem Norden einwandernden Thesprotern mitgebracht.

Drei unterschiedliche Kultschichten hat Dakaris in Dodona festgestellt: Am Anfang stand die Verehrung der heiligen Eiche, ihr folgte der Kult der Erdgöttin Ge, und schließlich verband sich in dem 13. Jahrhundert die Verehrung der heiligen Eiche mit dem Zeus-Kult. Dem widerspricht jedoch der Dubliner Althistoriker Herbert W. Parke, wenn er sagt: »Wir müssen nicht annehmen, so wie einige Wissenschaftler das getan haben, daß in Dodona in früherer Zeit ein Kult der Mutter Erde existiert habe. Denn es gibt keinen Beweis für das frühere Vorhandensein einer weiblichen Gottheit, wie das wahrscheinlich in Olympia der Fall war. In klassischer Zeit hatte Zeus in Epirus eine Gefährtin, Dione, aber das alles deutet darauf hin, daß sie unabhängig von ihm existiert hat.«

Die Herkunft und Namen der Götter von Dodona waren schon zu Herodots Zeiten umstritten. So erzählt der Weltreisende aus dem 4. Jahrhundert v. Chr., die in Dodona verehrten Gottheiten hätten anfangs nicht einmal Namen gehabt, man habe sogar erst das Orakel nach dem Namen der anwesenden

Gottheiten befragen müssen, und diese seien Götter aus Ägypten gewesen. Herodot schreibt: »Als sich nun die Pelasger in Dodona erkundigten, ob sie die Götternamen annehmen sollten, die von den Barbaren kämen, antwortete das Orakel mit Ja.« (II, 52) Von den Priesterinnen in Dodona will Herodot auch erfahren haben, daß erst Homer und Hesiod den Göttern griechische Namen gegeben hätten.

Der umstrittene Götterkult ist eigentlich nur ein Beweis für seinen prähistorischen Ursprung, der keine philologischen Quellen hinterlassen hat. Und Sotiris Dakaris meint: »Die Erforschung des Heiligtums in Dodona ist deshalb von so besonderem Interesse, weil man sich hier an die Wurzel des ursprünglich Griechischen geführt sieht, bevor die Kultur aus dem Süden darauf Einfluß nahm.« Mag sein, daß der von Professor Dakaris angenommene Kult der Erdgöttin Ge in Dodona nicht nachweisbar ist, daß ein archaisches Baumheiligtum in späterer Zeit von einer Hochgottheit okkupiert wurde, es ist jedoch ein Vorgang, für den es in der Religionsgeschichte zahlreiche Parallelen gibt. Das, was sich in frühester Zeit in Dodona abspielte, ist aber auch aus einem anderen Grund einmalig in der gesamten antiken Welt; denn nirgends kam im Zusammenhang mit den Orakeln den Ohren eine so bedeutende Rolle zu. Wie haben wir uns den Vorgang der Orakelbefragung vorzustellen?

Fragen ohne Antwort

Der Klient, der den Zeus von Dodona um Rat anging, konnte in der Regel nur mit einer Ja- oder Nein-Antwort rechnen. Entsprechend mußte er also seine Frage formulieren: »Soll ich diese Frau heiraten?« – »Ist es besser, diese Reise anzutreten?« Nur in Ausnahmefällen, wenn der Fragesteller prominent war oder wenn er seine Bedeutung durch kostbare Votivgaben oder Naturalspenden dokumentiert hatte, stellte er eine Frage, deren Antwort formuliert werden mußte. Schon aus Zeitgründen war diese Möglichkeit selten.

Für gewöhnlich überreichte ein Priester dem Orakelsuchenden beim Betreten des heiligen Bezirkes ein unbeschriftetes Bleiplättchen, auf dem dieser seine Frage selbst zu formulieren hatte. Der »Zettel« aus dünn gewalztem Blei wurde, nachdem die Frage mit einem Stift eingekratzt war, in der Mitte gefaltet und auf der unbeschriebenen Rückseite mit einer Nummer oder den Namensinitialen versehen. Dieses Los legte der Priester zusammen mit anderen zusammengefalteten Fragen in einen Krug, den er dann vor die weissagende Sibylle hinstellte.

Wie das im einzelnen vor sich ging, wissen wir nicht. Kein einziger antiker Schriftsteller war so aufgeklärt, den eigentlichen Vorgang der Prophetie zu beschreiben. Doch es bedarf keiner allzu großen Phantasie sich vorzustellen, wie die Prophetin, dem Rauschen der heiligen Eiche von Dodona lauschend, eine Frage nach der anderen aus dem Krug zog, das von ihr erlauschte Ja oder Nein sprach und das gefaltete Bleiplättchen dem assistierenden Priester weiterreichte, der dann ja oder nein darauf kritzelte.

»Dieses System«, schreibt Herbert W. Parke, »fand bereits Anwendung, noch bevor Herodot Dodona besuchte, und es findet seinen Beweis in der großen Anzahl Bleitäfelchen, die am Ende des 6. oder zu Beginn des 5. Jahrhunderts auftauchen. In Verbindung mit den zahlreichen Weihegeschenken deuten diese Täfelchen auf ein blühendes Geschäft hin. Offensichtlich wurden sie nach der Befragung von den Priestern zurückbehalten, oft wurden sie nicht einmal gefaltet und für nachfolgende Klienten wieder blankpoliert. Daher sind eine große Anzahl der Platten Palimpseste [wiederverwendete Stükke] mit Spuren verschiedener vorangegangener Fragen.«

Das Verhältnis von Priestern und Priesterinnen beim speziellen Vorgang der Weissagung ist weitgehend ungeklärt, jedenfalls haben weder Historiker noch Archäologen bisher den Beweis erbracht, wer als eigentlicher Prophet auftrat. Nach einem Bericht der Suda, des umfangreichsten byzantinischen Konversationslexikons, fungierten Priester*innen* als Propheten. In dem Werk aus dem 10. Jahrhundert n. Chr. heißt es wörtlich: »Eine Stadt im thesprotischen Pelagien, wo eine Eiche stand, war ein Orakelzentrum für weibliche Propheten. Wenn man, um sie zu befragen, die Orakelstätte betrat, kam die Eiche wahrlich in Bewegung und gab einen Ton von sich, und die Frauen erhoben ihre Stimme: So also spricht Zeus ...«

Wie sich die Äste der Eiche bewegten, ob durch irgendwelche Manipulationen wie im benachbarten Totenorakel von Ephyra oder wirklich nur durch den das Tal durchfächelnden Wind, das bleibt Spekulation. Uns fehlen auch Hinweise auf die Art der Geräusche, ob es sich wirklich nur um das Rauschen der Blätter handelte oder ob das Geräusch mit allerlei in den Ästen aufgehängten Lärminstrumenten angereichert wurde. Ebenso bleibt ungeklärt, ob die Priesterinnen beim Vorgang der Weissagung in Trance versetzt wurden wie in Delphi, ob sie die frommen Opfer von Halluzinationen wurden oder ob sie diesen Zustand nur spielten.

Ovid (43 v. Chr. – 17 n. Chr.), der bedeutendste römische Erzähler, berichtet in seinen *Metamorphosen* von dem gerechten Göttersohn und König von Ägina, Äacus, der bei einer Pestepidemie alle seine Untertanen verloren hat. Und er flicht dabei eine Szene ein, in der er unzweifelhaft auf die Orakelprozedur von Dodona anspielt. Da erzählt Äacus im 7. Buch (622–635):

»Neben mir stand zur Zeit breitästig ein seltener Eichbaum:
Jupiter war er geweiht und gekeimt von dodonischem Samen.
Daran nahmen wir wahr Ameisen in langem Gewimmel,

Wie sie in winzigem Mund forttrugen gewaltige Körner
Und gleichmäßigen Pfad an der runzligen Rinde verfolgten.
Mich nahm Wunder die Zahl, und ich sprach: »Laß, gütigster Vater,
Soviel Bürger erstehn zum Ersatz den entvölkerten Mauern.«
Sieh', da zittert und rauscht ohn' irgendein Wehen, die Äste
Regend der mächtige Stamm. Schreck hielt mich gebannt, und ein Schauer
Schüttelte mich, und das Haar war steil. Doch deckt' ich mit Küssen
Brünstig die Erd' und das Holz, und ohne sie recht zu gestehen,
Gab ich der Hoffnung mich hin und nährte den Wunsch im Gemüte.
Nacht nun wird's, und den Leib, den quälende Sorgen ermüdet,
Fesselt der Schlaf ...«

Das Rauschen der Eiche versetzte den Äacus offensichtlich in Trance, er schlief ein, so wie es möglicherweise die Priesterinnen von Dodona taten. In diesem trancehaften Zustand hatte er einen Traum, der nach dem Erwachen Wahrheit wurde: König Äacus fand ein neues Untertanenvolk, die Myrmidonen. Das ist Dichtung, Fiktion, und doch in Details der Realität abgeschaut. Vor allem die Eiche »von dodonischem Samen« ist sicher kein Zufall.

Diese Eiche hat Forscher ganz verschiedener Fachrichtungen zusammengeführt. Nachdem Archäologen das Fälldatum der Zeus-Eiche von Dodona im Jahre 392 n. Chr. dokumentieren konnten, stellten sie den Botanikern die Frage, wie alt denn dieser Laubbaum überhaupt werden könne. 500 Jahre war die Antwort, doch sie warf neue Fragen auf: In der antiken Literatur ist immer nur von *einer* heiligen Eiche die Rede. Das haben auch die Grabungen im Zeus-Tempel bestätigt, wo nur die Wurzeln eines einzigen Baumes ihre Spuren hinterlassen hatten. Selbst wenn die Eiche von Dodona, als sie gefällt wurde, schon altersschwach war, muß sie im 1. oder 2. Jahrhundert v. Chr. gepflanzt worden sein. Jedenfalls konnte jene Eiche, die gefällt wurde, als das Ende von Dodona gekommen war, unmöglich zur Zeit des Trojanischen Krieges als Orakel gedient haben. Ein solcher Baum wäre eineinhalbtausend Jahre alt gewesen. Es muß in Dodona also mindestens zwei oder drei heilige Eichen gegeben haben. Doch ein solcher Baum bedarf mehrerer Jahrzehnte, bis er seine stattliche Höhe erreicht hat, und da die Eiche immer an derselben Stelle stand, erhebt sich die Frage: Welches Hilfsmittel gebrauchten die Priester, während das Bäumchen zum Baum wurde? War das Heulen von Gongs ein Ersatz für das verstummte Rauschen der heiligen Eiche?

Klagelaute aus dem Kessel

Es mutet schon seltsam an, wenn die Priesterinnen und Priester Stimmen aus dem Rauschen der heiligen Eiche zu hören glaubten; die ungewöhnlichste Einrichtung waren jedoch die Gongs von Dodona. Obwohl mehrere antike Schriftsteller davon berichteten, erachteten Historiker ihre Existenz lange Zeit als fragwürdig, so ungewöhnlich und exotisch war ihre Beschreibung. Doch dann förderten die Ausgräber Demetrios Evangelides und Sotiris Dakaris mehrere Fragmente dieser Gongs zutage. Heute besteht kein Zweifel mehr an der Richtigkeit der historischen Angaben: In Dodona wurden ein halbes Jahrtausend vor Christus künstliche Stimmen produziert!

Bis gegen Ende des 5. vorchristlichen Jahrhunderts war das Eichenorakel des Zeus nicht einmal von einer steinernen Mauer umgeben. Dreifüßige Gestelle, von denen jedes einen Bronzekessel trug, bildeten, eng aneinandergereiht, einen Zaun. Ein schmaler Durchlaß war ausgespart. Betrat der Be-

Rekonstruktion der »Korkyräischen Peitsche« von Dodona

sucher durch diesen Eingang den Bezirk der heiligen Eiche, so berührte er zwangsläufig links oder rechts einen Kessel. Der Ton, den er dabei verursachte, klang wie ein Gongschlag und brachte die gesamte Kesselreihe zum Schwingen. Und da kaum ein Kessel genauso groß war wie der andere, brachte jeder einen anderen Ton hervor. Fuhr gar der Wind in die nach oben offenen Hohlkörper, so war ein nicht endenwollendes Jaulen und Heulen zu vernehmen. Die vokal- und diphthongreiche griechische Sprache mit ihren Ouououou-, Oioioi- und Auauau-Silben bot den Orakelpriestern zahllose Ansätze zur sprachlichen Interpretation. Einmal zum Tönen gebracht, hielt das Geräusch lange an. Die Griechen leiteten davon ein oft gebrauchtes Sprichwort ab, etwa vergleichbar unserem »Reden wie ein Wasserfall«, sie nannten einen Dauerredner »geschwätzig wie die Bronzebecken von Dodona«.

Die weissagende Funktion der Gongs von Dodona, abgeleitet aus dem Klang der Bronzebecken, ist gewiß durch Zufall entstanden. Ursprünglich sollten diese Töne – und die Aufstellung als Zaun bestätigt das – das Böse abwehren, ein Schutzschild für Zeus. Erst als man Stimmen zu erkennen glaubte, lauter und deutlicher als das Rauschen der Eiche, wurde den Gongs von Dodona eine wahrsagende Funktion zuerkannt.

Vermutlich später, möglicherweise aber auch parallel dazu gab es in Dodona ein zweites Windspiel: Zwei dicht beieinander stehende Säulen trugen einen großen Bronzekessel und die Statue eines Knaben. Der Knabe hielt eine Peitsche in der Hand, anstelle eines Riemens war eine Kette angebracht. Sie hing in den Bronzekessel herab. Schon ein leichter Windstoß schwang die Kette an den Kesselrand und brachte das Bronzegebilde zum Tönen. Das technische Wunderwerk war ein Präsent der Korkyräer, der Bewohner der Insel Korfu, an das Orakel. Daß dieses tönende Gerät ebenfalls in Betrieb gesetzt wurde, darf als sicher gelten, weil es ebenfalls Gegenstand eines Sprichwortes wurde: »Du redest wie eine korkyräische Peitsche« hatte denselben Sinn wie die »Geschwätzigkeit der Bronzebecken von Dodona«.

Das Heulen und Jammern seiner Bronzekessel machte Dodona weltberühmt. Immer mehr Menschen strömten in das abgelegene Gebirgstal und bestürmten die Seller mit Fragen: »Sage mir, Zeus ...«

Dodona erlangt Weltruf

Das erste feste Gebäude von Dodona war ein kleiner, nur vier mal sechs Meter großer Tempel des Zeus, fensterlos, in dem offensichtlich eine Götterstatue und die Weihegeschenke der Klienten aufgestellt waren. Er entstand um das Jahr 400 v. Chr. Dieses Tempelchen lag im Schatten der heiligen Eiche, darum herum hausten die Priesterinnen und Priester in primitiven Hütten. Etwa ein halbes Jahrhundert später wurde der Heilige Bezirk mit einer niedrigen Umfassungsmauer eingesäumt. Zur selben Zeit scheint der aus Bronzekesseln gebaute Zaun demontiert worden zu sein, er machte dem repräsentativeren Gerät mit der korkyräischen Peitsche Platz.

Geplant war, Dodona zu einem der sechs prachtvollsten Heiligtümer Griechenlands auszubauen. Alexander der Große hatte die Pläne bereits in der Tasche. Kostenvoranschlag: 1500 Talente oder neun Millionen attische Drachmen. Der Grund: Alexanders Mutter Olympias stammte aus der Gegend, aus Epirus. Doch der große Alexander starb unerwartet, das Projekt geriet in Vergessenheit. Erst Pyrrhus, der König von Epirus, erinnerte sich der alexandrischen Pläne, baute um das Zeus-Tempelchen eine Säulenhalle, nicht weit entfernt ein Buleuterion, eine 32 mal 40 Meter große Versammlungshalle; das Prytaneion, ein Haus für Priester und hohe Gäste, wurde renoviert. Pyrrhus brachte auch neue Götter nach Dodona, jedenfalls erhielten sie nun erstmals Kulträume: Dione, die schöne Gattin des Zeus, Herakles, der ungebärdige Sohn des Zeus, Themis, die Ex-Frau des Zeus, und Aphrodite, die liebreizende Tochter des Zeus und der Dione.

Welchen Zulauf das Orakel von Dodona inzwischen hatte, zeigt das Theater, das gleich am Eingang des Heiligen Bezirks aus dem Boden gestampft wurde. Es bot 20 000 Zuschauern Platz und ist heute der weithin sichtbare Beweis für die schier unglaublichen Leistungen der Archäologen. Denn was hier im

Laufe dieses Jahrhunderts geschehen ist, mag am besten die Tagebucheintragung des Globetrotters Alfred Schiff dokumentieren, der am 21. September 1899 notierte: »Wogende Kornfelder wuchsen über dem Theater, und die Umrisse der Ruinen waren nur schwer zu erkennen.« Schiff verließ die berühmte Stätte mit den Worten: »Lassen wir Dodona zurück in seinem Schlaf. Eines Tages wird seine Zeit kommen.«

Die Zeit kam, und heute können wir aufgrund archäologischer Forschungsergebnisse die Zeit Dodonas als Nationalheiligtum von Epirus lückenlos rekonstruieren. Sotiris Dakaris grub Beweisstücke für die Richtigkeit der Angaben des hellenistischen Geschichtsschreibers Polybios aus. Polybios, ein Historiker, der die gesamte spätere Geschichtsschreibung wesentlich beeinflußt hat, wurde um 200 v. Chr. geboren und starb mit 82 Jahren nach einem Sturz vom Pferd. Er berichtet vom Überfall der Aitoler auf Dodona im Jahre 219 v. Chr. Die Aitoler waren ein wildes Hirtenvolk, das im westlichen Mittelgriechenland in Nachbarschaft zu Dodona hauste. Der Not gehorchend gingen sie von Zeit zu Zeit auf Beutezüge, und sie verschonten dabei nicht einmal Delphi (279 v. Chr.), das sie damit allerdings wiederum vor den anrückenden Kelten bewahrten.

Dodona kam nicht so gut weg, sie brannten es nieder, raubten oder zerstörten die Weihegeschenke. Darunter zwei Bronzestatuen epirotischer Generale, die an der Ostseite des Buleuterions aufgestellt waren. Professor Dakaris fand Bruchstücke an dieser Stelle, und er fand auch die Bestätigung dafür, daß die Aitoler den Orakeltempel des Zeus nicht anzuzünden gewagt haben. Denn er trägt als einziges Gebäude keine Brandspuren. Auch die heilige Eiche blieb von den Flammen verschont, das bezeugen spätere antike Schriftsteller.

Aber wie das so ist in der Geschichte: Verbrennst du mein Heiligtum, verbrenne ich dein Heiligtum. Philipp V. von Makedonien, mit dem die Epiroten im Bunde standen, rächte den aitolischen Überfall im darauffolgenden Jahr auf furchtbare

Weise. Er machte Thermos, das Nationalheiligtum der Aitoler, den Sitz des Aitolischen Bundes, dem Erdboden gleich. Tempel und öffentliche Gebäude wurden niedergebrannt, mehr als 2000 Weihestatuen zerschlagen, nur die Götterstatuen blieben verschont. Die Beute an Geld und Gold war so groß, daß Philipp damit seine heilige Stadt Dion am Fuß des Olymp und die Epiroten den heiligen Bezirk von Dodona wiederaufbauen konnten, größer und schöner als zuvor.

»Der neue Tempel«, sagt Professor Dakaris, »war bedeutend größer, mit einem Propylon mit ionischen Säulen an der Fassade und einem Adyton hinter der Cella. Um die geweihte Eiche wurde wiederum ein Säulengang in Form eines offenen Rechteckes gezogen. Den alten Dione-Tempel und das Prytaneion gab man auf, andere wurden restauriert und ein neuer, schönerer Tempel für die Gemahlin des Zeus errichtet. Die beiden wichtigsten Göttinnen in Dodona, Dione und Themis, treten hinter Zeus etwas zurück, was in der Anlage ihrer Tempel zum Ausdruck kommt.«

Damit begann die Blütezeit Dodonas. In einem vor dem Theater neu angelegten Stadion wurden von nun an alljährlich die Naien, Wettkämpfe zu Ehren des Zeus, veranstaltet. Die berühmtesten Bildhauer der Zeit schufen Skulpturen, mit denen die Fassade des Buleuterions und das Zeus-Heiligtum geschmückt wurden. Unter ihnen Athenogenes von Argos, dessen Werken wir auch in Epidauros begegnen. Dodona, das Orakel-Provisorium in den Bergen, hatte sich zu einer attraktiven Wahrsagestätte gewandelt.

Mit den Römern kam das Ende

Aber der Glanz war nur von kurzer Dauer. 167 v. Chr. zerstörten die Römer das Heiligtum zusammen mit 69 anderen Ortschaften. Es war jene Vergeltungsaktion, der auch das Totenorakel von Ephyra zum Opfer fiel. 20 Jahre versuchten die Dodoner wieder aufzubauen, was von den Römern an einem Tag, vier Stunden nach Sonnenaufgang, zerstört worden war.

Das Orakel lieferte wieder seine Weissagungen. Die Römer erteilten Dodona später sogar das Münzrecht, aber der alte Glanz war dahin. Als Mithradates 86 v. Chr. auf einem Beutezug Epirus plünderte, schien das Schicksal des Orakels von Dodona endgültig besiegelt. Doch aufgrund anhaltender Nachfrage stellte das Orakel seinen Betrieb nicht ein. Wir wissen nicht, wie dieser weiter vonstatten ging, wir erfahren nur, daß die Klienten wieder nach Dodona strömten.

Erst mit dem sich ausbreitenden Christentum ließ der Zustrom nach, und das Heiligtum begann allmählich zu veröden. Dodona wurde Bischofssitz, Fragen nach der Zukunft wurden von nun an anders beantwortet.

Noch heute birgt das Orakel von Dodona viele Geheimnisse. Geheimnisse, die wohl nie mehr an Ort und Stelle geklärt werden können. Ich spürte wohl, daß ich dem Phänomen Orakel näher gekommen war; aber die Lösung lag noch in weiter Ferne. Wo aber lag die Lösung? Welches Orakel gab sein Geheimnis, das eigentliche Orakelgeheimnis, preis?

Herodot hatte eine Spur gelegt. Seine Bemerkung, daß Dodona, ja alle Wahrsagestätten, ihren Ursprung in Ägypten hätten, legte nahe, diesem Hinweis einmal nachzugehen.

III.

Die Propheten der Oase Siwa

Keinen Tempel der Pracht erbauten ihm
Libyens Völker,
Und das geweihte Gerät glänzt nicht von
indischen Steinen.
Arm, nach früherer Zeit geheiligter Sitte,
bewohnet,
Nicht von Schätzen entehrt, der Gott uralter
Geschlechter
»Ein bescheidenes Haus ...«
Lucanus, römischer Epiker (*Pharsalia* 9, 515)

Die Gründung der Orakelstätte geht keinesfalls in die 18. Dynastie zurück. Gewiß lassen sich Spuren ägyptischen Orakelwesens bis an den Anfang des Neuen Reiches verfolgen, aber erst in der Zeit des absterbenden Ägyptertums seit der 20. Dynastie hat die Priesterschaft des Amun von Theben sich dieses Machtmittel zu eigen gemacht und ihren Gott zu einem Orakelgott ersten Ranges werden lassen.
Georg Steindorff, Archäologe

Das Orakel von Siwa wurde mit einem einzigen Spruch im Jahre 450 v. Chr. auf der ganzen Welt berühmt. Kimon, der Sohn des Miltiades, einer der bedeutendsten Staatsmänner und Feldherrn von Athen, schickte, als er mit seiner Flotte die Insel Zypern belagerte, eine Abordnung zum Orakel des Amun in der Oase Siwa. Plutarch erzählt (*Kim.* 18),

Kimon habe »gewisse geheime Angelegenheiten« erfahren wollen.

Daß Kimon nicht das Orakel von Delphi anrief, hatte seinen Grund: Bei der Belagerung Zyperns war von den Griechen in Ägypten ein Stützpunkt eingerichtet worden, und die Eroberung der Mittelmeerinsel war eigentlich nur eine Frage der Zeit. Es ist auch nie geklärt worden, was Kimon vom Amun-Orakel erfahren wollte. Denn, so Plutarch, das Orakel gab auf die Frage der griechischen Gesandten keine Antwort. Es forderte sie vielmehr auf umzukehren, weil Kimon bereits zu Amun gegangen sei.

Erst als die Griechen ins Lager zurückkamen, wurde ihnen die Bedeutung des Spruches klar. Mit Entsetzen vernahmen sie die Kunde, daß Kimon bei der Belagerung der zyprischen Stadt Kition kampflos gestorben war. Nachdem sie das Todesdatum gehört hatten, fiel es ihnen wie Schuppen von den Augen: Ihr Feldherr war genau an jenem Tag gestorben, an dem sie in der Amun-Oase den rätselhaften Spruch empfangen hatten.

Diese furchtbare Antwort des Orakels, bei der kein fauler Trick möglich war, verbreitete sich wie ein Lauffeuer über ganz Griechenland, und man kann sich vorstellen, daß die Priester von Dodona und Delphi nicht gerade begeistert waren, als sie davon hörten. Denn von nun an hatten sich mit einem Mal *drei* Orakelstätten das einträgliche Geschäft mit dem Zukunftshunger griechischer Fragesteller zu teilen: Dodona, Delphi und Siwa.

Siwa war in der Tat hoffähig geworden. Aristophanes, der bissige Komödienschreiber, erwähnte 36 Jahre nach dem spektakulären Kimon-Orakel Amun von Siwa in seinem Werk *Die Vögel* gleichberechtigt neben Zeus von Dodona und Apollon von Delphi. Zweifellos hatte das Amun-Orakel damit seine Schlappe, die es wie alle anderen Orakelstätten – bis auf Delphi – beim Orakeltest des Krösus erlitten hatte, wieder wettgemacht.

Siwas Renommee wuchs im gleichen Maße, wie das der griechischen Orakel zu sinken begann. Abgesandte aus aller Herren Länder nahmen den beschwerlichen Weg durch die Libysche Wüste auf sich und brachten kostbare Weihegaben, um von Amun die Zukunft geweissagt zu erhalten. Siwa war das Mode-Orakel des 4. Jahrhunderts v. Chr. Weder Athener, Spartaner, Makedonen noch die reichen kleinasiatischen Handelsstädte konnten sich dem Trend entziehen.

Der eingeführte Gott Amun fand neue Verehrer im griechischen Theben, wo der Dichter Pindar dem Gott eine Statue stiftete; im arkadischen Megalopolis wurde ebenfalls eine Amun-Statue errichtet; in Sparta stand nahe dem Athene-Tempel einer, der dem Amun geweiht war. Dies alles ruft um so mehr Erstaunen hervor, als die Griechen seit dem 7. Jahrhundert v. Chr. ausländische Götter mit den entsprechenden griechischen Gottheiten gleichzusetzen begannen, und Amun entsprach eben dem Zeus. Wenn Amun also trotz dieses weitverbreiteten Bewußtseins in Griechenland als eigenständiger Gott verehrt wurde, so unterstreicht dies nur seine Beliebtheit und Bedeutung.

Nur so ist auch der spektakuläre Besuch Alexanders des Großen in der Oase Siwa und der bis heute geheimgebliebene Orakelspruch zu verstehen, ein Spruch, der womöglich Weltgeschichte machte, obwohl ihn nur ein einziger Mensch kannte – und der nahm ihn mit ins Grab.

Weissagungen um Alexander den Großen

»Wenn ich in diesem Buch das Leben des Königs Alexander ... beschreiben will, so darf ich bei der Menge der vorliegenden Taten weiter nichts vorausschicken, als daß ich meine Leser um Entschuldigung bitte, wenn ich nicht alle Ruhmestaten genau und ausführlich berichte, sondern die meisten nur kurz berühre.«

So beginnt Plutarch seine Lebensbeschreibung Alexanders des Großen, und der Autor dieses Buches kann sich diesen Worten nur anschließen. Doch der Name Alexanders ist mit dem Amun-Orakel verbunden wie kein zweiter, und umgekehrt wurde kein Orakel so mit einem einzigen Namen identifiziert wie das des Amun mit Alexander. Dabei scheint heute festzustehen, daß der nicht ganz ungefährliche Abstecher Alexanders in die Libysche Wüste – er kostete den Feldherrn immerhin sechs Wochen Zeit – kein geplantes Unternehmen war, sondern spontaner Eingebung entsprang.

Alexander, seit seinem 13. Lebensjahr von dem großen Philosophen Aristoteles als Philhellene erzogen, war sehr gläubig. In seinem Leben spielten Orakelsprüche eine große Rolle. Das begann schon bei seiner Geburt, ja sogar noch vor der Zeugung. Als Alexanders Vater, Philipp von Makedonien, die schöne Olympias freite, da hatte die »in der Nacht vor ihrer Vereinigung« in der Brautkammer einen Traum: Ein Blitz schlug in ihren Leib, ein loderndes Feuer brach hervor, aber schnell, wie es entstanden war, erlosch es wieder. Philipp hatte wenige Tage nach der Hochzeit einen ebenso merkwürdigen Traum: Er drückte auf den nackten Leib seiner Angetrauten ein Siegel, und als er den Abdruck betrachtete, sah er das Bild eines Löwen.

Traumdeuter und Wahrsager am Hofe Philipps ersannen die abenteuerlichsten Theorien und waren sich allesamt einig, das könne nichts Gutes bedeuten. Nur einer, der lykische Wahrsager und Traumdeuter Aristandros von Telmessos, meinte, ganz einfach, die Königin sei schwanger, leere Gefäße pflege man schließlich nicht zu versiegeln, und sie werde einen Knaben von feurigem, löwenartigem Mute gebären.

Philipps Liebe zu Olympias kühlte übrigens nach diesem Ereignis sehr rasch ab, und Plutarch sah sich zu der denkwürdigen Bemerkung veranlaßt, »daß man ihn seitdem sehr selten mit ihr schlafen gehen sah«. Zur Ehrenrettung Philipps sei gesagt, daß die schöne Olympias auch gar seltsame Gelüste zeigte, die wohl jeden Mann abgestoßen hätten. Sie soll es mit Schlangen im Bett getrieben haben, und Philipp ließ sich auch durch die Beteuerungen seiner Frau, es handle sich bei der mächtigen Natter um einen Gott, in seinem Zorn nicht besänftigen. So absurd die Ausrede Olympias auch erscheinen mag, sie hatte einen realistischen Hintergrund: Olympias war den orphischen Mysterien und geheimen Diensten des Dionysos ergeben, bei denen Schlangen kultische Bedeutung hatten.

Philipps Gefühle für seine Frau konnte das jedoch nicht regenerieren. Er schickte seinen Vertrauten Chairon nach Delphi, um Aufklärung zu erbitten, was die Träume zu bedeuten hätten. Chairon kam mit einer ungewöhnlichen Antwort aus Delphi zurück. Die Pythia hatte seine Frage ignoriert und statt dessen empfohlen, dem Amun zu opfern und diesen Gott besonders zu verehren.

Vielleicht war das der Grund, warum sich Alexander später zu der Stippvisite nach Siwa entschloß, obwohl sein Ziel, das Perserreich, in entgegengesetzter Richtung lag.

Alexander hatte nach der Ermordung seines Vaters 355 v. Chr. als Zwanzigjähriger die Thronfolge angetreten. Hegemonie innerhalb des politisch zerrissenen Griechenlands und die Eroberung des persischen Großreiches waren seine erklärten Ziele. Als Kind des Glücks fielen ihm die Erfolge buchstäblich zu.

Bevor er gegen die Perser zu Felde zog, begab er sich persönlich nach Delphi. Apollon sollte ihn in seinem kriegerischen Entschluß bestärken. Doch Alexander traf an einem Tag ein, an dem das Orakel nicht weissagte; daraufhin schickte er zur Pythia, ob sie nicht eine Ausnahme machen könne, er sei in Eile. Die Pythia lehnte das Ansinnen des Makedonen ab, die festgesetzten Orakeltermine seien heiliges Gesetz. Da drang Alexander in das Prophetenhaus ein und zerrte die Pythia mit Gewalt zum Orakeltempel. »Du bist doch unüberwindlich!« rief die Pythia in ihrer Angst. Mehr wollte Alexander nicht hören. Er bedankte sich und verzichtete auf einen theatralischen Orakelspruch aus ihrem Munde.

Eine typische Reaktion des jugendlichen Heißsporns. Sie erinnert an eine andere Begebenheit, ebenfalls im Zusammenhang mit einem Orakel, die sich wenig später ereignete. Und wieder machte Alexander einen Ort mit einem Schlag – im wahrsten Sinne des Wortes – berühmt.

Das Orakel mit dem Gordischen Knoten

Es war im Winter 334/3 v. Chr. Auf dem Weg nach Ägypten eroberte Alexander eine kleinasiatische Stadt nach der anderen, zuletzt Gordion, die alte Metropole Phrygiens, die Residenz des legendären Königs Midas, unter dessen Händen der Sage nach alles zu Gold wurde. Midas' Vater hieß Gordios und hatte auch der Stadt ihren Namen gegeben. Er war ein biederer Landmann und wurde nach der Überlieferung durch einen Orakelspruch zum König. Der Spruch kam vielleicht aus Didyma, vielleicht aus Klaros, jedenfalls gab er Antwort auf die Frage, wen die Bewohner von Phrygien zu ihrem König machen sollten. Er lautete: »Den, den die Fragesteller auf ihrer Rückreise zuerst auf einem Wagen zum Zeus-Tempel fahren sehen.«

Der erste, der des Weges kam, war Gordios. Er wurde zum König von Phrygien gekrönt. Zur Erinnerung an dieses Ereignis ließ er den Wagen, dem er die Königswürde verdankte, im Zeus-Tempel aufstellen. Dort sah ihn Alexander der Große. Aber nicht der Wagen war es, dem sein Interesse galt, es war ein Orakelspruch, der demjenigen die Herrschaft über Asien versprach, der den überdimensionalen Knoten an der Deichsel des Wagens lösen könne. Dieser Knoten bestand aus einem irritierenden Gewirr von Kirschenbast und hielt das Joch an der Deichsel fest. Die Hauptschwierigkeit, warum es bisher keinem gelungen war, den Knoten zu lösen, lag darin, daß in dem Knoten weder Anfang noch Ende des Strickes sichtbar waren.

Alexander besah sich die Bescherung, er zögerte nicht lange, zog sein Schwert und hieb den Knoten mit einem Schlag durch. Ein heftiges Unwetter mit Blitz und Donner, das in der folgenden Nacht über Gordion herniederging, wertete Alexander als Zustimmung des Zeus, und er nannte sich von nun an »König von Asien«.

Übrigens meldete sich nach dem Vorfall ein weiser alter Mann namens Aristobulos zu Wort, den Alexander als technischen Experten für seinen Asienfeldzug angeworben hatte. Er meinte, die Lösung des Knotens wäre viel einfacher gewesen, Alexander hätte bloß den Pflock, der den Jochriemen festhielt, aus der Deichsel herauszunehmen und auf diese Weise das Joch vom Wagen zu ziehen brauchen. Aber dazu hätte es einiger Überlegungen bedurft, und wer verlangt das schon von einem Feldherrn!

Ägypten fiel dem Makedonen kampflos in die Hände, das Nilvolk hieß Alexander als Befreier von der persischen Knechtschaft willkommen. Die Priester der Hauptstadt Memphis krönten ihn zum Pharao von Ägypten. Zu Beginn des Jahres 331 v. Chr. zog er nilabwärts durch das Delta und legte nahe der antiken Stadt Rakotis den Grundstein der Stadt Alexandria, die der Baumeister Demokrates aus Rhodos nach seinen präzisen Anweisungen auf dem Reißbrett konstruierte hatte.

In diesen Tagen muß bei Alexander der Plan gereift sein, das Amun-Orakel in der Libyschen Wüste zu besuchen. Das war ein leichtsinniges Unternehmen, nicht nur wegen der Gefahren des Weges, sondern vor allem wegen Dareios. Der Perserkönig hatte sein Heer reorganisiert und brannte darauf, die Schlappe von Issos wiedergutzumachen. Wo es zur Entscheidungsschlacht kommen würde, wußte zu dieser Zeit niemand. War es Neugier, Selbstbewußtsein, oder war er über die feindlichen Aktivitäten so gut informiert: Alexander zog jedenfalls in aller Ruhe sechs Wochen durch die Wüste zum Amun-Orakel.

Das Heer, das den Feldherrn begleitete, nahm den Weg über Marsa Matruh auf der alten Karawanenstraße, die noch heute mit dem Landrover befahrbar ist. Wie bei allen seinen Unternehmen war dem großen Makedonen auch diesmal das Glück hold. Als die Wasservorräte der Truppe zur Neige gingen, brach nach der Überlieferung ein großer Regen los. Die Soldaten fingen das Wasser mit Planen auf und ergänzten ihre Vorräte. Nachdem ein Sandsturm den Weg verweht hatte, tauchten Raben am Himmel auf. Alexander befahl, den Raben zu folgen, denn er nahm an, daß die Vögel nur zu einer Oase fliegen konnten. Die Vermutung war richtig, wohlbehalten erreichte er mit seinen Leuten Siwa.

Das Geheimnis, das Alexander mit ins Grab nahm

Alexander kam unangemeldet, aber gewiß hatten Kundschafter das Jahrtausendereignis bereits gemeldet; denn als der Feldherr den Tempel erreichte, »begrüßte ihn der Oberpriester Amuns im Namen des Gottes als seines Vaters« (Plutarch, Alex. 27). Weißgekleidete Frauen und Mädchen waren angetreten und brachten Gesänge und Tänze dar. Inmitten einer feierlichen Prozession wurde Alexander durch die Tempelanlage geleitet.

Seine Männer waren Zeuge, als Alexander an den Oberpriester des Orakels die Frage richtete: »Ist auch keiner der Mörder meines Vaters seiner Strafe entgangen?«

Darauf der Priester mahnend: »Drücke dich behutsamer aus; denn du hast keinen sterblichen Vater!«

Alexander formulierte seine Frage neu: »Hat der Gott alle Mörder Philipps der gerechten Strafe zugeführt?«

Jetzt antwortete der Priester: »Philipp hat volle Genugtuung erhalten.«

Ob ihm der Gott zugestehe, Herr über alle Völker zu werden, wollte Alexander wissen.

Der Oberpriester antwortete, dies sei ihm bewilligt.

Da, berichtet Plutarch, brachte er dem Gott Amun prächtige Weihegeschenke dar, und die Einwohner wurden mit Geld überhäuft.

Schließlich sollten auch einige Leute aus der Begleitung des Feldherrn Gelegenheit haben, das Orakel zu befragen. Und als einer wissen wollte, ob sie ihren König als Gott verehren dürften, antwortete Amun, das würde ihm gefallen.

Es ist nicht überliefert, wie lange sich Alexander am Ort des Orakels aufhielt, fest steht jedoch, daß er das Orakelheiligtum noch einmal ganz allein aufsuchte. Die Frage, die er dabei stellte, wie die Antwort, die ihm zuteil wurde, sind ein großes Geheimnis der Geschichte.

Als er aus der Orakelzelle heraustrat, fragten seine Begleiter, welchen Spruch er empfangen habe. Doch Alexander sagte nur, er habe gehört, was er habe hören wollen.

Seiner Mutter Olympias schrieb er in einem mysteriösen Brief, »er habe einige geheime Weissagungen bekommen« (Plutarch, *Alex.* 27), bei seiner Rückkehr wolle er sie ihr allein enthüllen. Was immer ihm prophezeit worden sein mag, er nahm das Geheimnis mit ins Grab. Alexander starb 323 in Babylon, seine Mutter hat er nie wiedergesehen.

Hatte das Orakel von Gordion seinen Glauben gefestigt, er sei der König von Asien, so bestärkte ihn das Amun-Orakel in der Zuversicht, er sei göttlicher Herkunft, und die Amun-Verehrung nahm in seinem kurzen Leben breiten Raum ein. Alexander sagte vor seinem Tod einem Freund, er wolle nahe dem Amuntempel von Siwa bestattet werden. Die Nachwelt erfüllte ihm diesen Wunsch jedoch nicht.

Wohl aus Furcht vor Plünderungen in der schutzlosen Wüste ließ Ptolemäus I., der Heerführer Alexanders und spätere Satrap von Ägypten, in seiner Stadtgründung Alexandria ein monumentales Mausoleum errichten. Doch dem Zulauf der Gläubigen in der Wüste tat dies keinen Abbruch.

Spurensuche nach dem legendären Orakel

Auf der Spurensuche nach dem legendären Orakelheiligtum in der Libyschen Wüste besteigen wir in Alexandria den Wüstenexpreß nach Marsa Matruh. Die ägyptische Eisenbahn fährt die 290 Kilometer lange Strecke zu der westlichsten Hafenstadt des Landes in gut fünf Stunden, und der Reisende ist erstaunt, fernab der Zivilisation einen aufstrebenden Badeort anzutreffen. Hotels mit zugkräftigen Namen wie »Lido«, »Riviera« oder »Miami« können zwar mit entsprechenden Etablissements in Europa nicht konkurrieren, dafür ist die Landschaft mit gelben Dünen und Felsendurchbrüchen um so eindrucksvoller.

Das Begehren eines Besuches der Oase Siwa wird dem Fremden in der Kanzlei des Gouverneurs mit Stempel bescheinigt und gegen geringe Gebühr gestattet, Road Pass Permission. »Inschallah, misa fadlak. Wenn es Allah gefällt, bitte!«

Obwohl die ersten 125 Kilometer des Weges asphaltiert sind, werde man schon acht bis zehn Stunden für die 300 Kilometer brauchen, meint der Fahrer des Landrovers. Zwei Kanister Benzin und einer mit Wasser sollen jedes Risiko ausschließen. Dann geht es los, immer nach Westen, am Flugplatz vorbei, nach Sidi el-Barani. Weiter immer nach Süden, von Zisterne zu Zisterne, die hier Bir heißen: Bir el-Kanayes, Bir el-Glaz, Bir el-Helou, Bir el-Istabi, Bir Fouad, Bir el-Noss. Nach 149 Kilometern, der Hälfte des Weges, Pause für Mensch und Motor. Von der asphaltierten Piste ist nun nur noch ein staubiger Wüstenweg übriggeblieben, der von surrenden Telegraphenstangen markiert wird. Weiter. Bir el-Bacour, dann scheint der Weg zu Ende, nur noch Wüste. Aber kein Murren, Alexander der Große legte dieselbe Strecke zu

Pferd zurück, seine Soldaten zu Fuß. Dann auf einmal nach 280 Kilometern mitten in der Wüste ein Flugplatz. Wir haben wieder Asphalt unter den Rädern, Siwa taucht auf, geschafft.

Siwa, das altägyptische Sekhetam, das Palmenland, sieht heute gewiß nicht viel anders aus als zu Zeiten Alexanders des Großen. Die 50 Kilometer lange, vier bis sechs Kilometer breite Oase, 24 Meter unter dem Wasserspiegel des Mittelmeeres gelegen, ist ein »Geschenk der Quellen«. Tausend solcher Quellen sollen es in der Antike gewesen sein, heute zählt man noch 200. Sie bewässern 200 000 Dattelpalmen und 40 000 Olivenbäume und sind die Lebensvoraussetzung für die 6000 Einwohner, die sich auf die Ortschaften Siwa, Aghurmi, Khamisa, El-Maragi, Zeitun, Abu Shuruf und Karet Umm-el-Soghayyar verteilen.

Siwa selbst ist nicht der Ort, der von Alexander besucht wurde, der liegt drei Kilometer entfernt und heißt heute Aghurmi. Ruft man den Historiker Diodor zu Hilfe, so erhält man eine auch heute noch gültige Beschreibung der örtlichen Verhältnisse, jedenfalls künden Ruinen davon.

»Die Bewohner der Amun-Oase wohnen in Dörfern; inmitten der Oase liegt die Burg, die mit dreifachen Mauern befestigt ist. Von dieser umschließt die erste Umfassungsmauer das Schloß der alten Fürsten; die zweite den Frauenhof, die Wohnungen der Kinder, der Weiber und Verwandten, sowie die Wachtlokale der Besatzung, endlich die Kapelle der Gottheit und die heilige Quelle, an der die Opfer für den Gott gereinigt werden; die dritte die Baracken für die Soldaten und die Wachtlokale für die fürstliche Leibgarde. Außerhalb der Burg liegt in nicht zu weiter Entfernung ein zweiter Tempel des Amun im Schatten zahlreicher großer Bäume. In seiner Nähe befindet sich eine Quelle, die wegen ihrer Beschaffenheit die ›Sonnenquelle‹ heißt.« (Diodor XVII 50, 3, 4)

Dies ist eine der wenigen Textstellen, die den Forschern vergangener Jahrhunderte bei der Suche nach dem Amun-Orakel behilflich waren. Das Heiligtum war nämlich tausend Jahre lang von allen Landkarten verschwunden, der Ort existierte nur in der Literatur, wo er sich verbarg, das wußte niemand mehr.

Das harte Los der Entdecker

24. Februar 1792: In Alexandria heuert ein hellhäutiger Mamluke bei einer Karawane an. Er will die Kaufleute bei ihrem riskanten Wüstenritt nach Libyen begleiten. Was die Araber nicht wissen: Der Fremde ist kein Mann türkischer Abstammung und mohammedanischen Glaubens, sondern Engländer und Christ. Die Karawanenteilnehmer haben sein Geheimnis nie erfahren.

Aber das war die einzige Möglichkeit für einen Europäer, die sagenhaften Oasen in der Libyschen Wüste wiederzuentdecken. Er hieß W. G. Browne und war das, was man einen Globetrotter nannte. Browne erreichte die Oase Siwa, wo die Leute mit Steinen nach ihm warfen und vier oder fünf Scheichs über ebenso viele rivalisierende Dörfer herrschten. Obwohl er in einem Ort, dessen Name ihm als Umm-Ebeida genannt wurde, Ruinen mit Wandreliefs von Isis und Anubis entdeckte, war er nicht sicher, ob er das berühmte Amun-Orakel gefunden hatte. Nach drei Tagen machte er sich auf den Rückweg, und er wäre, so unglaublich das klingen mag, dabei beinahe ertrunken. Browne erreichte nämlich nach zwei Tagen Weges den Salzsee von Arashia und versuchte auf seinem Pferd die in der Mitte des Gewässers gelegene Insel zu erreichen. Auf halbem Wege strauchelten Pferd und Reiter, mit letzter Kraft konnten sich beide retten.

Die Nachrichten, die Browne aus der Wüste mitbrachte und später auch als Buch veröffentlichte, machte die London African Association, einen vornehmen Club, der sich die Erforschung des Schwarzen Erdteils zum Ziel gesetzt hatte, neugierig. Abenteurer aus ganz Europa verschrieben sich damals dieser feinen Gesellschaft gegen Monatssalär und durchforschten unentdeckte Teile der Welt.

Einer davon war der Deutsche Friedrich Konrad Hornemann aus Hildesheim, ein Draufgänger, dem es eine Lust war, im Alter von 26 Jahren für die Londoner Society durch Afrika zu streifen. Bei seiner Ankunft in Ägypten war Napoleon gerade im Begriff, sein ägyptisches Abenteuer in Angriff zu nehmen. Fasziniert von den Plänen des jungen Deutschen händigte der große Korse ihm ein persönliches Schreiben aus. Was sein Autogramm im Norden Afrikas nützen sollte, bedachte Napoleon wohl nicht, aber an kleine Dinge denken große Männer meist zuallerletzt.

Ähnlich wie sein Vorläufer Browne zog Hornemann mit einer Pilgerkarawane, als Moslem verkleidet, von Kairo aus los. Er erreichte Siwa am 21. September 1798 nach 16tägiger Reise. Während die Pilgerschar pausierte, machte der Deutsche Skizzen und Notizen, vor allem von den Gebäuderesten des Tempels von Aghurmi. Acht Tage blieben ihm, dann brach die Karawane nach Westen auf.

Doch Hornemann und die frommen Pilger hatten kaum die Oase hinter sich gelassen, da wurden sie von einer berittenen Truppe eingeholt. Die Reiter forderten die Herausgabe des Mannes, der sich so eingehend mit den antiken Ruinen beschäftigt hatte. Er könne unmöglich ein Moslem sein, und deshalb müsse er sterben.

Hornemann beteuerte mit Händen und Füßen seinen Glauben zu Allah, in höchster Not zog er das Empfehlungsschreiben Napoleons aus der Tasche, hielt es einem der Scheichs unter die Nase und sagte:

»Da, lies, da steht, daß ich ein Moslem bin.« Der Angesprochene zuckte mit den Schultern, doch einer seiner Begleiter nahm das Papier, betrachtete es und begann auswendig einige Verse aus dem Koran zu zitieren. Schließlich fiel Hornemann ein, daß er einen Koran im Gepäck hatte, er holte ihn heraus und schwenkte ihn in der Luft. So ward ihm das Leben gerettet.

Seine Aufzeichnungen sandte Hornemann später mit Schiffspost nach England, sie erschienen 1802 in Buchform, ein Jahr nachdem der Forscher in Nigeria umgekommen war. Diese Aufzeichnungen waren für die Wissenschaft von großer Bedeutung. Denn von nun an beschäftigten sich Gelehrte, denen eine Reise nach Siwa zu gefährlich war, mit den Unterlagen, und sie identifizierten das Amun-Orakel anhand der schriftlichen Überlieferung. Vor allem gab Hornemanns Beschreibung unwiederbringliche Hinweise; denn 1811 zerstörte ein Erdbeben das wenige, was die Jahrtausende noch unversehrt gelassen hatte.

Zwei Deutsche erwecken das Orakel zu neuem Leben

1820 wurde die Oase Siwa ägyptisch, aber von nun an wurde mehr gekämpft als geforscht. Eroberer und Abenteurer gaben sich ein stetes Stelldichein. Erst der Schotte James Hamilton beschäftigte sich 1853 wieder unter wissenschaftlichem Aspekt mit dem Heiligtum. Ihm folgte der Deutsche Gerhard Rohlfs.

Er stammte aus Vegesack bei Bremen und war ein rechter Abenteurer: Sein Medizinstudium nach dem Vorbild des Vaters hatte er an den Nagel gehängt, er trat in die österreichische Armee ein. Weil sie keinen Krieg führte, wechselte er in die französische Fremdenlegion. Er lernte in Marokko Arabisch, und so kleidete er sich auch. Wer ihn sah, hätte hinter der verwegenen Gestalt mit dem schnauzbärtigen Gesicht nie einen verkrachten Heidelberger Studenten vermutet. Fortan zog er als Forschungsreisender durch Afrika und kam auch nach Siwa, wo die Eingeborenen bei seiner Ankunft riefen: »Haltet die Türen zu, sperrt die Weiber ein!«

Mit seiner hemdsärmeligen Art gewann Rohlfs überall

schnell Freunde. Das machte seine Forschungsreisen um vieles leichter. Als er zusammen mit drei deutschen Forschern, einem Geologen, einem Landvermesser und einem Lichtbildner, in die Libysche Wüste zog, da gab er sich nicht etwa mit einer Handvoll schwarzer Diener zufrieden, Rohlfs mietete zum persönlichen Bedarf auch noch fünf weiße Diener, und der Khedive schickte in letzter Minute eine seiner rollenden Reiseküchen, die mit Silbergeschirr, aber auch mit Konserven, Sekt, Wein, Bier, Zigarren und Käfigen für Hühner und Puten und einem Schafstall ausgestattet war. O alte Ausgräberherrlichkeit!

Man würde diesem Paradiesvogel unter den Forschern exakte wissenschaftliche Arbeit kaum zutrauen, und doch – er war der erste, der die Orakelzelle des Amun-Heiligtums sorgfältig aufzeichnete und alle Inschriften und Reliefs an den Wänden samt der Hieroglyphen, die er gar nicht lesen konnte, kopierte.

Der erste *Archäologe*, der das alte Amun-Orakel betrat, war der Deutsche Georg Steindorff. Zusammen mit dem Freiherrn Curt von Grünau hatte er im Winter 1899/1900 eine archäologische Expedition unternommen und dabei die Erkenntnis gewonnen, »daß nur Aghurmi als die Akropolis des Ammoniums in Betracht komme und die großen dort vorhandenen Baureste dem Orakeltempel angehören müssen, während die abseits des Tempels gelegenen Trümmer wohl Teile des Fürstenschlosses seien«.

Wie aber sah das einst weltberühmte Orakel um die Jahrhundertwende aus?

Steindorff erinnert sich: »Die Zella befand sich damals wohl noch in demselben Zustand, in dem sie Rohlfs 1869 gesehen hatte: sie war in ein Gehöft verbaut und diente als Wohnraum und Stall; eine Lehmmauer teilte sie in zwei Hälften, waagerechtes Gebälk von Palmstämmen in zwei Geschosse, zu deren oberem eine verfallene Treppe emporführte. Die von Rauch und Schmutz geschwärzten Wandreliefs und Inschriften habe ich so gut es ging kopiert und eine Beschreibung davon geliefert. Auch von den Bauresten hat Grünau eine flüchtige Aufnahme gemacht. Mehr ließ sich nicht erreichen, da, wie erwähnt, die antiken Mauern in moderne Häuser verbaut waren.«

Stumme Zeugen einer großen Zeit

Inzwischen sind 100 Jahre vergangen, die meisten der neuzeitlichen Häuser, unter denen sich der Orakeltempel verbarg, sind abgetragen, und wir können uns ein ungefähres Bild von dem geheimnisvollen Heiligtum machen. 20 bis 25 Meter über dem Bodenniveau der Oase erhebt sich das Kalksteinplateau von Aghurmi, von Osten nach Westen 120 Meter, von Norden nach Süden 80 Meter in der Ausdehnung. Hier, hoch über dem Land, thronte das Orakel. Die Ausmaße des Heiligtums standen im starken Gegensatz zu seiner Berühmtheit, es war das kleinste von allen berühmten Orakeln, kaum 20 Meter lang und zehn Meter breit.

Auffallend an Grundriß und Architektur ist, daß sie nichts Ägyptisches an sich haben. Der andeutungsweise erkennbare erste Vorhof ist, so vermuten die Archäologen, eine spätere Hinzufügung. Zu Alexanders Zeiten bestand das ganze Orakel aus einem Vorzimmer, einem anschließenden Hauptraum mit separater Orakelzelle sowie einem seitlichen quadratischen Zimmer. Von besonderem Interesse ist ein schmaler, seitlich an der Orakelzelle vorbeiführender Gang, der zweifellos mit dem Orakelvorgang in Zusammenhang steht. Rohlfs beschrieb ihn als Zugang zu einem Stollen, der zu einem Brunnen führte, er sagte allerdings nicht, wie er zu dieser Auffassung gelangte; denn der Korridor war bis zur Hälfte mit Schutt gefüllt.

Der Bauforscher Professor Herbert Ricke hat eine Erklärung:

»Diese Deutung ist durch die Stelle bei Diodor veranlaßt, in der auf der Burg ›die Kapelle der Gottheit und die heilige Quelle, an der die Opfer für den Gott gereinigt werden‹ nebeneinander genannt werden. Aber der Brunnen liegt viel zu weit vom Tempel entfernt, um eine unterirdische Verbindung wahrscheinlich sein zu lassen.« Ganz gewiß diente dieser Geheimgang aber den mystischen Veranstaltungen der Priester.

Die Fassade des Orakelraumes trägt – und auch das ist so

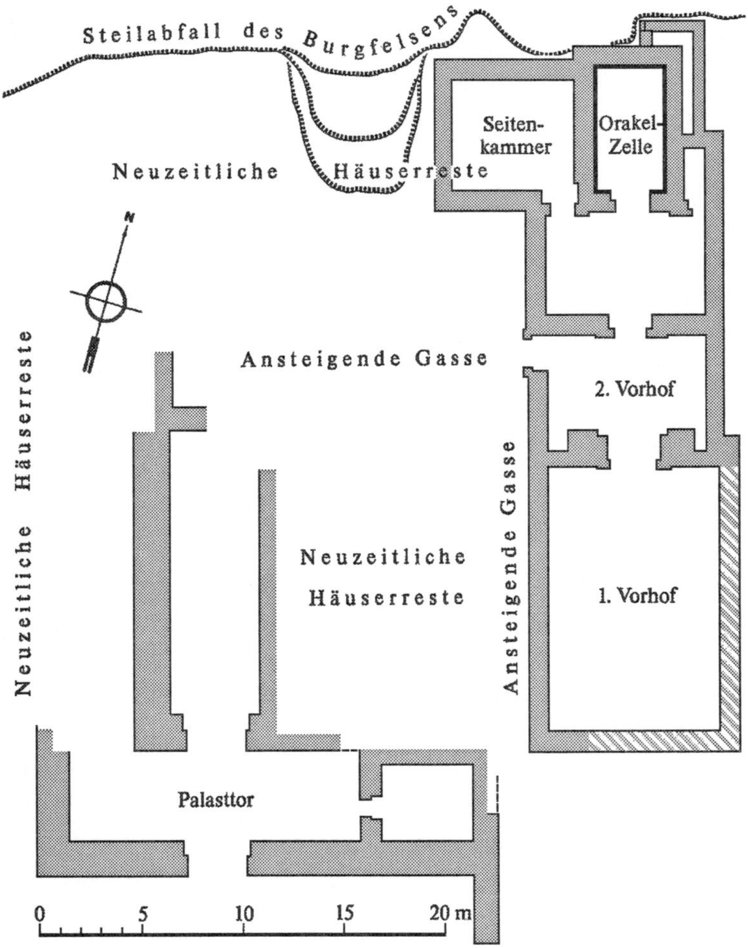

Das Orakel von Siwa

typisch unägyptisch – weder Reliefs noch Inschriften und gibt nicht den geringsten Hinweis auf die Bedeutung dessen, was sich im Innern verbarg. Und es erscheint geradezu unglaublich, daß hinter dieser schmucklosen Fassade auf genau 20 Quadratmeter Raum, fernab der Zivilisation, Weltgeschichte gemacht wurde. Nichts, aber auch gar nichts deutet in dieser Zelle auf den Betrieb eines Orakels hin, nicht einmal die in dem Raum erhaltenen Reliefs und Inschriften geben einen Hinweis. Götterprozessionen mit Amun und seiner Gemahlin Mut an der Spitze können nicht verheimlichen, daß sie von einem nichtägyptischen Bildhauer geschaffen wurden, der von der altägyptischen Götterhierarchie keine Ahnung hatte.

Das Heiligtum in seiner Abgeschiedenheit von 15 Tagereisen zu den Zentren der ägyptischen Zivilisation hat nicht in dieser Kultur gelebt, sondern sie nur imitiert. Libyen war nicht nur näher, seine anspruchslose Kultur war auch vertrauter. Die Vermutung liegt nahe, daß das Amun-Orakel ursprünglich gar nicht ägyptisch war, sondern erst ägyptisch wurde. Professor Georg Steindorff meinte nach eingehendem Studium der Reliefs und Inschriften in der Orakelzelle, sie stammten von einem »Künstler«, der von ägyptischem Tempelschmuck und von der Hieroglyphenschrift nur sehr wenig verstand. Sie wimmelten von Fehlern und Mißverständnissen. Steindorff schreibt: »Es scheint, als ob der fürstliche Bauherr einem in der Bildausstattung von Heiligtümern nicht sehr erfahrenen Ägypter den Auftrag erteilt habe, die Zellen auszuschmücken, wobei er ihm nur die Weisung gab, daß außer ihm selbst sein ägyptischer Oberherr und die Hauptgottheiten Amun und Mut zur Darstellung gelangen möchten. Die Unbeholfenheit der Bilder und Texte läßt freilich auch die Vermutung zu, daß wie der Baumeister so auch der Bildner ein Nichtägypter war, der nur notdürftige Kenntnis von ägyptischen Reliefs und der Hieroglyphenschrift besessen hat.«

Der dunkle Ursprung des Heiligtums

Vermutlich ist der Orakeltempel in seiner heutigen Form das fromme Werk eines Oasenfürsten, dessen Namen wir nicht kennen. So gestaltete sich der Versuch einer Datierung des Tempels zu einem beinahe unlösbaren Problem. Der einzige sichtbare Königsring, an allen ägyptischen Tempeln ein untrügliches Zeichen für Urheberschaft und Entstehungszeit, ist zerstört. Steindorff versuchte anhand der vorhandenen Spuren eine Rekonstruktion und kam auf Achoris, einen Pharao der 29. Dynastie. Er regierte 392–380 v. Chr. Legt man seiner Regierungszeit den Bau des Orakeltempels zugrunde, so dürfen wir annehmen, daß Alexander der Große in diesen Mauern seine schicksalhaften Sprüche empfangen hat.

Es darf jedoch aufgrund der Überlieferung, die schon Krösus als Klienten des Orakels nennt, als sicher gelten, daß dieser Tempel einen Vorläufer hatte. Wann wurde das Amun-Orakel gegründet?

Historische Fixpunkte fehlen, eine Datierung ist daher unmöglich. Deshalb läßt sich die Frage nur mit einem Blick auf die Geschichte des Orakels in Ägypten beantworten.

Die ältesten überlieferten ägyptischen Orakel wurden zu Beginn des Neuen Reiches, im 15. Jahrhundert v. Chr., erteilt. Schon damals war es der Reichsgott Amun, der folgenschwere Entscheidungen traf. Vom Wüstenorakel in Siwa war zu dieser Zeit noch nicht die Rede. Eine versteckte Bemerkung bei Herodot (II, 42) hat hier den entscheidenden Hinweis gegeben. Er sagt in seiner Beschreibung des ägyptischen Amun-Kultes, die Bewohner des Ammoniums (der griechische Name für das Amun-Orakel) seien Kolonisten der Ägypter und Äthiopier gewesen. Diese Kolonisation hat während der 25. Dynastie (712–664 v. Chr.) stattgefunden, als Könige, die sich »Äthiopen« nannten, das ägyptische Reich regierten. Von ihrer Hauptstadt Napata am 4. Nilkatarakt, der einstigen Südgrenze des Reiches, zog der König Taharka nach Norden und schließlich nach Westen, wo er bis Europa gekommen sein soll. Auf einem dieser Kolonisationszüge muß wohl das Amun-Heiligtum in der Oase Siwa errichtet worden sein.

Nicht viel später, um 630 v. Chr., gründeten jedoch die Einwohner der griechischen Kykladeninsel Santorin, dem antiken Thera, nicht weit von der Amun-Oase entfernt die Kolonie Kyrene. Dieser Zweig griechischer Kultur im Norden Afrikas beeinflußte zweifellos auch das Heiligtum in Siwa. Und in der Tat gibt es Zusammenhänge; allerdings vermag die Forschung bis heute nicht zu sagen, welche Einflüsse ursprünglich waren, das heißt, wer wen beeinflußt hat.

Sowohl Curtius Rufus (IV, 7, 23) als auch Diodoros (XVIII 50, 6) berichten, daß im Orakeltempel von Siwa kein Amun-Kultbild aufgestellt war, sondern ein merkwürdiger Fetisch, ein halbiertes, mit Smaragden und anderen Edelsteinen behangenes Ei. Auch in der Orakelzelle von Delphi stand so ein halbiertes Ei, Omphalos (griechisch Nabel) genannt. Aber auch im Amun-Tempel von Napata, der Äthiopen-Hauptstadt, wurde ein rätselhafter Omphalos verehrt. Deutsche Archäologen haben eine als Weihegeschenk gedachte Nachbildung dieses Idols gefunden. Auf die Bedeutung des Omphalos kommen wir noch in Delphi zurück. Die Frage, die sich damit stellt, ist jedoch nicht zu beantworten. Es gibt Historiker, die den Weg dieses Orakelkult-Symboles von Äthiopien über Ägypten nach Griechenland beschreiben. Andere glauben, der delphische Omphalos habe seinen Weg über Kyrene und Siwa nach Ägypten genommen.

Siwa war nicht das einzige Orakel

»Die Seherkunst«, schreibt Herodot (II, 83), »befindet sich bei den Ägyptern in folgendem Zustand. Von den Menschen steht keinem diese Kunst zu, von den Göttern aber einigen. Denn es gibt dort ein Orakel des Herakles, des Apollon, der Athene, der Artemis, des Ares und des Zeus. Und was sie am meisten in Ehren halten unter allen Orakeln, ist das der Leto in der Stadt Buto. Freilich sind die Weissagungen nicht alle von derselben Art, sondern untereinander verschieden.«

Als Herakles-Orakel bezeichnete Herodot wohl das Harsaphis-Orakel in Herakleopolis. Das Apollon-Orakel (Apollon – ägyptisch Horus) dürfte in Edfu oder einem Ort des Nildeltas gestanden haben. Da Athene der Göttin Neit gleichgesetzt wurde, kann ihr Orakel nur in Sais gewesen sein. Auch über das Heiligtum der Artemis, die mit der Göttin Bastet identifiziert wurde, wissen wir Bescheid; es befand sich in Bubastis. Ares, gleichgesetzt mit Seth, finden wir im Nildelta, in Tanis, angesiedelt, und Zeus gleich Amun hatte ein Orakelheiligtum in Theben, dem heutigen Luxor, und das in der Oase Siwa.

Obwohl gerade die Ägypter Zeichen und Zeugnisse hinterlassen haben wie kein anderes Volk, ist die Problematik des ägyptischen Orakelwesens von einem Schleier des Geheimnisses umgeben. Baureste, die eine Rekonstruktion des Geschehens ermöglichten, gibt es nicht, die Überlieferung beschränkt sich auf Mitteilung von Orakelbefragungen.

Den Vorgang selbst beschreibt nur Diodor *(Bibliotheke historike* XVII, 50, 6/7), aber auch er wird nicht konkret: »Auf einem goldenen Schiff wird er [der Gott] nämlich von 80 Priestern herumgetragen. Diese tragen den Gott auf den Schultern und führen ihn automatisch dahin, wohin das Nicken des Gottes den Weg lenkt. Es folgt ihm aber eine Menge von Jungfrauen und Weibern, die auf dem ganzen Weg feierliche Gesänge singen und mit angestammtem Gesang den Gott preisen.«

Bereits die ältesten überlieferten ägyptischen Orakel wurden auf diese Weise erteilt, ein Nicken des Götterbildes galt als Zustimmung, Zurückweichen wurde als Ablehnung gewertet. Der älteste, allerdings legendäre Orakelspruch geht bis in die Zeit der 4. Dynastie (um 2500 v. Chr.) zurück. Das jedenfalls behauptet Herodot.

In Buto erhielt der Pharao Senkaure, besser bekannt unter dem gräzisierten Namen Mykerinos, einen Orakelspruch, daß er nur noch sechs Jahre zu leben habe. Mykerinos, zu der Zeit noch im besten Mannesalter, erhob Einspruch. Er schickte einen Abgesandten nach Buto und ließ ausrichten, dies sei eine schöne Prophezeiung! Sein Vater und sein Oheim hätten Heiligtümer geschlossen, Götter vernachlässigt und Menschen getötet und seien steinalt geworden, er dagegen, ein frommer Mann, solle schon so bald sterben.

Mykerinos spielte dabei auf König Cheops an, der – laut Herodot – das Volk vom Gottesdienst abhielt, weil er zum Bau der großen Pyramide ungeheuere Menschenmassen brauchte. Zehn Jahre verschlang allein die Errichtung der Zufahrtswege, zwanzig Jahre der Bau der eigentlichen Pyramide, drei Monate des Jahres war der Bürger zwangsrekrutiert, bekam gerade Kleidung und karge Lebensmittel, in der Hauptsache Rettiche, Zwiebeln und Knoblauch, die dem Ausbruch von Seuchen vorbeugen sollten.

Und dann erzählt Herodot eine Räuberpistole, »Cheops sei in seiner Schlechtigkeit so weit gegangen, daß er, weil er Geld brauchte, seine Tochter in ein Bordell schaffte und sie soviel Geld wie möglich beschaffen ließ ... Die Tochter habe sowohl das vom Vater verlangte Geld beschafft als auch den Gedanken gefaßt, ein persönliches Denkmal zu hinterlassen. Sie habe daher jeden, der zu ihr kam, gebeten, ihr dafür einen einzigen Stein zu schenken. Aus diesen Steinen, so sagten sie, sei die Pyramide gebaut worden, die in der Mitte der drei steht ...« (II, 126)

Herodot ließ sich einen Bären aufbinden

Hier ist Herodot einer Legende aufgesessen, ja, selbst die historischen Fakten bedürfen einer Korrektur. Chufu, gräzisiert Cheops, der Sohn des Snofru, hat nicht nur die als sein Grabmal bestimmte Pyramide gebaut, sondern auch mehrere Tempel, er hat also keineswegs die Götter vernachlässigt. Auch regierte er nicht – wie an anderer Stelle behauptet – 50 Jahre, Pharao Chufu war nicht einmal die Hälfte beschert. Ebenso falsch ist die Behauptung Herodots, Cheops' Bruder Chefren (ägyptisch: Cha'efre) »habe genauso gehandelt wie der andere«. Denn nach dem Stand der historischen Forschung von heute war Chefren nicht Bruder, sondern Sohn des Cheops, und auch er ließ nahe bei seiner Pyramide einen großen Taltempel für die Götter und den großen Sphinx von Giseh errichten. Er dürfte 26 Jahre regiert haben. Mykerinos waren 18 beschieden.

Heute erscheint klar, wie es zu dieser Polarisierung der Pharaonen der 4. Dynastie gekommen ist. Schon zu Herodots Zeiten wußte man von den Königen der ersten Dynastien des Alten Reiches praktisch nichts mehr. Mythen und Legenden, die in Umlauf waren, stammten von den Priestern, die zu der Zeit für »Geschichte« zuständig waren – wenn man damals überhaupt schon von Geschichte sprechen konnte. Und diese Priester schönten die historischen Fakten nach ihrer Façon und bildeten Legenden, die ihrem eigenen Ansehen und dem der von ihnen verwalteten Götter nützlich waren. Natürlich fußten alle Mythen auf einem wahren Kern. Bei der historischen Beurteilung der Könige der 4. Dynastie spielt zweifellos die Tatsache eine Rolle, daß die beiden Erstgenannten größere Pyramidengrabmäler errichteten als Mykerinos, daß sie also Ausbeuter waren, die dem Volk unsagbare Arbeitsqualen abverlangten. Mykerinos hingegen gab sich mit einem viel kleineren Grabmal zufrieden und war demnach ein sozial eingestellter Herrscher.

Die Prophezeiung des Orakels von Buto erscheint jedoch noch unter einem anderen Licht. Mykerinos lehnte sich nämlich gegen den Priesterspruch auf, er habe nur noch sechs Jahre zu leben. »Als Mykerinos das gehört hatte«, heißt es bei Herodot (II, 135), »daß ihm dieses Schicksal bereits zuerkannt sei, habe er viele Lampen angefertigt und sie immer, wenn es Nacht wurde, angezündet; er habe gegessen und getrunken ohne Rücksicht auf Tag und Nacht und sei durch die Marschen und Haine geschweift und überallhin, wo er von den geeignetsten Vergnügungsstätten erfuhr. Dies ersann er in dem Wunsch, den Götterspruch als trügerisch aufzuzeigen, damit ihm aus den sechs Jahren zwölf würden, wenn die Nächte Tage würden.«

Gewiß, es hat viele berühmte Männer gegeben, die die Nacht zum Tag gemacht haben, und das Motiv von König Mykerinos scheint einleuchtend. Die Vorstellung von Tausenden von Lämpchen, die nachts überall brannten, ließ Historiker Zusammenhänge mit dem Lampenfest von Sais erkennen, das alljährlich zu Ehren des Osiris gefeiert wurde. Dort im Nordwesten des Nildeltas lokalisierte Herodot den Königspalast des Mykerinos. Er schreibt: »Wenn sie sich in Sais zur Festfeier versammeln, zünden sie alle in einer bestimmten Nacht in großer Zahl und unter freiem Himmel rings um die Häuser Lampen an. Diese Lampen sind flache Gefäße und voll von Salz und Öl, und obendrauf befindet sich der Docht. Sie brennen die ganze Nacht, und daher heißt das Fest das Lampenfest. Diejenigen Ägypter, die nicht zu dieser festlichen Versammlung kommen können, wachen in der Nacht des Opfers und zünden gleichfalls alle ihre Lampen an, und so brennen diese nicht allein in Sais, sondern in ganz Ägypten ...« (II, 62)

Hinter Herodots Bericht verbirgt sich also nichts anderes als eine der Volkssage entlehnte Erklärung dieses Lampenfestes. Zur Ehrenrettung Herodots sei vermerkt, daß er natürlich nur das aufgezeichnet hat, was ihm von den Priestern berichtet wurde.

Ein historischer Tag: der 1. Mai 1490 v. Chr.

Das erste historisch greifbare und exakt datierbare Orakel erteilte Amun am 1. Mai 1490 v. Chr. Das Datum ist deshalb so genau zu bestimmen, weil zeitgenössische Inschriften gleichzeitig zwei Neumond-Daten nennen, mit deren Hilfe Astronomen den Tag errechneten. An diesem Tag führten die Amun-Priester von Theben, wenige Kilometer von der heutigen Stadt Luxor entfernt, einen Staatsstreich durch. Und dazu mißbrauchten sie eine offenbar schon damals anerkannte Institution, das Orakel.

Die Situation erscheint uns Heutigen etwas verwirrend, war für ägyptische Verhältnisse jedoch durchaus normal: Hatschepsut, die Tochter Thutmosis' I., hatte im Alter von 15 Jahren ihren zwölfjährigen Stiefbruder Thutmosis II. geheiratet, welcher außer einem illegitimen Sohn kaum Nennenswertes hervorbrachte. Diesen Sohn, er war »Gottesdiener«, also Priester im Amun-Tempel von Karnak, und konnte sich kaum eine Chance auf die Thronfolge ausrechnen, hievten die Orakelpriester mit einem simplen Trick auf den Thron: Während einer Prozession, bei der die Priester das Götterbild in der Nilbarke auf den Schultern durch den Tempel von Karnak trugen, machte der Zug vor dem in einer Ecke zuschauenden Prinzen halt. Auf Absprache zuckten die Barkenträger in der hinteren Reihe mit den Schultern, so daß das Götterbild Nickbewegungen ausführte. Der anwesende Pharao und die Honoratioren des Reiches erkannten daraus eine Willensbekundung Amuns, den derart Ausgezeichneten zum König zu machen.

Das Motiv der Priester Amuns war klar; ein Pharao aus ihren eigenen Reihen würde ihre Belange besser vertreten als ein Herrscher, zu dem nur offizielle Beziehungen bestanden. Der neue Herrscher war Thutmosis III., er wurde einer der mächtigsten Pharaonen und lohnte seine Inthronisation den Amunpriestern durch zahlreiche Stiftungen.

Auch Hatschepsut legitimierte wenige Jahre später ihren Thronanspruch mit einem solchen Barkenorakel. Wie es in einer Inschrift heißt, geschah dies während einer Prozession im Tempel, bei der Amun Orakel erteilte. Der Orakelkult war also bereits eine feste Institution.

200 Jahre nach Thutmosis III. gebrauchte Ramses II. das Amunorakel von Theben auf raffinierte Weise. Ramses stand im ersten Jahr seiner Regierung vor der undankbaren Aufgabe, den Posten des Oberpriesters neu zu besetzen. Er war der Hierarchie des Amunclans nicht sehr zugetan und wußte andererseits ganz genau, daß er sich mit der Ernennung eines nichtgenehmen Kandidaten gleich im ersten Jahr seiner Regierung einflußreiche Feinde schaffen konnte. Also überließ er die Entscheidung dem Gott Amun, das heißt der Priesterschaft selbst. Bei einer Prozession des Götterbildes im Tempel nannte Ramses die Namen aller möglichen Kandidaten, und als der Name Nebunnef fiel, nickte Amun.

Anders als in Griechenland trat in Ägypten der Einfluß der Priesterschaft deutlich zutage. Die frommen Männer Amuns besaßen die größten Ländereien, sie waren ein Staat im Staat. Und mit ihrer Macht wuchs auch der Zustrom entscheidungshungriger Orakelklienten, die keineswegs nur aus der Oberschicht stammten.

Archäologen fanden Ende des vergangenen Jahrhunderts in einem Haus der antiken Totengräberstadt von Theben eine Kollektion beschrifteter Tonscherben, die sich bei näherer Untersuchung als Orakelfragen entpuppten. Offenbar hatte ein Orakelpriester der 20. Dynastie die dreieinhalb bis sieben Zentimeter großen Täfelchen mit nach Hause genommen. Warum er sie nicht mehr zum Tempel zurückgebracht hat, entzieht sich unserer Kenntnis und ist um so mehr verwunderlich, als auf sechs von den 37 Stücken bereits eine Antwort vermerkt war. Vielleicht handelte es sich dabei um Kopien für das Archiv. Die Fragen, die die alten Ägypter bewegten, waren keine anderen als die um 700 Jahre jüngeren von Dodona, ein Spiegelbild der Probleme des kleinen Mannes:

»Mein guter Herr, wird man uns die Getreidezuteilung geben?«

»Ist das Rind gut, das ich erhalten habe?«

»Ist er es, der die Matte gestohlen hat?«

»Wird er es ihr wirklich bezahlen?«

»Sind die Reden wahr?«

»Sind meine Worte eine Lüge?«

Aus dem 1. bis 6. Jahrhundert nach Christus stammen verschiedene kleine Papyri-Funde, auf denen Orakelfragen in griechischer Schrift festgehalten sind. Da will eine Frau Nike aus Oxyrrhynchos von Zeus Helios, dem Serapis und den mit ihnen zusammenwohnenden Göttern wissen, ob sie den Sklaven Sarapion, der auch Gaion genannt wird, kaufen solle. Und ein Mann aus Dime am Westrand des Fajjum erkundigt sich im Jahre 6. n. Chr., ob er mit der Frau Tapetheus zusammenleben solle oder ob sie die Frau eines andern würde. Wie überall nehmen auch hier Eheprobleme einen breiten Raum ein.

Das Orakel und die Diebe

Das Orakel als feste Institution wurde schließlich sogar zum Mittel der Rechtsfindung. Von rührender Naivität ist die Orakelfrage eines Verwaltungsangestellten der thebanischen Totenstadt, dem vermutlich im 12. Jahrhundert v. Chr. ein Stapel Leinentücher abhanden gekommen ist. Er wandte sich mit einem 23,5 mal 22 Zentimeter großen Schreiben auf Papyrus an einen nicht genannten Gott. Den Brief übermittelte der Schreiber Hori: Elf Tücher seien verschwunden, wenn sie nicht wieder auftauchten, dann sei er seine Anstellung los, und er fürchte auch eine Verurteilung im Jenseits.

Papyrus 10 335 im Britischen Museum in London beinhaltet ein ähnliches Problem. Der Magazinverwalter Amunemwia stellte bei der Inventur fest, daß fünf Kittel fehlten. Er bat Amun um eine Orakelantwort und zählt dabei alle Männernamen aus seiner Nachbarschaft auf. Bei Nennung des Namens Pazawemdi-Amun nickte das Götterbild.

Pazawemdi-Amun wollte den Vorwurf nicht auf sich sitzen lassen, ersuchte ein anderes Orakel auf, um sich seine Unschuld beteuern zu lassen. Doch der Versuch schlug fehl, auch dieses Orakel sprach ihn schuldig, ein drittes ebenfalls. So mußte er seine Schuld eingestehen und wurde schließlich mit hundert Schlägen bestraft, wobei der Eid zu leisten war: »Wenn ich wieder zurückkehre zu dem, was ich sagte, dann werde ich dem Krokodil vorgeworfen.«

Das ägyptische Orakelsystem war eine Mischung aus Religiosität und Betrug. Die Priester, meint der deutsche Orakelforscher Professor Otto Kaiser, waren von der göttlichen Urheberschaft ihrer Entscheidungen überzeugt. Das heißt, die Propheten gaben ihre Antworten intuitiv und wurden dabei von den Göttern gelenkt. Zum Beweis führt Kaiser den Papyrus Turin 1887 an. Er stammt aus der Zeit Ramses' V. (1146–1142 v. Chr.) und enthält eine Zusammenstellung gerichtlicher Klagen wegen verschiedener Vergehen, vor allem Unterschlagungen und Sittlichkeitsverbrechen von Priestern. Da heißt es unter anderem:

»Klage, welche der Wesir Nefer Renpet gegen den Priester Bakchons und gegen die Gottespropheten des Chnum erhoben hat. Dieser Priester sagte zu dem Priester Nebuenenef: Wir wollen drei andere Priester herausnehmen und veranlassen, daß der Gott den Sohn des Ra-Schuty hinauswirft von unserem Ort. Man hat ihn geprüft und gefunden, daß er es wahrhaftig gesagt hat. Man ließ ihn einen Eid schwören, nicht das Haus des Gottes zu betreten. Aber er gab Geschenke und ließ ihn unter diesem Gott eintreten.«

Im Klartext bedeutet dies: Der Priester Bakchons konnte den Kollegen Nebuenenef dafür gewinnen, mit ihm bei einer Prozession des Götterbildes als Träger zu gehen und einen Orakelentscheid zuungunsten eines unbequemen Priesters herbeizuführen. Dabei wurde Bakchons ertappt und schließlich sogar seines Amtes enthoben. Aus dem Vorgang könnte man schließen, daß die Orakelantworten nicht abgesprochen waren, sondern spontan erfolgten. Die Priester glaubten in göttlichem Auftrag zu handeln.

Und doch, meint Professor Otto Kaiser, müsse man bei der Beurteilung dieser Einrichtung zwischen staatlichen Kundgebungen und zivilrechtlichen Fällen unterscheiden. Zivilrechtliche Antworten unterlagen dem Zufall, jedenfalls ist in der Überlieferung von hellseherischen Anstrengungen nirgends die Rede, politische Entscheidungen wurden mit Sicherheit im vollen Bewußtsein der Konsequenzen getroffen. Das Orakel, mit dem Ramses II. einen Nachfolger für das Amt des Hohenpriesters erfragte, ist nur ein Beispiel dafür. Otto Kaiser schreibt: »Das Orakel wird in voller Übereinstimmung mit der Theorie des Gottesstaates, in dem oben der Gott selbst und allein regiert, zum gesetzgebenden Organ.«

Auch das Vorauswissen historischer Ereignisse durch die Götter und ihre Propheten war Bestandteil der ägyptischen Religion. Dahinter verbarg sich der Begriff der Maat, der Weltordnung, in die das Schicksal eingeordnet wird. Der 1970 verstorbene Leipziger Ägyptologe Professor Siegfried Morenz, der sich vor allem mit den Phänomenen der ägyptischen Religion beschäftigt hat, meinte dazu: »Wir können fast ohne Einschränkung sagen, daß die Götter als Herren des Schicksals gesehen und, nach den Gebeten zu schließen, auch geglaubt wurden.«

Auflehnung oder gar Beeinflussung des Schicksals galten bei den Ägyptern in der Regel als frevelhaft. Das Volk am Nil stand damit im Gegensatz zu den Griechen, die sich keineswegs scheuten, mit den Göttern wegen ihres Schicksals zu hadern.

So ist es nicht verwunderlich, daß sich die Überlieferung über Orakelkult und -prozedur in Ägypten ausschweigt. Auf der Suche nach einer Lösung des Orakelproblems sind ägyptische Quellen unergiebig. Bleibt die Behauptung Herodots, daß das Orakel seinen Ursprung in Ägypten hatte und von hier – wenn auch in veränderter Form – seinen Weg nach Griechenland nahm.

Aber nicht nur im griechischen Mutterland entwickelten sich Orakelkulte. In Kleinasien nahe der Handelsstadt Milet entstand ein Orakelheiligtum, dessen architektonische Ausmaße sogar Delphi übertrafen.

IV.

Das Rätsel von Didyma

Die Kymäer aber beschlossen, wegen eines Rates zu dem Gott in Branchidai zu gehen. Es bestand nämlich dort seit alter Zeit ein Orakel, das alle Jonier und Äolier zu befragen pflegten. Dieser Ort liegt im Gebiet von Milet, oberhalb des Hafens Panormos.

Herodot, *Historien* I, 157

Das Orakelheiligtum von Didyma hat das Prinzip des Geheimnisvollen durch seine Architektur auf die Spitze getrieben. Fast 30 Meter hohe Tempelmauern schützten das Adyton, eine riesige Schwelle war eine unüberwindbare Barriere, so daß der Zutritt nur ganz wenigen vorbehalten war.

Klaus Tuchelt, Archäologe

Der Mann, der wie ein Derwisch aus einer riesigen Staubwolke auftauchte, die ein heißer Septemberwind aus dem anatolischen Hochland herüberwehte, lachte über das ganze breite Gesicht. »Ja«, rief er, sich mit dem Rücken gegen die Sand- und Staubfontänen anstemmend, »heute ist ein Tag, so ein bißchen wie Weihnachten!« Dabei deutete er auf ein paar aus dem aufgegrabenen Boden ragende Quadersteine: »Das ist die Heilige Straße, die von hier bis zum Hafen Panormos führte.« Die Grabungsarbeiter, zehn bis fünfzehn Mann, deren Köpfe zum Schutz vor dem Treibsand mit Handtüchern vermummt waren, nickten zustimmend, obwohl sie kein Wort des deutschen Ausgräbers verstanden. Der gab dem Vorarbeiter ein paar Anweisungen auf türkisch, zog seine abgegriffene Schlägermütze tiefer in die Stirn und zeigte auf ein neuerbautes Haus, das sich allein durch die überall herumliegenden Steintrümmer als Ausgräberdomizil auswies: »Kommen Sie, da können wir besser reden!«

Erst hier, in der gefliesten Sauberkeit des deutschen Ausgrabungshauses, war Gelegenheit, sich einander vorzustellen. »Wollen Sie Tee?« fragte er und gab, ohne die Antwort abzuwarten, der schwarzgekleideten türkischen Haushälterin ein paar kurze Anweisungen. Der Mann hieß Dr. Klaus Tuchelt, 48 Jahre alt, verheiratet, derzeitiger Wohnsitz Istanbul-Taksim, den Sommer über Ausgräber in Eski Hisar, einem Dorf 46 Kilometer südlich von Söke, 160 Kilometer südlich von Izmir, an der türkischen Mittelmeerküste.

Wer hierher findet, kommt mit fester Absicht, er läßt die lärmende, staubige Provinzstadt Söke möglichst schnell hinter sich, fährt wie auf einem Bahndamm die schnurgerade, auf zwölf Kilometer übersehbare Teerstraße durch die Mäander-Ebene entlang, überquert den Fluß mit seinem mustergültigen Bett, biegt nach rechts ab und findet nach kurzem Weg durch Olivengärten, Weinberge und braunes Ackerland das Dorf Akköy. Von dort sind es noch ein paar Kilometer bis nach Eski Hisar, besser bekannt unter dem antiken Namen Didyma, weltberühmt wegen seiner monumentalen Tempelruine, in der einst das bedeutendste Orakel Kleinasiens seinen Dienst tat. Krösus und Alexander der Große haben hier geschichtsträchtige Orakelsprüche erhalten, die Anfänge gehen bis ins 2. Jahrtausend v. Chr. zurück.

Die Heilige Straße, die Klaus Tuchelt und seine Ausgräber (Tageslohn 11 DM, bei sechs Arbeitstagen pro Woche und einem bezahlten freien Sonntag ein fürstliches Salär) an diesem Tag angestochen hatten, war die fünf bis sieben Meter breite, von Sitzstatuen der Wahrsagepriester, Löwen, Sphingen und Grabmälern gesäumte Verbindung zwischen dem Apollon-Heiligtum und der Stadt Milet. Britische Archäologen hatten 1858 eine ganze Kollektion dieser kolossalen Statuen und malerischen Fragmente in das Britische Museum nach London gebracht. Auf einem Meilenstein, noch heute an Ort und Stelle zu besichtigen, ist ihre Länge angegeben, 16,5 Kilometer, und der Mann, der die Straße zuletzt ausgebaut hat: Kaiser Trajan.

Eine Handvoll Männer und eine Stadt unter der Erde

Im Gegensatz zu anderen Orakelstätten dieser Welt ist Didyma, diese Stadt unter der Erde, noch lange nicht komplett ausgegraben und jederzeit für eine archäologische Sensation gut. Die deutschen Ausgräber, die hier seit 1905 die Szene beherrschen, hatten sich schon damals auf eine lange Aufgabe eingerichet. 1964 wurden dann aus Mitteln der deutschen Stiftung Volkswagenwerk das moderne Grabungshaus und in der Nachbarschaft ein Depot-Museum errichtet, moderner Wissenschaftsbetrieb, von Ausgräberromantik keine Spur.

»Romantisch«, sagte Dr. Tuchelt, »haben wir unsere Arbeit hier nie empfunden. Dazu ist sie viel zu ernst und erfordert den vollen Einsatz.«

Was aber bewegt einen Mann, Hausstand und 40-Stunden-Woche in Deutschland aufzugeben und ein halbes Leben lang irgendwo fern in der Türkei ein antikes Heiligtum auszugraben?

Die Antwort kam kurz und prägnant: »Als Archäologe haben Sie nur wenige Möglichkeiten: die Universitätslaufbahn, die Museumslaufbahn oder das Deutsche Archäologische Institut.«

Daß Tuchelt gerade die letztgenannte Laufbahn einschlug, war Zufall oder, wie er selbst es ausdrückt, »erwünscht und erhofft, aber kaum zu erwarten«. »Nach Abschluß meines Studiums 1956 in München, da saß ich erst einmal da. Ich habe mal hier, mal da mit Werkvertrag gearbeitet, unter anderem in Wiesbaden bei der zentralen Sammelstelle für Kunstgut, wo die im Zweiten Weltkrieg ausgelagerten Antiken des Landes Niedersachsen waren. Ich mußte die Sachen so einpacken, daß sie möglichst unbeschadet in Berlin ankamen. Ich packte ein halbes Jahr.«

Tuchelt war 26, als er zu Erich Böhringer nach Pergamon kam, 1958 glückte der große Sprung, er wurde Assistent bei der Abteilung Istanbul des Deutschen Archäologischen Instituts, nach fünf Jahren ging er zurück nach Deutschland, habilitierte sich 1968 und stieg ein Jahr später zum Zweiten Direktor des Deutschen Archäologischen Instituts in Istanbul auf.

Nach Didyma kam er erstmals 1962: »Damals gab es das Haus hier noch nicht, da haben wir da drüben in einem alten Bauernhaus gewohnt. Der Grabungsleiter Professor Naumann und Professor Drerup arbeiteten damals noch im Tempel. Es gab keinen Strom, kein Wasser und vor allem noch keine Straße. Ein Weg war da, auf dem mußten wir mit einem alten VW alle Lasten herbeischaffen.«

Wovon haben Sie gelebt?

»Wir bekamen damals hier im Ort außer Brot eigentlich überhaupt nichts, nicht einmal Gemüse, Fleisch schon gar nicht. Wir konnten Fleisch auch nicht auf Vorrat kaufen, wie hätten wir es aufbewahren sollen ohne Kühlschrank, es gab ja keinen Strom. Oft aßen wir siebenmal in der Woche Makkaroni.«

Seit die Archäologen 1965 ihr modernes Grabungshaus bezogen haben, hat sich hier vieles geändert. Das Wasser fließt aus dem Hahn und muß nicht mehr frühmorgens mit dem Esel von weit außerhalb geholt werden. Die schmale, aber asphaltierte Straße lockt bisweilen Touristen an, die eine Besichtigung der einst so berühmten Orakelstätte mit einem Badeaufenthalt in dem neuen Dorf Yeni Hisar und seinem »Didim Moteli« verbinden.

Eski Hisar, das alte Dorf, ist dem Untergang geweiht, seit die Archäologen festgestellt haben, daß unter seinen Häusern das antike Didyma begraben liegt. Wenn es auch den Anschein hat, als bildete der gewaltige Apollon-Tempel mit seinem Orakelheiligtum seit jeher den Marktplatz von Eski Hisar, so sieht die Wirklichkeit doch anders aus: Es ist noch keine hundert Jahre her, da wuchsen aus den Tempelmauern Häuser und eine Windmühle. Ähnlich wie in Delphi mußte ein neues Dorf gebaut werden, ehe man darangehen konnte, die alten Gebäude abzureißen, ein Vorgang, der noch heute im Gange ist. Verlassene Häuser zeigen die Richtung, in der die Archäologen weiterarbeiten wollen.

Das Abenteuer der Ausgrabungen von Didyma begann im Jahre 1872. Zwei junge Franzosen legten auf der Suche nach einem Kultbild einen Suchgraben in der Längsachse des Apollon-Tempels an. Große Schätze fanden sie nicht, doch sie gewannen die Erkenntnis, daß hier einer der größten griechischen Tempel unter der Erde lag. Das legendäre Orakel von Didyma rückte wieder in das Bewußtsein der Wissenschaftler.

Angeregt durch die Planzeichnungen ihrer Landsleute unternahmen die Franzosen Bernard Haussoullier und E. Pontremoli 189 einen zweiten Grabungsversuch, sie kauften Häuser auf, die ihnen im Weg standen, legten einen rätselhaften Stufenbau an der vermeintlichen Vorderfront des Tempels frei, verzweifelten aber schließlich an dem ihre Kräfte und Möglichkeiten übersteigenden Aufwand, sie kapitulierten.

Beinahe zehn Jahre lagen Tempel und Trümmer verwaist, dann nahmen die Deutschen die Sache in die Hand. Und wenn für uns das ehedem verschüttete Orakel von Didyma heute zumindest sichtbar geworden ist, so ist es das Verdienst jener

Männer, die hier besessen von ihrem Forschungsauftrag, bisweilen unter Einsatz ihres Lebens, jahrzehntelang gearbeitet haben. Nur aus dieser Besessenheit heraus sind jene Leistungen und die Unermüdlichkeit ihrer Vollbringer überhaupt zu verstehen.

Wenn Wiegand nicht gewesen wäre

Am Anfang steht ein Name: Theodor Wiegand. Er stammte aus Bendorf am Rhein, ging aber in Wiesbaden zur Schule, wo sein Vater, ein Kurarzt und Morphinist, ein geselliges Leben feierte. Jung Theodor war ein schlechter Schüler und obendrein eine »Pestbeule der Anstalt« – so sein Direktor. Es reichte gerade zum Studium, erst Kunstgeschichte, anschließend Archäologie, dann saß er – genau wie Klaus Tuchelt – erst einmal da.

Mit einem Stipendium bereiste er Griechenland, bis ihn Karl Humann, der damals ungewöhnlich populäre Ausgräber von Pergamon, als Assistenten für die Freilegung der antiken Stadt Priene, südlich von Ephesus, anstellte. Aber Humann starb einige Monate später, und Wiegand wurde über Nacht Leiter des Projektes, er war gerade 31 Jahre alt. Das war 1895.

In den folgenden vier Jahren grub Wiegand große Teile von Priene aus. Bei einem Ritt nach Akköy kam ihm die Idee, »die da drüben schlafende Millionenstadt zu neuem Leben aufzurütteln«. Wiegand meinte Milet. Gesagt, getan. Er war ein Mann schneller Entschlüsse und ließ ein auf einer Anhöhe stehendes Haus mit rotem Dach und grüner Veranda als neues Hauptquartier einrichten. Am 3. Oktober 1899 kam der deutsche Botschafter in der Türkei, Freiherr Marschall von Bieberstein, um mit einem Hoch auf den Kaiser den feierlichen ersten Spatenstich zu tun.

Schon in den allerersten Tagen hatte die berühmte Heilige

Straße nach Didyma Theodor Wiegands besonderes Interesse erregt. Didyma war für ihn ein Zauberwort, das uralte Orakel mit seiner Quelle, an der angeblich die schöne Leto mit Zeus ein Schäferstündchen verbrachte, dem dann Artemis und Apollon, die Zwillinge (griechisch: *didymoi*) entsprossen; all das wirkte erregend auf den deutschen Archäologen. Aber in Didyma waren Franzosen am Werk, so stürzte er sich mit Verbissenheit auf seine Arbeit in Milet. Kaum hatte Wiegand jedoch erfahren, daß die Franzosen aufgegeben hatten, da eilte er nach Didyma, um sich sein eigenes Bild zu machen.

In einem Brief nach Deutschland schrieb er am 8. März 1897: »Von Didyma hatten wir einen bedeutenden Eindruck. Aber ungeheure Kosten ohne entsprechenden Ertrag an Funden. Das halbe Dorf muß demontiert werden. Die Grube ist über acht Meter tief, die Blöcke so gewaltig, daß sich die Franzosen mit Pulversprengungen (!) geholfen haben, da sie die nötigen Hebemaschinen nicht bei sich hatten.«

Obwohl die Franzosen nicht weitergruben, scheiterten die Verhandlungen mit ihnen zunächst. Schließlich einigte sich Wiegand mit dem Leiter der Ecole Française in Athen, Théophile Homolle, auf die Übernahme der Grabungen, und im Frühjahr 1904 begann er mit dem Ankauf von Grund und Boden in Didyma. Er gab tausend türkische Pfund aus, kaufte allerdings zu einem billigeren Quadratmeterpreis als die Franzosen wenige Jahre zuvor. Drei Tage dauerte der Landhandel, dann waren die Weichen für die neuen Ausgrabungen in Didyma gestellt. Stolz schrieb Wiegand seiner Frau nach Deutschland: »Ich bin jetzt in Didyma etwa zwölffacher Hausbesitzer, habe ca. zehn Viehställe, drei Kaffeehäuser, eine Schusterwerkstatt und mehrere Backöfen sowie zwei flott gehende Kramläden und eine verfallene Moschee, vor allem aber fühle ich mich stolz als Windmüller.«

Didyma, fernab ohne Straße, war zu Beginn des 20. Jahrhunderts noch ein rechtes Abenteuer. Von Norden her, von der nächsten Bahnstation oder dem nächsten Hafen, war es, wollte man sich tagelange Umwege ersparen, nur mit nassen Füßen zu erreichen. Die Ursache war die vermoorte Mäander-Ebene, die der eigenwillige Fluß seit dem Altertum angeschwemmt hatte. Wo heute die Dammstraße durch die trokkengelegte Ebene nach Didyma führt, war zu Wiegands Zeiten Sumpf. Nicht selten blieben die Pferdewagen stecken, dann mußten die Passagiere zu Fuß weiter. Wiegand erinnerte sich mit Schrecken an einen Vorfall im Jahre 1904, als er bis zu den Hüften im vermoorten Boden, bei jedem ungewissen Schritt Hunderte von Mücken aufscheuchend, mit den Armen brühwarmen Wassertang beiseite drängend, zwei Kilometer in Richtung Didyma watete.

Etwa 20 Häuser lagen zu Beginn der Grabungen am 11. Mai 1905 auf dem Areal des antiken Orakelheiligtums in Trümmern. Nur eines störte noch, das des reichen Bauern Leonidas; er verlangte mehr Geld für seinen Hof, als Wiegand zu zahlen bereit war; so beschloß der Ausgräber erst einmal, drum herum zu graben. Irgendwann, so hoffte er, würde Leonidas schon die Lust verlieren, auf einer Insel inmitten von Trümmern zu leben. Wie schon in Milet, erfolgte der erste Spatenstich unter patriotischen Vorzeichen und mit Werkzeug, das die Franzosen hinterlassen hatten. Die Häuser waren mit grünen Zweigen geschmückt. Der Schullehrer ließ den deutschen Kaiser, der deutsche Botschafter den Sultan hochleben, dann gab es ein festliches Frühstück auf der »Loreley«, dem Schiff, mit dem Botschafter Marschall von Bieberstein angereist war.

Die deutschen Ausgräber waren nicht unbeliebt in Didyma. Den meist armen Bauern kam die Neuansiedlung des Dorfes gelegen. Es dauerte kein halbes Jahr, da verkaufte auch Leonidas sein Anwesen, er bekam 675 Pfund und war damit gut bedient. Wiegand kümmerte sich persönlich um den korrekten Ablauf der Umsiedlung. Ein Bauer, der zu Beginn des Winters zwar ein neues Haus, aber noch keinen Stall hatte, gewann das Mitgefühl des Grabungsleiters, als es um die Unterbringung seines einzigen Pferdes ging. Doch der Bauer beruhigte den Gelehrten: »Abends holen wir es herein in die Wohnhütte, das schadet nichts, im Gegenteil, das Pferd hilft im Winter heizen.«

Allmählich machte sich bei den Dorfbewohnern jedoch Geschäftssinn breit. Die anatolischen Bauern ließen sich alsbald jeden Handgriff in klingender Münze honorieren. Der skrupellose Bürgermeister zettelte sogar eine Dorfintrige an, der ein Kind zum Opfer fallen sollte. Wiegand hatte 300 Meter Schienen und 13 Kippmulden auf Kamelen nach Didyma transportiert, um dem gewaltigen Anfall von Schutt Herr zu werden. Doch der Bürgermeister forderte für die Aufstellung eine Lizenzgebühr. Wiegand weigerte sich zu zahlen. Da führte der Dorfschulze die Kinder ins Feld, sie sollten auf den Geleisen herumtollen und einen Unfall provozieren, daraufhin würde die Kleinbahn verboten werden. Der Bischof von Skia, ein persönlicher Freund Wiegands, brachte den Bürgermeister zur Räson. Am 14. September 1906 schrieb der Grabungsleiter von Didyma an seine Frau: »Seit zwei Tagen bin ich nun an der Quelle und am Tempel der Weissagung und wäre ganz dankbar, wenn das Orakel mir sagen könnte, ob ich mit meinen Bauern von Jeronda [der alte Name des Dorfes] fertig werde oder nicht.«

Das Orakelheiligtum kommt zum Vorschein

Die Arbeiten in Didyma gingen zäh voran. Etwa 50 Männer standen unter der Leitung des Architekten Hubert Knackfuß. Wiegand pendelte ständig zwischen Didyma und Milet hin und her, wo nochmals 70 Grabungsarbeiter beschäftigt waren. »Aber gebrauchen«, sagte Wiegand, »könnte ich 400.« Angesichts des kilometerweiten Areals waren die Deutschen wie ihre Vorgänger oft nahe daran zu verzweifeln. Mut machten jedoch die zahlreichen zum Vorschein kommenden Inschriften, die sich auf die Errichtung des Apollon-Tempels bezogen. Das war nur allzu nötig; denn je mehr von dem riesigen Tempel sichtbar wurde, desto unruhiger wurden die Archäologen.

Nicht die gewaltigen Ausmaße stürzten die Ausgräber in Ratlosigkeit, es war vor allem die ungewöhnliche Anlage des Bauwerkes, für das es, wie immer deutlicher wurde, keinen vergleichbaren Grundriß gab. Hinzu kam, daß auch in diesem Orakelheiligtum verschiedene Kulturschichten übereinanderlagen. Der älteste Tempel stammte aus dem 8. Jahrhundert v. Chr., ein archaischer Bau war 540–520 errichtet worden, er wurde 494 von den Persern zerstört. Sogar das kostbare Götterbild des Apollon hatten die Barbaren damals mitgenommen. Um die Wende vom 4. zum 3. Jahrhundert hatten die Ionier mit dem Bau eines hellenistischen Orakeltempels begonnen.

In Urkunden wird ein gewisser Paionios als Architekt genannt, der auch für eines der sieben Weltwunder, den heute total abgetragenen Artemis-Tempel von Ephesus, verantwortlich zeichnete. Daher wohl auch die monumentalen Ausmaße von Didyma. Sie machten die Hinzuziehung eines Kompagnons notwendig: Paionios teilte sich den Auftrag mit dem Baumeister Daphnis aus Milet.

Im Prinzip übernahmen beide die archaische Grundrißidee: Ein winziges Tempelchen mit einem Götterbild, die eigentliche Wahrsagestätte, davor ein heiliger Lorbeerstrauch und die heilige, inspirierende Quelle wurden eingerahmt von einem monumentalen Mauerwerk, auf dem 122 jonische Säulen, 25 Meter hoch, zu einem Tempel mit ägyptischen Ausmaßen in den Himmel wuchsen. Dieser Überbau hatte kein Dach, das Innere war Sonne und Regen und dem anatolischen Winter ausgesetzt.

Anders als in Delphi durften die Orakelklienten in Didyma das Tempelinnere nicht betreten. Ihr Weg endete im Pronaos, einer Vorhalle mit zwölf Säulen, in der sie einzeln zur Entgegennahme des Orakelspruches aufgerufen wurden. Mit dem anschließenden Zweisäulenraum legten die Archäologen den architektonisch interessantesten Bauteil frei. Wochen vergingen, bis Knackfuß und Wiegand die Suche nach einer Treppe aufgaben, die zu einem Portal führen sollte, dessen Schwelle eineinhalb Meter über dem Bodenniveau lag. Doch es gab keine solche Treppe; denn in diesem fünfeinhalb Meter hohen Portal, zu dem der Klient nach oben blicken mußte, erschien der Orakelpriester und verkündete den Wartenden den lange ersehnten Spruch.

Heute genauso wie vor 2400 Jahren ist die zum Himmel offene Tempelarchitektur der ideale Nistplatz für Vögel verschiedenster Provenienz. Ihr Zirpen hallt von den kahlen Tempelwänden wider, es erinnerte mich spontan an eine Stelle bei Herodot, wo dieser von einem gewissen Aristodikos aus dem kleinasiatischen Kyme berichtet, der hier an dieser Stelle eine negative Orakelantwort erhielt: »Darauf«, schreibt Herodot (I, 159), »tat Aristodikos absichtlich folgendes. Er ging im Tempel umher und jagte die Sperlinge und andere Vogelarten, die im Tempel nisteten, hinaus.« Allerdings zum Unwillen der Orakelpriester. Denn von innen erscholl über die hohe Schwelle eine Stimme: »Gottlosester der Menschen, was wagst du da zu tun? Meine Schützlinge vertreibst du aus dem Tempel?«

Das Orakelheiligtum hatte keinen anderen Zugang als den Zweisäulen-Saal, wo zwei seitliche Maueröffnungen in zwei Schräggänge mündeten, die mit einer Drehung von 180 Grad in das Adyton führten. Diese beiden Geheimtreppen wurden von Wiegand und Knackfuß 1907 in einem erstaunlich guten Erhaltungszustand entdeckt.

Theo Wiegand in einem Brief an seine Frau Marie am 6.

Juni 1907: »Ich komme eben von einer sehr schönen Entdekkung im Tempel. Wir sind in das südliche innere Treppenhaus eingedrungen und haben die ganze Marmordecke unverletzt wiedergefunden. Sie ist neun Meter lang, einen Meter breit, und die ganze Fläche ist mit riesigen hochplastischen Mäanderschlangen dekoriert, die noch Reste ihrer gesamten alten Bemalung in rot und blau tragen, an Kymatien [Profilleisten], Innenfeldern und zentralen Rosetten. Du kannst Dir denken, wie mich das erfreut, denn es ist das erste größere Novum über die französische Forschung hinaus und ein wunderhübscher ermutigender Abschluß für die Frühjahrscampagne 1907, die so viele Störungen hatte.«

Ausgräber-Alltag anno 1907

Wiegand wollte seine Frau nicht unnötig ängstigen, als er von »vielen Störungen« sprach. In Wirklichkeit waren die Ausgrabungen in der Türkei inzwischen zu einem lebensgefährlichen Unternehmen geworden. Am Bosporus herrschten zu Beginn des 20. Jahrhunderts katastrophale Zustände. Nach dem offiziellen Staatsbankrott versuchten die Jungtürken, eine national-türkische Reformpartei, den Sultan zu stürzen. Das soziale Elend war groß, Reiche und Ausländer lebten gefährlich; dabei genügte es, wenn einer nur reich oder fremdländisch aussah.

Der deutsche Grabungsleiter wurde lange Zeit von einem bekannten Wegelagerer verfolgt, der, wie es schien, nur die Gelegenheit abwartete, daß ihm sein Opfer einmal unbewaffnet begegnete. Die tagtäglichen Schreckensnachrichten waren jedoch für Wiegand und die deutschen Ausgräber eine stete Erinnerung, keinen Schritt ohne Gewehr zu tun. Raub, Mord und Totschlag waren an der Tagesordnung. Wurde ein Räuber allerdings gefaßt, dann lynchte ihn die Menge.

Wiegand sah in der Kreishauptstadt Sokia, dem heutigen Söke, den Kopf eines 18jährigen auf einer Stange, er hatte seinen Lebensunterhalt als Wegelagerer bestritten und war, als er sein Tätigkeitsfeld wechselte, von eigenen Stammesgenossen geköpft worden. Georgios Kjolafis, ein einheimischer Grabungsarbeiter, der den Archäologen vor allem bei der Aufnahme kartographischer Skizzen zur Seite gestanden hatte, wurde eines Vormittags tot aufgefunden. Er war das Opfer einer Räuberbande geworden.

Der gefürchtetste Räuberhauptmann dieser Gegend war Mohammad Tschakidji, der mit 30 finsteren Gestalten durch die Gegend vagabundierte und die Provinz Aidin das Fürchten lehrte. Tschakidji stammte aus Aidin. Schon sein Vater war Wegelagerer, er starb 18jährig bei einem Gefecht mit Gendarmen. Mohammad schwor Rache. In den 47 Jahren seines aufregenden Räuberlebens schröpfte er die Reichen, überfiel mit Vorliebe Regierungskassen und entführte Politiker und Militärs. Damals, als die deutschen Ausgräber gerade die Geheimgänge des Orakelheiligtums entdeckt hatten, mußte der Bruder eines Adjutanten des Sultans daran glauben. Tschakidji hatte ihn am hellichten Tag aus der Moschee entführt.

Solche Kabinettstückchen machten ihn beim Volk allmählich zum Helden. Mohammad gefiel sich in seiner Rolle und nahm immer mehr die Züge eines türkischen Robin Hood an. Tschakidji zwang einen reichen Bauunternehmer, für arme Gebirgsbewohner eine Brücke zu bauen, und wenn sich einer seiner Kumpane an einem Armen vergriff, machte er ihn persönlich einen Kopf kürzer. Der Wali von Smyrna, der Statthalter der Provinz, setzte schließlich die astronomische Summe von 1000 Pfund auf den Kopf des Tschakidji aus. Tschakidji hörte das und setzte seinerseits 1500 Pfund auf den Kopf des Wali aus. Schließlich rekrutierte die Regierung 700 Räuber, bezahlte sie fürstlich und gab den Auftrag, Mohammad Tschadkidji zu töten. 300 bezahlten dieses Vorhaben mit dem

Leben, der Rest gab auf. 1911 geriet Tschakidji in einen Hinterhalt, er und seine Männer kämpften drei Tage verbissen, dann gelang ihnen die Flucht. Zurück blieb nur ein bis zur Unkenntlichkeit verstümmelter Leichnam; seit jenen Tagen hat man nie mehr etwas von Mohammad Tschakidji gehört.

So gefährlich war das Leben der deutschen Ausgräber noch zu Beginn dieses Jahrhunderts. Diese Aufgabe erforderte viel mehr als akademische Kenntnisse, die Männer, die Didyma und sein Orakelheiligtum ausgruben, mußten schon von ihrer Idee besessen sein, diesen geheimnisumwitterten Ort der Gegenwart zurückzugeben. Wie anders wäre es denkbar, daß sie – für jeden von ihnen stand ein Schreibtisch mit Pensionsberechtigung bereit – höchste Entbehrungen auf sich nahmen und abseits der Zivilisation einer Idee nachgingen, die in diesen unruhigen Zeiten geradezu anachronistisch erscheinen mußte.

Vom September des Jahres 1907 an bereitete Wiegand den Abtransport des wohl bedeutendsten Fundes aus den Grabungen in Milet vor. Er maß nicht weniger als 29 Meter in der Breite und war zweistöckig: das Markttor von Milet. Wiegand hatte sich in den Kopf gesetzt, den um 165 v. Chr. entstandenen Säulenbau Stein für Stein abzutragen, in Holzkisten zu verladen und nach Deutschland zu verschiffen. Sechs Schreiner fertigten ein halbes Jahr lang die notwendigen Kisten, die Grabungsmannschaft setzte einen Weg zum Schiffsanlegeplatz instand, und Wiegand charterte den 5000-Tonnen-Dampfer »Athena« der Atlas-Linie. Das 750 Tonnen schwere Bauwerk gelangte unversehrt nach Berlin und wurde im neuen Pergamon-Museum aufgestellt. Was der Zahn der Zeit in 2000 Jahren nicht geschafft hatte, gelang den Bomben des Zweiten Weltkrieges innerhalb weniger Minuten. Das Markttor von Milet wurde schwer beschädigt, heute ist es restauriert.

Jeder Meter liefert neue Erkenntnisse

18. April 1909: Wiegand wurde zum Orakeltempel von Didyma gerufen. Noch immer schaufelten die Ausgräber den Schutt aus dem Pronaos. Wiegand berichtet: »Man war da plötzlich eingebrochen, und es zeigte sich unvermutet eine schmucklose Tür. Wir ließen eine Leiter hinunter. Da gelangten wir in einen kaum verschütteten, etwa einen Meter breiten und 15 Meter langen, von Ost nach West sich senkenden Gang, dessen Wände und Gewölbe von so prachtvoll feiner Steinfugung sind, daß ich sie gar nicht genug beschreiben kann. Es zeigte sich, daß am westlichen Ende des Ganges eine Türöffnung ist, welche sehr fein profiliert ist und schöne einfache Kapitelle hat. Dieser Gang führt unter dem nördlichen Treppengehäuse des Mittelsaales her und mündet im großen Adyton. Kein Mensch hätte so etwas vermutet. Über den Zweck kann man nur sagen, daß es sich jedenfalls nicht um mystische Anlagen – auf der Südseite war es sicher gerade so – handelt, dazu sind die Gänge viel zu direkt und zweifelsohne. Vielmehr sind es wohl Dienstgänge für den täglichen Gebrauch der Tempeldiener, während die riesenhafte Tür in der Mitte geschlossen blieb und nur bei besonderen Feierlichkeiten geöffnet wurde.«

Diese Zeilen schrieb Wiegand an Professor Hermann Winnefeld, den 2. Direktor der Antikenabteilung der Preußischen Museen in Berlin.

Unendlich langsam begann der Orakeltempel von Didyma Gestalt anzunehmen und ein Geheimnis nach dem anderen preiszugeben. Doch das Unternehmen litt nicht nur an den katastrophalen politischen Umständen, Personalmangel und unzureichende Ausrüstung erschwerten die Ausgrabungen zusätzlich. Wasserbüffel und Kamele mußten Lasten bewegen, die den Ausgräbern zu schwer waren, vor allem fehlte ein großer Flaschenzug. Aber Wiegand und seine Männer waren

Meister im Improvisieren. Als im April 1910 ein britischer Dampfer vor Patmos strandete und abgewrackt werden mußte, kaufte Wiegand der Verschrottfirma die drei Hebebäume des Schiffes ab, jeder zehn Meter lang aus Pitchpineholz. Damit errichteten die Ausgräber einen riesigen Dreifuß, sie befestigten an der Spitze einen Flaschenzug und waren so erstmals in der Lage, Säulenstümpfe aufzurichten. Bislang hatten die Deutschen nach dem Prinzip der alten Ägypter gearbeitet – mit schrägen Rampen aus Schutt. Bis zu sechs Meter hoch lag der Schutt an manchen Stellen, und noch immer war die eigentliche Orakelzelle nicht zu erkennen.

Das lag vor allem daran, daß der Apollon-Tempel in spätrömischer und frühchristlicher Zeit in eine Burg zur Verteidigung gegen Goten und Sarazenen umgebaut und noch später in eine byzantinische Kirche verwandelt worden war. Noch im April 1911 stand die Apsis dieser Kirche auf der riesigen Freitreppe, die im Innern des Freilufttempels zum Orakelheiligtum hinabführte. Jeder Meter, den die Ausgräber tiefer in den Tempel eindrangen, legte neue Erkenntnisse frei.

Aber der Bau wuchs nicht nur in die Tiefe. Knackfuß begann nun mehr und mehr, das zerstörte und mehrmals umfunktionierte Gebäude wieder zusammenzusetzen, der Tempel wuchs von nun an auch in die Höhe. »Es ist eine riesenhafte und doch unendlich vornehme Anlage herausgekommen«, schrieb Wiegand, »und der arbeitslustige alte Herr Niemann steht anbetend davor und erklärt, das sei nun das Schönste und Großartigste, was er in seinem ganzen, an großen Eindrücken so reichen Leben erlebt habe, und die Aufgabe erdrücke ihn fast.«

Im Mai 1911 begannen die Abbrucharbeiten der byzantinischen Kirche, und was die Ausgräber vermutet hatten, bestätigte sich. Unter den Fundamenten der Kirche kam ein weit älteres Bauwerk zum Vorschein, die Cella des Orakels, ja mehr noch, am 7. Mai 1911 entdeckten Wiegands Männer einen halben Meter unter dem Kirchenfundament eine gewaltige Quermauer, ein erster Hinweis auf den älteren archaischen Tempel. Theo Wiegands spontaner Kommentar: »Junge, Junge, was wird das alles noch geben!«

Eine schon früh gehegte Vermutung fand nun mit jeder neuen Mauer, die freigelegt wurde, ihre Bestätigung. Die alte Handelsstadt Milet hatte sich mit dem monumentalen Tempelprojekt übernommen. Trotz jahrhundertelanger Bautätigkeit – der Tempel wurde nie fertig. Offenbar unter dem Eindruck des größten Griechentempels der je gebaut wurde, des Artemis-Tempels von Ephesus, wollten die Bewohner von Milet der Nachbarstadt nicht nachstehen. Das zeigte schon die Wahl der Architekten. Die beiden bekamen jedoch irgendwann Angst vor ihrer eigenen Courage, als es darum ging, das Bauwerk einzudecken. Galt es doch 1164 Quadratmeter freitragend zu überbrücken. Schon Strabon, der griechische Geograph und Historiker, sah sich, als nach über 300 Jahren Bauzeit noch immer das Dach fehlte, zu der Bemerkung veranlaßt, der Tempel könne wegen seiner Größe gar kein Dach erhalten, und das war zweifellos richtig.

Vergleicht man den Apollon-Tempel von Didyma mit dem Parthenon auf der Akropolis in Athen, so wäre dieser im Parthenon verschwunden. Die Säulen des Parthenon hätten samt Gebälk in jener Türöffnung Platz gehabt, in die der Orakelpriester in Didyma zur Verkündung seines Spruches trat. Die Säulen auf der Akropolis waren zehn Meter hoch, in Didyma ragten sie 19,70 Meter in die Höhe. Rechnet man Sockel und Architrave hinzu, so erreichte der Tempel eine Höhe von 29,40 Metern. 122 Säulen sah die architektonische Planung vor, aber viele wurden nie aufgestellt, manche blieben unbearbeitet stehen.

Die Kosten für jeden einzelnen Marmorkoloß waren unvorstellbar, die Säulen wurden zu Schiff aus Thasos gebracht und vom Hafen Panormos nach Didyma geschleift. Aufgefundene

Bauabrechnungen beziffern die Kosten für eine einzige Säule auf 40 000 Drachmen. Ein Steinmetz verdiente damals zwei Drachmen am Tag. Legt man heute einen Tagesverdienst von 150 DM zugrunde, so würde die Erstellung einer einzigen Säule auf unsere Verhältnisse übertragen drei Millionen Mark kosten.

Diese Zahlen sollen verdeutlichen, welcher Aufwand in Didyma getrieben wurde. Und in diesem Aufwand spiegelt sich etwas von der Bedeutung der kleinasiatischen Orakelstätte wider. Es wäre falsch, Didyma nur als eine Filiale von Delphi zu betrachten. Didyma ist vorgriechisch, das bezeugt Pausanias (V, 13, 11).

Die Frühgeschichte des Orakels

Wie in Delphi nennt die mythologische Tradition einen Hirten als Orakelgründer, er hieß Branchos. Dieser Branchos empfing die mantische Inspiration direkt von Apollon und vererbte die Gabe seinen Nachkommen weiter, den Branchiden. Sie übten ihre Sehertätigkeit bis zur Zerstörung des Orakels im jonischen Aufstand aus. Nach jenem legendären ersten Seher wurde das Heiligtum in archaischer Zeit Branchidai genannt. Herodot spricht nur von Branchidai, wenn er über das Orakel von Didyma berichtet. Er ist es auch, der den frühesten historisch belegbaren Orakelklienten von Didyma nennt, einen ägyptischen Pharao der 26. Dynastie, Necho (610–595 v. Chr.), den Sohn Psammetichs I. Sicher ist dies kein Zufall, denn zweifellos war das Orakel von Didyma mehr zum Orient ausgerichtet als nach Griechenland.

Necho, so erfahren wir bei Herodot (II, 158/159), baute die ägyptische Flotte aus und versuchte vergeblich einen Kanal vom Nil zum Roten Meer, vier Tage Fahrt für ein Schiff, voranzutreiben. 120 000 Arbeiter sollen dabei zugrunde gegangen sein. Necho stellte die Ausschachtungsarbeiten schließlich ein; angeblich, weil ihm ein Orakelspruch verkündet hatte, er arbeite damit den Barbaren vor. Mag das eine Erfindung gewesen sein oder nicht – so falsch war dieser Spruch nicht. Schon Ramses II. hatte sich mit demselben Argument vom Kanalbau abbringen lassen, denn das Jahrtausend-Bauwerk hätte Ägypten nach Osten hin geöffnet, und alle Feinde Ägyptens waren bisher aus dem Osten gekommen. Necho ließ daraufhin am Roten Meer Schiffe bauen. Noch 150 Jahre später will Herodot Reste dieser Werften gesehen haben.

Necho machte biblische Geschichte, indem er gen Norden, Richtung Assyrien, zog. Bei Megiddo stieß er auf Josia von Juda. Im Alten Testament (2. Buch Könige 25, 29–30) lesen wir den Ablauf des Geschehens folgendermaßen: »In seinen Tagen zog der Pharao Necho, der König von Ägypten, zu dem König von Assur an den Euphratstrom. Der König Josia trat ihm entgegen, und jener ließ ihn bei Megiddo niedermachen, als er ihn sah. Seine Diener fuhren den Leichnam von Megiddo fort. Sie brachten ihn nach Jerusalem und setzten ihn dort bei. Die Bürger des Landes aber nahmen Joachas, den Sohn des Josia, salbten ihn und riefen ihn zum König aus an seines Vaters Stelle.«

Weiter bei Herodot (II, 159): »Nach der Schlacht nahm Necho Kadytis ein, eine große Stadt in Syrien. Die Rüstung aber, in der er das alles ausgeführt hatte, weihte er Apollon, indem er sie nach Branchidai im milesischen Land schickte.«

Dies geschah im Jahre 609 v. Chr. Immerhin muß das Orakel von Didyma also bereits im 7. Jahrhundert v. Chr. internationalen Rang gehabt haben, es scheint jedenfalls besser und vertrauenswürdiger als alle ägyptischen Orakel gewesen zu sein. Vor allem waren es ionische und karische Söldner, die den Ruf Didymas in alle Welt trugen. Der Pharao Apries (589–570 v. Chr.) hatte ein 30 000-Mann-Heer aus dieser Gegend rekrutiert. Archäologen wollen auch umgekehrte Einflüsse festgestellt haben. Der Vergleich der mit Sitz- und Löwenstatuen dekorierten Heiligen Straße von Didyma mit den ägyptischen Sphingen-Alleen ist jedoch wenig zutreffend, weil die Heilige Straße nicht ursprünglich als Figurenallee angelegt war. Die Skulpturen fanden hier erst ihre Aufstellung, nachdem der heilige Bezirk überfüllt war oder wenn feindliche Plünderer sie beschädigt hatten.

Didyma und sein Orakel erlebten ihre erste große Glanzzeit in der zweiten Hälfte des 6. Jahrhunderts v. Chr., als der Lyderkönig Krösus das Heiligtum mit Reichtümern überschüttete. »Was in Branchidai bei Milet an Weihegeschenken von Kroisos vorhanden war, glich, wie ich erfahren habe, denen in Delphi, war genauso schwer und auch sonst ähnlich.« Dieser Hinweis Herodots (I, 92) stellt Didyma und Delphi in jener Zeit gleichbedeutend gegenüber. Hier wurden nicht weniger Schätze angehäuft als am Fuße des Parnaß. »In einem berühmten Orakel wie Didyma«, sagte Klaus Tuchelt, »strömten nicht nur Informationen zusammen, hier sammelte sich auch das Kapital. Heiligtümer waren die Banken des Altertums, so auch Didyma. Hier war das große Geld.«

Die Perser brachten die Propheten zum Schweigen

Geld aber war letztlich Macht, politische Macht in den Händen der Orakelpriester. Im Jahre 499 v. Chr. wurde in Milet der Versuch unternommen, die Finanzmacht Didymas für Kriegszwecke einzusetzen. Im Rahmen der Vorbereitungen zum Ionischen Aufstand warnte der Geschichtsschreiber Hekataios, die persische Übermacht zu unterschätzen. Er zählte alle die Völker auf, die Dareios unterworfen hatte, und warnte vor dem Riesenheer des Persers. Wenn es überhaupt eine Chance gebe, dann müßten die Leute von Milet eine schlagkräftige Flotte bauen, mit der sie das Meer beherrschten. Auf die Frage, wie er sich die Finanzierung dieses Unternehmens vorstelle, meinte er, die Krösus-Stiftung in Didyma reiche aus, um eine solche Flotte zu bauen. Hekataios hatte jedoch die Rechnung ohne die Priester gemacht. Der Orakelschatz blieb unangetastet, der Ionische Aufstand endete katastrophal, Milet und das Orakel wurden 494 v. Chr. geplündert und niedergebrannt, die Priester nach Susa in Baktrien verbannt.

Die persische Zerstörungswut war gründlich, das haben die Ausgrabungen gezeigt. Von der archaischen Orakelzelle kamen nur die Fundamente zum Vorschein. Da die Perser alles Mauerwerk, das nach dem Brand noch stehen geblieben war, zerschlugen und diese Fragmente bei späteren Bauten keine Verwendung fanden, waren sie für die Archäologen unschätzbare Bausteine für die Rekonstruktion dieses archaischen Tempels.

Heute wissen wir, daß der mächtige, hellenistische Orakeltempel von Didyma ein getreues Abbild eines kleineren Vorgängers ist. Und davor – auch das haben die Spaten der Ausgräber zutage gebracht – stand in spätgeometrischer Zeit (8. bis 7. Jahrhundert v. Chr.) an dieser Stelle ein 10 mal 24 Meter großes Bauwerk, das die heilige Quelle und den Lorbeerbaum einschloß. Diese Architektur unterschied sich jedoch deutlich von der Architektur der nachfolgenden Gebäude, ihr fehlte noch jener Gigantismus, der später für Didyma so typisch war.

Die antiken Geschichtsschreiber waren sich uneinig, wann das Branchiden-Orakel zerstört worden war. Strabon und Plutarch widersprachen der Version Herodots und sahen nicht Dareios, sondern Xerxes als den Zerstörer von Didyma an. Xerxes, so berichten sie, habe Milet für seine prohellenistische Haltung bestrafen wollen und die heilige Stätte nach der Schlacht am Mykalegebirge, also erst eineinhalb Jahrzehnte später, in Brand gesteckt und ein Opfer der Flammen werden lassen.

Der Weltreisende Herodot irrte nicht selten, doch in dem vorliegenden Fall spricht die Wahrscheinlichkeit für ihn: Herodots Angaben sind viel präziser als die seiner Epigonen. Vor allem aber werden sie durch einen winzigen Fund, den Archäologen im fernen Susa ausgegraben haben, gestützt. Es ist nur ein unscheinbarer Bronzewürfel, eine Inschrift bezeichnet ihn jedoch als Weihegeschenk an Apoll, sie wird um etwa 550 v. Chr. datiert. Wo anders als aus Didyma sollte dieses kleine Weihegeschenk herkommen? Der Fund zeigt, daß die von Herodot erwähnte Deportation der Milesier nach Susa stattgefunden hat.

Nach der persischen Katastrophe war der Mund der Propheten 163 Jahre zum Schweigen verurteilt, die heilige Quelle lag verschüttet, Strabon berichtet (XVII, 1, 43), ihr Wasser habe erst 331 v. Chr. wieder gesprudelt. Orakel wurden während dieser Zeit wohl nicht erteilt, wenngleich, nach Zeugnissen zu schließen, der Kultbetrieb in dem notdürftig instandgesetzten Heiligtum weitergeführt wurde. Man stellte damals die beschädigten Weihestatuen zu beiden Seiten der Heiligen Straße auf, die zurückgebliebenen oder neu angesiedelten Bewohner von Milet gingen wieder in feierlicher Prozession nach Didyma und opferten dem Apoll wie in früherer Zeit. Doch der Gott antwortete nicht.

Es scheint, als habe das Orakel von Didyma auf eine bedeutende Persönlichkeit gewartet, der die Zukunft zu künden war: Alexander der Große war der erste, dem das kleinasiatische Orakel nach langer Pause Bedeutendes prophezeite. Apollon von Didyma sprach dem Makedonen göttliche Abstammung und Erfolge auf seinem Asienfeldzug zu.

Das war ein geschickter Schachzug der Orakelpriester von Didyma, die sich und ihr Orakel wieder ins Gespräch bringen wollten. Und womit wäre dies besser zu erreichen gewesen als durch eine Prognose für den stürmischen 20jährigen, der sich anschickte, von Makedonien aus die Welt zu erobern?

Alexander hatte das Orakel von Didyma überhaupt nicht befragt, er bevorzugte das Amun-Orakel in der Oase Siwa, aber die Bewohner von Milet wollten den spontan ergangenen göttlichen Bescheid nicht für sich behalten und schickten eine Delegation ins ägyptische Memphis, wo der Feldherr gerade Station machte. Diese aufdringliche Geste sollte nach außen Alexander hilfreich sein, in Wirklichkeit aber dachten die Branchiden von Didyma an ihr eigenes Image. Und der Erfolg ihrer gut durchdachten Öffentlichkeitsarbeit gab ihnen recht. Das kleinasiatische Orakel kam wieder ins Gespräch, Didyma ging einer neuen Blütezeit entgegen.

Didyma wird das Lieblingsheiligtum der Seleukiden

Das rege Leben, das sich innerhalb der Mauern des Heiligen Bezirks entfaltete, schlug sich nun auch wieder in Texten und Urkunden nieder, von denen die Archäologen einige, wenn auch fragmentarische, so doch höchst aufschlußreiche ausgegraben haben. Auf allen diesen Steinurkunden taucht ein Name auf: König Seleukos, die Schlüsselfigur für den unaufhaltsamen Aufstieg des kleinasiatischen Orakels.

Diesem Seleukos wurde es nicht an der Wiege gesungen, daß er eines Tages König eines 3,5 Millionen Quadratkilometer großen Reiches sein würde, das Mesopotamien, Persien, Nordsyrien und Kleinasien umfaßte. Man weiß nicht einmal genau, wo und wann er geboren wurde. Seleukos kam aus Makedonien. Er bewährte sich als Heerführer im Indienfeldzug Alexanders des Großen und erhielt nach dessen Tod bei der Neuverteilung des Reiches durch die Diadochen in Triparadeisos in Nordsyrien 321 v. Chr. den Ostteil zugesprochen, das Seleukidenreich.

Stolz wie der große Alexander schrieb er sich göttliche

Abstammung zu. Obwohl sein Vater Antiochus hieß, nannte er sich einen Sohn Apollons, und daraus ergab sich zwangsläufig der Kontakt zum größten Apollon-Heiligtum Asiens, zu Didyma. Wie oft Seleukos in dem mehr als tausend Kilometer von seiner Hauptstadt Seleukia entfernten Heiligtum weilte, wissen wir nicht, Zeugnisse vermelden nur, daß Seleukos ungeheuere Geldmittel für den Wiederaufbau der Orakelstätte investierte und die Branchiden mit Geschenken überhäufte.

Obwohl Seleukos das Orakel sicher öfter befragte, ist nur ein einziger Spruch überliefert, der dem Potentaten abriet, je wieder in seine Heimat Makedonien zurückzukehren. Entweder hatte er diesen vor Jahren ergangenen Spruch vergessen, oder er mißachtete ihn im Überschwang seiner Machtgelüste; Tatsache ist, Seleukos wurde, nachdem er den Hellespont überschritten hatte, um Thrakien und Makedonien zu erobern, ermordet.

Auch was Frauen anbelangte, versuchte Seleukos es seinem Vorbild Alexander gleichzutun. Apama, seine erste Gemahlin, genügte ihm nicht, er ehelichte eine zweite namens Stratonike, ein bildschönes Mädchen, das später sogar göttliche Verehrung wie die Liebesgöttin Aphrodite erlangte. Doch der sechzigjährige Seleukos hatte sich mit zwei Frauen auf einmal wohl etwas übernommen, und so kam es ihm nicht allzu ungelegen, daß sich sein kränkelnder Sohn aus erster Ehe, Antiochos, in die schöne Stiefmutter verliebte. Seleukos trat ihm Stratonike ab, und man lebte in einer recht munteren Großfamilie. Seleukos und Apama, die übrigens 324 bei der von Alexander inszenierten Massenhochzeit von Susa heirateten, hatten zwei Söhne und zwei Töchter, von denen die eine Apama genannt wurde wie die Mutter.

Aus der Zeit vor der Hochzeit mit Stratonike stammt eine Steinurkunde, die auf Antrag eines gewissen Lykos vom Rat der Stadt Milet in Auftrag gegeben wurde. Darin fassen die

Milesier den Beschluß, Königin Apama eine Ehrenstatue aufzustellen, um ihre Verdienste um die Stadt Milet und das Orakelheiligtum von Didyma zu würdigen. Die Mittel sollten dem laufenden Haushaltsplan, vermutlich des Jahres 299 v. Chr., entnommen und Statue und Urkunde im heiligen Bezirk von Didyma aufgestellt werden. Das Ehrendekret lautet:

»Königin Apama erwies in der vergangenen Zeit großes Wohlwollen und setzte sich mit Eifer für diejenigen Milesier ein, die im Heerdienst des Königs Seleukos stehen. Auch jetzt, nach dem Eintreffen der Delegation, die Seleukos zu sich kommen ließ, um über den Bau des Tempels in Didyma Verhandlungen zu führen, setzte sie sich mit ungewöhnlichem Elan ein. Ihr Sohn Antiochos hat im Wetteifer mit dem Programm seines Vaters Seleukos bezüglich des Heiligtums sich bereit erklärt, [als Stiftung] für den Gott eine Halle mit den Ausmaßen eines Stadions bauen zu lassen, damit von den aus ihr resultierenden Einkünften die Ausschmückungsarbeiten im Heiligtum finanziert würden. Damit alle wissen, daß das Volk von Milet den Wohltätern des Volks ständig die gebührende Aufmerksamkeit widmet, soll es Beschluß der Milesier sein ... Die während des nach Athenaios folgenden Stephanephorats* des Apollon amtierenden Budgetbeamten sollen aus dem Gesamteinkommen ... das Geld für die Statue entnehmen, diesen Beschluß auf eine Stele aus Stein aufzeichnen und im Artemis-Heiligtum in Didyma stellen lassen. Die Stele sowie die inschriftliche Aufzeichnung sollen die Baukommissare unverzüglich in Auftrag geben. Die Auszahlungen sollen die Schatzmeister aus dem Fonds vornehmen, der für die gemäß den Beschlüssen bestimmten Zwecke bereitgestellt ist. Diesen Beschluß soll man auch auf eine weiß getünchte Tafel aufzeichnen. Aufsichtsrat der Arbeit: Demodamas, der Sohn

* Stephanephoren waren geistliche Würdenträger.

des Aristeides, Lykos, der Sohn des Apollodotos, und Aristeides, der Sohn des Minnion.«

Was es mit dem Bau der »Halle mit den Ausmaßen eines Stadions« auf sich hat, wird in einer anderen Urkunde präzisiert. Es handelte sich um eine Basarhalle von 190 Meter Länge, in der 78 Magazine und Läden untergebracht waren. Bei den Ausgrabungen in Milet wurde diese Halle freigelegt. Ihre Stiftung durch Seleukos' Sohn Antiochos war wohl überlegt: Die Rendite aus den 78fachen Mieteinnahmen war eine ständige Geldquelle für die Bauarbeiten von Didyma. Und natürlich ließen sich die Bewohner von Milet nicht lumpen, sie stellten dem seleukidischen Königssohn in Didyma eine bronzene Reiterstatue auf und räumten ihm auch sonst allerlei Vergünstigungen ein. Auch dieses Dekret ist bis auf einen kurzen Schlußteil im Wortlaut erhalten:

»Beschluß des Volkes; Antrag des Beisitzerkollegiums. Den Antrag stellte Demodamas, der Sohn des Aristeides. Antiochos, der älteste Sohn des Königs Seleukos, erwies in der vergangenen Zeit dem Volk von Milet immerzu großes Wohlwollen und seinen Beistand. So erklärt er sich jetzt angesichts der Tatsache, daß sich sein Vater mit ganzer Energie für das Heiligtum in Didyma einsetzt, sowie in der Annahme, daß es gut sei, sich dem Programm seines Vaters anzuschließen, dazu bereit, als Stiftung für den Gott in der Stadt eine Halle mit den Ausmaßen eines Stadions zu bauen; eine Halle, deren jährliche Einkünfte nach seiner Vorstellung für die Finanzierung der Bauarbeiten im Heiligtum von Didyma verwendet werden sollen: die mit Hilfe dieses Fonds ausgeführten Arbeiten sollen seine Stiftung sein. Es soll daher Beschluß der Milesier sein, daß man Antiochos wegen seiner dem Gott erwiesenen Frömmigkeit und seines Wohlwollens gegenüber den Griechen belobige und daß ihm für die Halle der Platz gegeben werde, den der gewählte Baumeister, assistiert von den Männern, die Antiochos beauftragt hat, bezeichnet. Die Schatzmeister ... und die jeweils amtierenden Prytanen sollen das von der Halle eingehende Einkommen übernehmen, davon einen Sonderfonds einrichten und die Aufträge nach Maßgabe des Volksbeschlusses vergeben. Nach der Ausführung des Beschlusses sollen sie eine Inschrift anfertigen lassen mit dem Inhalt, daß Antiochos, der älteste Sohn des Königs Seleukos, der Stifter sei. Damit auch andere – in der Erkenntnis, daß die Wohltäter des Heiligtums vom Volk geehrt werden – es zu ihrem Grundsatz machen, sich mit Eifer für das Heiligtum in Didyma und für die Menge von Milet einzusetzen, soll es Beschluß der Milesier sein, eine Reiterstatue des Antiochos aus Bronze an dem Ort aufzustellen, den der Rat durch Beschluß zuweist. Die für die Statue benötigte Geldsumme sollen die während des nach Athenaios folgenden Stephanephorats amtierenden Budgetbeamten einnehmen, wenn sie die Verteilung der übrigen Etatposten durchgeführt haben. Antiochos soll die Einladung erhalten für den Ehrensitz bei den Dionysien in Milet und bei den kyklischen Wettspielen der Didymeen in Didyma. Außerdem soll er öffentliche Speisung im Prytaneion erhalten. Es soll ihm auch Abgabenfreiheit verliehen werden und Immunität im Krieg wie im Frieden und Unverletzlichkeit des Eigentums und ohne förmlichen Vertragsabschluß. Ferner soll er das Vorrecht besitzen, im Heiligtum von Didyma das Orakel außer der Reihe zu befragen. Diese Privilegien sollen auch die Nachkommen des Antiochos besitzen. Damit die Statue unverzüglich fertig wird, soll das Volk so rasch wie möglich drei Männer wählen; diese sollen die Ausführung überwachen ...«

In diese Jahre fällt auch die Rückgabe der vor beinahe 200 Jahren von den Persern aus dem Tempel nach Susa verschleppten Apollon-Statue. Seleukos brachte sie, wie Pausanias berichtet (I, 16, 3), zurück. Das läßt darauf schließen, daß um die Jahrhundertwende zumindest der kleine innere Orakeltempel fertiggestellt war. Denn die bronzene Apollon-Statue war keine gewöhnliche Skulptur, die im Freien aufgestellt werden konnte. Das lebensgroße Werk des Kanachos von Sikyon war ein mit einer komplizierten Mechanik versehenes, empfindliches Objekt. Apollon hielt in der Linken einen Bogen, in der ausgestreckten Rechten trug er einen Hirsch, der wie von Geisterhand in Bewegung gesetzt werden konnte.

Das Projekt, das Millionen verschlang und Jahrhunderte dauerte

Das Tempelhaus, von dem das kleine Orakelheiligtum eingeschlossen wurde, war zu dieser Zeit gerade im Aufbau begriffen. Bauberichte verraten, daß 80 Jahre später erst zwei Drittel des Bauwerkes vollendet waren. Aber schließlich mußten die Milesier nicht nur den Tempel errichten, die Priester benötigten ein neues Prophetenhaus, und für die Aufbewahrung der Spenden und Einnahmen war ein Schatzhaus unerläßlich.

In welchen Dimensionen sich die Stiftungen des Seleukos bewegten, wird in einem Schreiben deutlich, in dem der Herrscher den Milesiern tausend Schafe und zwölf Stiere ankündigt, außerdem Goldgeschirr im Gewicht vom 3248 Drachmen, darunter kunstvolle Phialen, Trinkhörner, Weinkannen und Kühlgefäße, Silbergeschirr im Gewicht von 9380 Drachmen und zehn Talente Weihrauchharz, ein Talent Myrrhe, zwei Minen Lorbeer, zwei Minen Zimt und zwei Minen Pfeffer. Der größte Teil des kostbaren Geschirrs wurde bei einem Einfall der Galater in Kleinasien zu Beginn der siebziger Jahre geraubt. Aber die Seleukiden ließen Didyma nicht verkommen. Seleukos II. (265–226) sicherte den Milesiern in Anerkennung der ergangenen Orakelsprüche neue Privilegien und eine noch glänzendere Stellung zu.

Der dritte syrische Krieg beendete die seleukidische Präsenz und damit auch die großzügige Unterstützung für Didyma. Die nachfolgende Ptolemäer-Dynastie zeigte für das kleinasiatische Orakel wenig Interesse, die Milesier mußten wieder in die eigene Tasche greifen. Die erhaltenen Bauurkunden von Didyma aus dem 2. Jahrhundert v. Chr. zeigen, daß von der Stadt Milet alljährlich ein festes Budget festgesetzt wurde, das Material, Materialtransport, Werkzeuge und Löhne, einschließlich Kleidung und Verpflegung für die Arbeiter berücksichtigte.

Anhand der Bauabrechnungen können wir uns auch ein Bild vom Fortgang der Arbeiten machen. Die Innenwände des Tempels zum Beispiel hatten in den Jahren 219 bis 217 v. Chr. erst die Hälfte ihrer endgültigen Höhe erreicht. Im letztgenannten Jahr wurde auch die eineinhalb Meter hohe Orakelschwelle gesetzt. Zehn Jahre dauerte allein die Errichtung des gewaltigen Hauptportals, bis 183 v. Chr. endlich der Türsturz aufgesetzt werden konnte. Auch wenn dies erst der Konstruktion riesiger Hebelmaschinen bedurfte, so erscheint der Baufortschritt doch etwas langsam, und man fragt sich, ob nicht der weltweite Zustrom, den das Delphische Orakel zu verzeichnen hatte, auf die Bewohner von Milet hemmend wirkte.

Beinahe unbekannt blieb die Innenausstattung des Orakeltempels von Didyma. Es gibt keine Hinweise, daß in dem großangelegten Adyton Altäre standen, jedenfalls kamen bei den Grabungen keine Fundamente zum Vorschein. Vermutlich gab es hier auch wirklich keinen Altar; denn jedes Schlachttier hätte durch einen der verwinkelten Tunnelgänge gebracht werden müssen. Der einzige nachgewiesene Opferaltar stand elf Meter vor dem Haupteingang zum Tempel, ein kreisrunder Sockel von acht Meter Durchmesser.

Die Erforschung des Orakelkultes war kaum ergiebiger. Fest steht, daß die Orakelstätte von einem Propheten geleitet wurde, dem Oberpriester, der für ein Jahr gewählt wurde. Er versah administrative und repräsentative Aufgaben und wohnte für die Dauer seines Amtes in einem feudalen Prophetenhaus, dessen Lage von den Archäologen bis heute nicht eindeutig geklärt werden konnte. Der Prophet stellte die Verbindung zwischen dem Orakel und seinen Klienten her. Er war es, der nach Erteilung des göttlichen Spruches wie eine Erscheinung aus einer anderen Welt auf die hohe Schwelle des Tempels trat und das Orakel den Klienten, die ihn mit rituellen Gesängen empfingen, übermittelte. Der Prophet war jedoch nicht das Medium, dem sich Apollon offenbarte. Das wäre schon wegen der komplizierten Rituale, die dreitägiges Fasten, rituelle Bäder und eine längere meditative Einstimmung im Adyton vorschrieben, nicht möglich gewesen.

Es bleiben mehr Fragen als Antworten

Die Überlieferung schweigt sich aus, ob dieses Medium wie in Delphi eine Frau war – was wahrscheinlich ist – oder ein Mann in Anlehnung an den wahrsagenden Hirten Branchos. Der Seher oder die Seherin bekam die jeweils am Tag zuvor schriftlich eingereichten und in einem Krug gesammelten Orakelfragen vorgelegt, sprach die Antwort, und der Oberpriester verkündete sie. Eine bedeutende Rolle im prophetischen Ritual spielte die heilige Quelle im Adyton vor der Orakelzelle. Ihr Wasser war es angeblich, das überhaupt zur Weissagung befähigte. Genaueres wissen wir jedoch darüber bis heute nicht.

Wolfgang Günther vom Deutschen Archäologischen Institut in Istanbul, der sich intensiv mit Didyma und seinem Orakel beschäftigt hat, glaubt, daß die kleinasiatische Wahrsagestätte stets unter der hegemonialen Stellung Delphis gelitten habe. Er sagt: »Auch wenn Didyma in der Kaiserzeit mit Delphi und Klaros zu der Trias der repräsentativen Manteia gerechnet wurde, nahm es mit Abstand den zweiten Rang hinter

Delphi ein. In den durch Jahrhunderte sich hinschleppenden und schließlich ganz zum Erliegen kommenden Bauarbeiten am Didymeion spiegelt sich die Diskrepanz zwischen dem ehrgeizigen Projekt eines glanzvollen, alles Bisherige an Ausmaß und Aufwand überbietenden Wiederaufbaus und der vergleichsweise geringen, sich nicht im erhofften Umfang einstellenden Resonanz der Orakelstätte in der griechischen Welt wider.«

Die Ausgrabungen von Didyma haben bis heute erst einen verschwindend geringen Teil des alten Orakelheiligtums zutage gefördert. »Es wird«, sagt Klaus Tuchelt, »noch eine ganze Weile dauern, bis man eine Vorstellung von dem Heiligtum hat. Der Gelehrte Rehm, der hier 30 Jahre gearbeitet und die Inschriften von Didyma publiziert hat, mußte am Ende seiner Arbeit eingestehen, daß die Ausgrabung des Apollon-Tempels keineswegs eine Klärung des Heiligtums gebracht hat.«

Bedeutet das, daß auch das Orakel von Didyma sein Geheimnis noch immer verborgen hält?

Tuchelt: »Wir haben bisher den großen Tempel von Didyma zu isoliert als Bauwerk und historisches Objekt betrachtet. Was uns fehlte, sind die Pulsadern, das Blut, das Leben, die Anschaulichkeit. Der Tempel ist architektonisch ein so einzigartiges Monument, daß die archäologische Forschung seit Beginn dieses Jahrhunderts im Schatten dieses Riesentempels gestanden hat. Er ist so monumental und erdrückend, daß er zunächst alle Forschungen auf sich zog.«

Was wird die Aufgabe der Ausgräber in den nächsten Jahren sein?

»Die Arbeiten sollen jetzt von der Heiligen Straße ausgehen. Aus Inschriften kennen wir eine ganze Reihe von Gebäuden und etwa ein halbes Dutzend Heiligtümer, die es neben dem Apollon-Tempel gab, aber wo sie liegen, können wir bisher nicht sagen.«

Die Frage, ob damit auch eine Klärung der Orakelvorgänge zu erwarten sei, beantwortete Dr. Tuchelt mit einem Achselzucken, er wisse es nicht. Wenn es ein Orakel gebe, das weitestgehend erforscht sei, dann sei das Delphi. »Aber«, meinte er, »vergessen Sie Klaros nicht!«

V.

Klaros – Das Orakel der tausend Namen

In Klaros weissagt nicht eine Frau wie in Delphi, sondern ein aus bestimmten Familien und meist aus Milet berufener Priester, der sich nur die Zahl und die Namen der Orakelbesucher nennen läßt. Dann steigt er in die Höhle hinab, trinkt Wasser aus der heiligen Quelle und teilt nun, obwohl er der Schrift und der Dichtkunst unkundig ist, Orakelsprüche in regelrechten Versen aus über Dinge, an die ein jeder gerade denkt.

Tacitus, *Annalen* II, 54

In den ersten Jahrhunderten n. Chr. wuchs aus begreiflichen Gründen die uralte Neugierde der Sterblichen nach dem Wesen des Göttlichen und den Dingen nach dem Tode ins Krankhafte, und die alten heidnischen Orakel mußten sich, um sich auf der Höhe der Zeit zu erhalten, Stellung nehmen zu dem bunten Gewirr aller der krausen, mehr oder weniger christlichen Theologien. Kurz, es galt, zeitgemäß zu orakeln.

Karl Buresch, Althistoriker

Auf dem Weg von Didyma nach Izmir zeigt der Wegweiser an einer Straßengabelung nach Westen: Klaros. Dieser Ort, Sitz des Orakelheiligtums von Kolophon, machte sich erst einen Namen, als die übrigen Wahrsagestätten der Alten Welt bereits vom Niedergang bedroht waren. Die antiken Quellen, die auf das Orakel von Klaros Bezug nehmen, sind so bedeutungsvoll, daß das Orakel heute mit Delphi und Didyma in eine Reihe gestellt wird. Weihe-Inschriften für das Orakel in Klaros fand man in Dalmatien, ja sogar im fernen Britannien. Im 2. Jahrhundert n. Chr. konnten die Priester des Heiligtums es sich sogar leisten, Delegationen bedeutender Städte zurückzuweisen.

Klaros war ein Apollon-Heiligtum wie Didyma und Delphi, der Tempel wurde in den vergangenen Jahren freigelegt. Ganz zufällig kam im Sommer 1888 der Leipziger Privatdozent Karl Buresch in diese Gegend. Die Trümmerstätte auf dem gewellten Boden erregte sein Interesse, Säulenstümpfe und Bauteile, meist aus weißem Marmor, ließen eine untergegangene Stadt vermuten. »Viel Steine gab's«, berichtet Buresch, »doch keine Schrift. Nach langem Suchen fand ich hart am Weg auf einem aus der Erde ragenden Marmorblock ein Stückchen fast ganz verwitterter, ziemlich später griechischer Schrift, von der ich nach langem Bemühen die Buchstabengruppe – A I S A R E I – zu entziffern glaubte; glaubte, denn ich stehe nicht dafür ein.«

Die Buchstabenfolge war Bestandteil des Ortsnamens Kaisareia; doch dem Wissenschaftler half dies nicht weiter. Zu viele Städte hatten während der römischen Kaiserzeit den Namen Caesarea (griechisch: Kaisareia) angenommen. Der Forscher aus Leipzig fragte daher einen alten Mann aus der Gegend, ob nicht irgendwelche Inschriften vorhanden seien. Sicher, meinte der und forderte den Fremden auf, ihm zu folgen. Nach halbstündigem Ritt über die Felder erreichten sie ein freistehendes Haus, zu dem eine große Freitreppe führte. Der Alte zeigte auf die Treppe, Buresch sah seinen Begleiter fragend an, der bedeutete, daß die Steinstufen auf ihrer Unterseite beschriftet seien. Dem Forscher aus Leipzig blieb nichts anderes übrig, als die Treppe einzureißen, was ihm aber, außer dem Zorn des Hausbesitzers, nichts Verwertbares einbrachte. Ob er noch eine Inschrift wisse, fragte er den Alten.

Der überlegte wohl, ob er noch einen Todfeind in der Verwandtschaft hatte, dem er den verrückten Deutschen auf den Hals hetzen konnte, besann sich angesichts des winkenden Trinkgeldes jedoch eines Besseren und führte den Fremden in ein kleines Dorf, wo man ihm nach längerer Diskussion mit den Einheimischen einen 52 mal 41 Zentimeter großen Steinblock vorführte. Der Block war auf drei Seiten unterschiedlich beschriftet und von den Dorfbewohnern kurz zuvor nahe der Ruinenstätte ausgegraben worden. Seither hielt sich das hartnäckige Gerücht, der Stein berge in seinem Innern Gold. Buresch kopierte die Inschriften, die sich später als Widmungstext eines

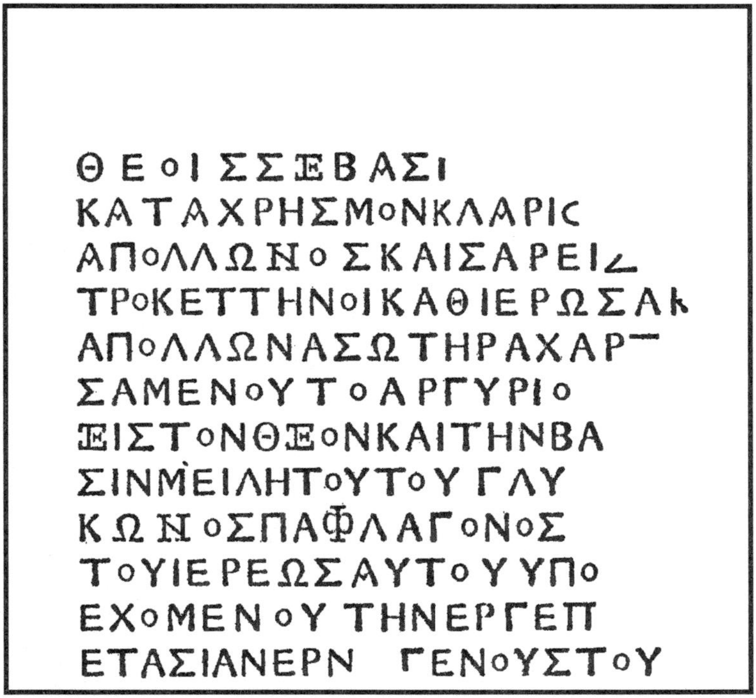

Diese Steininschrift verriet dem Leipziger Archäologen Karl Buresch, daß er das Orakel von Klaros entdeckt hatte. In der zweiten Zeile am Ende die Buchstaben K-L-A-R-I-O

Standbildes und als ein umfangreicher Orakeltext erwiesen. Die wichtigsten zwei Wörter standen in der dritten Zeile der Vorderseite: Apollon von Klaros. Damit war klar, daß hier ein Orakelspruch des Klarischen Apollon in Stein gehauen war, das Orakel von Klaros war entdeckt.

Die »Traum«-Stadt Smyrna

»Die Kolophonier meinen«, schreibt Pausanias, »daß das Heiligtum in Klaros und das Orakel seit ältesten Zeiten bestehe.« Diese Aussage stimmt nur zum Teil, das Heiligtum war sicher älter als das Orakel. Der älteste überlieferte Orakelspruch des Klarischen Apollon stammt nämlich erst aus dem 4. Jahrhundert v. Chr. und geht auf Alexander den Großen zurück. Alexander war im Pagosgebirge auf der Jagd und kam zu einem Heiligtum der Nemesis-Göttinnen. Im Schatten einer Palme legte sich der große Makedone zum Schlafen nieder, und er hatte einen Traum: Die Nemesis-Göttinnen erschienen und forderten ihn auf, hier eine Stadt zu gründen, in der sich die Einwohner von Smyrna ansiedeln sollten. Nachdem sich Alexander entschloß, die Forderung der Nemesis-Göttinnen zu erfüllen, schickten die darüber etwas ratlosen Leute von Smyrna eine Gesandtschaft nach Klaros, um zu erfragen, was zu tun sei. Das Orakel erteilte die folgende Antwort:

»Dreimal glücklich und viermal werden die Männer sein,
die den Pagos besiedeln werden jenseits des heiligen Meles.«

(Pausanias VII, 5, 3)

Neu-Smyrna wurde tatsächlich gegründet, zumal das von äolischen Griechen seit dem 3. Jahrtausend v. Chr. besiedelte antike Smyrna seit seiner Zerstörung durch den Lyderkönig Alyattes um 600 v. Chr. nur noch schwach bevölkert war und seinen städtischen Charakter weitgehend verloren hatte. Die Neugründung in hellenistischer Zeit um den Pagoshügel herum wurde von Alexanders Feldherren Lysimachos und Antigonos südlich der alten Stadt ausgeführt. Pausanias bemerkt, daß die Einwohner der alten Stadt sich freiwillig umsiedeln ließen.

Alle übrigen Hinweise auf das klarische Orakel sind jünger. Deshalb konnte auch Krösus, großzügiger Klient bei allen Orakelstätten der Welt, bei seinem legendären Test keine Gesandtschaft nach Klaros schicken, weil das Orakel Mitte des 6. Jahrhunderts v. Chr. noch gar nicht existierte. Sein Ursprung liegt in völligem Dunkel, und so nimmt es nicht wunder, daß die Mythologie sich seiner annahm und die Gründung des klarischen Apollon-Heiligtums dem Priester Mopsos, einem Sohn des Kreters Rhakios, und der Manto, einer Tochter des thebanischen Sehers Teiresias, zuschrieb.

Münzenfunde bezeugen die Existenz eines Heiligtums für das 5. Jahrhundert v. Chr., aber erst hundert Jahre später läßt sich eine Orakelstätte nachweisen, und es dauerte noch ein paar Jahrhunderte, bis die Wahrsagestätte größere Popularität erlangte. Nicht ein Orakelspruch von Bedeutung ist überliefert, und Nikandros, ein Orakelpriester des 2. oder 3. Jahrhunderts v. Chr., verbrachte, mangels Klientel, seine Zeit mit der Abfassung populärer Schriften, unter anderem über Gartenbau. Der heilige Mann aus Kolophon, Sohn eines gewissen Damaios, zeichnete aber auch alle Orakelsprüche auf, die im Laufe der Zeit dann doch erteilt wurden, und füllte auf diese Weise drei Bücher mit Klatsch aus Kolophon. Klaros hatte nur bescheidene lokale Bedeutung.

Wenn wir Tacitus glauben dürfen, so war Klaros eine Filiale des Orakels von Didyma; denn die Orakelpriester wurden von Milet ernannt. Allerdings steht Tacitus mit seiner Aussage allein da. Seine Behauptung wird aber auch nirgends angezweifelt.

Der Aufstieg von Klaros begann mit einer Katastrophe, jener Zerstörung im 1. Jahrhundert v. Chr., der auch Didyma zum Opfer fiel. Das kleine Orakel von Klaros war schneller wieder aufgebaut als das monumentale Heiligtum von Didyma, das sich von diesem Schlag nie mehr ganz erholt hat. Mit Beginn unserer Zeitrechnung errang Klaros dann eine Vormachtstellung in Kleinasien.

Der Todesspruch des Germanicus

Der römische Konsul Germanicus, Sohn des Nero Claudius Drusus, Enkel der Livia Augusta und des Marc Anton, Großneffe des Augustus, Bruder des Claudius und Vater des späteren Kaisers Caligula, kam im Jahre 18 n. Chr. nach Klaros, um das Orakel über seine Zukunft zu befragen. Germanicus, der sich lange Zeit in Germanien herumgetrieben, im Teutoburger Wald die Gebeine seiner gefallenen Landsleute bestattet und zwischen Minden und Rinteln eine große Schlacht geschlagen hatte, nahm den Weg über Actium, Athen und Lesbos nach Kolophon. Mindestens drei berühmte Orakelstätten lagen also an seinem Weg, und auch Didyma war nicht weit. Daß Germanicus dennoch das Orakel von Klaros aufsuchte, kann nur mit dem guten Ruf des Heiligtums in dieser Zeit zusammenhängen.

Der Spruch, der ihm zuteil wurde, war ein Schock, und er verbreitete sich wie ein Lauffeuer. Der Seher von Klaros hatte geweissagt, Germanicus habe nur noch ein Jahr zu leben. Er war damals 33 Jahre alt. Wir wissen nicht, wie ernst Germanicus diese Prophezeiung nahm, fest steht jedoch, daß er vom Frühjahr des Jahres 19 n. Chr. an nur noch Vergnügungsreisen unternahm, unter anderem nach Ägypten, wo er den Nil aufwärts bis zur Insel Elephantine fuhr. In Alexandria ließ er ohne ersichtlichen Grund Getreide aus den kaiserlichen Speichern verteilen, was ihm zwar eine Rüge des Tiberius einbrachte, aber es scheint, daß Germanicus das letzte Jahr seines Lebens freudvoll und gut verbringen wollte.

Der Tod ereilte ihn in Antiocheia, nicht auf dem Schlachtfeld, das er gemieden hatte, sondern im Krankenbett. Germanicus starb am 10. Oktober 19 n. Chr. In seinen letzten Worten auf dem Sterbebett stammelte Germanicus, sein Todfeind Piso und dessen Frau hätten ihn vergiftet. »Sein Leichnam«, lesen wir bei Tacitus (II, 73), »wurde vor der Verbrennung auf dem Marktplatz von Antiocheia, dem erwähnten Platz der Trauerfeier, entblößt. Ob sich dabei wirklich Merkmale der Vergiftung gezeigt haben, ist nicht sicher festgestellt. Denn je nachdem man sich vom Mitleid mit Germanicus und von einem vorgefaßten Argwohn oder von einer Vorliebe für Piso leiten ließ, lauteten die Ansichten verschieden.«

Mit diesem Orakelspruch wurde Klaros nun vollends weltberühmt. Klaros-Forscher Karl Buresch schreibt: »War es früher schon berühmt, so wurde es jetzt allmählich das erste der Welt.« An prominenten Klienten litt es keinen Mangel. Vor allem in Rom, wo das Germanicus-Orakel die Runde machte, galt Klaros als Geheimtip. Die Zeit, in der bei wichtigen politischen Entscheidungen der Rat des Orakels eingeholt wurde, war allerdings vorbei, es ging nun in der Hauptsache um Privatangelegenheiten.

Da kam aus Rom Lollia angereist und fragte, wen Kaiser Claudius als nächste Gemahlin ausersehen habe. Messalina, seine dritte, war 30 Jahre jünger als Claudius und nach einem ausschweifenden Leben hingerichtet worden. Da dem Kaiser, wie Tacitus bemerkt, »ein eheloses Leben unerträglich und ein Weiberregiment ein Bedürfnis war« (XII, 1), machte man sich bei Hofe Gedanken, wer dieses Bedürfnis stillen könnte. Unter den Bewerberinnen gab es zwei Favoritinnen, Julia Agrippina, die Tochter des Germanicus, und Lollia Paulina, die Tochter des Konsuls Marcus Lollius.

Während Claudius noch unentschieden war, versuchte Lollia in Klaros das Ergebnis vorab zu erfahren. Der Spruch war für sie enttäuschend, Claudius entschied sich für Agrippina. Vielleicht hätte Claudius das Orakel selbst befragen sollen. Womöglich hätte ihm der Klarische Apollon geweissagt, daß ihn die bereits zweimal geschiedene Agrippina ein Jahr später vergiften würde. Den vorwitzigen Schachzug ihrer Nebenbuhlerin Lollia, die das Orakel befragt hatte, rächte Agrippina furchtbar. Sie zwang Lollia zum Selbstmord.

Ein Tempel unter Wasser

Es war ein weiter Weg, bis das Orakel von Klaros nach und nach seine Geheimnisse preisgab. Während deutsche Archäologen wenige Kilometer entfernt Didyma ausgruben, erinnerte sich Theodore Macridi-Bey, der Konservator des Ottomanischen Museums in Istanbul, das damals noch Konstantinopel hieß, 1907 der Ruinen von Klaros. Er grub und glaubte zunächst, den Orakeltempel gefunden zu haben. Macridi-Bey war ein erfolgreicher Forscher, erst zwei Jahre zuvor hatte er zusammen mit dem Deutschen Hugo Winckler in Boghazköi, 150 Kilometer östlich von Ankara, Ausgrabungen begonnen, bei denen er die Hethiterhauptstadt Chattuscha zutage förderte. Die Funde im Innern Anatoliens waren so sensationell, daß er in den nächsten Jahren voll und ganz mit Boghazköi beschäftigt war und sich erst 1913 Klaros widmen konnte. Zusammen mit dem erst 30jährigen Generalsekretär der archäologischen Schule in Athen, Pierre-Charles Picard, und mit einer respektablen Grabungsmannschaft stieß er bis in eine Tiefe von vier Metern vor, fand aber nur Belangloses. Kein vielversprechender Anfang, zumal er in dieser Tiefe wegen des Grundwassers nur noch in Gummistiefeln arbeiten konnte.

Das Heiligtum, in einem von drei Seiten umschlossenen schmalen Tal gelegen, das nur zum Meer hin offen den Blick auf die hohen Bergrücken der Insel Samos freigibt, war in eineinhalb Jahrtausenden von den Bächen, die zur Winters- und Regenzeit von den Hügeln stürzen, verschüttet worden. Ein Umstand, den Archäologen nicht ungerne sehen, gibt es doch genügend Beispiele, wo unter ähnlichen Umständen bedeutende Kunstwerke dem Zugriff raubgieriger Schatzsucher entzogen wurden.

Pierre-Charles Picard und Theodore Macridi-Bey kämpften eine Saison mit dem Grundwasser. Alle freigelegten Mauerreste waren 40 bis 80 Zentimeter überschwemmt. Da ihnen das notwendige technische Gerät fehlte, gaben sie schließlich auf, und es dauerte lange, bis ein Ausgräberteam den Mut faßte, das unter Wasser geratene Orakel auszugraben.

Im Jahre 1950 machten sich die Franzosen Louis Robert, ein Experte auf dem Gebiet der Epigraphik und Numismatik, und Roland Martin, Professor für klassische Archäologie an der Universität Dijon, an die Arbeit. Ihr wichtigstes Requisit war eine Wasserpumpe. Von den Grabungen des Jahres 1913 war kaum etwas zu bemerken, Schwemmland, Sträucher und Bäume hatten das Mauerwerk des vermeintlichen Apollon-Tempels längst wieder zugedeckt.

Die Suchgräben, mit denen Robert und Martin das Areal durchzogen, machten sehr bald deutlich, daß das von Macridi-Bey ausgegrabene Gemäuer nicht Teil des Orakeltempels sein konnte, es waren vielmehr die Propyläen, das Eingangstor zum Heiligen Bezirk. Zwanzig Tage lang tappten die Franzosen im dunkeln, nach drei Wochen kam 130 Meter nördlich der Propyläen eine gewaltige Säulentrommel aus weißem Marmor zum Vorschein, eine zweite folgte, und es wurden immer mehr, die Archäologen hatten die Nordostecke des Apollon-Tempels von Klaros angestochen.

Das Säulenwirrwarr, so stellte sich bald heraus, hatte System. Die einzelnen Steintrommeln, 160 Zentimeter im Durchmesser und 80 bis 90 Zentimeter hoch, lagen reihenweise da, dazwischen die Kapitelle, Trümmer des Architravs. Die Situation schien klar: Ein Erdbeben hatte sie gefällt. Dieser Umstand, vor allem die frühe Erkenntnis dieses Umstandes, machte später die Rekonstruktion des Tempels erst möglich. Antikenräuber und Steinbrecher hatten zwar hier und da ihre Spuren hinterlassen, aber der harte Marmor widerstand größtenteils nicht nur dem Beben, sondern auch den Meißeln und Hacken der Raubgräber.

Robert und Martin waren überrascht, im ionischen Klaros einen dorischen Tempel zu entdecken. Damit beantwortete sich die Baugeschichte des Heiligtums beinahe von selbst: Im 5. Jahrhundert v. Chr. hatte ein archaischer Tempel einem dorischen Bauwerk Platz gemacht. Das Heiligtum ruhte auf einem fünfstufigen Fundament, sechs dorische Säulen bildeten die 26 Meter breite Frontseite, der Tempel war nach Osten ausgerichtet.

Wo liegt die Orakelgrotte?

Die große Frage, die die Archäologen bewegte, war, würden sie Spuren der eigentlichen Orakelstätte entdecken? Sie wußten, daß sie tief unter das Niveau des Apollon-Tempels graben mußten, wenn sie dieses Adyton finden wollten; jedenfalls gab es zwei bedeutsame übereinstimmende Hinweise. Der große römische Historiker Tacitus (55–120 n. Chr.) hatte in seinen *Annalen* (II, 54) von der ungewöhnlichen Orakelprozedur in Klaros berichtet, bei der sich der Wahrsagepriester nur die Zahl der Fragesteller und ihre Namen nennen ließ, auf konkrete Fragen jedoch verzichtete. »Dann«, so Tacitus, »steigt er in die Höhle hinab, trinkt Wasser aus der heiligen Quelle und teilt nun, obwohl er der Schrift und Dichtkunst unkundig ist, Orakelsprüche in regelrechten Versen über die Dinge aus, an die ein jeder gerade denkt.«

Die andere Überlieferung stammte von dem Neuplatoniker Jamblichos aus dem 4. Jahrhundert n. Chr. Der Philosoph aus Chalkis beschäftigte sich mit Vorliebe mit Okkultismus, mit Mantik und Dämonen. In seinem Werk *De Mysteriis Aegyptiorum* (Über die Mysterien der Ägypter) kam er auch auf Klaros zu sprechen: »Es herrscht allgemeine Übereinstimmung darüber, daß das Orakel in Kolophon mit Hilfe des Wassers weissage. Es befinde sich nämlich eine Quelle in einem unterirdischen Gemach, und von ihr trinke der Prophet, und zwar in gewissen festgesetzten Nächten, nachdem zuvor viele heilige Handlungen stattgefunden haben. Und wenn er getrunken habe, erteile er Orakel, wobei er nicht mehr von den anwesenden Abgesandten gesehen werde.«

Das Adyton, die Orakelzelle, mußte demnach in einer unterirdischen Grotte unter dem Apollon-Tempel liegen. Das Wasser, das die Archäologen seit Wochen mit kräftigen Pumpen absaugten, schien ein Hinweis auf die Quelle in der Grotte zu sein. Wo aber lag der Zugang zu der geheimnisvollen Zelle?

Die französischen Ausgräber entdeckten ihn an einer Stelle, wo sie ihn nicht vermutet hatten, das heißt, sie hatten ihn schon gefunden, ohne sich dessen bewußt zu sein. Im Pronaos, 13 Meter von der Frontseite des Tempels entfernt, waren die Forscher gleich zu Beginn auf zwei schmale Steintreppen gestoßen, die zu zwei engen Korridoren führten. Nach Freilegung der halbverschütteten Gänge stellten sie fest, daß die Korridore zu beiden Seiten des Tempels ein Stück parallel liefen, dann nach Süden bzw. Norden abbogen und sich zu einem langen Gang in das Tempelinnere vereinigten. Diese Gänge, nur 70 Zentimeter breit und 210 Zentimeter hoch, in blauem Marmor, wirkten beklemmend und geheimnisvoll; denn etwa in der Mitte unterhalb des Tempels teilte sich der Gang aufs neue, um nach wenigen Metern auf ein etwa drei Meter hohes Gewölbe zu stoßen, das Adyton, in dem der Seher seine Orakel erteilte.

Im Schutt, der beiseite geräumt werden mußte, entdeckten Louis Robert und Roland Martin Fragmente von Weihegeschenken und Inschriften, aber keine einzige Orakelfrage. Dies war nur eine Bestätigung für Tacitus' Bemerkung, daß in Klaros überhaupt keine Fragen gestellt wurden. Leider ließen die Baureste im Innern des Tempels keine eindeutige Klärung zu, wie die unterirdische Grotte mit dem Oberraum des Tempels, wo die Klienten auf die Antwort warteten, in Verbindung stand.

Hier mitten im Tempel kamen jedoch monumentale menschliche Gliedmaßen zutage, ein Arm, 3,40 Meter lang, ein Fuß von 1,40 Meter Länge, ein mannshohes abgewinkeltes Knie, kein Zweifel: das Kultbild des Orakelgründers Apollon. Fünf bis sechs Meter hoch mag die Sitzstatue des Gottes gewesen sein, ein Anblick, der den Betrachter sichtlich beeindruckt haben muß.

Hochkonjunktur im 2. Jahrhundert n Chr.

Die Mehrzahl der Fundstücke und Inschriften, die den französischen Forschern in die Hände fielen, stammte aus dem 2. nachchristlichen Jahrhundert. Ein Kuros, eine nackte Jünglingsgestalt, die in der Nordwestecke der Propyläen aus dem Schutt ragte, war die große Ausnahme. Der kopflose, 131 Zentimeter hohe Torso, der ein Opferkalb trägt, wird in das frühe 5. Jahrhundert datiert. Inschriften, vorwiegend auf Statuenbasen, setzen im 3. vorchristlichen Jahrhundert, der Bauzeit des dorischen Tempels, ein und beschränken sich dann aber vorwiegend auf das 2. Jahrhundert n. Chr.

In Stein gehauene Texte nehmen Bezug auf das Asyl-Begehren kolophonischer Gesandtschaften, die im Mittelmeerraum herumreisten und für den Kriegsfall die Unverletzbarkeit des Orakelheiligtums von Klaros erhandelten. Bevorzugtes Ziel der

Kolophonier waren Städte auf der Insel Kreta, wo die gefürchtetsten Seeräuber saßen, und ein inschriftlicher Hinweis deutet an, daß deren Zurückhaltung teuer erkauft werden mußte. Vergeblich übrigens, auch Klaros wurde im 1. Jahrhundert v. Chr. von Seeräubern geplündert.

Kaiser Hadrian vollendete den Wiederaufbau im 2. Jahrhundert n. Chr. Über 200 Inschriften aus dieser Zeit geben ein beredtes Zeugnis vom Leben in dem Heiligtum. Die Priester führten Gästebücher, in denen sich die einzelnen Delegationen verewigten, einschließlich der sie begleitenden Knaben- oder Mädchenchöre. Diese Listen nahmen in kurzer Zeit solchen Umfang an, daß in Klaros Jedes verfügbare Fleckchen Mauer, ja sogar Treppenstufen und Säulen beschriftet wurden. Aus diesen Inschriften geht eindeutig hervor: Klaros hatte in jener Zeit das weitestgehende Einzugsgebiet aller Orakel.

Klienten strömten aus dem Römischen Reich, dem Innern Kleinasiens, aus Südrußland, Bulgarien und Dalmatien herbei. Interessant ist, daß der griechische Raum in dieser Kundenkartei ausgespart blieb, sie verzeichnet keine einzige Stadt des griechischen Mutterlandes, selbst Nachbarstädte oder benachbarte Inseln wie Smyrna, Erythrai, Ephesus oder Samos fehlen. Über die Ursache lassen sich nur Vermutungen anstellen. Offensichtlich trat eine deutliche Rivalität zu Delphi zutage, und die klugen Priester von Klaros hatten sei es auf Absprache mit dem Rivalen oder aus freien Stücken – ihre Werbung auf das Römische Reich, auf Thrakien und das Innere Kleinasiens verlagert.

Genauere Kenntnisse über den Orakelvorgang blieben uns auch in Klaros versagt. Dazu müssen wir das Ägäische Meer überqueren und Delphi aufsuchen, jenen Ort, der mit dem Begriff Orakel verbunden ist wie kein zweiter. Delphi – welch ein Zauberwort.

VI.

Delphi – Der geheimnisvollste Nabel der Welt

Delphin ist einer der schönsten Orte Griechenlands, voller Geheimnis, Größe und religiöser Schrecken.

Gustave Flaubert

Die Onkel können nicht isoliert, als rein technische Einrichtungen begriffen werden, sondern sie erhalten Bedeutung und Gehalt erst durch den Ort, den sie innerhalb der religiösen Welt eines Volkes einnehmen.

Hans Klees, Althistoriker

»S'il vous plaît, Monsieur, votre chambre!« sagte der freundliche Portier im vornehmen Hotel »Vouzas« und schob mir den Zimmerschlüssel über die Theke. Egal, in welcher Sprache man ihn auch anredete, englisch, deutsch, italienisch – der Portier antwortete immer französisch. Dabei konnte er schon vom Äußeren her seine griechische Abstammung nicht verleugnen; aber in Delphi wird nun einmal mehr französisch gesprochen als im Louvre.

Seit beinahe einem Jahrhundert ist das weltberühmte Orakel und sein Heiligtum fest in französischer Hand, und die Franzosen schenken ihrer »Kolonie« mitten in Griechenland große Beachtung. 1862, noch vor Beginn der großen Ausgrabungen, wollte die französische Regierung dem griechischen Staat Delphi ernsthaft abkaufen. Wie ernst es den Franzosen war, zeigt die Tatsache, daß Napoleon III. zur Unterstützung seines Kaufgesuches im Golf von Itea Kriegsschiffe kreuzen ließ. Trotz Säbelrasseln und klingender Münze – der Handel kam nicht zustande. Erst am 25. April 1891 unterzeichnete der griechische König Georg einen Vertrag, der französischen Archäologen für zehn Jahre das Exklusivrecht in Delphi zusprach. Seither werden die Speisekarten in den Restaurants französisch geschrieben.

Vom Orakel keine Spur

Die Wiederentdeckung Delphis begann 13 Jahrhunderte nach dem letzten Spruch der Pythia. Im Frühjahr 1676 landeten der englische Forschungsreisende George Wheeler und der französische Gelehrte Jacques Spon in der Bucht von Itea, wo sie von finsteren türkischen Gesellen empfangen wurden, die ihnen erst einmal je einen Taler Wegezoll abknöpften und sie dann ihres Weges ziehen ließen. Ihre Frage nach den Ruinen von Delphi beantworteten die Einheimischen mit unverständlichem Achselzucken. So blieb den Globetrottern nur die Reisebeschreibung des Pausanias, die sie mit sich führten, und die war ziemlich genau 1500 Jahre alt.

In Amphissa verbrachten sie die erste Nacht. Der Wirt des Dorfgasthauses wußte von alten Ruinen zu berichten, auf denen das Dorf Kastri gebaut worden sei. Er zeigte nach Südosten auf die schneebedeckte Spitze des Berges Parnaß, 2459 Meter über dem Meer. Irgendwo dort oben mußte es liegen. Fünf Stunden stiegen Wheeler und Spon bergan, dann erreichten sie das Dorf Kastri: 200 Häuser, fünf oder sechs Kirchen, eine Moschee. Das sollte Delphi sein, das berühmteste Orakel der Welt?

In dem Ort, wo jeder jeden kannte und kein Mensch sich erinnern konnte, je einen anderen Ausländer gesehen zu haben als die türkischen Besatzer, wurden die Fremdlinge mißtrauisch beäugt. Daß sie alle Hauswände und jeden Stein absuchten, machte sie nur noch mehr verdächtig. Etwas unterhalb des Dorfes an der Papadia-Schlucht lag ein kleines Kloster. Der Boden der Kirche war, da gab es keinen Zweifel, mit antiken, behauenen Steinen bepflastert. Auf einigen waren sogar griechische Schriftzeichen zu erkennen. Und auf einer dieser Bodenplatten las Wheeler sechs Buchstaben: D-E-L-F-O-I. Sechs unscheinbare Buchstaben, doch was verbarg sich hinter diesen Lettern! Jahrtausendealte Geschichte, hier wurde sie gemacht, hier wurde über Krieg und Frieden entschieden, über Leben und Tod, Glück und Unglück, nirgends lag dies alles so dicht beisammen, war so unabwägbar wie hier, und davon kündeten sechs Buchstaben: D-E-L-F-O-I.

Was war übriggeblieben von dem reichsten Heiligtum der Welt? Wo war der Apollon-Tempel, in dem die Pythia in Trance auf ihrem Dreifuß saß? Wo die goldstrotzenden Schatzhäuser der griechischen Kleinstaaten, wo das Stadion der Pythischen Spiele, wo das Theater, das Gymnasion, die Lesche der Kinder, über die Pausanias sich zwanzig Seiten lang begeisterte?

Man kann die Leistung der Archäologen erst richtig beurteilen, wenn man gelesen hat, wie George Wheeler Delphi im Jahre 1682 beschrieben hat:

»Kastri oder Delphoi liegt auf der Südseite des Parnaßgebirges, ein wenig nach Westen hin, nicht auf dem Gipfel, aber auch nicht am Fuß des Berges, denn es hat ziemlichen Abstand zur Ebene von Krissos unten, noch mehr Gebirge aber über sich. Die über der Stadt sichtbaren hohen Felsen scheinen in zwei Spitzen zu enden, und sie sind das, wie ich glaube, was die Alten Biceps Parnassus nannten. Er hat nämlich noch viele andre und viel höhere Gipfel als diese, da er ein recht großes Gebirge ist; doch diese beiden Spitzen verbergen, von Delphos aus gesehen, alles übrige. Zwischen ihnen fällt nach Regen und Schneefall das Wasser in großer Menge herab und hat sie fast auseinandergerissen. Auch tritt aus den Felsen gerade unterhalb der Spalte eine Quelle mit ständig starker Wasserführung. Nach den hinabführenden Marmorstufen und den Statuennischen im Fels darüber zu schließen, müßte dies die Kastalische Quelle sein, die die antiken Poeten inspirierte ... In dieser Spalte ist in neun oder zehn Meter Höhe eine Öffnung. Wir warfen Steine hinein und stellten fest, daß Wasser darin war. Rechter Hand bemerkte ich in den Fels gehauene Stufen, die dort hinauf führten, doch waren sie so verwittert, daß man sie nicht benutzen konnte. Wir hielten dies für die Korykische Höhle oder die Grotte der Nymphen, wie die Poeten sie nannten.«

Von den antiken Denkmälern fehlte noch jede Spur. Wheeler und sein Mitreisender waren auf Vermutungen angewiesen. Manche wurden bei den späteren Ausgrabungen bestätigt, andre erwiesen sich als falsch. Das Apollon-Heiligtum, in dem die Pythia weissagte, vermutete Wheeler zum Beispiel unter dem Kirchlein St. Helios. Es dauerte noch zweihundert Jahre, bis dieser Irrtum widerlegt werden konnte. So lange beruhte das Ansehen Delphis, wie Wheeler zu sagen pflegte, allein auf den Schriften der Alten.

Diese Schriften, vor allem die von Herodot, Plutarch und Pausanias, verleiteten natürlich zu Spekulationen. Und die Einwohner von Kastri reichten sie bereitwillig weiter, nachdem sie erst einmal gemerkt hatten, daß die Fremden davon fasziniert waren. Immerhin hatte die Veröffentlichung Wheelers zur Folge, daß sich nun alle Jahrzehnte einmal ein Besucher nach Kastri verirrte, um das legendäre Delphi selbst in Augenschein zu nehmen; aber richtig ins Bewußtsein der Reisenden rückte Delphi erst zu Beginn des 19. Jahrhunderts.

Lord Byron, der rastlose Philhellene, kam 1812 als 24jähriger nach Delphi und war bereits dahingehend informiert, daß Kastri über den Trümmern des antiken Delphi erbaut war. Er glaubte auch die Höhle der Pythia entdeckt zu haben, die zum Teil von einem Kuhstall überbaut war, er konnte nicht ahnen, daß sich unter der Bodensenke das antike Stadion befand. Otto I., der Bayer auf dem griechischen Königsthron, kam auf seiner ersten Inspektionsreise 1834 in Begleitung des holsteinischen Archäologen Ludwig Ross nach Delphi. Majestät wollten den Parnaß besteigen. Ross hatte in königlichem Auftrag begonnen, alle griechischen Altertümer wissenschaftlich zu erfassen, und an verschiedenen Orten bereits Grabungen veranstaltet. »Der Ort«, meinte er im Hinblick auf Delphi, »verspricht für Ausgrabungen reiche Ausbeute.«

Zwei Deutsche waren die ersten Archäologen, die in Delphi den Spaten ansetzten, Karl Otfried Müller und Ernst Curtius. Der Beginn war erfolgversprechend, die beiden stießen schon nach wenigen Tagen auf die Polygonalterrassenmauer des Apollon-Tempels und auf unterirdische Hohlräume, die in ihrer Phantasie zu Schatzkammern des Orakelheiligtums wurden. Aber es war weniger die Tücke des Objekts, die den Ausgräbern zu schaffen machte, als ein Dorftyrann mit dem stolzen Namen Kapitän Franco. Er hielt die Absicht der Archäologen, nach alten Fundamenten zu graben, für ein Lügenmärchen. Kein vernünftiger Mensch, meinte er, grabe nach Steinen, wer solche Anstrengungen auf sich nehme, suche nach Schätzen. Deshalb nahm er den Fremden ihre Werkzeuge ab und schickte sie nach Hause, nicht ohne die ernste Mahnung, sie sollten sich, wenn ihnen ihr Leben lieb sei, hier nie mehr blicken lassen.

Müller starb kurz darauf in Athen an einem Fieber, das er sich in Delphi zugezogen hatte, Curtius verlagerte sein Interesse auf ein anderes griechisches Heiligtum, dessen Ausgrabung ihn später weltberühmt machen sollte: Olympia. Die

Drohung des finsteren Kapitäns Franco blieb nicht ohne Wirkung. 18 Jahre lang wagte kein Archäologe mehr in Delphi zu graben.

Die Franzosen kommen

Erst Paul Foucart, Direktor der inzwischen in Athen gegründeten Ecole Française, erinnerte sich der von den Deutschen entdeckten »Schatzkammern« in Delphi und riskierte einen neuen Vorstoß. Unter Drohungen und Verwünschungen der Einwohner von Kastri unternahm er Probegrabungen, klopfte Häuserwände ab, riß Fußböden auf. Vollends unbeliebt machte er sich bei den rauhen Dorfbewohnern, als seine Pläne bekannt wurden, zunächst 30 Häuser abzureißen. Foucart verhandelte mit der griechischen Regierung um die Erlaubnis und mit der französischen um das Geld. Im Gespräch waren 100 000 Francs, und die Sache war beinahe perfekt, da wurde die Athener Regierung gestürzt. Wieder waren jahrelange Verhandlungen nötig.

Inzwischen wurde in Delphi offiziell und sporadisch weitergegraben. Das spektakulärste Ergebnis dieser französischen Wühlarbeit war die Entdeckung der Säulenhalle der Athener. Sie kam unter einem verfallenen Bauernhof zum Vorschein, aus dessen Ruinen Marmorsäulenstümpfe ragten.

Der sichtbare Erfolg des Deutschen Ernst Curtius in Olympia, der zwischen 1875 und 1881 den Geburtsort der Olympischen Spiele ausgegraben und zum Teil neu aufgebaut hatte, veranlaßten die griechische Regierung, auch Delphi den Deutschen anzubieten. Die allerdings lehnten in kollegialer Rücksichtnahme ab, Frankreich habe nun einmal die älteren Rechte. Darauf reichten die Amerikaner ihre Bewerbung ein. Die Vereinigten Staaten hatten inzwischen ebenfalls ein archäologisches Institut in Athen eingerichtet. Im gesamten Mittelmeerraum und im Vorderen Orient schossen diese Institute wie Pilze aus dem Boden, Archäologie war zu einer Prestigefrage geworden, Politiker schmückten sich mit Entdeckungen in fernen Ländern, das neuerwachte Interesse an der Vergangenheit diente der weltweiten Eigenwerbung.

1890 bekam das französische Institut in Athen einen neuen Direktor. Er stammte aus Paris, war 42 Jahre alt und seit sechs Jahren Professor am Collège de France: Théophile Homolle. Homolle war nicht nur ein hervorragender Archäologe, er war auch ein geschickter Verhandlungspartner.

Was seine Vorgänger Jahrzehnte lang vergeblich versucht hatten, gelang ihm in kürzester Zeit. Er unterlief die amerikanische Bewerbung, trotzte seiner Regierung eine halbe Million Francs ab und erstritt eine Grabungslizenz für zehn Jahre. Am 10. Oktober 1892 begann Théophile Homolle mit den Ausgrabungen, seither ist das Orakelheiligtum endgültig fest in französischer Hand, und wer heute nach Delphi kommt, kann vor diesen Ausgräbern nur den Hut ziehen.

Die Ausgrabungen begannen vielversprechend. Gleich zu Beginn der Arbeiten stießen die Spaten der Archäologen auf eine überlebensgroße Statue aus grobem Marmor. Ein archaischer Apoll, meinten die Experten. Das guterhaltene Standbild aus der Zeit um 600 v. Chr. hatte zweieinhalb Jahrtausende überdauert, weil es in byzantinischer Zeit als Stützpfeiler in einer Mauer verarbeitet worden war. Als sogar der Sockel der Skulptur zum Vorschein kam, herrschte bei den Ausgräbern Euphorie: Undeutlich, aber gerade noch lesbar wies eine Inschrift den Künstler aus, Polymedes von Argos. Polymedes und Agelados sind die bedeutendsten Vertreter der argivischen Bildhauerschule.

Verwirrung entstand, als wenig später nicht weit entfernt die gleiche Statue noch einmal ans Tageslicht befördert wurde, zwar schlechter erhalten, aber zweifellos ein Pendant. Zwei gleiche Götterstatuen? – das erschien absurd. Ein allgemeines Rätselraten begann. Théophile Homolle, der Grabungsleiter, fand schließlich die Lösung. Er erinnerte sich an eine Stelle bei Herodot, dort ist von einem Brüderpaar die Rede, dem die Leute von Argos zwei Standbilder weihten, die sie nach Delphi brachten, »weil sie die wackersten Männer gewesen seien«.

Nach Herodot hießen die beiden Kleobis und Biton, sie strotzten vor Kraft und waren als Wettkämpfer berühmt. Eines Tages wollte ihre Mutter – sie war eine Hera-Priesterin – zu einer Festveranstaltung nach Aragos; aber die Rinder, die ihren Wagen dorthin ziehen sollten, weideten irgendwo in den weiten Ebenen von Argos, die Zeit drängte. Kurzentschlossen nahmen Kleobis und Biton das Joch des Wagens und zogen ihre Mutter die beinahe 9 Kilometer lange Strecke nach Argos. Als sie dort ankamen, bereitete man ihnen einen triumphalen Empfang. Die Mutter, beneidet und bewundert ob ihrer aufopfernden Söhne, ging in den Hera-Tempel und betete, der Gott möge ihren Söhnen geben, was das Beste für einen Menschen sei. Etwas Unerwartetes geschah: Kleobis und Biton stärkten sich bei einem kräftigen Mahl und gingen dann in den Tempelbezirk, wo sie sich ermattet zum Schlaf niederlegten. Aus diesem Schlaf sind beide nicht mehr erwacht, sie waren tot. Ihnen wurde, so Herodot, das beste Lebensende zuteil, und es offenbarte an ihnen der Gott, »daß es für einen Menschen besser ist, tot zu sein als zu leben«. Die Statuen von Kleobis und Biton stehen heute in der Mitte des Saales II im Museum von Delphi.

Zwei Füße ragten aus dem Schutt: der Wagenlenker

28. April 1896: Nördlich des Apollon-Tempels zogen die französischen Archäologen Suchgräben in die Aufschüttungen der großen Terrasse. Auf einmal ragten zwei Füße aus dem

Schutt: Bronze. Vorsichtig arbeiteten sich die Ausgräber weiter vor, ein langes Gewand wurde sichtbar, die Spannung wuchs. Es war die erste Bronzeskulptur, die der Boden von Delphi hergab. Doch der Begeisterung folgte die Ernüchterung. Als der Fund vorsichtig freigelegt war, erkannten die Entdecker, daß ihnen nur die Beinpartie einer klassischen Statue in die Hände gefallen war, Rumpf, Arme und Kopf fehlten. Sie schaufelten weiter in der Hoffnung, weitere Fragmente zu finden, und das Unglaubliche geschah. Drei Tage später, am 1. Mai, stieß ein Arbeiter zehn Meter von der Fundstelle der unteren Hälfte entfernt auf das Oberteil der Statue. Hellwach, als ob er lebte, blickte ein Jüngling den Forschern entgegen, die Augen mit weißem Email ausgegossen mit je einem Onyx in der Pupille. Schließlich tauchten der rechte Arm, Hufe und Hinterbeine von Pferden, ein Zügel und Fragmente einer Wagendeichsel auf. Noch während der Grabungen war allen Beteiligten klar, daß es sich bei dem Fund um den Lenker eines Gespanns handeln mußte. Die Zügelfragmente ließen sich zwanglos in die angewinkelte Rechte legen. Trotz intensiver Suche blieb jedoch der linke Arm unauffindbar.

Viel wichtiger als dieser Arm war aber der Sockel der Statue; denn auf ihm waren Reste einer Inschrift zu erkennen, die den Polyzalos aus Syrakus als Stifter nannte. Polyzalos war das Schlüsselwort für die Aufklärung des beispiellosen Fundes.

Polyzalos hatte einen berühmten Bruder, den Tyrannen Gelon von Syrakus, den mächtigsten griechischen Herrscher seiner Zeit. 491 v. Chr. hatte der ehemalige Reitergeneral sich zum Tyrannen ernannt. Er war ein berühmter Rennfahrer und siegte mit seinem Viergespann bei den Olympischen Spielen des Jahres 488 v. Chr. Als er zehn Jahre später starb, ließ sein jüngerer Bruder eine kunstvolle Quadriga aus Bronze gießen, ein Kunstwerk, dessen materieller Wert sogar die Votivgaben des legendären Königs Krösus übertraf. Es wurde etwa um das Jahr 470 v. Chr. von dem Bildhauer Sotades aus Thespia geschaffen. Thespia war eine bedeutende Stadt im Süden Böotiens, Reste sind noch heute bei dem Dorf Erimokastro zu erkennen.

Die Figurengruppe des Sotades wies schon in alter Zeit eine unnachahmliche Patina auf, die jeden Betrachter zum Schwärmen brachte, eine glasig grünlich schimmernde Oxydationsschicht, die sich nirgends auf der Welt so bildete wie in Delphi. Plutarch, der 20 Jahre in Delphi lebte, meinte, dies sei die Folge der dünnen Luft: Sie dringe infolge ihrer Dünne schneidend in die Bronze ein und kratze reichlichen, erdartigen Rost heraus, halte ihn aber wiederum fest und presse ihn an, weil ihre Dichtigkeit ihm keinen Durchlaß gewähre; auf diese Weise schlage er sich nieder, trete infolge seiner Menge hervor und nehme an der Oberfläche Glanz und Schimmer an (4, 396 b).

Der geheimnisvolle Schimmer des Wagenlenkers von Delphi ist bis heute nicht verblaßt. Und geheimnisvoll ist auch die Glorie, die ihn bis heute umgibt. Kunsthistoriker und Archäologen liegen im Widerstreit der Meinungen. Ist dieser Wagenlenker mit den weichen Gesichtszügen tatsächlich der gefürchtete Feldherr und Tyrann von Syrakus? Oder gehörte zu der Figurengruppe noch eine – verschollene – Hauptfigur, der eigentliche Sieger, der sich von seinem Kutscher nur fahren ließ? Es gibt viele Deutungsversuche, doch der Wagenlenker bleibt geheimnisvoll – wie vieles in Delphi.

Folgen wir Pausanias

Den besten Eindruck von der alten Pracht Delphis gewinnen wir, wenn wir den Reiseschriftsteller Pausanias bei einem Rundgang durch den heiligen Bezirk begleiten (X, 9ff.). Es war zwischen 170 und 180 n. Chr., als Pausanias hier seine

Aufzeichnungen machte, zu einer Zeit also, als Delphi und sein Orakel nur noch einen müden Abglanz klassischer Größe boten. Tausende kostbarer Weihegeschenke und Statuen waren von den Römern verschleppt, andere in den Wirren der Zeit verschwunden. So übergeht Pausanias die berühmtesten Weihegeschenke, heute von Archäologen ausgegraben und im Museum von Delphi vorbildlich präsentiert, zum Beispiel den Wagenlenker des Sotades, den Sphinx der Naxier und die Akänthossäule. Wir kommen darauf zurück. Pausanias' besonderes Interesse gilt den archaischen und klassischen Sehenswürdigkeiten, und er sagt selbst, er wolle nur erwähnen, was der Rede wert sei. Die Tausende von Weihefiguren der Athleten und Teilnehmer an musikalischen Wettbewerben gehörten nicht dazu.

»Beim Eingang in den heiligen Bezirk«, beginnt Pausanias seine Schilderung des Orakels, »steht ein bronzener Stier, ein Werk des Aigineten Theopropos und Weihegeschenk der Korkyräer.« Damit deutet er an, daß er den Haupteingang benutzte, durch den der Besucher auch heute, nach Entrichtung seines Obolus, diese schönste archäologische Stätte Griechenlands betritt. In alter Zeit hatte das Heiligtum neben einem separaten Theatereingang noch sieben weitere Zugänge.

Der Stier von Korkyra am Haupteingang ist verschollen, aber der drei Meter hohe Sockel ist noch heute zu sehen. Pausanias muß sich wohl geirrt haben, wenn er schrieb, der Erzgießer Theopropos habe dieses Weihegeschenk geschaffen. Theopropos lebte nämlich im frühen 5. Jahrhundert v. Chr., der Sockel stammt jedoch zweifelsfrei aus dem 4. Jahrhundert, und daß die spektakuläre Votivgabe erst hundert Jahre nach der Stiftung aufgestellt worden wäre, ist unwahrscheinlich.

»Es wird erzählt«, sagt Pausanias über den Stiftungsanlaß, »daß ein Stier auf Korkyra die übrigen Kühe verließ und von der Weide hinunterstieg und am Meer brüllte. Als sich jeden

Tag das gleiche ereignete, stieg der Hirte ans Meer hinab und sah eine unerhörte Menge Thunfische. Er meldete das den Korkyräern in der Stadt; und die mühten sich bei dem Versuch, die Thunfische zu fangen, vergebens ab und schickten daher eine Gesandtschaft nach Delphi. Und sie opferten dem Poseidon jenen Stier und fingen sofort nach dem Opfer die Fische. Das Weihegeschenk in Olympia [wohin ein Gegenstück geliefert wurde] und in Delphi ist der zehnte Teil des Wertes von diesem Fang.«

Gleich rechts daran anschließend sehen wir auf einer neuneinhalb Meter langen Basis 38 Bronzestatuen, Weihegeschenke der Spartaner aus Anlaß des Sieges bei Aigos Potamoi über die Athener im Jahre 405 v. Chr. Dem Admiral Lysandros war die Vernichtung der attischen Flotte, die den Peloponnesischen Krieg entschied, das größte und figurenreichste Siegesdenkmal wert, das der Orakelstätte zugeeignet wurde. Es zeigt Lysandros inmitten seiner Offiziere, umrahmt von Göttergestalten.

Pausanias weiß jedes Detail exakt zu deuten: »Hier stehen die Dioskuren und Zeus und Apollon und Artemis und dazu Poseidon und Lysander, der Sohn des Aristokritos, der von Poseidon bekränzt wird, und Agias, der damals Seher des Lysander war, und Hermon, der das Admiralsschiff des Lysander steuerte. Diesen Hermon sollte Theokosmos aus Megara schaffen, weil er von den Megarern das Bürgerrecht erhalten hatte. Die Dioskuren sind ein Werk des Antiphanes aus Argos, und der Seher stammt von Pison aus Kalaureia im Gebiet von Troizen. Athenodoros und Dameas, von diesen schuf der eine die Artemis und den Poseidon und dazu den Lysander, Athenodoros aber den Apollon und Zeus; diese sind Arkader und stammen aus Kleitor.«

Unser Fremdenführer zählt dann noch Spartaner und Bundesgenossen auf, die aufgrund ihrer Tapferkeit ebenfalls verewigt wurden. Wir wollen uns aber ihre Namen und die der

Porträtkünstler ersparen. Es ist auch so leicht vorstellbar, daß dieses Siegesdenkmal das teuerste war, das je errichtet wurde. Die prominentesten Künstler der Zeit hatten ihren Beitrag dazu geleistet, eine Investition, vergleichbar einem Denkmal unserer Tage, für das etwa ein Henry Moore, Alexander Calder und Salvador Dalí 38 Objekte schaffen würden.

Schätze, soweit das Auge reicht

Auf der anderen Seite der Heiligen Straße steht etwas zurückversetzt eine Art Trojanisches Pferd, eine überlebensgroße Votivgabe der Bewohner von Argos nach einem Beutezug im Jahre 414 v. Chr. Davor auf einem langen Sockel das Weihegeschenk der Athener nach der Schlacht bei Marathon im Jahre 490 v. Chr.: der Feldherr Miltiades mit den Göttern Athene und Apollon, eingerahmt von sieben Heroen. Sie sind ein Werk des berühmten Bildhauers Phidias, und Pausanias weist dezent darauf hin, sie hätten gewiß den Zehnten aus der Beute von Marathon gekostet. Kritische Althistoriker sehen darin freilich ein gewisses Problem: Von Phidias ist kaum ein vor 460 v. Chr. entstandenes Werk bekannt. Sollten die Athener ihr Votivdenkmal tatsächlich erst 30 Jahre nach dem legendären Sieg errichtet haben?

Pausanias drängt zum Weitergehen: »In der Nähe des Pferdes stehen auch andere Weihegeschenke der Einwohner von Argos. Es sind die Führer derer, die mit Polyneikes gegen Theben zogen. Dies sind Werke des Hypatodoros und Aristogeiton, und sie stellten sie her, wie die Bewohner von Argos selber sagen, aus der Beute des Sieges, den sie bei Vinoe in der Argolis über die Spartaner errangen, sie selbst und athenische Hilfstruppen. Aus der Beute desselben Ereignisses stellten die Leute von Argos, wie mir scheint, auch die von den Griechen so genannten Epigonen auf.«

Diese »Epigonen« sind die Söhne der von Pausanias erwähnten sieben Führer gegen Theben. Ihnen gelang, was den Vätern versagt blieb, die Eroberung Thebens. Anlaß genug, ihre Standbilder in einem Halbrund aufstellen zu lassen. Gegenüber, also auf der rechten Seite der Heiligen Straße, erblikken wir ein zweites Halbrund mit zehn Statuen der Könige von Argos. Anlaß der Aufstellung war die Beteiligung an der Befreiung Messeniens im Jahre 369 v. Chr. Rätselhaft blieb bis heute, warum alle Statuen in der linken Hälfte der Rundung aufgestellt waren und warum die zum großen Teil erhaltenen Inschriften am Sockel des Kunstwerks von rechts nach links laufen.

Zwei auf der rechten Straßenseite anschließende Weihegeschenke oder Standbilder, die Pausanias nicht erwähnt, wollen wir übergehen. Die gegenüberliegende Marmorbasis trägt ein großzügiges Geschenk der Tarentiner, Bronzepferde und gefangene Frauen, errichtet nach dem Sieg der Tarentiner über die benachbarten Messapier. Daran schließt sich das Schatzhaus der Sikyonier an. Sikyon war eine Nachbarstadt von Korinth. Dieser Bau, nur sechs mal achteinhalb Meter groß, in der Architektur eines dorischen Tempels, diente wie die 27 anderen Schatzhäuser im Heiligen Bezirk der Aufnahme der kleineren, meist aber um so wertvolleren Votivgaben des jeweiligen Stadtstaates oder Stammes. Pausanias erwähnt nur acht, Archäologen haben 13 namentlich geortet, die Fundamentreste der übrigen stammen meist aus archaischer Zeit. »Aber«, meint unser Führer mit Bedauern, »Schätze sieht man weder hier noch in einem anderen der Schatzhäuser.«

Obwohl nur fünf Meter Platz sind zwischen diesem Schatzhaus und dem der Siphnier, haben die Knidier hier noch ihre Weihegeschenke untergebracht. Knidos war eine dorische Hafenstadt, auf einer Halbinsel im Südwesten Kleinasiens gelegen, berühmt durch seine Ärzteschule und ein Aphrodite-Heiligtum. Pausanias erklärt: »Die Knidier brachten Statuen nach Delphi: Triopas, den Gründer von Knidos, neben einem Pferd stehend, und Leto und Apollon und Artemis, die ihre Pfeile auf Titys schießen; der ist auch bereits am Körper verwundet.«

Daneben das Schatzhaus von Siphnos, der reichsten Kykladeninsel. Gold- und Silberbergwerke hatten den Inselbewohnern solchen Reichtum beschert, daß sie schon das schlechte Gewissen zu plagen begann ob der jährlichen Rendite. Deshalb nahmen sie den zehnten Teil einer Jahreseinnahme, segelten nach Delphi, errichteten ein Schatzhaus, füllten es mit Votivgaben, vor allem Gold und Silber aus eigener Produktion, und glaubten so das Orakel von Delphi wohlwollend gestimmt zu haben. Dann stellten die Abgesandten der Pythia die Frage: »Wird uns das gegenwärtige Glück lange Zeit treu bleiben?«

Und so lautete die Antwort:

»Aber sobald in Siphnos in Weiß erglänzet das Rathaus,
Weiß auch der Markt aussieht, dann tut ein verständiger
Mann not,
Abzuwehren die hölzerne Schar und den rötlichen Herold.«

Herodot, der uns diesen Orakelspruch überliefert hat (III, 57), berichtet, die Bewohner von Siphnos seien nicht in der Lage gewesen, diesen Orakelspruch zu deuten. Zwar sahen sie, daß ihr Rathaus, ja der ganze Marktplatz, in weißem, parischem Marmor glänzte, aber welche »hölzerne Schar«, welchen »rötlichen Herold« sie abwehren sollten, verstanden sie nicht. Dabei lag wirklich die Vermutung nahe, daß damit Schiffe gemeint sein müßten. Schiffe waren zu dieser Zeit allesamt rot angestrichen, weil rote Mennige eine relativ billige, in Wasser unlösliche Farbe war. Aber der Reichtum hatte die Siphnier blind gemacht. Schiffe aus Samos überfielen die Insel, wilde

Krieger zerstörten die Ländereien und erpreßten von den Bewohnern hundert Talente. Die Pythia hatte das Unglück kommen sehen.

Das Schatzhaus von Siphnos war aus heimischem und parischem Marmor errichtet, zwei Mädchen aus Marmor, sogenannte Karyatiden, trugen auf ihren erhobenen Armen das Gebälk der Vorhalle. Die Skulpturen dieses Schatzhauses sind heute im Museum von Delphi zu sehen.

»Auch die Bewohner der Liparischen Inseln«, fährt Pausanias fort und weist auf ein Denkmal neben dem Schatzhaus von Siphnos, »stellten Bildwerke auf, als sie in einer Seeschlacht die Etrusker besiegt hatten. Diese Liparer waren Kolonisten der kleinasiatischen Stadt Knidos, jedenfalls soll der Führer der Kolonie ein Knidier gewesen sein; sein Name sei Pentathlos gewesen, sagt der Syrakusaner Antiochos, der Sohn des Xenophanes, in seiner Geschichte Siziliens.«

Pausanias übergeht bei der Beschreibung dieser Stelle des Heiligtums einige Denkmäler und Gebäude, wobei unklar bleibt, ob sie bereits zu seiner Zeit verfallen waren.

Nur ein paar Schritte weiter, in der Südwestecke des heiligen Bezirks und heute nicht einmal mehr in Grundresten erhalten, stand das Schatzhaus der Thebaner. Hören wir, was uns der berühmte Fremdenführer dazu zu sagen hat: »Das Schatzhaus der Thebaner stammt aus Kriegsbeute und ebenso das der Athener; von den Knidiern weiß ich nicht, ob sie es wegen eines Sieges bauten oder zur Schaustellung ihres Reichtums, während das Schatzhaus der Thebaner von der Schlacht bei Leuktra und das der Athener aus ihrem Sieg über die mit Datis bei Marathon Gelandeten stammt.«

Hier, wo die Heilige Straße eine Haarnadelkurve beschreibt und steil nach Norden ansteigt, erwähnt Pausanias einige Schatzhäuser und Denkmäler, von denen nicht mehr alle geortet werden können. Markantestes Gebäude ist das Schatzhaus der Athener, das von den Archäologen auf den alten Fundamenten rekonstruiert und wieder aufgebaut wurde. Keine Beachtung schenkt Pausanias dem Buleuterion, neben dem der sogenannte Felsen der Sibylle zu sehen ist: »Auf diesem, sagen die Delpher, habe eine Frau gestanden und ihre Orakelsprüche gesungen, sie hieß Herophile und trug den Beinamen Sibylle.« Diese Sibylle hat eine mythische Vergangenheit. Von ihr soll später noch die Rede sein.

Über dem Sibyllinischen Felsen stand der Sphinx der Naxier, heute Prunkstück des Museums von Delphi, daneben, an die Stützmauer des Apollon-Tempels gedrückt, 30 Meter breit, aber nur vier Meter tief, die Halle der Athener. In der Halle mit ihren acht ionischen Säulen waren armdicke Seile und Schnäbel der Schiffe ausgestellt, mit denen Perserkönig Xerxes die Schiffsbrücke über den Hellespont gebaut hatte. Die Erbeutung einiger Brückenteile erschien den Athenern Veranlassung genug, diesen Weihetempel zu errichten.

Dazwischen immer wieder Dank- und Weihegeschenke: der bronzene Kopf eines Wisents vom König der nördlich von Makedonien beheimateten Paionen; eine Statue der Bewohner von Andros; die Statuen des Apollon, der Athene und Artemis, Weihegeschenke der Phoker; und Gott Amun auf einem Wagen von den Bewohnern von Kyrene in Libyen.

»Die dorischen Korinther bauten ebenfalls ein Schatzhaus, und das Gold aus Lydien war hier ausgestellt«, konstatiert Pausanias nach rechts gewandt. Das größte (sechs mal zwölf Meter), aber auch älteste Schatzhaus, erbaut unter dem Tyrannen Kypselos (610–580 v. Chr.), scheint zu Pausanias' Zeiten wohl nicht mehr in ansehnlichem Zustand gewesen zu sein. Auf jeden Fall stand es leer. Der massive Bau ohne besondere Verzierungen barg jedoch die größten Schätze, die dem Orakelheiligtum von Delphi je gespendet wurden. Bei dem Brand des Apollon-Tempels im Jahre 48 v. Chr. wurden der kostbare Thron des sagenumwobenen Königs Midas und die Gold- und Silberschätze der lydischen Könige Gyges und Krösus hier deponiert.

Dafür weist uns Pausanias auf zahlreiche Votivgaben hin, die heute nicht mehr lokalisierbar oder in ihrem Aussehen vorstellbar sind: »Die Statue des Herakles ist ein Weihegeschenk der Thebaner, als sie mit den Phokern den sogenannten Heiligen Krieg führten. Es stehen da auch Bronzestatuen als Weihegeschenke der Phoker, als sie im zweiten Zusammenstoß die Reiterei aus Thessalien in die Flucht schlugen. Die Phliasier brachten einen bronzenen Zeus nach Delphi und zusammen mit Zeus eine Statue der Aigina. Aus Mantineia in Arkadien stammt ein bronzener Apollon als Weihegabe; dieser befindet sich nicht weit von jenem Schatzhaus der Korinther entfernt.«

Von alldem haben Archäologen nicht einmal Fragmente gefunden. Marmor hätte die Zeit zumindest in Bruchstücken überdauert, aber Götter aus Metall wurden allzuoft verurteilt, zu Waffen geschmolzen, Siege zu erringen.

Wir folgen nun Pausanias vom Schatzhaus der Korinther auf der nach Nordwesten abknickenden Heiligen Straße zum Eingang des Apollon-Tempels. Vorbei an den Fundamenten zweier unbekannter archaischer Schatzhäuser links und rechts des Weges kommen wir zu einem weiteren Denkmal der Tarenter, das aus Anlaß des Sieges über benachbarte apulische Stämme, acht Meter lang, errichtet wurde. Dahinter stoßen wir auf eine mächtige Steinplatte mit drei aus geschlagenen Vertiefungen, das Fundament des berühmten Dreifußes von Plataä.

Wir haben jetzt die Terrasse des Apollon-Tempels erreicht und folgen unserem antiken Guide auf der dem Tal zugewandten Ostseite. Denkmäler und Votivgaben türmen sich hier zu Hunderten, Weihe-Inschriften künden von Taten und Dankbarkeit. Meist sind es Skulpturen auf marmornem Sockel, und kein einziges dieser Geschenke wird bis in die Neuzeit erhalten bleiben.

So gewinnt Pausanias' Führung um den Orakeltempel herum dokumentarische Einmaligkeit: »Von den Delphern selbst«, sagt er, »stammt ein Weihegeschenk in der Nähe des großen Altares, ein bronzener Wolf«, und er weiß auch die Geschichte, die sich um diese Skulptur rankt: »Man erzählt, daß einmal ein Mensch Schätze von Apollon geraubt habe, er habe sich dann mit dem Gold versteckt gehalten, dort, wo der Parnaß am dichtesten mit wilden Bäumen bestanden war, und ein Wolf habe ihn im Schlaf angegriffen, und er sei von dem Wolf getötet worden, und daß der Wolf dann täglich in die Stadt kam und heulte. Da die Delphernun meinten, daß ihnen das nicht ohne göttliches Zutun geschehe, folgten sie dem Tier und fanden das heilige Gold und stellten dem Gott einen bronzenen Wolf auf.«

Skandalös: Eine halbnackte Dame vor dem Tempel!

Daneben auf einer hohen Säule die vergoldete Skulptur einer traumhaft schönen Frau in durchsichtigem Gewand: Phryne. Die Skulptur ist nicht die einzige Weihegabe einer Dame aus der Halbwelt hier in Delphi, aber sicher die schönste. Pausanias erwähnt sie nur mit einem Satz, offenbar ist ihm die Geschichte zu pikant. Oder welchen Grund könnte er sonst haben?

Die schöne Phryne war eine Hetäre. Das *Lexikon der Antike*

erklärt den Begriff Hetäre folgendermaßen: »Euphemistischer Sammelbegriff für Frauen, die für Geld Geschlechtsverkehr gewährten, meist im Gegensatz zu Dirnen für gebildete Halbweltdamen gebraucht.« Bildung hin, Bildung her, ich frage mich, wo ist der Unterschied. Phryne tat's für Geld, je nach Laune zwischen zwei Goldstater und einer Mine, sie tat's ungeschminkt, weil sie sich für schön genug erachtete, und sie tat's mit Zurückhaltung, was die Athener des 4. Jahrhunderts v. Chr. nur noch mehr außer sich und in Rage brachte.

Manchem reichen Geschäftsmann oder Politiker war eine Nacht mit der Dame ein kleines Vermögen wert, und da sie sich regen Zuspruchs erfreute, war Phryne bald steinreich und erbot sich sogar, auf eigene Kosten die Stadt Theben wieder aufzubauen. Einzige Bedingung, auf dem Marktplatz sollte eine Inschrift angebracht werden: »Alexander hat es zerstört, aufgebaut hat es Phryne die Hetäre.« Aber die Thebaner hatten wohl Angst, daß man ihre Stadt einst Freudenstadt nennen würde, und lehnten ab. Für den Wahrheitsgehalt der Episode verbürgt sich um 200 n. Chr. der griechische Schriftsteller Athenaios.

Die vergoldete Statue der Phryne neben dem delphischen Orakelheiligtum, von einem Zeitgenossen als »Denkmal hellenistischer Zügellosigkeit« bezeichnet, war ein Werk von Praxiteles, dem berühmtesten Bildhauer der griechischen Geschichte. Gewiß, sie hätte ihn sich leisten können; aber Phryne hat Praxiteles wohl kaum bezahlt – sie war nämlich sein Starmodell und, wie Pausanias bemerkt, »er auch ihr Liebhaber«. Phryne stand Modell für die berühmtesten Kunstwerke des Praxiteles, darunter die Aphrodite von Knidos. Kein Wunder also, daß ihr die Männer zu Füßen lagen.

Es soll überhaupt nur einen einzigen Mann gegeben haben, der ihren Reizen trotzte, das war der Akademie-Präsident Xenokrates, ein Schüler Platons. Phryne hatte gewettet, daß es ihr gelingen würde, den alten Herrn zu verführen, aber sie scheiterte. Xenokrates schlief nämlich im Büro und verließ die Akademie nur einmal im Jahr.

Beinahe hätte es mit Phryne ein böses Ende genommen. Als sie der Asebie, der Gottlosigkeit, angeklagt war, hielt ihr Anwalt Hypereides eine flammende Verteidigungsrede. Die Rede war so gut, daß sie später sogar ins Lateinische übersetzt wurde, doch das hohe Gericht blieb unbeeindruckt. In Erkenntnis der ausweglosen Situation griff der Anwalt zum letzten Mittel, zum Dekolleté seiner Mandantin, entblößte ihre Brüste und sagte: »Meine Herren, diese Frau wollen Sie verurteilen?« – Das war natürlich ein Skandal, aber er blieb nicht ohne Wirkung: Die Richter sprachen Phryne frei. Wer weiß, wie sie es ihnen lohnte.

Sicher war dieser Freispruch für Phryne der Anlaß, dem Apollon ihr vergoldetes Konterfei zu dedizieren. Hier steht es nun zwischen den Statuen der Könige Archidamos III. und Philipp II., fürwahr in guter Gesellschaft. Und wer behauptet, Phryne habe sich hier nur aus Eitelkeit verewigen lassen, dem sei die Frage gestellt, aus welchen Motiven sich wohl die Feldherren und Könige darstellen ließen, warum *sie* in Delphi Kostbares und Monumentales ablieferten. Die Großen dieser Welt türmten hier in Jahrhunderten einen gigantischen Jahrmarkt der Eitelkeit auf, einer versuchte den anderen darin zu übertrumpfen. Wer auf sich hielt, mußte in Delphi vertreten sein.

Plutarch kritisiert diesen Jahrmarkt der Eitelkeit mit sarkastischem Spott. Dabei stört ihn weniger das anstößige Standbild der Phryne, die zwar von ihrer Schönheit nicht den allerfeinsten Gebrauch gemacht habe, vielmehr verurteilt er die Raub- und Beutestücke mit ihren schändlichen Inschriften, die von Mordtaten, Kriegen und Plünderungen kündeten. Praxiteles, der hier seine Geliebte zur Schau stellt, verdient nach Plutarchs beißendem Kommentar sogar Lob, »weil er all diesen goldenen Königen eine goldene Hetäre zur Seite gestellt hat, womit er den Reichtum entlarvt als etwas, das nichts Bewunderungswürdiges und Erhabenes an sich hat. Weihegaben der Gerechtigkeit, der Besonnenheit, der Großmut, wenn solche von den Königen und Herrschern dem Gott dargebracht würden, das wäre gut und recht, nicht solche eines goldenen, üppigen Überflusses, wie ihn auch Leute haben, die den schändlichsten Lebenswandel führen« (15, 401).

Wohin man auch blickt, vergoldete Eitelkeit

Folgen wir der Führung des Pausanias einmal unter diesem Aspekt der Selbstdarstellung: »Die folgenden Weihegeschenke sind mehrere Apollon-Statuen, die einen stellten die Epidaurier als Beute von den Persern auf, die andere die Megarer nach ihrem Sieg über die Athener in der Schlacht bei Nisaia. Von den Platäern aber ist da ein Stier, gestiftet, nachdem sie in ihrem eigenen Land Mardonios, den Sohn des Gobryas, mit den anderen Griechen abgewehrt hatten. Und wieder folgen zwei Apollon-Statuen, die eine von den Herakleoten am Schwarzen Meer, die andere von den Amphiktyonen, als sie den Phokern, die das Land des Gottes Apollon bebauten, eine Geldstrafe auferlegten. Dieser Apollon wird von den Delphern Sitalkas genannt und ist 35 Ellen hoch.«

Der Beiname Sitalkas bedeutet »Schützer des Getreides«. Es ist mit 15,5 Metern die höchste Weihefigur in Delphi. Nach Meinung moderner Ausgräber muß sie auf dem fünf mal fünf Meter großen Steinfundament, das wir noch heute nahe der Nordostecke des Apollon-Tempels sehen, gestanden haben. In dieser Ecke waren die Rekonstruktionen der Archäologen gerade in letzter Zeit besonders erfolgreich, nicht zuletzt dank der Beschreibung des Pausanias. So fand man das Steinfragment einer Inschrift, auf der die Anfangsbuchstaben der thessalischen Stadt Pherai zu erkennen sind, offenbar Teil der

Weihe-Inschrift eines Reiterdenkmals, von dem Pausanias sagt, die Pheräer hätten es »bei dem Apollon« aufgestellt. Mit Pausanias' Hilfe orteten Archäologen auch den Sockel eines Denkmals, das der Feldherr Kimon nach der Schlacht gegen die Perser am Eurymedon hatte errichten lassen. Es zeigt eine vergoldete Athene-Statue auf einer bronzenen Palme. Allerdings ist der Goldbeschlag an einigen Stellen abgerissen, nach Pausanias das Werk von »Verbrechern und Dieben«. Ein attischer Geschichtsschreiber weiß im Gegensatz dazu zu berichten, ein Schwarm Raben habe sich, als die Athener eine Flotte gegen Sizilien ausrüsteten, in Delphi niedergelassen, an der Statue herumgehackt und mit den Schnäbeln das Gold abgerissen. Nicht gerade ein günstiges Vorzeichen für einen Feldzug.

Ein paar Schritte weiter der eiserne Untersatz eines großen silbernen Mischkessels von König Alyattes, dem Vater und Vorgänger des Krösus. Das Silbergefäß war geraubt, Pausanias gerät jedoch noch angesichts des verbliebenen Untersatzes ins Schwärmen: »Das ist ein Werk des Glaukos aus Chios, der das Schweißen des Eisens erfand. Jedes Stück des Untersatzes ist an dem anderen nicht mit Nadeln oder Stiften befestigt, sondern nur die Verbindungsmasse hält es zusammen und ist selbst die Verbindung für das Eisen. Der Untersatz sieht etwa wie ein Turm aus, der von einer breiteren Grundfläche aus spitz zugeht; jede Seite des Untersatzes ist nicht ganz geschlossen, sondern die eisernen Querbänder sind wie Sprossen an einer Leiter; die aufsteigenden Eisenteile biegen sich an der Spitze nach außen, und das war das Auflager für den Mischkrug.«

Auf König Alyattes, den edlen Spender, war das Orakel von Delphi nicht besonders gut zu sprechen. Er hatte zwölf Jahre gegen die Milesier gekämpft und ihre Saaten niedergebrannt. Dabei war auch der Athene-Tempel von Assesos in Flammen aufgegangen. Alyattes wurde krank, und als sich die Krankheit in die Länge zog, schickte der König Gesandte nach Delphi, sie sollten fragen, welche Krankheit er habe und was er dagegen tun könne. Doch die Pythia ließ den Lyderkönig wissen, sie werde erst antworten, wenn Alyattes den Tempel der Athene in Assesos wiederaufgebaut habe.

Pausanias macht uns auch auf den sogenannten Omphalos aufmerksam. Omphalos heißt Nabel. Die Delpher hielten dieses senkrecht stehende halbierte Ei für den Nabel, den Mittelpunkt der Welt, ein geheimnisvolles Zeichen, mit dem wir uns an anderer Stelle noch beschäftigen. Das hier auf dem Tempelvorplatz gezeigte Exemplar ist allerdings nur eine Kopie. Das Original befindet sich im Innern des Orakelheiligtums. Außerdem stehen hier noch die Weihegeschenke der Spartaner, der Aitoler, der Bewohner von Elyros auf Kreta, der Karystier auf Euböa und der Bewohner der Liparischen Inseln.

Ein Sieg war zwanzig Statuen wert

Die letztgenannten haben eine Sammlung von 20 Apollon-Statuen aufgestellt. Und das hat einen bestimmten Grund: Die Liparer hatten in Angst vor den Etruskern das Orakel in Delphi um Rat gefragt, was sie tun sollten, und die Pythia hatte geantwortet:

»Kämpft mit möglichst wenigen Schiffen gegen die Etrusker.«

Obwohl sie den Sinn des Spruches nicht erkannten, fuhren die Liparer den Etruskern mit nur fünf Schiffen entgegen. Als die stolzen Etrusker, die mit einer ganzen Flotte ausgerückt waren, das sahen, zogen sie, »da sie keine schlechteren Seeleute sein wollten als die Liparer«, aus ihrer Flotte fünf Schiffe heraus und schickten sie gegen die fünf feindlichen Trieren. Sie wurden versenkt. Fassungslos ließen die Etrusker nochmals fünf Schiffe aufkreuzen, auch sie wurden versenkt. Das Spiel wiederholte sich dreimal, und ehe sie sich versahen, hatten die Etrusker 20 Schiffe verloren. Zum Dank für diesen Rat der delphischen Pythia stellten die Liparer im frühen 5. Jahrhundert diese 20 Apollon-Statuen auf einem 35 Meter breiten Fundament auf, für jedes versenkte Schiff eine Statue.

Auch die Athene-Statue der Achaier geht auf so einen zunächst unverständlichen Orakelspruch zurück. Die Achaier hatten die Stadt Phana in Aitolien belagert, aber sie konnten sie nicht einnehmen, weil sie so gut befestigt war. Deshalb schickten sie eine Abordnung nach Delphi, um vom Orakel des Apollon zu erfahren, wie Phana einzunehmen sei. Die Gesandten brachten aus Griechenland den folgenden Spruch mit:

»Bewohner von Pelops' Land und Achaia, die ihr nach Pytho
Kamt zu erfahren, wie ihr die Stadt gewönnet,
Wohlan, überlegt, welcher Teil jeden Tag
Der trinkenden Männer Stadt retten, die getrunken hat,
So wohl könnt ihr den turmbewehrten Ort Phana nehmen.«

Die Belagerer hörten den Spruch, aber sie wußten damit nichts anzufangen. Enttäuscht faßten die Achaier den Plan, die Besetzung abzubrechen und heimzukehren. Da beobachteten sie in der folgenden Nacht, wie eine Frau über die Mauer herabkletterte und Wasser aus einer Quelle schöpfte, die dicht bei dem Befestigungswerk gelegen war. Ein paar Achaier schlichen sich heran, nahmen die Frau gefangen und erfuhren von ihr, was die Pythia mit ihrem Orakelspruch gemeint hatte. Die Quelle vor der Stadtmauer war die einzige Trinkwasserversorgung der Stadt Phana. Jede Nacht hatte eine Frau unter Einsatz ihres Lebens den gesamten Trinkwasserbedarf der Ortsbewohner für den nächsten Tag aus der Quelle schöpfen müssen. Die Achaier zögerten nicht lange, eingedenk des Orakelspruchs schütteten sie am nächsten Morgen die Quelle zu. Die Belagerten gaben auf.

Bisweilen werden Erfolge zu Felde aber auch durch Zufall errungen. In der Regel findet sich dann immer ein Feldherr, der diesen Sieg an seine Brust heftet. So gesehen ist der bronzene Esel neben der Athene-Statue der Achaier eine rühmliche Ausnahme. Er ist eine Votivgabe der Leute von Ambrakia, einer Stadt am Golf von Arta. Sie waren des Nachts in einen Hinterhalt der Molosser geraten. Ein Hirte trieb ahnungslos seinen Esel vom Feld; der begann, als er eine Eselin witterte, ein wildes Gebrüll, lief seinem Hirten davon, dieser schreiend hinterher, die Molosser glaubten sich ertappt und flohen. Erst jetzt begriffen die Leute von Ambrakia, was geschehen war. Sie nahmen die Verfolgung auf und besiegten die Molosser in einer nächtlichen Schlacht.

Es ist verwirrend, Pausanias durch dieses Panoptikum menschlicher Prahlsucht, legendärer Überlieferung und religiöser Naivität zu folgen. Jedes Monument hat hier seine eigene Geschichte, bisweilen ist sie tragisch und mit dem Tod Tausender von Menschen behaftet, bisweilen unfreiwillig komisch, menschlich. Ein Beispiel: die Opferprozession der Orneaten in der Landschaft Argolis. Sie sollte ursprünglich jeden Tag in Delphi stattfinden. Jedenfalls hatten dies die Orneaten feierlich gelobt für den Fall, daß sie die Sikyonier aus ihrem Land vertreiben würden. Es kam zur Schlacht, die Orneaten siegten. »Und wie sie nun jeden Tag das Gelübde erfüllten«, erzählt Pausanias, »und die Kosten dafür groß waren und die Mühe noch größer als der Aufwand, da kamen sie auf den Ausweg, dem Gott statt Opfer und Umzüge Bronzewerke zu weihen.«

Die Menagerie der Standbilder scheint endlos. Wir wollen nur noch eines betrachten, die vergoldete Statue des Gorgias. Gorgias aus Leontinoi in Sizilien war ein Wanderredner, den man zu festlichen Anlässen mieten konnte, er unterwies aber auch junge Männer in der Kunst der Rhetorik. Seine Honorarforderungen waren enorm, jedenfalls berichtet das Diodor, und seine geschliffene Zunge machte ihn zum Millionär. Das eigene Konterfei, das er hier vor dem Apollon-Tempel aufstellen ließ, diente wohl, wie das der Phryne, nur zur Eigenwerbung. Jeder, der das Orakel im Tempel befragte, mußte an der Statue vorbei. Gorgias – er lebte 483–375 v. Chr., wurde also 108 Jahre alt – hatte bedeutenden Einfluß auf die griechische Geistesgeschichte. Er zeigte zum erstenmal, daß die Kraft des gesprochenen Wortes eine erstaunliche Wirkung erzielen konnte. Die lebensgroße Statue des Redekünstlers steht auf einer hohen Säule, und es hielt sich – laut Pausanias – das hartnäckige Gerücht, sie sei aus purem Gold gewesen.

Gewisse Sehenswürdigkeiten scheinen Pausanias überhaupt nicht oder nur sehr wenig zu interessieren. Auf das 5000 Zuschauer fassende Theater mit seinen 35 Sitzreihen zum Beispiel verwendet er nur einen einzigen Satz: »An die Umfassungsmauer des Heiligtums schließt sich ein sehenswertes Theater an.« Unerwähnt bleiben die von einer überdeckten Wasserleitung umgebene Bühne und der Fries an der Bühnenrampe mit den Taten des Herakles.

Vorbei an einer monumentalen Statue des Dionysos mit der heute noch erhaltenen Weihe-Inschrift der Knidier führt er uns hinauf zum Stadion, das 7000 Zuschauern Platz bietet. Die 178 Meter lange, 28 Meter breite Wettkampfstätte, an der Nordseite befestigt mit einem Triumphbogen aus römischer Zeit, »war aus dem Stein gemacht, wie es ihn am Parnaß meistens gibt, bis der Athener Herodes es in pentelischem Marmor umbaute«. Der von Pausanias erwähnte Herodes Atticus scheint die Kalksteinausführung des Stadions mit Marmor verblendet zu haben. Diese Marmorverblendung hat jetzt inzwischen bei anderen Bauprojekten Verwendung gefunden; denn heute präsentiert sich das delphische Stadion wieder wie früher – in Kalkstein.

Während Pausanias' Dienste als Fremdenführer vor manchen Monumenten mangelhaft sind, beschreibt er ein Bauwerk so umfangreich wie das gesamte übrige Delphi, die Lesche der Knidier an der oberen Umfassungsmauer des Heiligen Bezirks. Der rechteckige Saalbau mit zweimal vier hölzernen Säulen im Innern, dient der Kommunikation. Hier trifft man sich, um – wie Pausanias sagt »über die wichtigeren und sagenswerten Dinge« zu reden. Warum die Halle im frühen 5. Jahrhundert von den Knidiern errichtet wurde, weiß auch Pausanias nicht zu erklären, aber sie findet allseits höchste Bewunderung, vor allem wegen der Fresken des Malers und Erzgießers Polygnot, die dieser zwischen 458 und 447 malte. Das Thema, die Eroberung Trojas und die Abfahrt der Griechen, ausgeführt in der Art attischer Vasenmalerei mit lebensgroßen Gestalten, begeisterte die Delpher so, daß sie Polygnot die Proxenie verliehen, das Gastrecht auf Lebenszeit.

Das Herz von Delphi: der Orakeltempel

Wir stehen vor dem Eingang des großen Apollon-Tempels. In seinen Ausmaßen ist er mit dem Parthenon auf der Akropolis vergleichbar. Geheimnisumwoben, obwohl jedermann zugänglich, umschließt ihn die monumentale Ansammlung 38 dorischer Säulen. Der zentrale Gebäudekomplex ist der dritte Aufbau an dieser Stelle nach der Feuerkatastrophe des Jahres 548 v. Chr. und dem durch Erdbeben ausgelösten Brand 373 v. Chr. Pausanias verweist auf den Fries: »Die Giebelfiguren stellen Artemis, Leto, Apollon und die Musen dar, sowie den Untergang des Sonnengottes und Dionysos und die Thyiaden. Die ersten von ihnen schuf der Athener Praxias, ein Schüler des Kalamis. Als sich die Bauzeit des Tempels in die Länge zog, raffte das Schicksal den Praxias dahin, und den Rest des

Schmuckes in den Giebeln schuf Androsthenes, auch er von Abstammung Athener und Schüler des Eukadmos.« Auffallend sind die unterhalb des Frieses angebrachten goldenen Schilde, persische Beutestücke der Athener aus der Schlacht bei Marathon. Sie konnten 373 v. Chr. beim Brand des Tempels geborgen werden.

Ehrfürchtig bleibt der Besucher in der Vorhalle, dem Pronaos, stehen und liest die Lebensweisheiten, die hier in großen Lettern angebracht sind, darunter das berühmte »Erkenne dich selbst« und der rätselhafte Buchstabe E. Die sieben weisesten Männer jener Zeit haben ihre Erkenntnisse hier nach einem Besuch der Orakelstätte angebracht. Es waren Thales von Milet, Erfinder des jedem Gymnasiasten bekannten Thaleskreises, außerdem Philosoph und Astronom, er sagte die Sonnenfinsternis vom 28. Mai 585 v. Chr. voraus; der weise Richter und Staatsmann Bias von Priene; der beliebte Tyrann Pittakos von Mytilene auf Lesbos, der seinen Untertanen ein Grundstück schenkte, weil »Gleiches haben mehr ist als Mehr haben«; Kleobulos aus Lindos; der athenische Gesetzgeber Solon; der Militärreformer Chilon aus Sparta und Periandros, der Tyrann, Kultur- und Landreformer aus Korinth. Da aber der Begriff Weisheit nicht weniger subjektiv ist als der Begriff Schönheit, standen in späteren Zeiten insgesamt 17 Namen in verschiedenen Kombinationen zur Auswahl.

Von wem auch immer die Sprüche in der Vorhalle des Apollon-Tempels von Delphi stammen mögen, sie suggerieren dem Besucher die Erhabenheit der Stätte. Und sie zeugen von den literarischen Ambitionen der Orakelpriester, die das Gestammel der Pythia in Verse setzen. Mit gewisser Skepsis verweist deshalb Pausanias auf ein Bronzerelief Homers in der Vorhalle und den darunter aufgezeichneten Orakelspruch, der ihm bei seinem Besuch zuteil geworden sein soll:

»Glücklicher und Unseliger, denn zu beidem wurdest du geboren,
Das Vaterland suchst du; ein Mutterland, kein Vaterland hast du.
Ios, die Insel, ist das Vaterland der Mutter, das dich im Tode
Empfangen wird. Doch hüte dich vor dem Rätsel der Jungen.«

Pausanias, unser Fremdenführer, wird nun ziemlich oberflächlich. Beinahe lapidar schildert er das Tempelinnere, was bei späteren Gelehrten den Verdacht aufkommen ließ, Pausanias habe den Innenraum überhaupt nicht betreten; allerdings gibt es dafür keine vernünftige Erklärung. Jede Delegation, jede Einzelperson, die als Fragesteller nach Delphi kam, betrat den Tempel.

»Im Tempel«, sagt Pausanias, »ist ein Poseidon-Altar errichtet, weil das älteste Orakel auch Besitz des Poseidon war. Es stehen da auch zwei Statuen der Moiren, und statt der dritten stehen Zeus und Apollon als Führer der Moiren neben ihnen. Man kann hier auch einen Herd sehen, auf dem der Priester des Apollon den Neoptolemos, den Sohn des Achilles, tötete ... Nicht weit von dem Herd steht ein Thron Pindars; der Thron ist aus Eisen, und auf ihm soll Pindar gesessen haben, wenn er nach Delphi kam, und die Gesänge gesungen haben, die sich auf Apollon beziehen. In das Innerste des Tempels dürfen nur wenige eintreten, und es ist dort eine andere goldene Statue des Apollon aufgestellt. – Geht man zum Tempel hinaus ...«

Diese Beschreibung ist zu dürftig, neueste Forschungsergebnisse bewiesen sogar, sie ist falsch. Deshalb müssen wir die Archäologen heranziehen.

Archäologen haben Legenden zerstört

Die Männer mit dem Spaten, in der Hauptsache Franzosen, haben seit Beginn der Ausgrabungen im Jahre 1892 behutsam, aber stetig das Bild zerstört, das wir uns aufgrund der Überlieferung vom Orakeltempel in Delphi gemacht haben. Keiner der antiken Autoren hatte es gewagt, das Orakel von Delphi zu enttabuisieren, einer schrieb vom anderen ab, jeder verwies auf den anderen. Die Folge war, das Orakel von Delphi blieb geheimnisumwittert und unantastbar. Und das ist in mehrfacher Hinsicht merkwürdig. Der Delphi-Forscher Professor Herbert W. Parke vom Trinity College in Dublin schreibt: »Die Prozedur der Befragung des Orakels und die Erteilung der Antworten in Delphi ist immer noch eine mysteriöse Angelegenheit. Unsere Autoren machen nur Anspielungen und diskutieren ganz ordentlich darüber, dabei gibt es keine Anzeichen dafür, daß den Fragestellern des Orakels oder den Priestern ein Verbot auferlegt war, das Orakel zu beschreiben.«

Erdrutsche und Erdbeben haben dem Orakeltempel von Delphi mehr zugesetzt als die Zerstörungswut der Römer. Allerdings genügen die ausgegrabenen Relikte, um einige Beschreibungen zu widerlegen, andere finden ihre Bestätigung. Danach betrat der Fragesteller, wie von Pausanias beschrieben, den Tempel durch den Pronaos, wo neben den Tafeln mit den Lebensweisheiten der Sieben Weisen auch die Gold- und Silberkessel des Lyderkönigs Krösus aufgestellt waren. Eine breite Flügeltüre aus Zypressenholz mit Elfenbein-Einlegearbeiten verschloß den Zugang zum Megaron, dem inneren Hauptraum.

Daß Herodot das Innere des Orakeltempels als Megaron bezeichnet, ist für die Forschung von besonderem Interesse: So wurde nämlich der Hauptraum eines Gebäudes, aber auch ein tiefer gelegener Kultraum genannt. Je acht Säulen an beiden

Seiten teilten das Megaron in drei Schiffe auf. An den Wänden und Säulen standen überall kostbare Weihegeschenke herum. Sie verdeckten die Wandmalereien des Aristokleides aus dem 4. Jahrhundert. Sogar die Querbalken des Deckengerüstes waren behängt mit Votivgaben, kostbaren Streitwagen und unzähligen Kopf- und Armbinden siegreicher Athleten. Mitten unter den Weihegeschenken die von Pausanias erwähnten Götterstatuen. Auf der rechten Seite stand der alte Poseidon-Altar, Reminiszenz an Apollons Vorgänger in Delphi. Ein zweiter Altar nahm die Mitte des Megarons ein. Hinter einem glänzenden Thron loderte ein duftendes Feuer, beides Attribute der Urgöttin und jungfräulichen Schwester des Zeus.

Jungfrauen, die von den Freuden der Liebe nichts wußten, war auch die Obhut dieses ewigen Feuers anvertraut, es wurde mit Tannenholz und Lorbeerzweigen genährt. Irgendwann in grauer Vorzeit hatte man es mit einem blanken Sonnenspiegel entzündet, und es war nur ein einziges Mal in seiner vielhundertjährigen Geschichte erloschen, bei einem unerwarteten Barbareneinfall im Jahre 84 v. Chr.

Die Zelle der Pythia im Licht der Wissenschaft

Das Adyton, das Allerheiligste des Orakeltempels, die Zelle, in der die Pythia weissagte, ist für die moderne Forschung das komplizierteste Problem. Obwohl Archäologen sich sechs Meter unter das Bodenniveau des Megarons wühlten, fanden sie keine exakten Hinweise auf die architektonische Gestaltung. Nach Lage der Fundamente gab es überhaupt kein Adyton, sogar Sondierungen nach einer Krypta, einem verborgenen unterirdischen Raum, verliefen ergebnislos. Aber, meint Professor Parke, »die Orakelbefragung fand im westlichen Ende des Tempels statt, wo das Bauwerk unglücklicherweise so stark zerstört ist, daß jede hypothetische Rekonstruktion der originalen Orakelstätte höchst unsicher bleibt. Die literarischen Quellen sind dabei auch keine Hilfe.«

Wir können nur den Schluß ziehen, daß es im Tempel einen Raum gab, in dem die Klienten während der Orakelbefragung saßen, und daß die Pythia entweder im selben Raum saß oder in einem angrenzenden Zimmer, aus dem ihre Stimme zu hören war. Das Bodenniveau dieses Raumes muß etwas tiefer als das des Hauptraumes gelegen haben. Man hat angenommen, daß die Pythia in das innere Heiligtum hinabstieg, weil Plutarch in zahlreichen Textstellen das Wort »hinabsteigen« *(katabainein)* gebraucht, wenn die Priesterin zum Wahrsagen schreitet.

Unter dem Boden des Tempels kann die Orakelzelle jedoch auf keinen Fall gelegen haben. Es muß möglich gewesen sein, aus dem Adyton in das Megaron, ja sogar bis zur Tür des Tempels zu blicken. Das verraten zwei Textstellen bei Herodot, der das Orakel von Delphi kannte wie kein zweiter.

Erste Textstelle (I, 65): »Als Lykurgos, ein angesehener Mann unter den Spartanern, nach Delphi zum Orakel kam, sprach die Pythia, gleich als er den Saal betrat, folgendes:

›Siehe, du bist, Lykurgos, zu meinem Tempel gekommen,
dem Zeus willkommen und allen Bewohnern olympischer Hallen!‹«

Daraus folgt: Die Pythia, die ja nur innerhalb ihrer Orakelzelle weissagen konnte und durfte, sah den Lykurgos sofort, als er den Tempel betrat, noch ehe er überhaupt eine Frage stellen konnte. Es hat den Anschein, als hätte sie hinter einem Vorhang gesessen.

Zweite Textstelle (I, 90): »Als Kroisos dies hörte, schickte er einige Lyder nach Delphi und trug ihnen auf, *wenn sie die Fesseln auf die Schwelle des Tempels legten,* den Gott zu fragen, ob er sich denn nicht schäme, durch seine Sprüche Kroisos zum Feldzug gegen die Perser veranlaßt zu haben, als ob er des Kyros Macht vernichten würde, von der ihm dies als Erstlingsgabe zuteil geworden sei – *wobei sie auf die Fesseln zeigen sollten* ...«

Daraus folgt: Während der Orakelbefragung, bei der sie die Pythia zwar nicht sehen, aber doch hören konnten, war es den Abgesandten möglich, auf die ihnen von Krösus mitgegebenen Fesseln zu zeigen, die sie zuvor auf die Tempelschwelle gelegt hatten. Vor allem aber muß es der Pythia möglich gewesen sein, aus dem Adyton heraus die Fesseln zu sehen. Was es mit diesen Fesseln auf sich hatte, wird an späterer Stelle noch ausführlich erzählt.

Die gleichen örtlichen Gegebenheiten beschreiben Aischylos in seinen *Eumeniden* und Euripides in seiner Tragödie *Andromache*. Wir dürfen also annehmen, daß die Orakelzelle der Pythia kein unterirdischer Raum, sondern ein Raum im Raum, ein abgetrennter Raumteil war. »Die einfachste Lösung«, schreibt Professor Parke, »wäre die, daß ein Schleier die Orakelzelle von dem übrigen Raum teilte – obwohl es dafür keine literarischen Hinweise gibt.«

Nach Ansicht französischer Archäologen war das Adyton eine Aussparung im Steinboden des Tempels, zu der fünf oder sechs Steinstufen hinabführten. Diese Zelle, durch einen Vorhang vor neugierigen Blicken geschützt, maß vier bis sechs Quadratmeter. Die Pythia mußte also in drückender Enge agieren, denn außer dem Dreifuß standen hier die goldene Apollon-Statue, Apollons Lyra und seine heiligen Waffen, der berühmteste Omphalos und mehrere Zweige vom Lorbeerbaum.

Hier, mitten im Orakeltempel, kam der blanke Boden zum Vorschein, und dahinter verbarg sich gewiß eine Absicht. Die ersten Pythien waren, noch bevor Apollon das delphische Heiligtum übernahm, Priesterinnen der Erdgottheit Ge. Kontakt mit dem Mutterboden, mit der Gottheit, war also die Voraussetzung für ihre Prophezeiungen.

Möglicherweise ist diese Aussparung im Steinfußboden aber auch die vieldiskutierte »Erdöffnung«, über der – wie antike Autoren berichten – der Dreifuß der weissagenden Pythia gestanden haben soll. In späterer Zeit wurde daraus ein Erdspalt. Archäologen haben erfolglos danach gegraben. Geologen halten einen Erdspalt in der vorliegenden Erdformation sogar für undenkbar. Dies bestätigt indirekt auch Diodor in seinem Bericht über die Schatzgrabungen der Phoker 354 v. Chr. im Orakeltempel.

In der Annahme, Schätze seien im Tempel vergraben, rissen sie den Boden um das Feuer der Hestia auf und wühlten in der Erdöffnung herum. In einem Erdspalt herumzuwühlen wäre sinnlos gewesen; deshalb kann mit der Erdöffnung nur das Adyton, die Orakelgrube, gemeint sein. Das schließt jedoch die Möglichkeit nicht aus, daß unter dem Dreifuß der Pythia eine Grube gegraben wurde, in der die Priester Lorbeerblätter und anderes stimulierendes Räucherwerk entfachten. Damit wäre auch die Beschreibung Strabons bestätigt, in der von einer »senkrecht gegrabenen Höhle« die Rede ist, aus deren Öffnung »ein Hauch ausströmt, der in Begeisterung versetzt« (IX, 3,5).

Pausanias ist uns eine genaue Beschreibung des Orakels schuldig geblieben. Warum, das erscheint um so rätselhafter, als er das Innere des Orakelheiligtums von Lebadaia an anderer Stelle bis ins Detail wiedergibt. So blieb es Sache der Historiker und Archäologen, Licht in das Dunkel dieses bestgehüteten Geheimnisses der Antike zu bringen.

VII.

Wenn Pythia auf dem Dreifuß saß ...

Der Körper bedient sich vieler Werkzeuge; aber des Körpers und seiner Teile bedient sich die Seele, und die Seele wiederum ist ein Werkzeug Gottes.

Plutarch

Bei gebührender Berücksichtigung der Umstände ist es für die moderne Psychologie überhaupt nicht schwer, das Handeln der Pythia zu erklären.

Herbert W. Parke, Althistoriker

Delphischer Alltag, der siebente Tag eines Sommermonats im dritten oder vierten Jahrhundert vor Christus. Die Gästehäuser der Stadt waren seit Tagen überfüllt. Regierungsdelegationen kamen mit großem Gefolge, Privatleute, Wochen unterwegs, hatten die Nacht in einer der Massenunterkünfte oder einfach unter dem sternklaren Himmel von Delphi verbracht. Mit dem Morgengrauen begann in der Stadt ein Brodeln, ein Stimmengewirr, Menschen liefen durcheinander, schon ihr Aussehen wies sie als Afrikaner, Asiaten oder Einheimische aus. Sie brachten einmal im Monat viel Geld in die Stadt. Denn nur am Siebten jeden Monats, drei Wintermonate ausgenommen, weissagte die Pythia. Ganz Delphi lebte davon: Wirte, Geschäftsleute, Andenkenverkäufer, Fremdenführer, nicht viel anders als heute.

Unbemerkt von der Öffentlichkeit geleiteten zwei Propheten, zwei Orakelpriester, die verschleierte Pythia von dem Tag und Nacht bewachten Gebäude am Rande des heiligen Bezirkes zum Ausgang der Phaidriadenschlucht, wo die heilige Quelle Kastalia aus dem Felsen sprudelt. Es war ein merkwürdiger Anblick: Die Pythia hatte das Gesicht in Purpur gehüllt, das ließ ihr Alter nicht einmal ahnen, dafür ging sie kniefrei wie ein junges Mädchen; aber ihr Gang verriet, daß sie die 50 bereits hinter sich gelassen hatte. Nicht einmal die delphischen Priester konnten sagen, warum es bei dieser lächerlichen Verkleidung geblieben war, die an Zeiten erinnerte, in denen das Amt der Pythia noch von Jungfrauen bekleidet wurde.

Nackt nahm die Pythia in der Kastalischen Quelle ein Bad, es diente der kultischen Reinigung, das Wasser galt als prophetisch. Trotz der sommerlichen Jahreszeit war das aus dem Felsen fließende Wasser eiskalt. Die Frühschicht war deshalb bei den beiden Pythien, die abwechselnd Dienst taten, besonders unbeliebt. Laut gesprochene Gebete begleiteten die zeremonielle Reinigung. Ein Priester deklamierte:

»O ihr delphischen Diener Apolls,
Kommt zu Kastalias Silberquell;
Vom reinen Tau bespült,
Tretet zum Tempel.
Vernehmet in Andacht die Zunge des Heils,
Daß ihr Worte des Heils
Den Befragern des Gottes
In der eigenen Sprache verkündet.«

Darauf bewegte sich die kleine Prozession zu einer zweiten Quelle, der Quelle Kassotis, deren Wasser, im Gegensatz zur Kastalia, in einem Gebäude oberhalb des Tempels gefaßt und nicht für jedermann zugänglich war. Von diesem Wasser trank die Pythia einen Schluck, um in den Genuß der Weissagung zu kommen. Nach verschiedenen Berichten floß das Wasser der Quelle Kassotis in einem unterirdischen Kanal direkt in das Adyton des Tempels, archäologische Ausgrabungen haben dies jedoch nicht bestätigt.

Die Prozession, voran zwei Propheten, die Oberpriester, dahinter die Pythia, flankiert von den Hosioi, den Mitgliedern des vornehmen Fünfmännerrates, danach eine Schar einfacher Orakeldiener, hatte jetzt den Apollon-Tempel erreicht. Die Pythia legte ihren Purpurumhang ab, sie trug nur noch ein schlichtes weißes, kurzes Kleid. Auf dem Altar der Hestia in der Mitte des Tempels loderte ein Feuer. Zwei Orakeldiener schleppten ein lebendes Zicklein herein. Sie setzten es auf dem weißen Marmorboden vor dem Altar ab. Hilflos schaute es in die Runde. Da trat einer der Propheten hinzu und besprengte das Tier mit eiskaltem Wasser. Das Zicklein reagierte darauf mit Zittern. Das war sein Todesurteil, für die Priester aber ein günstiges Omen. Hätte das Tier die Wasserspritzer gelassen und ohne Regung hingenommen, so wäre dies als ungünstiges Vorzeichen gewertet und die Orakelbefragung für diesen Tag abgesagt worden. Nicht zum Unwillen der heimischen Wirte übrigens, die dann zahlreiche Klienten einen weiteren Monat zu beherbergen gehabt hätten; denn für Leute, die von weither kamen, waren Rück- und abermalige Anreise unrentabel.

So aber wurde das Zicklein geschlachtet und auf dem an der Außenseite gelegenen Altar von Chios verbrannt. Der aufsteigende Rauch war für Einwohner und Fremde in Delphi das Signal: Das Orakel ist eröffnet.

Der Ansturm der Klienten

Während die Fragesteller mit ihren Problemen den heiligen Bezirk stürmten, war der Zugang zum Orakeltempel noch geschlossen. Jeder Klient ging zunächst denselben Weg wie die

Pythia, er mußte sich an der Kastalischen Quelle einer Reinigungsprozedur unterziehen – ein Vollbad wie das der Pythia blieb ihm jedoch erspart.

Die Wahrsagepriesterin stand indes vor dem Altar der Hestia, aus dessen mit Fichtenholz geschürtem Feuer benebelnder Qualm und berauschende Düfte aufstiegen. Gierig sog sie den Duft auf. Weihrauch, Bilsenkraut, Laudanum, allerlei berauschendes Brandwerk schaufelte ein Priester in das Feuer, bis die Pythia zu taumeln begann. Zwei Propheten packten sie am Oberarm und führten sie hinab in das Adyton.

Vor dem geschlossenen Orakeltempel war inzwischen der Teufel los. Hunderte balgten sich um einen Platz in der vorderen Reihe, jeder wollte der erste sein, jeder sah sein Problem als das größte an; doch die vordere Reihe war Leuten vorbehalten, die die »Promantie« genossen, sie wurden als Fragesteller bevorzugt behandelt.

Die Promantie konnte Einzelpersonen, aber auch ganzen Völkern verliehen werden. Der doppeldeutige Orakelspruch, Krösus werde ein großes Reich zerstören, war dem Lyderkönig einst zwei Goldstater für jeden Einwohner Delphis wert, und diese hatten sich revanchiert, indem sie allen Lydern die Promantie verliehen – eine käufliche Ehre. Aber sie bot die Sicherheit, daß jene Leute auch wirklich an dem Tag zu ihrem Orakelspruch kamen, an dem sie erschienen. Das war für die gewöhnlichen Sterblichen nämlich gar nicht selbstverständlich. Ihre Reihenfolge wurde durch das Los entschieden, und trotz Schichtbetrieb zweier Wahrsagepriesterinnen eine dritte stand bei Erschöpfungszuständen auf Abruf bereit mußten viele Klienten abends abgewiesen werden.

Die Prophezeiungen der Pythia waren nicht billig. Zwar wurden keine Eintrittskarten verkauft, die Priester kamen auf weit weniger profane Weise zu ihrem Geld: Jeder Klient hatte unmittelbar vor der Befragung auf dem großen Altar vor dem Apollon-Tempel einen Honigkuchen *(pelanos)* zu opfern, den die Orakelpriester für teures Geld verkauften. »Es wäre interessant zu wissen«, meint Professor Herbert W. Parke aus Dublin, »was ein Orakel damals kostete. Aber bedauerlicherweise können wir das nur von zwei speziellen Vereinbarungen ableiten, die zwischen Delphi und den Staaten Phaselis und Skiathos geschlossen wurden. Vermutlich geschah dies jedoch zu einigermaßen besonderen Bedingungen, so daß sich daraus keine sichere Basis für einen generellen Tarif ableiten läßt. Die Phaseliter hatten um 420 v. Chr. sieben (aiginetische) Drachmen und zwei Oboloi für ein Staatsorakel und den zehnten Teil dieser Summe für ein Privatorakel zu zahlen. Etwa 50 Jahre später wurden von Skiathos zwei Drachmen für ein Staatsorakel und der sechste Teil für ein Privatorakel verlangt.«

Der Preis für die Opfergaben wurde also nach Stand und Ansehen der Person gemacht, die reichen Phaseliter zahlten mehr als die armen Inselbewohner von Skiathos, eine Staatsdelegation mehr als ein Privatmann. Dennoch, der niedrigste Tarif, der des armen Inselbewohners, war immer noch hoch genug, er entsprach dem Zweitageverdienst eines Geschworenen in Athen, und der bezog ein Spitzengehalt.

Aber damit war es noch lange nicht getan. Der zukunftssüchtige Klient brauchte für die eigentliche Orakelprozedur einen Assistenten. Kein Fremder konnte allein den Apollon-Tempel betreten und seine Frage stellen, er mußte von einem Proxenos begleitet werden. Jeder Staat hatte in Delphi seinen Proxenos, einen ständigen Vertreter, der den Klienten als Bürger seines Landes auswies. Nur so konnten die Orakelpriester den Tarif festsetzen und der Priester in den Genuß der Promantie kommen. Kunden aus einem Land, das in Delphi keinen Repräsentanten hatte, durften einen angesehenen Bürger von Delphi zum Sekundanten wählen. Natürlich verrichtete weder er noch ein Wahlkonsul seinen Dienst kostenlos, und manche konnten allein davon gut leben, daß sie die besten

Happen vom Fleisch der Tiere, die ihre Klienten geopfert hatten, mit nach Hause nahmen.

Einer der ersten und schärfsten Kritiker der Geschäftemacherei, die in Delphi Fuß gefaßt hatte, war der Fabeldichter Äsop im 6. Jahrhundert v. Chr. Der ehemalige Sklave aus Phrygien verhöhnte die Delpher, weil sie statt zu arbeiten von den Opfergaben der Orakelklienten lebten. Die Priester fürchteten um ihr Geschäft und suchten verzweifelt nach einer Möglichkeit, den Fremdling zum Schweigen zu bringen. Deshalb schoben sie eine goldene Schale aus dem Tempelschatz in sein Reisegepäck und verbreiteten die Nachricht, der Apollon-Tempel sei beraubt worden. Die Schale wurde gefunden und Äsop mit dem Tode bestraft. Die Priester stürzten ihn vom Hyampischen Felsen.

Wurde der Fragesteller endlich in den Orakeltempel eingelassen, so mußte der Proxenos für seinen Schützling auf dem Altar der Hestia das Fleisch eines Lammes oder Zickleins darbringen. Das Opfer wurde von den Orakelpriestern mit frommen Gebeten begleitet. An den Klienten erging die Mahnung, nur reinen Gedanken nachzugehen. Woran sollte er in dieser beklemmenden, rauchgeschwängerten Atmosphäre schon denken.

Das Dreifuß-Rätsel

Indes saß die Pythia, abgetrennt durch einen Vorhang, auf dem Dreifuß. Genauer: Sie hing mehr, als sie saß, denn sie war in Hypnose, im Zustand völliger Apathie. Einem Barhocker ähnlich, etwa einen Meter hoch, so daß die Beine der Pythia den Boden nicht berühren konnten, war der Dreifuß eigentlich gar kein Sitzmöbel. Statt eines Polsters trug er eine tiefbauchige Schüssel oder Pfanne, an deren Rand senkrecht stehende henkelartige Ringe zum Festhalten befestigt waren. Saß die Pythia einmal in ihrer schüsselartigen Vertiefung, so konnte sie, auch wenn sie in sich zusammensank, kaum herunterfallen. Bequem war diese Haltung keinesfalls. Kein Wunder also, wenn die Wahrsagerinnen sich vor Erschöpfung ablösen mußten.

Die besondere Form des Dreifußes als Sitzgelegenheit hat

Apollon sitzt auf dem Dreifuß. Deutlich erkennbar sind die Ringe, an denen sich die Pythia festhalten konnte

unter Historikern und Philologen Rätselraten ausgelöst. Eine plausible Erklärung fanden sie nicht. Am einleuchtendsten mag der Hinweis erscheinen, die drei Füße des Hockers sollten Vergangenheit, Gegenwart und Zukunft symbolisieren, wahrscheinlich beruht aber die Verwendung des Dreifußes als Sitzgelegenheit auf Zufall und Zweckmäßigkeit; denn von jeder anderen Sitzgelegenheit wäre die Pythia im Zustand der Bewußtlosigkeit herabgestürzt.

Der Dreifuß als Untersatz für Geräte oder als Kochgeschirr, das direkt über das Feuer gestellt wurde, ist schon in vorgeschichtlicher Zeit bekannt. Er galt als vielseitig verwendbares Haushaltsgerät, und weil er aus Bronze und damit teuer war, fand er auch als Weihegeschenk Verwendung.

Das Dreifuß-Rätsel hat schon in alter Zeit die Legendenbildung gefördert. Diodor sah im Dreifuß nichts weiter als ein Gerüst, das die Menschen vor einem Sturz in jene Erdspalte bewahren sollte, aus der die inspirierenden Dämpfe quollen. Er nennt diese Theorie in der Entstehungslegende des Orakels: Ein Ziegenhirte, Koretas mit Namen, weidete am Fuß des Parnaß seine Herde. Eines Tages zeigten die Tiere ein abnormes Verhalten, sie machten seltsame Sprünge und begannen an allen Gliedern zu zittern. Als Koretas nachforschte, entdeckte er einen Spalt in der Erde, aus dem ein geheimnisvoller Luftstrom zog. Er beugte sich über den Rand, und plötzlich begann er absonderlich zu sprechen. Andere Hirten kamen hinzu und hörten ihn mit Erstaunen: Koretas weissagte ihnen die Zukunft.

Fortan benützten die Hirten den Erdspalt, um einander die Zukunft vorherzusagen. Doch die Erdöffnung barg ein fatales Geheimnis. Obwohl so eng, daß kaum ein Mensch darin Platz fand, zog sie immer mehr Ziegenhirten in ihren Schlund; das heißt, gesehen hat diesen Vorgang niemand, die Hirten verschwanden einfach spurlos. Deshalb, so Diodor, »schien es den Einwohnern der Gegend angebracht, sich gegen die Gefahren zu schützen, und sie wählten eine Frau als einzige Prophetin für sie alle. Man baute ein Gerüst, auf das sie stieg und wo sie in völliger Sicherheit die Eingebung empfangen konnte. Dieses Gerüst hatte drei Stützen und wurde deshalb Dreifuß genannt.« (XVI, 26)

Bei Armen entschied das Los, bei Reichen die Ekstase

Plutarch, der Oberpriester in Delphi war, weist ausdrücklich darauf hin, daß der Koretas-Bericht »nicht nur eine Fabel und bloße Legende ist«, es sei im Gegenteil typisch gewesen, daß Koretas und seine Kollegen nicht der geringsten Voraussetzungen bedurften, um wahrsagen zu können. Das entspreche auch dem Habitus der Pythia, die ebenfalls keine besonderen Fähigkeiten mitbringen müsse für ihr Amt. Die Pythien waren meist schlichter, bäuerlicher Herkunft.

Die zweite wichtige Rolle während des prophetischen Rituals spielte ein Lorbeerbaum. Der dem Apollon heilige Lorbeerbaum wuchs im weichen Humusboden des Adytons, er war also keine Topfpflanze. Licht, Luft und Sonne bezog er durch die Dachöffnung des Tempels, durch die auch der Rauch des Feuers der Hestia entweichen konnte. Dem Lorbeer wurde reinigende, aber auch mantische Kraft zugeschrieben. Deshalb hatte die Pythia die Nacht vor der Weissagung auf einem Lager aus Lorbeerblättern verbracht, und sie hatte Lorbeer gekaut, bevor sie den lorbeerbekränzten Dreifuß bestieg.

In der Frühzeit des delphischen Orakels fiel die Pythia noch nicht in Trance, damals antwortete sie auf Alternativfragen nur mit Ja oder Nein. Die Antworten erforderten keine präkognitiven Fähigkeiten, denn die Pythia zog aus einer Schale Lose – meist waren es dunkle (»nein«) oder helle (»ja«) Bohnen. So erhielt sich bis in klassische Zeit die Redewendung, nach der die Pythia die Orakelsprüche »aufhebt« oder »herausnimmt«.

Zu dieser Zeit war das Orakel jedoch längst perfektioniert, nur Antworten für arme Schlucker waren dem Zufall überlassen. Was sich hier am siebenten Tag eines jeden Monats abspielte, war ein perfekt eingespielter Mechanismus, zusammengesetzt aus parapsychologischen, machtpolitischen und materiellen Interessen. Die Pythien waren nichts anderes als willenloses Werkzeug in dieser Weissagungsmaschinerie; aber sie wußten das, es erfüllte sie mit Stolz, Medium zu sein, aus dem der Gott sprach. Nicht ohne Grund waren die ersten Pythien in Delphi blutjunge Mädchen, naiv und ohne Fragen. Erst als eine von ihnen entführt und vergewaltigt wurde, hoben die Orakelpriester das Mindestalter der Pythia drastisch an. Die Frauen, die von nun an »rasenden Mundes« die Weltgeschichte beeinflußten, mußten mindestens 50 Jahre alt sein.

Der Gott, heißt es bei Plutarch, bedient sich der Pythia, um an das Ohr der Menschen zu dringen, so wie die Sonne sich des Mondes bedient, um unser Auge zu erreichen. Wörtlich sagt er: »Apollon offenbart und eröffnet seine Gedanken, aber er offenbart sie unter Vermischung mit einem sterblichen Körper und einer menschlichen Seele, die es nicht vermag, Ruhe zu bewahren und alles unbewegt und ohne Erschütterung darzubieten. Sie ist vielmehr schwankend wie ein Schiff in stürmischer See und wird mitgerissen von ihrem aufgewühlten Innern. Denn wie die Schwungbewegungen von kreisend abwärts fallenden Körpern nicht gleichförmig fortdauern, sondern, da sie einerseits durch Zwang im Kreis bewegt werden, andererseits ihrer Natur gemäß nach unten streben, aus den beiden Komponenten eine gestörte, ungleichmäßige Wirbelbewegung entsteht, so scheint es, daß das, was man Enthusiasmus nennt, eine Mischung von zwei Bewegungen ist, der einen, die auf die Seele einwirkt, und zugleich der andern, die ihr von Natur eigen ist. Denn wenn es unmöglich ist, leblose, stets im gleichen Zustand verharrende Körper zwangsweise ihrer Natur zuwider zu gebrauchen, etwa einen Zylinder wie eine Kugel, einen Kegel wie einen Würfel zu bewegen, eine Lyra wie eine Flöte oder eine Trompete wie eine Kithara zu spielen, sondern wenn es offenbar dasselbe ist, ein Ding kunstgerecht und es seiner Natur gemäß zu gebrauchen: Sollte man da ein belebtes, sich selbst bewegendes, mit Willen und Denkkraft ausgerüstetes Wesen anders behandeln können als gemäß der schon in ihm vorhandenen Art oder Fähigkeit der Natur?« (21, 404).

Plutarch berichtet, zu seiner Zeit sei die Pythia von guter und ehrlicher Herkunft gewesen und habe einen sittsamen Lebenswandel geführt. Als Tochter armer Bauern habe sie für diese Aufgabe aber weder irgendeine Fertigkeit noch sonstige Erfahrung oder Können mitgebracht. Plutarch, der Oberpriester des delphischen Orakels, bezeichnete es öffentlich als Torheit, »daß man sich für den Orakeldienst nur einer Frau bedient und ihr das Leben schwermacht, indem man sie zu lebenslanger Keuschheit und Unbeflecktheit verpflichtet«.

In Phokis gab es ein Orakelheiligtum des Herakles Misogynes, was soviel bedeutet wie Herakles der Weiberhasser. Dort galt ein Gesetz, das den Orakelpriestern während ihrer Amtszeit jeglichen Geschlechtsverkehr verbot. Das sei, so Plutarch, auch der Grund dafür gewesen, daß in der Regel nur Greise das Priesteramt versahen. Als jedoch um das Jahr 100 n. Chr. herum ein Jüngling mit dem Priesteramt betraut wurde, verliebte er sich in ein Mädchen. »Zuerst beherrschte er sich und mied die Person. Einmal aber, als er nach einem Trank und Reigentanz ruhte, überraschte sie ihn, und er umarmte sie ...« Aber dabei blieb es wohl nicht; denn als der Jungpriester aus seiner Leidenschaft erwachte, überkam ihn Angst und Verwirrung. Er suchte das Orakel auf und stellte die Frage, ob es eine

Vergebung oder Sühne für seinen Fehltritt gebe. Die Antwort war versöhnlich:

»Was immer Not erzwingt, verzeiht der Gott.«

Koretas sei schließlich auch ein ganz normaler Mann gewesen. Trotz der Bedenken aus den eigenen Reihen – das Zölibat der Pythia blieb bis zum ruhmlosen Niedergang des Orakels aufrechterhalten.

Bis heute ungeklärt: der Omphalos

Das dritte Requisit von besonderer Wichtigkeit war der Omphalos. Bei den Ausgrabungen in Delphi kam im September 1913 ein kaum 30 Zentimeter hoher Stein in der Form eines halbierten Eies zum Vorschein. Die Archäologen brachten ihn ins Museum, stellten ihn zu der bisher dort gezeigten Kopie des legendären Omphalos und feierten sich und den Stein als archäologisches Ereignis der Gegenwart. Besucher werden heute das vermeintlich kostbare Stück vergeblich suchen; denn es verschwand ohne größeres Aufsehen aus dem Museum, nachdem neuere Untersuchungen das Exponat als Dachabschluß eines Votivschreines identifiziert hatten.

So bleibt die Identität des prähistorischen Kultsteines in geheimnisvolles Dunkel gehüllt. Wer ihn wann wohin verschleppt hat, weiß niemand. Waren es die Römer, Gallier, Byzantiner? Bekannt ist nur sein Aussehen, es gibt antike Kopien und Vasenmalereien. Worin lag der Sinn dieses unförmigen Gebildes?

In frühgeschichtlicher Zeit glaubten die Menschen, die Erde sei eine vom Ozean umschlossene Scheibe und der Omphalos, der Nabel, sei der Mittelpunkt dieser Scheibe. Zeus hatte, um diesen Mittelpunkt zu suchen, zwei Adler ausgesandt, und zur Erinnerung an diese Tat flankierten den delphischen Omphalos im Orakelheiligtum zwei Adler aus purem Gold – jedenfalls bis zu jenen Tagen, als die gottlosen Phoker knapp bei Kasse waren, die Vögel einschmolzen und das Gold zu Geld machten. Doch an dem Sündengeld klebte das Unheil, die damit finanzierte Schlacht ging verloren, und die Phoker mußten neue Goldadler finanzieren.

Der marmorne Nabel war mit Wollfäden umwickelt und verknotet, und die Pythia hielt, wenn sie auf dem Dreifuß saß, einen Faden vom Omphalos in der einen und einen Lorbeerzweig in der anderen Hand. Hinter der unverständlichen Zeremonie mit dem Wollfaden verbarg sich ein schlichtes Symbol: die Verbindung zu den verborgenen Kräften der Erde.

Allein das Vorhandensein dieses uralten Kultsteins beflügelte die griechische Mythologie. Denn niemand außer den Pythien und Propheten bekam den legendären und geheimnisumwitterten Stein je zu Gesicht. Welche Bedeutung man ihm in Delphi beimaß, geht allein schon daraus hervor, daß den Pilgern zwei Kopien des Fetischs vorgeführt wurden. Eine dieser Kopien, sie wird von Pausanias erwähnt, befindet sich heute im Museum von Delphi, die zweite stürzte von der Tempelterrasse und ist nun vor dem neuerbauten Schatzhaus der Athener zu besichtigen.

Die Sagen und Legenden, die sich wie Akanthusblätter um den Omphalos wanden, sind zahlreich und typisch. Denn wann immer die griechische Geschichte ein Vakuum aufwies oder ein unerklärliches Faktum, mußten Göttergestalten einspringen. Darüber wurden kluge Arbeiten geschrieben, die belegen: Götter dienen vor allem dazu, solche unerklärlichen Vorgänge in der Geschichte zu erklären. Das Ei von Delphi hat ebenfalls eine solche Funktion. Kein Mensch konnte seinen Sinn, seine Herkunft erklären. Das regte die Phantasie dieses kulturbegabten Volkes an, und auf einmal erzählten die Leute sich folgende Geschichte:

Der Urgott Chronos, die Personifikation der Zeit, lebte in ständiger Furcht, seine Kinder könnten ihn, den zeitlosen Weltenherrscher, stürzen. Um das zu verhindern, fraß Chronos die Kinder, die der Potenzprotz laufend zeugte, kurzerhand auf. Seine Frau Rhea sah dem rabiaten Treiben eine Weile fassungslos zu, ersann dann aber eine List. Nach der Geburt des Zeus wickelte sie einen kleinkindgroßen Stein in eine Windel und warf das Bündel dem Herrn Gemahl in den Rachen. Der rülpste ein paarmal kräftig und spie die derbe Kost von sich. Zeus wickelte später den Stein aus der Windel – es war der Omphalos – und stellte ihn am Fuß des Parnaß auf.

Theoretische Rekonstruktion des Adyton (Zeichnung F. Bady)

Spätere Mythologisierungsversuche deklarierten das Marmorei als Grabstein, der über dem Grab des Dionysos, des Zeus-Sohnes, gestanden habe. Denn noch bevor Apollon sich in Delphi ansiedelte, habe der Fruchtbarkeitsgott Dionysos, dem die Frauen in orgiastischen Prozessionen riesige Phallus-Nachbildungen zutrugen, hier ältere Rechte besessen. Im Adyton der Pythia lag angeblich auch sein Grab.

Präkognition und Wahnsinn

Inspiriert vom Bewußtsein dieser drei fetischhaften Kultgegenstände, verfiel die Pythia in einen dämmerhaften Zustand. Geschah dies unter Autosuggestion oder durch Hypnose, ausgeübt von einem Priester?

Denkbar ist beides, und vielleicht löste sogar ein Verfahren das andere ab – je nachdem, in welcher Verfassung die Pythia sich befand. Plutarch nennt den Zustand der Pythia auf dem Dreifuß Enthusiasmus, Verzückung, Cicero beschreibt ihn als Wahnsinn, und Platon sieht eine Art Raserei dahinter.

Platon (427–347 v. Chr.) erkannte vier verschiedene Arten des »göttlichen Wahnsinns«, den prophetischen Wahnsinn, den Initiations- oder Ritualwahnsinn, den poetischen Wahnsinn und den erotischen Wahnsinn. Alle vier Arten, sagt Platon, würden durch einen göttlich bewirkten Wandel unserer gewöhnlichen sozialen Normen hervorgerufen. Platon unterscheidet bereits bewußt zwischen »göttlichem« und dem durch Krankheit hervorgerufenen Wahnsinn, vornehmlich der Epilepsie, wie sie den Perserkönig Kambyses befallen hatte, und er berührt dabei faszinierende Fragen der modernen Psychologie.

Gespalten wie das Persönlichkeitsbild eines Wahnsinnigen war auch das Verhältnis, das die Griechen dieser Erscheinung entgegenbrachten. Sie sprachen beim epileptischen Wahnsinn einerseits von der »heiligen Krankheit« – ein Dämon hatte von dem Menschen Besitz ergriffen –, andererseits warfen sie mit Steinen nach diesen Kranken oder spuckten vor ihnen aus.

Beliebt und geachtet war Wahnsinn bei den Griechen nur,

wenn sich allgemeiner oder persönlicher Nutzen daraus ziehen ließ. Aphrodite und Eros galten als Schutzgottheiten des erotischen Wahnsinns, der als höchst erstrebenswert galt. Die Musen standen Pate für den poetischen Wahnsinn, dessen Produkte große Anerkennung fanden. Der rituelle Wahnsinn hatte in Dionysos sein Leitbild, und Apollon initiierte den prophetischen Wahnsinn. Den weissagenden Priesterinnen von Delphi sind gewisse Verbindungen mit allen vier Arten nachzuweisen.

Das griechische Wort *mantis,* Seher, kommt von *mainein,* das bedeutet rasend, in Ekstase sein. Man sah in der Fähigkeit der Prophetie also einen seelischen Ausnahmezustand. Daß dieser Zustand an den verschiedenen Orakelstätten auf unterschiedliche Weise hervorgerufen wurde, hat eine verblüffend einfache Erklärung: Der Schutzgott des Orakels bestimmte die Prozedur. Bei Apollon spielten mediumistische Elemente eine Rolle, bei Dionysos Wein und ekstatische Tänze, Zeus, der listenreichste der Götter, zog auch als Orakelgott alle Register seines Könnens.

In Delphi war die Pythia zuallererst Medium, im Zustand des Weissagens besessen. Wenn die Pythia sprach, dann sprach aus ihr Apollon. Daher formulierte das Orakel von Delphi auch alle Antworten in der Ich-Form.

Nun hat die moderne Psychologie längst nachgewiesen, daß nicht jeder Mensch mediale Fähigkeiten besitzt. Nicht jede achtbare Delpherin war also als Medium geeignet. Trotzdem wissen wir über Vorbedingungen und Auswahlkriterien der Pythien praktisch nichts. Das Thema war selbst in späterer Zeit absolut tabu. Plutarch berichtet lediglich, zu seiner Zeit sei die Pythia arm, rechtschaffen erzogen, aber ohne besondere Bildung gewesen.

Dabei wäre gerade er wie kein zweiter prädestiniert gewesen, uns darüber zu informieren, was hinter den Kulissen von Delphi vor sich ging. Plutarch war vom 50. Lebensjahr an

Oberpriester in Delphi. Fest steht, die Pythia war, wenn sie ihre Prophezeiungen hervorstieß, willenloses Werkzeug, ein Medium. Sie selbst und die meisten ihrer Zeitgenossen sahen Apollon als Urheber der Weissagungen. Dies entsprach der offiziellen Lehrmeinung der griechischen Religion.

Erkenntnisse, die außerhalb der Reichweite des Verstandes liegen, können nur in einem Zustand, der ebenfalls außerhalb der Reichweite des Verstandes liegt, gewonnen werden. Verzückung, Wahnsinn, Raserei, oder wie immer dieser Zustand genannt werden mag, waren also die Voraussetzung für die Prophetie der Pythia. Und Parapsychologen, die heute ihre weltweit bestaunten Forschungsergebnisse verkünden, finden sich vom Orakel in Delphi nur bestätigt: Telepathie und Präkognition sind keine Entdeckungen der Neuzeit. Und wenn die Pythien von Delphi zunächst um die 15, später um die 50 Jahre alt waren, so mag man im Altertum diesen Wechsel in der Altersstruktur auf die Geschichte von der vergewaltigten Prophetin zurückgeführt haben, heute ist allerdings auch wissenschaftlich erwiesen, daß gerade Mädchen in der Pubertät und Frauen um 50 medial besonders begabt sind.

Auf der Suche nach dem fauchenden Erdspalt

Während hier die moderne Forschung ein historisches Phänomen bestätigt, sind in einem anderen Fall die neuesten wissenschaftlichen Erkenntnisse eher verwirrend, ja sie widersprechen sogar der Überlieferung. Der griechische Geograph Strabon, der um Christi Geburt lebte, schreibt in einem seiner 17 geographischen Bücher: »Man sagt, das Orakel sei eine lotrechte Höhlung mit einer nicht eben großen Öffnung. Daraus steigt ein Dunst auf, der Entrückung hervorruft, und über der Öffnung steht ein hoch aufragender Dreifuß; ihn besteigt die Pythia, atmet den Dunst ein und prophezeit.« (9, 3, 5)

Archäologen haben bisher vergeblich nach diesem Erdspalt gesucht. Geologen halten es mittlerweile für schlichtweg unmöglich, daß in dieser Bodenformation jemals ein solcher Erdspalt vorhanden war. Woher kam aber das Pneuma, das vor allem Plutarch in seiner Wirkung sehr präzise beschreibt: »Auch glaube ich, daß es mit der Ausdünstung nicht immer und durchweg gleich bestellt ist, sondern daß manchmal eine Abnahme und dann wieder eine starke Zunahme stattfindet. Der Beweis, den ich dafür anführe, hat zu Zeugen viele Fremde und alle, die im Dienst des Heiligtums stehen. Denn das Gelaß, in dem man diejenigen, die den Gott befragen, sich niedersetzen läßt, erfüllt sich, nicht häufig und nicht zu bestimmten Zeiten, sondern von ungefähr in längeren Abständen, mit einem Wohlgeruch und einem Hauch ähnlich den Düften, die die edelsten und kostbarsten Parfüme entsenden und die dem Allerheiligsten wie einer Quelle entströmen; und es ist wahrscheinlich, daß sie infolge von Wärme oder irgendeiner anderen wirksam werdenden Kraft aufsteigen. Und wenn das nicht überzeugend klingen sollte, so werdet ihr dies doch zugeben müssen, daß die Pythia selbst in demjenigen Teil ihrer Seele, auf den der Hauch einwirkt, zu verschiedenen Zeiten verschiedene Stimmungen und Eindrücke erfährt und daß sie nicht immer die gleiche Mischung oder gleichsam Harmonie unveränderlich zu aller Zeit wahrt. Denn viele Verdrießlichkeiten und Störungen erfassen so, daß sie es merkt, und noch mehr, ohne daß sie es merkt, ihren Körper und dringen zu ihrer Seele, und wenn sie davon erfüllt ist, dann ist es nicht gut, daß sie dahin geht und sich dem Gott hingibt, weil sie dann nicht ganz rein ist wie ein wohlgestimmtes, schönklingendes Instrument, sondern von Leidenschaften getrübt und verstört. Denn auch der Wein hat ja nicht immer dieselbe Wirkung auf den zur Trunkenheit Geneigten noch die Flöte auf den Schwärmer, sondern dieselben Menschen geraten einmal weniger, ein andermal mehr in dionysischen Rausch und in Verzückung, wenn ihre innere Stimmung eine andere ist.« (50, 437)

Was Historiker Pausanias vorwerfen, er habe oft vom Hörensagen, aus zweiter Hand, berichtet und die Orakelzelle der Pythia nie gesehen, trifft auf Plutarch keinesfalls zu. Plutarch war Oberpriester, er war 20 Jahre Regisseur des delphischen Welttheaters.

Wie Plutarch zu seinem Amt als Oberpriester von Delphi gekommen war, ist etwas rätselhaft. Fest steht, er war Bürger und Einwohner von Chaironeia, eine gute Tagesreise von Delphi entfernt, aber Delphi war ihm, weil er hier Haus- und Grundbesitz hatte, seit frühester Zeit eine zweite Heimat. Dort nahm er zusammen mit seinem Bruder Lamprias und dem Lehrer Ammonios an theologischen Diskussionen über delphische Fragen teil, die er schriftlich aufzeichnete. Vielleicht wirkte dies auf die Delpher so beeindruckend, daß sie ihn zum obersten Tempelbeamten wählten. Eine Stiftungsinschrift weiß von Plutarch als Oberpriester in den ersten Regierungsjahren des Kaisers Hadrian (76–138 n. Chr., seit 117 römischer Kaiser) zu berichten, und als solcher führte er auch den Vorsitz in den Amphiktyonenversammlungen. Er galt als großer Förderer des Heiligtums. Die Bewohner von Delphi und Chaironeia setzten ihm deshalb aufgrund eines Beschlusses der Amphiktyonen ein Denkmal. In der Tat hatten seine guten Kontakte zu Rom, vor allem zu Sosius Senecio, dem Freund und Vertrauten Kaiser Trajans (53–117 n. Chr., seit 98 römischer Kaiser), dem angeschlagenen Orakel neue Geltung verschafft. Dürre, öde und Armut in Delphi haben nach seinen eigenen Worten zu Reichtum, Glanz und Ehre geführt. Sein Anteil bei zahlreichen Neubauten und der Neufundierung des Grundbesitzes des Heiligtums ist unbestritten.

Für ihn war der Hauch der Erde von fundamentaler Bedeutung. Der Enthusiasmus, meinte er, trete zwangsläufig ein, wenn sich »die Wahrsagungskraft in der rechten Verfassung für die Mischung mit dem Hauch befindet«.

Nimmt man den oben zitierten Text wörtlich, so unterlag der Ausstoß der Dämpfe naturbedingten Schwankungen, und das hätte wiederum zur Folge gehabt, daß die Weissagungen der Pythia abhängig waren von der Tätigkeit und Intensität des unberechenbaren Geysirs. Eine Terminfestsetzung auf den siebten Tag eines jeden Sommermonats wäre dann aber unsinnig gewesen, andererseits wird an keiner Stelle eine Terminverschiebung wegen Pneuma-Mangels erwähnt. Vor allem aber hätte der eingangs geschilderten Zeremonie, bei der ein Zicklein bespritzt wurde, um aus seinem Zittern die Bereitschaft des Orakels zu erkennen, jede realistische Grundlage gefehlt. Was hätte das günstige Vorzeichen genutzt, wenn das Pneuma nicht sprudelte.

Die Lösung lag im Wörterbuch

Historiker, die an der Überlieferung der antiken Schriftsteller kleben wie Fundamentalisten am Alten Testament, haben die geologischen Forschungsergebnisse zum Anlaß genommen, die Orakelhöhle der Pythia an ganz anderer Stelle als im Apollon-Tempel zu suchen. Professor Joseph Fontenrose von der California-Universität zum Beispiel vertritt in einer klugen Arbeit die These, zumindest das ältere Orakel der Erdgöttin Ge habe in der Korykischen Höhle gelegen, 760 Meter oberhalb des Heiligtums. Aber all diese Theorien werfen immer neue Fragen auf und führen zu keiner realistischen Lösung.

Dabei hat das Problem vermutlich eine verblüffend einfache Erklärung. Das griechisch-deutsche Wörterbuch führt unter Pneuma nicht weniger als 44 Übersetzungen auf, darunter »Gas« und »Luftströmung«. Pneuma hat aber auch die Bedeutung »Stimmung«, »treibende Kraft«, »Geist«, »psychische Verfassung«.

Und jetzt liest sich Plutarch ganz anders: Nicht mit den Dämpfen war es nicht immer gleich bestellt, sondern die psychische Verfassung der Pythia war unterschiedlich. Das Pneuma verursachte keine physische Reaktion, Pneuma war ein psychischer Zustand. Was die Fragesteller im Orakeltempel mit der Nase wahrnahmen, waren nicht unterirdische Dämpfe, es war der Duft von Weihrauch, Lorbeer und berauschenden Kräutern, die das Pneuma bewirkten.

Der Orakel-Forscher Professor Herbert W. Parke sieht hingegen keine Veranlassung, den außergewöhnlichen psychischen Zustand der wahrsagenden Pythia naturwissenschaftlich zu erklären. Parke glaubt, man könne das Mysterium des Orakels überhaupt nur mit zwei extremen Theorien deuten, möglicherweise aber auch mit einer Verbindung von beiden.

Theorie Nr. 1: Die Priester und die Pythia waren vorsätzliche Scharlatane, die uralte Manipulationen betrieben, weil sie dafür gut bezahlt wurden. In diesem Fall war der psychische Zustand der Pythia gespielt und für die Gläubigen sehr beeindruckend.

Theorie Nr. 2: Die Priester und die Pythia waren im Gegenteil hundertprozentig aufrichtig. Sie waren nicht die Betrüger, sondern die Betrogenen. Das Phänomen des prophetischen Wahnsinns war das Produkt einer Macht, die sie nicht erklären konnten, ob man es nun als Eingebung eines Geistes oder Manifestation eines erhabenen menschlichen Bewußtseins beschreiben will.

Vieles spricht für die zweite Möglichkeit. Es muß nachdenklich stimmen, daß in der über tausendjährigen Geschichte der Orakel, in der auch Aufklärung und Rationalismus Triumphe feierten, kaum Kritik an dieser Institution laut wurde. Der Althistoriker Eric Robertson Dodds hat das so ausgedrückt: »Die Griechen glaubten an ihr Orakel, nicht etwa weil sie abergläubische Narren gewesen wären, sondern weil sie ohne diesen Glauben nicht auskommen konnten.«

Orakel, das bedeutete Glaube, Religion, vergleichbar dem Brauch der alten Ägypter, die ihren Toten Speisen und Dienerfiguren mit ins Grab gaben. Der ägyptische Priester und stoische Philosoph Chairemon, er lebte im 1. Jahrhundert n. Chr., sagte dazu: »Der Geist des Weines mischt sich mit dem Trinkenden, und der seherische Enthusiasmus wie der erotische bedient sich der Fähigkeit, die eben da ist, und erregt jeden, der ihn aufnimmt, gemäß seiner Natur.« Und Plutarch meinte: »Der Körper bedient sich vieler Werkzeuge. Des Körpers aber und seiner Teile bedient sich die Seele, und die Seele wiederum ist ein Werkzeug Gottes.«

Eine Pyhia wurde verrückt ...

Deshalb war das geschilderte Zeremoniell der Orakelbefragung von großer Wichtigkeit. Die Pythia mußte langsam, ja vorsichtig, enthusiasmiert werden. Lukian und Plutarch berichten unabhängig voneinander über zwei fehlgeschlagene Versuche, die Pythia in Trance zu versetzen. In beiden Fällen kam es zu dramatischen Vorfällen, und wie Plutarchs Bericht beweist, war Weissagen eine lebensgefährliche Angelegenheit.

Nach Lukian kam der römische Prokonsul Appius Claudius während des Bürgerkrieges zwischen Cäsar und Pompeius in höchster Not nach Delphi, um das Orakel um Rat zu fragen. Doch das Orakel war geschlossen. Da drang der dreiste Prokonsul in das Refektorium der Pythia ein, zerrte die verängstigte Prophetin heraus, schleifte sie zum Apollon-Tempel und herrschte sie an, den Dreifuß zu besteigen. Inzwischen waren Priester herbeigeeilt, sie versuchten eine außerturnusmäßige Orakelbefragung zu improvisieren. Die Pythia hatte

Angst, sie weigerte sich, die Orakelzelle zu betreten. Schließlich gab sie dem Drängen der Priester nach, verschwand in dem Adyton und simulierte mit Fauchen und Stöhnen den gewünschten Enthusiasmus. Appius Claudius bemerkte indessen den Schwindel.

»Gottlose«, brüllte er in das Adyton hinein, »ich bin gekommen, um nach dem Schicksal der rasend gewordenen Welt zu fragen. Wenn du nicht aufhörst, mit deiner natürlichen Stimme zu reden, und nicht in den Felsspalt hinabsteigst, dann werden die Götter, deren Orakel du verhöhnst, dich bestrafen, und ich dazu!«

Schließlich unternahm die Pythia einen zweiten Versuch, offensichtlich unter Autosuggestion. Lukian schreibt, sie habe herrisch ihre eigenen Gedanken ausgetrieben und ihren Leib von allem befreit, was sterblich war. Der Versuch schlug jedoch insofern fehl, als die Pythia von ihrem Dreifuß sprang, durch den Orakeltempel taumelte und alles, was ihr im Weg stand, umstürzte. Rasend warf sie den Kopf hin und her, daß der Lorbeerkranz, den ihr die Priester aufgesetzt hatten, im weiten Bogen davonflog, ihre Haare standen zu Berge. Dann rannte sie außer sich gegen die Tempeltore, riß sie auf, obwohl sie abgeschlossen waren, und kam erst im Freien wieder zu sich.

... eine andere bezahlte mit ihrem Leben

Tödlich endete ein erzwungener Weissagungsversuch, von dem Plutarch berichtet. Zu Beginn des 2. Jahrhunderts n. Chr. waren Klienten von weither gekommen, um das Orakel zu befragen. Die traditionelle Zeremonie wurde eingeleitet, doch als die Priester das Zicklein mit Wasser besprengten, zeigte das Tier keine Reaktion.

Nach gängigem Ritus hätte die Orakelbefragung abgebrochen werden müssen. In ihrem Diensteifer und eingedenk der Tatsache, daß die Fremdlinge von weit her gekommen waren, setzten die heiligen Männer ihre Bemühungen fort, schütteten eimerweise Wasser über das arme Tier, bis ein leichtes Zittern zu erkennen war. Die Pythia beobachtete all dies mit Entsetzen.

»Sie stieg zwar«, heißt es bei Plutarch, »in das Orakel hinunter, widerwillig, wie man erzählt, und ohne die rechte Lust, sogleich aber bei ihren ersten Antworten merkte man an der Rauheit ihrer Stimme, daß sie wie ein im Wogenschwall fortgerissenes Schiff nicht wieder aufkommen konnte und von einem bösartigen Hauch erfüllt war, und schließlich stürzte sie, völlig außer sich und mit furchtbarem, unartikuliertem Geschrei, sich in fliegendem Lauf zum Ausgang, so daß nicht nur die zur Befragung des Orakels Gekommenen, sondern auch der Oberpriester Nikandros und die anwesenden Geweihten davonliefen. Nach kurzer Zeit gingen sie jedoch wieder hinein und nahmen die Pythia, die besinnungslos war, auf. Aber sie lebte nur noch wenige Tage« (51, 438 a).

Dieser Bericht kann als authentisch gelten, nachdem der Oberpriester Nikandros als Augenzeuge benannt ist. Nikandros war nicht nur Priesterkollege, sondern auch ein guter Freund Plutarchs.

Aus der Schilderung ergeben sich verblüffende Parallelen zu spiritistischen Experimenten, bei denen ein – meist weibliches – Medium mit völlig veränderter Stimme zu reden oder Schreie auszustoßen beginnt. Wir kennen die Problematik solcher Experimente, aber die Tatsache, daß hierbei nicht selten Manipulation und Betrug am Werk sind, besagt nicht, daß diese Versuche ausschließlich auf Betrug beruhen. Ebenso ist der von Plutarch geschilderte Vorgang einer Scheintrance kein Beweis dafür, daß der Enthusiasmus der Pythia immer und zu allen Zeiten simuliert wurde. Im Gegenteil, der tödliche Ausgang des erzwungenen Experiments macht deutlich – und das soll er wohl auch –, wie gefährlich das Abweichen von der Norm, eine irreguläre Weissagung sein konnte.

Professor Parke schreibt: »Bei gebührender Berücksichtigung der Umstände ist es für die moderne Psychologie überhaupt nicht schwer, das Handeln der Pythia zu erklären.« Der Orakel-Professor aus Dublin ist der Ansicht, die Pythia von Delphi habe sich durch Autosuggestion in den Zustand der Weissagungsfähigkeit versetzt, sie habe also nicht der Hypnosetechnik eines Priesters bedurft. Parke hält die Priester für unwissend, sie konnten, meint er, die Orakelprozedur wissenschaftlich nicht erklären und mußten daher an göttliche Eingebung glauben. Die Stimme, die sie hörten, war für sie die eines Gottes.

Antworten, in Versform und in Prosa

Die Antworten, die diese Stimme gab, haben schon seit alter Zeit die Gemüter erhitzt, und sie teilen noch heute die Archäologen in zwei Lager. Aber nicht vom Inhalt der Weissagungen ist hier die Rede, sondern von der Form. Professor Parke zum Beispiel hört die »wirren und unzusammenhängenden Äußerungen einer hypnotisierten Frau«. Professor Georges Roux von der Universität in Lyon glaubt dagegen, die Pythia habe die Antworten »in einer klaren Sprache« gegeben. Die Unklarheit einiger berühmter Orakelsprüche habe an der Zweideutigkeit ihres Inhalts, nicht an einer unverständlichen Sprache gelegen. Ebenso umstritten ist die Frage, ob die Pythia ihre Antworten in Versform oder in Prosa gab.

Fest steht, in Delphi wurden die Antworten mündlich erteilt. Antworten an Dritte, an Staatsmänner und Feldherren, die eine Delegation entsandt hatten, mußten nach dem Spruch der Pythia von den Priestern aufgezeichnet werden. Es gab sogar Poeten in Delphi, die gegen klingende Münze eine schlichte Orakelantwort literarisch aufputzten. Allein daraus ersehen wir, daß die Pythia nicht ausschließlich in wohlgesetzten Versen redete. »Denn keiner ist unter uns«, heißt es bei Plutarch, »der nicht nach Sinn und Ursache fragt, warum das Orakel aufgehört hat, in Hexametern und elegischen Distichen zu sprechen.«

Dieser allgemein beklagte Zustand hatte seine Ursache in dem großen Andrang, den das Orakel von Delphi in späterer Zeit zu bewältigen hatte, für Verse blieb da wenig Zeit. Der Orakelpriester Plutarch weist jedoch ausdrücklich darauf hin, daß deshalb die Qualität der Weissagungen nicht nachgelassen habe: Ebensowenig habe sich die Achtung vor der Astronomie dadurch vermindert, daß Aristarchos und Timocharis, Aristyllos und Hipparchos sie in Prosa behandelt hätten, während früher Endoxos, Hesiod und Thales in Versen schrieben. Aber wie es in vergangenen Zeiten Leute gegeben habe, die die Zweideutigkeit und Unklarheit der Orakelsprüche tadelten, so gebe es jetzt andere, die ihre allzugroße Einfachheit bemäkelten.

Und dann legt Plutarch ein Bekenntnis ab, das Delphi – trotz schlichter Antworten – als eine nicht wegzudenkende Institution erscheinen läßt:

»Mit den gegenwärtigen beruhigten Verhältnissen, deretwegen sie nun auch Fragen an den Gott stellen, bin ich für meine Person von Herzen zufrieden. Denn es herrscht tiefer Friede und Ruhe, der Krieg ist zu Ende, und es gibt keine Umsiedlungen mehr, keine Bürgerkriege, keine Tyrannenherrschaften noch andere Leiden und Gebrechen in Griechenland, die gleichsam besonders starke Arzneien zu ihrer Beseitigung erfordern. Wo es sich aber um nichts Verwickeltes noch Geheimnisvolles, noch Gefährliches handelt, sondern wegen unbedeutender und alltäglicher Dinge Fragen gestellt werden wie die Themen, die in der Schule aufgegeben werden, ›ob man heiraten‹, ›ob man eine Seereise antreten‹, ›ob man ein

Darlehen geben soll‹, wo die wichtigsten Anliegen von Gemeinden an das Orakel den Ernteertrag, das Gedeihen des Viehs, die Gesundheit der Menschen betreffen; in solchen Fällen Verse zu bauen, Umschreibungen zu drechseln und altertümliche Wörter anzubringen bei Fragen, die nur eine einfache und knappe Antwort erfordern, das wäre Sache eines ehrgeizigen Literaten, der einen Orakelspruch zusammenkünstelt, um Ruhm davonzutragen. Die Pythia aber ist schon für ihre Person von reinem und edlem Charakter, und wenn sie dort hinabsteigt und bei dem Gotte weilt, dann ist es ihr mehr um den rechten Dienst und um die Wahrheit als um Ruhm und um Lob oder Tadel von Menschen zu tun« (28, 408).

Es wäre aber auch beinahe grotesk gewesen, wenn die Pythia auf die Frage, ob man ein Darlehen geben solle, mit getragenen Versen geantwortet hätte. Sicher kamen die Orakel-Verse, die wir bei Herodot lesen, nicht in dieser Form aus dem Mund der Pythia. Entweder waren die Antworten von den Priestern bereits in literarische Form gebracht worden, oder aber Herodot versuchte selbst den historischen Sprüchen eine ihm angemessen erscheinende Form zu verleihen.

Althistoriker meinen sogar, die bisweilen rätselhaft und zweideutig anmutenden Antworten der Pythia habe es in dieser Form nie gegeben. Eindeutige Antworten seien erst von den antiken Schriftstellern derart verballhornt worden, solche Spielereien entsprachen dem griechischen Zeitgeist.

Nach dem heutigen Stand der Forschung sprach die delphische Pythia im ersten Jahrhundert vor und im ersten Jahrhundert nach Christus kein einziges Orakel in Versform, erst nach Plutarch besann das Orakel sich auf seine frühere literarische Form.

Wie die Befragung vor sich ging

Die Zeremonie der Befragung war in Delphi relativ profan. Das mag allein schon damit zusammenhängen, daß hier der Publikumsansturm größer war als bei jedem anderen Orakel der Welt. Bei dieser starken Nachfrage war es nur staatlichen Delegationen erlaubt, ihre Fragen schriftlich einzureichen, und dafür gab es gleich zwei Gründe. Erstens brachten die Abgesandten die schriftlich fixierte Frage schon von zu Hause mit und, nachdem die Antwort sie nicht persönlich betraf, mußten sie den Spruch im Wortlaut wiedergeben. Das bedurfte der schriftlichen Aufzeichnung. Zweitens ließ sich das Orakel bei Problemen von besonderer Tragweite mit seiner Antwort Zeit. Die schriftliche Frage diente den Priestern als Diskussionspapier, in schwierigen Fällen auch als Grundlage für Recherchen. Doch Orakel von derartiger Bedeutung waren höchst selten. Wenn wir heute trotzdem relativ viele kennen, so deshalb, weil die antiken Historiker natürlich alle schwerwiegenden politischen Antworten aufgezeichnet haben, während die persönlichen Probleme des einzelnen nirgends Erwähnung fanden.

Doch gerade jene Fragen nach Glück und Erfolg waren es, die tagtäglich immer wiederkehrend gestellt wurden – auch in Delphi. Da ging es um Eheprobleme und Bettgeschichten, um Fragen des beruflichen Fortkommens und juristische Streitereien. Es wäre viel zu zeitraubend, viel zu kostspielig gewesen, alle diese Fragen, die meist nur mit Ja oder Nein beantwortet wurden, erst aufzuschreiben oder aufschreiben zu lassen – viele konnten ja gar nicht schreiben. Also stellten die Klienten ihre Fragen mündlich. Das ist die einzig mögliche Erklärung dafür, daß in Delphi nicht ein einziges Orakeltäfelchen mit einer Frage gefunden wurde. Die schriftlichen Antworten nahmen die Delegationen mit nach Hause, wo sie der Volksvertretung vorgelegt wurden, Privatprobleme wurden mündlich abgehandelt. Der Nächste bitte!

Es ist überhaupt nur eine einzige Beschreibung einer offiziellen Orakelbefragung bekannt. Die attische Inschrift stammt aus dem 4. Jahrhundert und nimmt Bezug auf eine Anfrage der Athener in Delphi, ob sie sich von einem unbebauten, heiligen Landstrich in Eleusis zurückziehen sollten. In dem Edikt sind dann alle Vorbereitungen für die Eingabe beim Apollon von Delphi beschrieben:

»Der Sekretär der Ratsversammlung hat zwei gleiche oder ähnliche Zinnplättchen zu beschreiben, auf der einen soll stehen: ›Ist es besser und erfolgversprechender für die Leute von Athen, daß der Basileus das Land verläßt, das bereits innerhalb der Grenzen der heiligen Wiese kultiviert war, um eine Säulenhalle zu bauen und zusätzliche Gerätschaften für das Heiligtum der zwei Göttinnen zu besorgen?‹ Und auf der anderen Tafel: ›Ist es besser und erfolgversprechender für die Leute von Athen, das Land, das innerhalb der Grenzen der heiligen Wiese bereits kultiviert war, unbebaut zu belassen für die zwei Göttinnen?‹ Wenn der Sekretär das geschrieben hat, soll der Vorsitzende der Prohedroi* beide dünnen Täfelchen nehmen und zusammenrollen, und wenn er sie in Wolle gewickelt hat, soll er sie vor dem Volk in einen bronzenen Krug legen. Der Ausschuß der Volksversammlung hat diese Dinge vorzubereiten, und aus dem Schatz der Göttin [Athene] soll ein goldener und ein silberner Krug sofort zum Volk gebracht werden, und der Vorsitzende möge den bronzenen Krug schütteln und die beiden Plättchen nacheinander herausziehen und das erste in den Goldkrug, das zweite in den Silberkrug legen und die Deckel darauftun. Der Vorsitzende des Ausschusses hat die Krüge mit dem Staatssiegel zu versiegeln, und jeder andere Athener, der das wünscht, kann sein Siegel danebensetzen. Danach sollen die Schatzmeister die Krüge zur Akro-

* Den Prohedroi oblag die Organisation der Rats- oder Volksversammlung

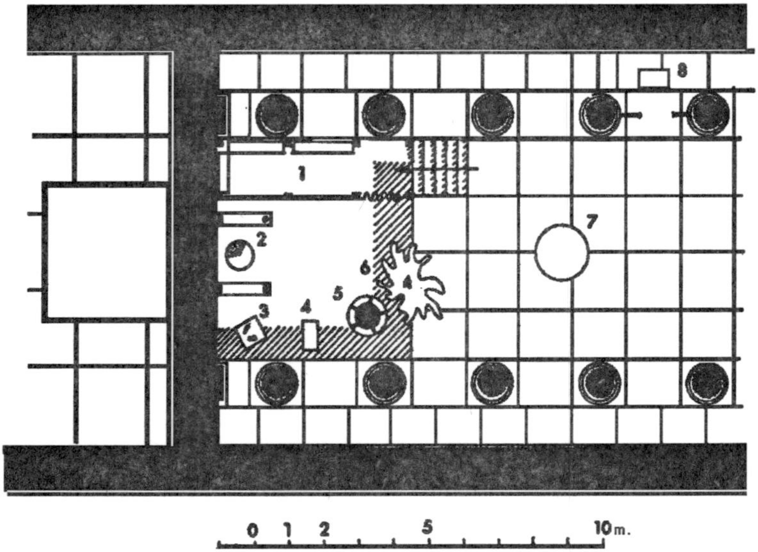

Das Adyton, Grundriß (1:300). Theoretische Rekonstruktion nach den Texten der antiken Literatur. – 1 Oikos, Raum für die Orakelbefrager, 2 Omphalos unter säulengetragenem Baldachin (Prostasis), 3 Goldene Statue des Apollon, 4 Grab des Dionysos, Sohn der Semele; 5 Orakelöffnung (Chasmages) und Dreifuß; 6 Heiliger Lorbeer, 7 Feuerstelle der Hestia, 8 Poseidanion

polis bringen. Das Volk möge drei Männer bestimmen, einen aus der Volksversammlung und zwei gewöhnliche Athener, diese sollen nach Delphi gehen und sich bei dem Gott erkundigen, bei welchem Schriftstück er mit den Athenern übereinstimme in bezug auf die heilige Wiese, bei dem in dem Goldkrug oder bei dem in dem Silberkrug. Nach Rückkehr der Orakelbefragung aus Delphi bringe man die Krüge wieder herab. Dann sollen den Leuten das Orakel und die beiden Fragen vorgelesen und bekanntgegeben werden, für welche Version, die besser und erfolgversprechender ist für die Athener, sich Apollon entschieden hat.«

Dieses Edikt ist in verschiedener Hinsicht bemerkenswert. Es manifestiert eine gewisse Skepsis, die man in Athen dem Orakel von Delphi entgegenbrachte. Die Abgesandten durften nicht einmal die konkrete Frage stellen. Denn, so die einleuchtende Erklärung der Athener, wenn das Orakel von Delphi tatsächlich die Zukunft voraussehen konnte, dann mußte es auch die beiden Fragen erkennen. Vor allem aber war mit dieser komplizierten Prozedur Korruption ausgeschaltet. Denn nicht einmal der Ausschußvorsitzende wußte nach dem Einwickeln der Zinnröllchen in Wolle und dem Mischen im Bronzekrug, welche Frage in den Gold- und welche in den Silberkrug gelegt worden war.

Professor Herbert W. Parke kommentiert den Vorgang so: »Das athenische Beispiel ist einzigartig unter den überkommenen Aufzeichnungen. Die Tatsache, daß die ganze Prozedur so detailliert in einem öffentlichen Dekret beschrieben wurde, anstatt einfach die Frage zu stellen, bedeutet sicher, daß diese Methode höchst ungewöhnlich war. Warum sie ausgerechnet bei dieser Gelegenheit Anwendung fand, kann nur vermutet werden, jedenfalls gibt es dazu keine antike Stellungnahme. Vermutlich waren die Athener aus irgendeinem Grund besorgt, jede Möglichkeit menschlicher Beeinflussung beim Finden der Antwort auszuschließen. Vielleicht weil diese Frage in Athen starke Emotionen wachgerufen hatte. Aber auch die Zustände in Delphi mögen etwas damit zu tun gehabt haben. Der dritte heilige Krieg war auf seinem Höhepunkt, Onomarchos hatte sich die Schätze des Apollon angeeignet, und der Wiederaufbau des 373 zerstörten Tempels war praktisch eingestellt. Deshalb ist sicher vorstellbar, daß das Orakel von Delphi normal funktioniert hat. Und obwohl die Mehrheit der Athener mit den Phokischen Okkupanten des Heiligtums sympathisierte, mögen sie wohl gefühlt haben, daß es unter den gegebenen Umständen in einer gegensätzlichen Streitfrage das Beste sei, diese eigentümliche vertrauliche Methode anzuwenden und die Pythia zwischen den beiden unbekannten Alternativen durch das Los entscheiden zu lassen.«

Der geheimnisvollste Spruch der Pythia

Bisweilen waren die Sprüche der Pythia so geheimnisvoll, daß kein Mensch damit etwas anzufangen wußte und die weisesten Männer der Zeit sich jahrelang die Köpfe zerbrachen. Daß auch hinter völlig unverständlichen Orakelsprüchen ein Sinn und eine Absicht steckten, wird in der Prophezeiung für das korinthische Adelsgeschlecht der Bakchiaden deutlich. Dies ist eine der verblüffendsten Verheißungen aus Delphi. Aber bei der Präzision dieser Vorhersage scheint eine nachträgliche Hineininterpretation tatsächlicher Geschehnisse unwahrscheinlich.

Der fünfte König von Korinth hieß Bakchis, und nach ihm nannten sich alle dem Geschlecht angehörenden Familien Bakchiaden. Sie waren bei den Korinthern ziemlich verhaßt, weil sie mit Brutalität und Grausamkeit regierten. Ein Orakelspruch aus Delphi hatte diesen Bakchiaden das folgende Schicksal prophezeit:

»Auf den Felsen ein Adler ist schwanger, gebiert einen Löwen,
Einen gewaltigen, rohen, der vielen die Glieder einst löset.
Das bedenket nun wohl, ihr Korinther, die ihr da wohnet
um die schöne Peirene herum und die berg'ge Korinthos.«

(Herodot V, 92)

Das bergige Korinth im Nordosten der Peloponnes lag an der Quelle Peirene, sie war die Lebensader der Stadt. Doch das Bild mit dem schwangeren Adler, der einen Löwen gebiert, konnte selbst in jahrelangen Interpretationsversuchen nicht erhellt werden.

Dies geschah erst viele Jahre später, und dabei löste sich das Rätsel beinahe von selbst.

Es begann mit Labda, einer gelähmten Königstochter aus Korinth. Sie fand zum Leidwesen ihres Vaters keinen Mann, jedenfalls keinen aus dem Geschlecht der Bakchiaden. Als endlich einer kam, aus Petra, einer aus dem Geschlecht der Kaineiden, da überlegte der Vater nicht lange und gab ihm die Tochter zur Frau. Der junge Mann hieß Eëtion, ein Sohn des Ehekrates. Er hätte gern Kinder gehabt, aber beim Zustand seiner Frau war dies nicht zu erwarten. In seiner Verzweiflung reiste Eëtion nach Delphi, um das Orakel zu befragen.

Doch dazu kam es gar nicht. Noch bevor er überhaupt seine Frage im Heiligtum loswerden konnte, tönte die dumpfe Stimme der Pythia:

»Eëtion, so verehrt dich keiner, wie Ehren verdienst du!
Labda, die Schwang're, gebiert den rollenden Felsblock, der stürzen
Auf die herrschenden Männer einst wird, heimsuchen Korinthos.«

Tatsächlich brachte die gelähmte Frau einen Jungen zur Welt, den – wie die Pythia geweissagt hatte – rollenden Felsblock, der auf die herrschenden Männer stürzen sollte. Jetzt fiel es den Bakchiaden wie Schuppen von den Augen. Der Orakelspruch, der ihnen dereinst erteilt worden war, schien sich bereits zu erfüllen: *petra* heißt im Griechischen nichts anderes als Felsen. Der rollende Felsblock war also der Sohn der Labda und des Eëtion. *»Auf den Felsen ein Adler ist schwanger, gebiert einen Löwen«*, lautete ihr Orakelspruch, das bedeutete: In Petra wird Eëtion (griechisch *aëtos* = Adler) einen

Sohn bekommen, der König werden wird (Löwe = Königssymbol).

Die Bakchiaden beratschlagten, was zu tun sei. Seit Jahrhunderten hatte kein Artfremder in ihr Geschlecht eingeheiratet. Man hatte die gelähmte Labda nur deshalb einem Fremden zur Frau gegeben, weil kein Mann aus den eigenen Reihen Lust verspürte, sie zu ehelichen, und weil festzustehen schien, daß sie aufgrund ihrer körperlichen Verfassung keine Nachkommen zur Welt bringen würde. Nun, da das Unerwartete eingetroffen war, gab es nur eine Lösung, Eëtions Sohn mußte beseitigt werden.

Also wurden zehn Männer ausgewählt, die nach Petra ziehen sollten, um das Kind zu töten. So ganz wohl fühlten sich die zehn Gesandten nicht in ihrer Haut. Unterwegs faßten sie den Entschluß, sie wollten es dem Zufall überlassen, wer die Tat ausführen sollte. Sie wollten sich das Kind zeigen lassen, und der erste, der den Säugling in den Armen hielt, mußte ihn einfach fallen lassen.

Labda freute sich über den Besuch der Abordnung aus ihrer Heimat und legte dem erstbesten das Kind in die Arme. Das Baby lachte. Da konnte der zum Mörder Erwählte nicht anders, er reichte das Bündel weiter, und auch der nächste sah sich zu der furchtbaren Tat nicht in der Lage, auch er gab es weiter, und auch der nächste – bis jeder der zehn das hilflose Baby einmal in seinen Armen gehalten hatte.

Die zehn Männer aus Korinth verabschiedeten sich. Vor der Tür brach jedoch ein lauter Streit aus, einer bezichtigte den anderen, am Mißlingen des Unternehmens schuld zu sein. Endlich faßten sie den Beschluß, es noch ein zweites Mal zu versuchen, aber Labda hatte an der Tür gelauscht. Aus Angst hatte sie ihren Sohn in einer Mehltruhe versteckt, und sie weigerte sich, das Kind noch einmal vorzuzeigen. Da machten sich die Korinther auf die Heimreise, und zu Hause erzählten sie, sie hätten ihren Plan ausgeführt. Eëtion aber gab seinem

Sohn den Namen Kypselos, was soviel bedeutet wie Kasten oder Truhe.

Kypselos vertrieb, wie das Orakel geweissagt hatte, die Bakchiaden und wurde Tyrann von Korinth. Das geschah vermutlich im Jahre 657 v. Chr. Seine 30jährige Regierungszeit wird unterschiedlich beurteilt. Herodot berichtet: »Er verfolgte viele Korinther, beraubte viele ihres Vermögens, weitaus die meisten aber des Lebens.« (V, 927) Andere loben seine kluge Finanzwirtschaft und berichten von großer Beliebtheit beim Volk.

Die delphische Pythia hatte auch ihm ein Orakel gegeben, das da lautete:

»Glücklich ist dieser Mann dort, der in mein Haus eben eintritt,
Kypselos, Eëtions Sohn und König des ruhmbedeckten Korinthos,
Er und die Söhne nach ihm, doch nicht mehr die Söhne der Söhne.«

Auch dieses Orakel ging in Erfüllung, und der glückliche König stiftete in Delphi das Schatzhaus der Korinther. Kypselos heiratete Krateia und bekam einen Sohn Periandros, von dem an anderer Stelle die Rede ist. Dieser Periandros brachte Korinth auf die Höhe seiner Macht, er erntete große Erfolge als Feldherr und Kolonisator, aber auch im internationalen Handel und plante angeblich bereits den Kanal von Korinth. Doch Periandros blieb kinderlos und mußte die Regierungsgeschäfte seinem Neffen Psammetichos übertragen. Dieser ägyptische Name geht auf die besondere Vorliebe von Periandros für Ägypten zurück, wo zwischen 593 und 588 Psammetich II. regierte. Das Orakel behielt recht: Der korinthische Psammetichos wurde im vierten Jahr seiner Regierung gestürzt.

Es gab aber auch ungewöhnlich präzise Vorhersagen. Wie, so fragt der aufgeklärte Zeitgenosse, waren diese möglich?

Wir haben uns daran gewöhnt, unter einer orakelhaften Antwort etwas Zweideutiges zu verstehen, eine Lösung, die alle Möglichkeiten einschließt. Diese Wortbedeutung ist falsch, sie hat sich aus einer Unkenntnis der Geschichte heraus entwickelt. Die meisten Antworten der Pythia, die von uns heute als zweideutig angesehen werden, waren zu ihrer Zeit ziemlich eindeutig. Zweideutig wurden sie erst durch den Ablauf der Geschichte, der im nachhinein mehrere Lösungsmöglichkeiten offenbarte. Wenn die Pythia scheinbar zweideutig prophezeite, so aus einer Laune der Zeit heraus. Die klassische Zeit liebte derartige Wort- und Gedankenspielereien über alles, die klassischen Schriftsteller trieben das bis zum Exzeß.

Halten wir fest: Die Pythia weissagte nicht aus Unsicherheit in blumenreichen Formeln, sondern sie tat dies aus dem Zeitgeist heraus. Daß ihre Vorhersagen in Erfüllung gingen, war Glaubenssache. Wie aber verhielt es sich mit den Antworten des Orakels, die sich gar nicht auf die Zukunft bezogen, sondern auf die Gegenwart, Antworten, die Allwissenheit erforderten? Wie war es möglich, daß das Orakel von Delphi den listigen Test des Königs Krösus so bravourös bestand?

Über die wissenschaftlich nachgewiesenen Möglichkeiten der Präkognition und Telepathie, des Vorhersehens und der Gedankenübertragung, ist an anderer Stelle die Rede. Natürlich konnte die Pythia ein Traumbild gehabt haben, das den Lyderkönig vor seinem Kessel mit Lammfleisch und Schildkröten zeigte, absurd genug war die Szenerie. Es gibt jedoch einige Hinweise, daß gerade Delphi, das bedeutendste und meist frequentierte Orakel der Geschichte, sich auch ganz anderer, sehr moderner Methoden bediente: des Geheimdienstes. Alle modernen Staaten unterhalten heute derartige Institutionen, sie sind zur Selbstverständlichkeit geworden. Der Geheimdienst von Delphi entwickelte sich beinahe ungewollt, aus den Zeitumständen heraus, und niemand kann es den Orakelpriestern von Delphi verübeln, daß sie das ihnen zugetragene Wissen auch nutzten.

Wann wurde das Orakel aufgesucht? Immer in Krisen- und Konfliktsituationen, von Freund und von Feind. Und da eine Reise zum Orakel oft Monate in Anspruch nahm – bei ungünstigen Vorzeichen mußte der Fragesteller einen ganzen Monat in Delphi ausharren –, war es den Priestern ein leichtes, den Klienten die größten Geheimnisse zu entlocken. Unter dem Siegel der Verschwiegenheit – versteht sich!

Man muß bedenken, der Fragesteller in Delphi befand sich in einer psychischen Ausnahmesituation, er suchte in der Regel nur einmal im Leben das Orakel auf, und dann nur in einer äußerst wichtigen Angelegenheit. Alle seine Gedanken waren auf die Antwort der Pythia ausgerichtet; deshalb lieferte er sich bereitwillig allen Fragen und Konditionen aus, die von den Priestern gestellt wurden. Für die aber war das Alltag, das heißt, sie behandelten ihre Klienten mit klarem Kopf und genau abgegrenzten Zielvorstellungen. Sie kannten die Frage des Klienten, noch bevor er sie der Pythia überhaupt gestellt hatte. Deshalb kam es immer wieder zu der Situation, daß ein Fragesteller den Apollon-Tempel betrat und die Pythia zu sprechen begann, ohne daß dieser ein Wort gesagt hatte. In diesem Falle sprach das »allwissende« Orakel also, ohne überhaupt gefragt worden zu sein.

Daraus wird ersichtlich, daß zwischen den Priestern, die vor der Orakelprozedur mit ihren Klienten Umgang pflegten, und der Pythia, die bewußt von der Außenwelt abgeschirmt wurde, Vorbesprechungen stattgefunden haben müssen. Die Pythia wußte, wer auf sie zukam.

Obwohl von den Archäologen entsprechende Aufzeichnungen nicht gefunden wurden, steht außer Frage, daß in Delphi eine Kundenkartei geführt wurde. Diese geheime Kundenkartei konnte im Orakeltempel aufbewahrt werden und erklärt vieles an »Allwissenheit« des Orakels, vor allem die zahllosen Namen, mit denen die Pythia operierte. Dabei sind weniger die bedeutenden Namen der Geschichte aus dem In- und Ausland erwähnenswert, die das Orakel zum Vergleich mit anderen wie ein Computer hervorbrachte. Vor allem sind es die Namen von unbedeutenden Männern, die bedeutungsvollen Zeitgenossen von der Pythia oft als Vorbild genannt wurden. Denken wir an den opferfreudigen Großkaufmann aus Magnesia, der von der Pythia wissen wollte, ob er nicht die größten Opfer dargebracht habe, und dann erfuhr, daß der arme Bauer Klearchos aus der arkadischen Stadt Methydrion mit seinen regelmäßigen bescheidenen Gaben weit Größeres geleistet habe.

Derartige Informationen konnten nur aus einer exakt geführten Kartei kommen. Und das bedeutet: Jeder Fragesteller, der nach Delphi kam, war Agent für einen anderen. Auf diese Weise wurde dem Geheimdienst von Delphi eine ungeheure Macht angetragen.

Geld stinkt nicht, schon gar nicht, wenn es von Gott kommt

Umstritten ist die Frage, ob das Orakel von Delphi darüber hinausgehend ein eigenes Agentennetz unterhielt. Doch dafür gibt es, wie mir scheint, genügend Hinweise. Daß in Delphi aus Rekommandationsgründen mit illegalen Mitteln gearbeitet wurde, ist überliefert und steht außer Frage. Geld stinkt nicht, schon gar nicht, wenn es von Gott kommt. Herodot und Plutarch berichten von Bestechung der Pythia. Dabei war es von den Umständen her viel schwieriger, die von der Außenwelt abgeschirmte Pythia zu bestechen als etwa einen Orakelpriester. Und wie wir hören, gab es in Delphi Männer, die gute Kontakte zum Orakel pflegten und offenbar von ihren dunklen Machenschaften lebten.

Die passive Bestechung des Orakels ist erwiesen, warum sollte Delphi nicht auch aktiv Korruption betrieben und sich mit Hilfe eines weitverzweigten Agentennetzes Informationen beschafft haben? Schließlich hatte es einen Ruf zu verlieren, Apollons Agenten handelten gleichsam in höherem Auftrag. Die Frage, wie das Orakel von Delphi als einzige Wahrsagestätte der alten Welt den zu Beginn des Buches erwähnten Test des Königs Krösus bestehen konnte, ist damit relativ einfach zu beantworten. Der pythische Apollon war keineswegs so allwissend, er war nur so reich.

Der Auftrag, den Krösus seinen Abgesandten erteilt hatte, lautete, sie sollten am 100. Tag nach ihrer Abreise die Pythia befragen, was er, Krösus, in diesem Augenblick gerade tue. Das Ergebnis ist bekannt. Theoretisch könnte es folgendermaßen zustande gekommen sein: Von Herodot wissen wir, daß staatlichen Delegationen versiegelte Antworten überreicht wurden, auch die Abgesandten des Lyderkönigs kehrten mit einer schriftlichen Antwort nach Sardes zurück, die Krösus, wie es heißt, »entfaltete«. Zwar berichtet Herodot, die Pythia habe »gesprochen«, doch kann dies durchaus im übertragenen Sinn gemeint sein, sie habe ein Orakel erteilt.

Wenn das Orakel von Delphi überall seine Agenten und Zuträger sitzen hatte, dann bedurfte es nur der Geschicklichkeit der Orakelpriester, die lydische Abordnung noch acht Tage in Delphi festzuhalten. In dieser Zeit konnte ein Kundschafter ohne weiteres die theatralische Handlung des Krösus von Sardes nach Delphi überbringen. Da die lydischen Gesandten für ihre Anreise 100 Tage Zeit hatten, dürfen wir annehmen, daß sie mindestens einen Monat vor ihrem Orakelgang bereits in Delphi anwesend waren. Zeit genug für die Priester, den Lydern ihr Begehren zu entlocken und einen Agenten anzusetzen. Nach seiner Rückkehr hatten die Priester nur noch den unmittelbar nach der Fragestellung herausgegebenen, versiegelten, vermutlich leeren Brief gegen den mit der richtigen Antwort auszutauschen.

Dies ist eine Theorie, gewiß, doch es gibt Beweise, daß sich das Orakel von Delphi nicht mit den Informationen begnügte, die ihm die eigenen Klienten hinterbrachten. Wenn die Pythia den beiden Weisen Chilon und Anacharsis auf eine entsprechende Frage antwortete, Myson aus Oeta sei noch weiser als sie, so setzte dies gewisse Informationen über diesen Herrn voraus. Vielleicht war er seit einem Besuch in Delphi datenmäßig erfaßt.

Wenn aber die Pythia dem Lyderkönig Gyges auf eine entsprechende Frage antwortete, nein, nicht er, sondern ein unbekannter Mann namens Agelaos sei der glücklichste Mensch auf der Welt, ein Mann, der sein Dorf in Arkadien noch nie verlassen habe, so konnte das Orakel zu dieser Information nur über Mittelsmänner gelangt sein. Denn der glückliche Agelaos war keine Erfindung, wie Gyges zunächst geglaubt haben mag. Er war mißtrauisch, suchte diesen Glückspilz und fand ihn auch, wie von der Pythia geweissagt, auf seinem winzigen Fleckchen Land.

Das Orakel war stets informiert, sogar über Bettgeschichten

Trotz dieser für den kleinasiatischen König unvorteilhaften Antwort – natürlich hätte er lieber gehört, daß er der glücklichste Mensch auf Erden sei – war Gyges zeit seines Lebens ein regelmäßiger Orakelklient in Delphi. Im Schatzhaus der Korinther standen sechs goldene Mischkessel im Gewicht von zusammen 780 Kilogramm, die Gyges dem Orakel gestiftet hatte. Er war der erste Nichtgrieche, der in Delphi so teure

Weihegaben hinterließ; aber schließlich verdankte er der Pythia seine Karriere vom Lanzenträger zum Tyrannen von Sardes.

Sein Vorgänger hieß Kandaules, und – wie unter Männern üblich – er vertraute eines Tages seinem Leibwächter Gyges an, daß er die schönste Frau der Welt sein eigen nenne. Gyges widersprach dem nicht, Kandaules meinte jedoch, er habe ja gar keine Ahnung, wie diese Frau nackt aussehe, wenn er wolle ...

»Herr, was sprichst du da für ein wahnsinniges Wort«, rief der Leibwächter Gyges (Herodot I, 8), doch das Angebot war zu verlockend. Schon am nächsten Abend stand Gyges auf Einladung seines Herrn hinter der Schlafzimmertür und sah zu, wie die Königin sich genüßlich aus ihren Kleidern schälte.

Die hatte das Spiel längst durchschaut und stellte Gyges am nächsten Tag vor die Alternative, entweder Kandaules zu töten und sie samt Königreich zu übernehmen oder selbst zu sterben. Ein wenig der Not und noch mehr dem Trieb gehorchend, lehnte Gyges letzteres ab, so wurde er Tyrann von Sardes.

Doch die Lyder anerkannten ihren neuen Herrscher nicht ohne weiteres. Anhänger und Rebellen einigten sich, das Orakel von Delphi solle entscheiden. Die Pythia antwortete, Gyges sei König der Lyder, und das hat der Tyrann dem Orakel ein Leben lang nicht vergessen.

Lassen wir die Frage nach der Authentizität dieses Herodot-Berichtes einmal außer acht, so zeigt die Geschichte, daß die Orakelpriester von Delphi außenpolitisch gut informiert und mit fremden Machtverhältnissen vertraut sein mußten. Eine Fehleinschätzung der Lage hätte die Propheten in eine peinliche Lage bringen können.

Deshalb ist es nur allzu wahrscheinlich, daß das Orakel von Delphi seine Informationen nicht nur von seinen Klienten erhielt, sondern gezielt Agenten einsetzte. Dies galt vor allem für das Ausland. Ein Beweis mehr ist die nachgewiesene Perserfreundlichkeit des Orakels zu einer Zeit, als die Griechen die drohende Gefahr aus dem Osten noch gar nicht richtig erkannt hatten. Historiker haben die Persophilie der Pythia oft als Angst gedeutet, um den Feind bei einer Besetzung Delphis gnädig zu stimmen. Das mag richtig sein oder nicht, Voraussetzung dafür war die Kenntnis der vielfachen persischen Übermacht, die sich den hellenischen Strategen erst nach dem Einfall des Kyros im kleinasiatischen Sardes offenbarte.

Fassen wir zusammen: Wenn Pythia auf dem Dreifuß saß, ging es nur selten um das Schicksal des einzelnen. Das überließ man dem Zufall. Wenn Pythia auf dem Dreifuß saß, wurde vor allem Politik gemacht, Politik, deren Grenzen zur Religion nur selten sichtbar wurden.

VIII.

Götter, Priester, Scharlatane

Ich weiß wohl, daß der Gott es also hält:
Den Weisen sagt er Rätselsprüche vor.
Die Toren lehrt er schlicht und kurzgefaßt.
Sophokles

Außer Zeus, dem im Äther Wohnenden, gibt es kaum eine griechische Gottheit, welche nicht als zuwandernde aufgefaßt worden wäre und deren Dienst nicht mit Sagen und Gebräuchen zusammenhinge, welche jenseits des Meeres ihre Wurzel haben.
Ernst Curtius, Historiker und Archäologe

Wir wollen an dieser Stelle einen Blick in die griechische Vorzeit zurückwerfen, jenes »Goldene Zeitalter«, das historisch doch ein sehr dunkles ist. Um das Folgende besser zu verstehen, müssen wir in jene Zeit zurückgehen, die von den Griechen, welche ja alles auf den Ursprung reduzierten, als prähistorisch angesehen wurde: die Zeit der Götter und Heroen. Natürlich ist diese Vorzeit alles andere als historisch, aber die Griechen in ihrem ureigenen Sinn zum Fabulieren füllten jede Lücke in ihrer historischen Überlieferung mit Sagen und Mythen, bis die direkte Abstammung von den Göttern rekonstruiert war.

Auch die Anfänge Delphis gehen in mythologische Zeit zurück. »In ältester Zeit«, berichtet der nachchristliche Griechenland-Topograph Pausanias, »soll die Orakelstätte der Ge gehört haben, und Daphnis soll von Ge als Wahrsagepriesterin eingesetzt worden sein; sie war eine der Nymphen des Gebirges ...« (X, 5).

Der Kult der Bergnymphe Daphnis wurde möglicherweise von Archäologen lokalisiert: Eine Schicht Asche und Opferreste legten französische Ausgräber im Nordosten des heiligen Bezirkes frei. Datiert wurde diese Schicht in spätmykenische Zeit, das heißt in das 2. Jahrtausend v. Chr.

Ein primitives Dorf nahm damals die Fläche zwischen heiligem Bezirk und dem Schatzhaus der Athener ein. Die Experten sind der Ansicht, daß die ländliche Idylle noch im 8. Jahrhundert v. Chr. bis etwa in die Gegend des späteren Apollon-Heiligtums reichte und dann mit zunehmender Beliebtheit der Orakelstätte immer mehr zurückgedrängt wurde.

Der erste große Tempel wurde in Delphi im 7. Jahrhundert v. Chr. errichtet. Pausanias erzählt jedoch, und er ist sich dabei mit anderen Schriftstellern wie Pindar einig, daß hier in noch früherer Zeit eine mythische Kultstätte gestanden habe, ein »Tempel« aus Lorbeerzweigen, die aus dem Tempetal stammten. Er soll die Form einer Hütte gehabt haben. Die Bewohner von Delphi erzählten dem Pausanias, Bienen hätten aus Wachs und Federn noch einen weiteren Orakeltempel errichtet; doch Pausanias ist skeptisch und meint, es werde aber auch eine andere Version verbreitet: Ein Delpher namens Pteras habe diesen Tempel aus Wachs und Federn gebaut. Hierbei trifft sich offensichtlich Mythologie und Realität in leicht erklärbarer Weise: *to pteron* heißt im Griechischen die Feder. Im Laufe jahrhundertelanger Überlieferung wurde aus dem Gleichklang des Namens eine wundersame Story.

Ein späterer dritter Tempel soll aus Bronze gefertigt gewesen sein, und Pausanias vermerkt ausdrücklich, dies liege im Bereich der Möglichkeiten, das Trajan-Forum in Rom trage auch ein bronzenes Dach und das Heiligtum der Athena Chalkioikos in Sparta sei ebenfalls aus Bronze. Im übrigen, so Pausanias weiter, habe ihn weder die Sage überzeugt, wonach der Tempel ein Werk des Hephaistos gewesen sein soll, noch was Pindar über die »goldenen Sängerinnen«, die Giebelfiguren an jenem Tempel, gedichtet habe.

Die goldenen Sängerinnen von Delphi

Diese goldenen Sängerinnen waren sogenannte Keledonen, den Sirenen ähnliche Fabelwesen. Die Beschreibung des griechischen Lyrikers Pindar (518–446 v. Chr.) gab den Althistorikern Rätsel auf. In der gesamten bekannten Pindar-Literatur fand sich keine Textstelle, die mit jenem Inhalt in Einklang zu bringen war. Da kam der Zufall zu Hilfe.

Zweihundert Kilometer südlich von Kairo, am Westufer des Nilnebenarmes, der die Fayyum-Oase mit Wasser versorgt, stießen englische und italienische Archäologen in den Stadtruinen von Oxyrhynchos, der einstigen Hauptstadt des 19. oberägyptischen Gaues, auf Unmengen von antiken Akten und Papyri, Urkunden und Briefen. Sie füllen inzwischen 35 Bände, stammen aus aramäischer, äthiopischer, saitischer und griechischer Zeit und sind das Werk eines fünfköpfigen Autorenteams, nach anderen Wissenschaftlern sogar eines einzigen Mannes namens Kratippos aus Athen.

Unter diesen Oxyrhynchos-Papyri entdeckten die Ausgräber auch Bruchstücke mit Versen des Lyrikers Pindar. Und das Unwahrscheinliche geschah: Auf einem der Fragmente war genau jene Textstelle zu lesen, in der Pindar sich über die Vergangenheit von Delphi ausläßt. Das Interessante dabei ist, daß Pindar und Pausanias, obwohl sie im Abstand von mehr als 600 Jahren recherchierten, in einigen Fällen zu annähernd gleichen Ergebnissen kamen.

Pindar erwähnt vier Tempel, die in Delphi standen, bevor die Stätte weltberühmt wurde: einen aus Lorbeerzweigen, einen zweiten, nicht näher beschriebenen, den Apoll dem legendären Volk der Hyperboräer zum Geschenk machte, einen dritten mit bronzenen Wänden und Säulen, das Werk des Hephaistos, und einen vierten des Trophonios und Agamedes. Der dritte trug die erwähnten goldenen Sängerinnen. »Sechs goldene Kaledonen sangen über dem Giebel«, heißt es bei Pindar.

Wir wissen nicht warum, aber Pausanias glaubte trotzdem nicht so recht an diese Beschreibung Pindars. Er sagt: »Dieser dichtete das nach meiner Meinung in Anlehnung an die Sirenen bei Homer.« Und er fährt fort: »Auch die Art und Weise, wie der Tempel verschwand, fand ich nicht einheitlich erzählt; man sagt nämlich sowohl, er sei in einen Erdspalt gefallen, und auch, er sei vom Feuer geschmolzen worden.« (X, 12)

Daß ein Tempel in einem Erdspalt verschwindet, mag andernorts verwundern, aber nicht in Delphi. Nirgends bebte die Erde so häufig und so stark wie in dieser geologischen Bruchzone, wo lose Schieferterrassen am Fuß senkrechter Felswände das Fundament für die Tempelstätte liefern. Nicht selten zogen Erdbeben große Feuersbrünste nach sich; so erscheint es durchaus möglich, daß sowohl ein Erdbeben wie ein Großfeuer an der Zerstörung des dritten Tempels beteiligt waren.

Ein Feuer legte auch den vierten Tempel in Schutt und Asche. Homer berichtet in seiner *Ilias* (IX, 404) und in der *Odyssee* (VIII, 80), dieser Tempel habe ein steinernes Fundament besessen. Der Aufbau dürfte jedoch aus Holz und Lehmziegeln errichtet gewesen sein; denn dieser Aufbau verbrannte – laut Pausanias – »als Erxikleides in Athen Archon war, im ersten Jahr der 58. Olympiade«, dem Jahre 548/547 v. Chr. Fundamentblöcke und Säulensteine dieses Gebäudes entdeckten französische Archäologen in den Grundmauern des Nachfolgebauwerkes, des berühmten Apollon-Tempels, in dem die Pythia weissagte.

Ein Gott hinterläßt seine Spuren

Dieser Apollon war eine der bedeutungsvollsten Gottheiten Griechenlands. Er, der ursprünglich gar nicht aus dem griechischen Bereich stammte, avancierte zum griechischsten aller Griechengötter. Er hieß auch Phoibos und war der Gott des Lichts, der Ordnung und Klarheit, der Heilkunst, der Musik und der Weissagung. Und man versteht, warum ihm alle Herzen zuflogen. Apollon ist ein junger Gott. Er ist sozusagen ein Nachzügler des Göttervaters Zeus, aber als er erst einmal seinen Fuß auf griechischen Boden gesetzt hatte, hinterließ er mehr Spuren als jeder andere Gott, und das war kein Zufall.

Historiker sehen in der vielschichtigen Gestalt Apollons neben griechischen auch allgemein indogermanische und anatolische Komponenten. Es darf als sicher gelten, daß Apollon aus Kleinasien kam, aus Ionien, wo sich gleich zwei seiner Orakelstätten befanden, Klaros und Didyma. Der Sprung über die Ägäis nach Griechenland glückte ihm möglicherweise auf Handelsschiffen, allerdings fand Apollon nicht den direkten Weg auf das griechische Festland, sein Kult blieb zunächst auf einer winzigen Kykladeninsel hängen, deren älteste Besiedlung bis in das Jahr 3000 v. Chr. zurückgeht, Delos. Hier wurde Apollon von den Griechen »entdeckt« und in ihr mythologisches Gedankengebäude eingebaut. Erst dann war ihm der Zutritt auf das griechische Festland erlaubt, und Apollons Herkunft liest sich nun so:

Zeus hatte zum Verdruß seiner eifersüchtigen Gattin Hera mit der kleinasiatischen Göttin Leto ein Verhältnis, das nicht ohne Folgen blieb. Das erboste Mutter Hera derart, daß sie ihrem reumütigen Gemahl das eidliche Versprechen abnahm, der rosenwangigen schwangeren Konkurrentin jedes Fleckchen Erde zum Gebären zu verweigern. Da das freudige Ereignis immer näher rückte, Zeus aber sein Wort nicht brechen wollte, fing er die schwimmende Insel Delos ein, die damals noch in der Ägäis trieb. Dort brachte Leto an einem siebten Monatstag unter einer Palme am Fuße des Berges Kynthos Zwillinge zur Welt, Artemis und Apollon. Die Insel aber, die bisher von Seefahrern einmal hier, einmal dort gesehen worden war, hob Zeus nun aus dem Meer, für alle »sichtbar« – nichts anderes bedeutet der Name Delos.

Apollon, über dessen Namen die Philologen sich bisher vergeblich die Köpfe zerbrochen haben, wuchs indes schnell zum Jüngling heran. Die Palme, unter der er das Licht der »lachenden Erde« erblickt hatte, wurde zum geheiligten Symbol eines sich rasch ausbreitenden Kultes. Der Delische Apollon-Hymnus, der in homerische Zeit zurückgeht, erzählt vom Aufstieg der Insel Delos, die sich »wie blühende Wälder auf bergigen Höhen« präsentiert. Ionische Festspiele wurden veranstaltet, von denen der genannte Hymnus folgendermaßen berichtet:

»Aber am meisten labst du dein Herz an Delos, o Phoibos,
Wo die Joner sich in langen Gewändern versammeln,
Sie mit ihren Kindern und ihren würdigen Frauen.
Dann gedenken sie dein im Faustkampf oder mit Tänzen
Oder mit Liedern voll Lust, wenn sie zum Wettkampf gerufen.
Und wer da käme und sähe, wie die Joner versammelt,
Wähnte, er sähe Unsterbliche dort in ewiger Jugend;
Sieht er sie dort doch alle in ihrer Anmut, und freudig
Schaut er die Schar der Männer und schöngegürteten Frauen
Und die beschwingten Schiffe mit ihren Schätzen in Fülle,
Und das große Wunder dazu, das ewig gepriesene:
All die delischen Jungfraun als Dienerinnen des Schützen.
Wenn sie nun so zuerst Apollon im Liede gepriesen,

Artemis auch, die pfeilerfreute Göttin, und Leto,
Dann gedenken sie auch im Sang der Männer und Frauen
Alter Zeit, und ihr Lied bezaubert die Scharen der Menschen.
Wissen sie doch im Takte der Klappern die Stimmen von allen
Menschen nachzuahmen; es glaubt ein jeder, die eigne
Stimme zu hören, so schön weiß der Gesang sich zu fügen.«

Apollons Einzug auf Delos dürfte um das Jahr 1000 v. Chr. stattgefunden haben. Im 8. Jahrhundert v. Chr. erstürmte Apollon, eingedenk seiner Abstammung, den Olymp auf dem griechischen Festland, im 5. Jahrhundert v. Chr. ließ er sich sogar in Rom nieder. Die olympischen Götter waren von dem ungebetenen Gast fasziniert, der da zur Leier herzzerreißende Lieder sang.

Verblüffung verursachte jedoch sein Wunsch, der geplagten Menschheit die Angst vor der Zukunft zu nehmen. Er kündigte an, ein Orakel zu gründen, das allen Sterblichen offenstehen und ihr Schicksal enthüllen sollte.

Auf der Suche nach einem günstigen Standort kam Apollon vom hohen Olymp herab durch Böotien. Dort begegnete er der Nymphe Telphusa. Er erzählte von seinen Plänen und wurde von ihr nach Krisa geschickt, in eine archaische Stadt an der Stelle des heutigen Orakelheiligtums. Ein Drache namens Python bewachte hier das Heiligtum seiner Mutter Ge. Apollon streckte ihn mit Pfeil und Bogen nieder. Seither hieß der Ort Pytho, und Apollon schmückte sich mit dem Beinamen Pythier. Der Gründung eines Orakels stand nun nichts mehr im Wege; es fehlten nur noch die Orakelpriester.

Von den Berghängen des Parnaß schweifte der Blick des Gottes Apollon über die Bucht von Itea hinüber zur Peloponnes, und er sah am Horizont ein Schiff auftauchen. Hurtig verwandelte er sich in einen Delphin, schwamm aufs Meer hinaus und zwang das Schiff zur Landung in Krisa. In Gestalt eines Jünglings verkündete er dort den verängstigten Seeleuten – sie kamen aus Kreta –, daß sie nie mehr ihre Heimat wiedersehen würden. Von Stund an seien sie Orakelpriester. Sie sollten sogleich an Ort und Stelle einen Altar errichten und fromme Gebete sprechen. Er, der er sie in Gestalt eines Delphins herbeigeholt habe, wolle fortan Delphinios genannt werden. Und so findet auch der Name Delphi eine hinreichende Erklärung.

Aischylos (525–456 v. Chr.), der älteste der drei klassischen Tragiker, verzichtete auf eine Namensdeutung, er nannte vier Göttergenerationen, die die Herrschaft über das Orakel jeweils in Erbfolge antraten. Am Anfang stand die delphische Urgöttin Ge, sie hinterließ es ihrer Tochter Themis. Von ihr ging das Orakel auf Phoibe über, die Tochter von Uranos und Ge, es blieb also in der Familie, und Phoibe, die Mutter der Leto, vererbte es schließlich ihrem Enkel Apollon. Die Dynamik, mit der Apollon das delphische Heiligtum in Besitz nahm, verrät die Intensität, mit der dieser junge Kult über Griechenland hereinbrach.

Delos, das Genf der Antike

Aber auch sonst entstanden an den schönsten Flecken des Landes Apollon-Tempel. Doch Delos, der Ort seiner Geburt, wurde zu einem kultischen Zentrum. Dort errichtete man eine Apollon-Statue, mit achteinhalb Meter Höhe beinahe ägyptisch monumental, ein Geschenk der Bewohner von Naxos. Der erste Tempel für Apollon wurde in der zweiten Hälfte des 6. Jahrhunderts v. Chr. erbaut. Die Insel galt als heilig und unantastbar und wurde aus diesem Grund auch nie befestigt. Da alle griechischen Staaten diesen Status akzeptierten, bot sich die Insel als Standort für die Kasse des Attisch-Delischen Seebundes geradezu an.

Unter dem Zeichen Apollons avancierte Delos nun auch

noch zum bedeutsamen Wirtschaftszentrum; der Attisch-Delische Seebund erwählte die Insel zum Sitz seiner Hauptverwaltung. Barbarische Plünderungen, denen Delphi immer wieder ausgeliefert war, blieben Delos erspart. Sogar die Perser, sonst nicht gerade ehrfürchtig im Umgang mit hellenischen Kulturgütern, ließen die Insel ungeschoren.

Als der persische Feldherr Datis 490 v. Chr. mit einer riesigen Flotte die Ägäis durchkreuzte und die Kunde, er habe die Siedlungen der Insel Naxos bereits dem Erdboden gleichgemacht, Delos erreichte, da flohen die Delier in Panik auf eine kleine Nachbarinsel und gaben ihr Eiland den Persern preis. Um so größer war jedoch die Verwunderung, als Datis um Delos herumsegelte, vor einer Nachbarinsel ankerte und den Deliern die folgende Botschaft sandte: »Heilige Männer, warum flieht ihr, indem ihr mir eine unfreundliche Gesinnung unterstellt? Denn ich habe gleichfalls folgende Einstellung, und mir ist vom König aufgetragen worden, das Land, in dem zwei Götter geboren wurden, nicht zu verheeren, weder das Land selbst noch seine Bewohner. Kehrt also jetzt in euer Land zurück und bebaut die Insel!« (Herodot VI, 97)

Wenn man Herodot glauben darf, so opferte der fromme Feldherr Datis dem Apollon auf Delos 300 Talente Weihrauch, das sind knapp acht Tonnen! Die Angabe erscheint ebenso fragwürdig wie der anschließende Hinweis, nach dem Abzug der Perser habe Delos ein Erdbeben erschüttert, »zum ersten und letzten Mal bis auf meine Zeit«. Thukydides berichtigt seinen Kollegen, 432 v.Chr. habe auf Delos die Erde ein zweites Mal gebebt; doch werteten beide das erste Beben als ein von Apollon gesandtes Vorzeichen für die Perserkriege. Herodot im Hinblick auf die Zeit von Dareios, Xerxes und Artaxerxes: »In diesen drei Menschenaltern hintereinander geschah Griechenland mehr Leid als in zwanzig anderen Menschenaltern, die vor Dareios gewesen waren, Unglück, das ihm teils von den Persern zugefügt wurde, teils von den Oberen ausging, die um die Herrschaft Krieg führten [gemeint sind Athen und Sparta]. So konnte es gar nicht verwundern, daß Delos, das früher unerschütterlich gewesen war, erschüttert wurde.« (VI, 98)

Wie unantastbar und heilig die Geburtsinsel des Apollon war, erfahren wir von Thukydides (III, 104). Im Jahre 426 unterzogen die Athener Delos einer großangelegten Reinigungsaktion. Die ganze Insel wurde – so Thukydides – geheiligt, indem man die Toten exhumierte und auf der Nachbarinsel Rhenaia beisetzte. Schon unter Peisistratos war, aber nur im Umfeld der Tempel, eine ähnliche Reinigungsaktion veranstaltet worden. Jetzt erließen die Athener ein Edikt, das Geburt und Tod auf Delos untersagte. Zum Gebären und Sterben mußten die Delier in das 700 Meter entfernte Rhenaia übersetzen.

Französische Archäologen konnten bei ihren Ausgrabungen auf Delos den Athenern allerdings schlampige Arbeit nachweisen. Sie entdeckten zwei Gräber aus frühminoischer Zeit, die bei der Exhumierungsaktion offensichtlich übersehen worden waren.

Glanz und Größe Apollons strahlen noch heute auf der seit dem 14. Jahrhundert n. Chr. unbewohnten Insel, eine geisterhafte Ruinenstadt, die von den Besuchern vor Sonnenuntergang mit dem letzten Schiff verlassen wird. Dann träumen die drei nebeneinanderstehenden Apollon-Tempel, die eine ganze Stadt umgibt, mit Marktplatz, Säulenhallen, Wohnanlagen, Theater und heiligem Hafen von Apollons großer Zeit.

Apollon und die Moral

Äußerer und innerer Glanz waren für den Apollon-Kult schwer zu trennen; deshalb forderte er besondere Reinigungsprozeduren. Vor allem die Blutschuld war ihm – oder genauer gesagt seiner Priesterschaft – ein Dorn im Auge. Die griechischen Götter- und Heldensagen stellten die Blutrache als eine unentrinnbare Verpflichtung dar, und da sie ein Abbild menschlichen Zusammenlebens widerspiegeln, kann kein Zweifel bestehen, daß den Griechen die Blutrache selbst ursprünglich nicht fremd war.

Apollon beendet nun, obwohl ihm selbst die Pfeile im Köcher locker saßen, jene mörderische Tradition. Mord und Blutrache bedurften jetzt der göttlichen Verzeihung. Mit diesem moralischen Anspruch erhob sich der Apollon-Kult in eine gleichbedeutende Position neben dem des Zeus. Durch den Mund der Pythia erteilte er die Absolution.

Schuldig konnte jeder werden, es gab die Kollektivschuld, die individuelle Schuld, aber auch das unverschuldete Schuldigwerden. Wenn zum Beispiel ein Grieche, den man aufgrund zu langer Abwesenheit von zu Hause bereits totgesagt hatte, eines Tages wiederauftauchte, dann wurde er behandelt wie einer, der eigentlich schon tot war. Man mied den Kontakt mit ihm wie mit einem Aussätzigen. Er galt als unrein, durfte weder einen Tempel betreten noch Opfer darbringen.

Bei Plutarch begegnen wir solch einem Ausgestoßenen, er hieß Aristinos und erbat von der Pythia in Delphi Auskunft darüber, wie er Reinigung erlangen könne. Die theatralische Antwort der Pythia war sicher ernst gemeint, entbehrte aber nicht einer gewissen Komik: Der arme Aristinos mußte wie ein Baby gebadet, in Windeln gelegt und gesalbt werden, dann durfte er den Göttern opfern. Die merkwürdige Zeremonie sollte seine Wiedergeburt symbolisieren.

Sogar eine ganze Stadt konnte Schuld auf sich laden. Da gingen Athener und Spartaner zu Beginn des 6. Jahrhunderts v. Chr. mit schlechtem Beispiel voran. In den dreißiger Jahren hatte Kyklon, ein vornehmer Athener und vielbejubelter Olympiasieger, der mit der Tochter des Tyrannen Theagenes von Megara verheiratet war, während der Olympischen Spiele die Akropolis besetzt. Kyklon wollte in Athen eine Tyrannis errichten. Dazu hatte ihn das Orakel von Delphi in einem fragwürdigen Spruch sogar ermutigt. Aber Kyklon deutete die Antwort der Pythia, die diesen Schritt während eines »Hochfestes des Zeus« anriet, wohl falsch; die Athener schlossen die Belagerer ein und hungerten sie aus. Nur Kyklon konnte fliehen. Die übrigen Aufständischen suchten Zuflucht am Altar des Parthenontempels und entzogen sich dadurch nach heiligem Gesetz dem Zugriff der Athener. Allerdings hatten sie weder Nahrung noch Wasser bei sich, so daß die ersten nach einigen Tagen im Tempel starben. Die Athener forderten die Asylsuchenden daraufhin auf, den Tempel zu verlassen, ihnen werde nichts geschehen. Doch kaum waren die ausgemergelten Gestalten aus dem Parthenon getorkelt, da wurden sie auf Befehl des Archonten Megakles niedergemetzelt. Damit hatte ganz Athen eine furchtbare Blutschuld auf sich geladen.

Der athenische Erbfeind, die Spartaner, nahmen dies bei ihren Verhandlungen vor dem Peloponnesischen Krieg auch prompt zum Anlaß, darauf hinzuweisen, ihr Verhandlungspartner solle erst einmal diesen furchtbaren Fluch, den er auf sich geladen habe, bannen. Denn, so berichtet Thukydides, »seither hießen die Schuldigen und ihre ganze Nachkommenschaft Frevler und Verfluchte der Göttin« (I, 126).

Für diesen Zweck gab es eigene Sühnepriester, und so nahm sich Epimenides, ein wundertätiger Weiser, des Falles an. In ihrer Antwort an Sparta erwiderten die Athener, die Leute auf der Peloponnes sollten vorher selbst den sie betreffenden Fluch vom Kap Tainaron bannen. Die Spartaner hätten nämlich genauso Schuld auf sich geladen, als sie schutzflehende Heloten unter dem Vorwand der Straffreiheit aus dem Poseidon-Tempel am Kap Tainaron gelockt und dann niedergemetzelt hatten. Das große Erdbeben in Sparta sei die gerechte Strafe dafür gewesen.

Da Sühnepriester wie Epimenides von der Pythia in Delphi

nominiert wurden, war das Orakel oberste Instanz in Schuld- und Sühnefragen. Es sprach *ex kathedra* und gab sich auch in seiner universellen Zuständigkeit päpstlich. Damit hoben sich die Orakelpriester von Delphi von selbst über die Priester aller anderen Kulte. Eine groteske Situation angesichts der moralischen Ansprüche der Pythia, die als das griechische Gewissen schlechthin jede Art von Hybris verurteilte.

Es bleibt zu untersuchen, ob die radikale Abneigung der Griechen gegen Prahlerei, Prunksucht und Stolz das Ergebnis delphischer Moralverkündung ist oder ob sich vielleicht das Orakel nur dieser Tendenz angepaßt hat.

Oft genug erteilte die Pythia wohlhabenden und bedeutenden, ja sogar weisen Fragestellern eine Abfuhr, indem sie ihr Vermögen, ihren Einfluß und ihre Weisheit vor aller Welt herabsetzte. Diese bittere Erfahrung mußte der weise Spartaner Chilon machen, dem die Pythia einen gewissen Myson vorzog, oder der vermeintlich glückliche König Krösus, der nach Aussage des Orakels weit weniger glücklich war als irgendein armer Arkadier.

Der Historiker Theopompos berichtet von einem reichen Kaufmann aus Magnesia, der wagenweise Opfergaben nach Delphi brachte und – nicht ohne Hintergedanken – das Orakel befragte, wer der ehrerbietigste Mann sei und dem Apollon die größten Opfergaben gebracht habe. Die Pythia nannte nun nicht etwa den Namen des reichen Kaufmannes, sondern einen armen arkadischen Bauern namens Klearchos. Enttäuscht machte sich der Kaufmann auf die Suche nach diesem Klearchos. Er fand ihn in einer gottverlassenen Hütte und fragte erstaunt nach dem Umfang seiner Opfer. Viel sei es nicht, meinte der, was er dem Apollon opfern könne, aber das wenige bringe er in steter Regelmäßigkeit dar. Das Beispiel sollte lehren, daß dem Gott fromme Geschenke weit mehr bedeuteten als zur Schau gestellter Reichtum.

Der Kult des Apollon entwickelte sich bald zu einer Institution, bei der sich politische und religiöse Interessen vermengten. Sie trug den Namen Amphiktyonie.

Eine Amphiktyonie war der Zusammenschluß von Stämmen in der Umgebung eines Heiligtums. Genaugenommen verbirgt sich hinter Amphiktyonie jedoch ein weit komplizierterer Begriff, der heute noch Streitobjekt der Wissenschaftler ist. Pausanias, der sich über diesen religiösen Bund sehr vage ausläßt, meint: »Eine Versammlung von Griechen soll hier nach Meinung der einen Amphiktyon, ein Sohn des Deukalion, eingerichtet haben, und danach hätten die Versammelten die Bezeichnung Amphiktyonen bekommen. Androtion sagte aber in seiner Attischen Geschichte, daß ursprünglich in Delphi Vertreter von den Nachbarn zu Verhandlungen zusammenkamen, die Versammelten Amphiktyonen genannt wurden und sich mit der Zeit ihr jetzt gebräuchlicher Name durchsetzte.« (X, 8, 1)

Amphiktyon, der Sohn des Deukalion und der Pyrrha, ist eine mythische Figur, die bei den Thermopylen ein Heiligtum besaß. Nähere Angaben darüber macht Herodot: »Zwischen dem Phoinixfluß und den Thermopylen liegt ein Dorf, genannt Anthela, an dem der Asopos entlangfließt und sich dann ins Meer ergießt. Der Raum um das Dorf herum, in dem ein Heiligtum der amphiktyonischen Demeter sowie Sitze für die Amphiktyonen und ein Heiligtum des Amphiktyon selbst errichtet sind, ist breit.« (VII, 200)

Das Dorf Anthela war in der Tat Sitz der ältesten griechischen Stammesverbindung. Sie dürfte schon Bestand gehabt haben, bevor es in Griechenland zur Polisbildung kam. Die delphische Eidgenossenschaft nach diesem anthelischen Vorbild entstand später. Hier wie da versammelten sich Kultgenossen zweimal im Jahr, zur Frühlingszeit und im Herbst, wobei der religiöse Kult politischen Anliegen Platz machte.

Pausanias nennt als Mitglieder der Eidgenossenschaft die Ionier, Doloper, Thessaler, Ainianen, Magneter, Malier, Phthioten, Dorier, Phoker und Lokrer und vergaß dabei, Perrhaeber und Böoter zu nennen; die delphische Amphiktyonie umfaßte nämlich zwölf Stämme.

Jeder Stamm hatte zwei Stimmen. Abgestimmt wurde über Ausschluß oder Neuaufnahme eines Mitgliedes. Oberste Maxime war der Schutz des Eigentums des delphischen Gottes; die Satzung verbot die Zerstörung einer eidgenössischen Stadt, es galt schon als Frevel, ihr das Wasser abzugraben. Zuwiderhandlungen wurden mit Ausschluß aus der Amphiktyonie und Zerstörung der eigenen Stadt bestraft.

Um die Unabhängigkeit des Orakels von Delphi zu bewahren, führten die Amphiktyonen drei heilige Kriege, einen gegen die Krisaier (6. Jahrhundert), zwei gegen die Phoker (5. und 4. Jahrhundert). Darüber schreibt Pausanias: »Als die Phoker das Heiligtum besetzt hatten und im zehnten Jahr danach der Krieg sein Ende fand, wurde auch die Amphiktyonie geändert; die Makedonen erreichten es nämlich, zur Amphiktyonie zu gehören, und der Stamm der Phoker und die Spartaner aus dem dorischen Stamm hörten auf, Mitglieder der Amphiktyonie zu sein, die Phoker wegen ihres Frevels, während die Spartaner für ihre Bundesgenossenschaft mit den Phokern bestraft wurden.« (X, 2)

Historiker haben Pausanias inzwischen korrigiert: Sparta wurde trotz seiner Freundlichkeit gegenüber den Phokern nicht ausgeschlossen, auch wurde nicht der Stamm der Makedonen als Vollmitglied aufgenommen, sondern König Philipp von Makedonien persönlich. Für die Phoker rückte die Gemeinde Delphi nach, die damit Exekutivfunktionen übernahm. Unter Kaiser Augustus wurde die Zahl der stimmberechtigten Mitglieder auf 15 erhöht, und Pausanias berichtet, im 2. Jahrhundert n. Chr. habe es bereits 30 Amphiktyonen gegeben.

Als der griechische Reiseschriftsteller um die Mitte des 2. Jahrhunderts nach Delphi kam, zeigten ihm die Orakelpriester voll Stolz einen bronzenen Dreifuß, das Weihegeschenk eines gewissen Echembrotos. Die kostbare Votivgabe trug eine Inschrift: »Echembrotos, der Arkader, weihte dem Herakles dies Prunkstück vom Sieg am Wettkampf der Amphiktyonen, wo er den Griechen Lieder und Elegien sang.«

Diese Inschrift erinnerte an eine glanzvolle Veranstaltung, die alle acht Jahre in den Monaten August und September stattfand, die Pythischen Spiele. Bis zum Jahre 590 v. Chr. kürte bei diesen Pythien eine aus Delphern zusammengesetzte Jury das beste Lied auf Apollon. Teilnahmeberechtigt waren nur Dichter, die sich selbst auf der Kithara begleiten konnten. Hesiod, einer der prominentesten griechischen Dichter und Sänger, soll um 700 v. Chr. an diesem Festival nicht zugelassen worden sein, weil er die Kithara nicht spielen konnte. Die gleiche Unfähigkeit wurde auch dem blinden Homer nachgesagt. Diese Behauptungen des Pausanias sind jedoch mit Vorsicht zu genießen.

Die drei ersten Sieger bei den Pythien waren Chrysothemis, Philammon und Thamyris. Sie erhielten Geldpreise. In den achtziger Jahren des 5. Jahrhunderts wurde das Festival schließlich umorganisiert, man experimentierte über mehrere Pythien an einer neuen Form. Die wichtigsten Neuerungen waren ein vierjähriger Turnus, zusätzliche Aufnahme sportlicher Wettkämpfe und Umwandlung der Geldpreise in eine symbolische Auszeichnung.

Bei Pausanias (X, 7, 4–6) lesen wir: »In der 48. Olympiade, an der Glaukias aus Kroton siegte, und zwar in ihrem dritten Jahr, setzten die Amphiktyonen Preise aus für Kitharagesang wie schon von Anfang an, dazu aber fügten sie noch einen Wettstreit im Flötengesang und Flötenspiel. Als

Sieger wurden ausgerufen der Kephallenier Melampus im Kitharagesang, der arkadische Flötensänger Echembrotos und Sakadas aus Argos im Flötenspiel; dieser Sakadas errang den Sieg auch an den folgenden beiden Pythien. Damals setzten sie auch zum ersten Mal Preise für Athleten aus. Abgesehen vom Wagenrennen mit Vierergespann richteten sie alle in Olympia bestehenden Wettkämpfe ein, dazu den Langlauf und den Doppellauf für Knaben. Bei den zweiten Pythien riefen sie nicht mehr zum Kampf für Preise auf, sondern sie bestimmten, daß der Wettkampf fortan um den Kranz gehe. Den Flötengesang hoben sie wieder auf, sie meinten nämlich, es sei nicht gerade glückverheißend, ihn zu hören. Denn der Flötengesang bestand aus düsteren Flötenmelodien und aus den zu Flöten gesungenen Trauerliedern ... Hinzu fügten sie aber auch Pferderennen, und als Sieger mit dem Wagen wurde Kleisthenes, der Tyrann von Sikyon, ausgerufen.«

Weitere Neuerungen bei den Pythischen Spielen:

558 v. Chr. (8. Spiele nach der Erneuerung): Kitharaspiel ohne Gesang. Sieger: Agelaos aus Tegea in Arkadien.

498 v. Chr. (23. Spiele): Waffenlauf. Sieger: Timainetos aus Phlius.

398 v. Chr. (48. Spiele): Pferderennen mit dem Zweigespann. Sieger: Exekestides aus Phokien.

378 v. Chr. (53. Spiele): Fohlenrennen mit Viergespann. Sieger: Orphondas aus Theben.

346 v. Chr. (61. Spiele): Allkampf für Knaben, eine Mischung aus Boxen, Ringen und Judo. Sieger: Jolaidas aus Theben.

338 v. Chr. (63. Spiele): Fohlenreiten. Sieger: Lykormas aus Larisa.

314 v. Chr. (69. Spiele): Fohlenrennen mit Zweigespann. Sieger: Ptolemaios aus Makedonien.

Diese Aufzählung macht deutlich, daß die Pythischen Spiele immer mehr Volksfestcharakter annahmen und wohl auch als Werbeveranstaltung für die Orakelstätte gedacht waren. Die Sieger kamen wie die Klienten des Orakels von überall her.

IX.

Krösus – der Mann, der sich die Zukunft erkaufte

Wer kundig ist des Unheils, weiß, daß
Menschen,
Wenn sie der Schwall der Leiden überflutet,
In jedem Ding gar leicht ein Schrecknis wittern.
Doch fließt das Schicksal sanft, so meinen sie,
Es wehe stets derselbe Geist des Glücks.
Aischylos

Die Griechen glaubten an ihr Orakel, nicht etwas, weil sie abergläubige Narren gewesen wären, sondern weil sie ohne diesen Glauben nicht auskommen konnten.
Eric Robertson Dodds, Althistoriker

Es ist jetzt schon zehn Jahre her, da schickte mich eine große deutsche Illustrierte nach Berlin, um über die damals prominenteste Wahrsagerin Deutschlands, Ursula Kardos, eine Titelgeschichte zu schreiben. Ich erinnere mich noch gut, wie ich mit aller Skepsis und Ironie, deren ein Journalist fähig ist, die feudale Villa im vornehmen Stadtteil Dahlem betrat, ein geschmackvoll eingerichtetes Haus, ausgestattet mit kostbaren Antiquitäten.

Im Garten wütete ein Bagger. Auf meine Frage, was da gebaut werde, antwortete die gütige alte Dame: »Eine Schwimmhalle!« und verschmitzt fügte sie hinzu, »ein Geschenk!«

Ursula Kardos mußte wohl mein ungläubiges Lächeln bemerkt haben, denn nach einer Weile berichtete sie zögernd, Dr. Curt B., der Vorstandsvorsitzende eines weltbekannten Mieder-Konzerns, habe ihr die Schwimmhalle zum Geschenk gemacht, weil sie ihm auf dessen Anfrage zu einer bedeutsamen finanziellen Investition geraten habe, aus der inzwischen ein Millionengewinn erwachsen sei. Im Laufe unseres Gespräches nannte Ursula Kardos Namen von Politikern und Industriemanagern, die aus ihrer Klientel bei der Wahrsagerin kein Hehl machten.

Daran mußte ich denken, als ich, auf den Spuren der Orakel, bei den Chronisten des Altertums nach bedeutenden historischen Persönlichkeiten suchte, die sich vom Spruch eines uralten Priesters oder einer jungfräulichen Pythia lenken ließen. Das Ergebnis war verblüffend: Die bedeutenden, selbstbewußten, verehrten Männer der Geschichte, die Entscheidungen über Leben und Tod, über Krieg und Frieden, mit einem Wink zu treffen pflegten, waren fast ausnahmslos orakelgläubig, hilflos bisweilen ohne einen Seherspruch. Themistokles und Alexander, Cicero, Cäsar und Augustus, sie alle hingen in ihren Entscheidungen von Zukunftsdeutern ab, das Orakel war für sie Entscheidungshilfe und Droge zugleich. Am meisten von dieser Manie besessen war Krösus.

Auch ein König hatte seine Probleme

Manche Leute leben wie ein Krösus, sagt man, im Überfluß, in unermeßlichem Reichtum. Diese Redewendung geht auf jenen letzten Lyderkönig zurück, der etwa zwischen 560 und 547 v. Chr. im kleinasiatischen Sardes regiert und das Leben in vollen Zügen genossen hat. Krösus konnte dies, weil ihm das ganze westliche Kleinasien mit Ausnahme der Lykier und Kilikier tributpflichtig war, die Bergwerke von Lydien und der Paktolos-Fluß quollen über von Gold. Krösus, der Sohn des Alyattes, soll der erste gewesen sein, der den im Umlauf befindlichen Goldstücken als Gütezeichen sein Wappen aufprägte und so die »harte Währung«, das Geld, einführte – der erste Schritt auf dem langen Weg vom Tauschhandel zur Geldwirtschaft.

Wie viele reiche Männer vermochte dieser Krösus keinen einzigen Schritt ohne den Ratschlag eines Zukunftsdeuters zu tun. So war er ob seiner Manie ein häufig- und ob seiner großzügigen Honorierung ein gerngesehener Kunde aller Orakelstätten seiner Zeit. Doch irgendwann einmal stellte sich der steinreiche Lyderkönig natürlich die am Anfang dieses Buches erwähnte Frage, welches der damals frequentierten Orakel wohl das beste sei, wessen Voraussagen die treffendsten waren. Krösus scheint damals, es war um das Jahr 550 v. Chr., mit den Nerven am Ende gewesen zu sein. Sein zweiter Sohn Atys – der erstgeborene war ein taubstummer Krüppel – war bei der Eberjagd von seinem eigenen Leibwächter aus Versehen getötet worden, darüber kam der König Jahre nicht hinweg, die Perser bedrängten ihn an den Grenzen seines Reiches, es standen schwerwiegende Entscheidungen bevor, und damit sind wir wieder am Anfang des Buches.

Krösus schickte sieben Delegationen mit ein und derselben Frage zu sieben verschiedenen Orakelstätten, nach Delphi, dem Lieblingsorakel des Königs, nach Didyma, das ihm ebenfalls nahestand, nach Abai im Land der Phoker, nach Dodona in Epirus, zum thebanischen Amphiareion, ins böotische Lebadeia und zum fernen Amun-Orakel in der Oase Siwa. Entgegen sonstiger Gewohnheit wollte der listige König nicht die Zukunft erfragen, diesmal ging es ihm um die Vergangenheit: Jede Delegation hatte vom Tage der Abreise die Tage zu zählen und sich am hundertsten Tag mit der Frage an das jeweilige Orakel zu wenden, was er, Krösus, Sohn des Alyattes, im Augenblick gerade tue, die Antworten sollten sie sich schriftlich geben lassen.

Herodot, der diesen Orakel-Test in seinen *Historien* mit süffisanten Worten schildert (I, 46–48), hat nur eine einzige Antwort aufgezeichnet, offensichtlich weil alle anderen falsch oder unsinnig waren. Die Antwort kam von der delphischen Delegation und war in wohlgeformte Hexameter gesetzt. Die Pythia hatte gesprochen:

»Weiß ich doch der Sandkörner Zahl und die Masse des Meeres,
Selbst den Stummen vernehm' ich, und den Nichtsprechenden hör' ich,
Duft von Schildkröte ward mir bewußt, dem gepanzerten Tiere,
Die in ehernem Kessel gekocht wird, und Stücke von Lammfleisch.
Erz ist daruntergelegt, und Erz wird ruh'n auf dem Kessel.«

Die Delegation des Krösus wußte mit derlei rätselhaften Versen nichts anzufangen, sie war sicher, eine falsche Antwort nach Hause zu bringen. Wie sollten die Männer aus Sardes auch ahnen, welch unglaubliche Handlung ihr König am hundertsten Tag begangen hatte. Wie ein Schlachter hatte seine Majestät eine Schildkröte und ein junges Schaf mit dem Messer getötet und ihr rohes Fleisch wie ein Feldkoch in einem ehernen Kessel mit ehernem Deckel gegart.

Alle Welt staunte dann jedoch über die Treffsicherheit des Orakels von Delphi, am meisten beeindruckt war Krösus selbst. Er türmte seine goldenen und purpurnen Gewänder zu einem Haufen auf und verbrannte sie, als Opfergaben für den delphischen Apollon. Tausende Schafe und Rinder mußten auf sardischen Opferaltären ihr Leben lassen, um den allwissenden Apoll freundlich zu stimmen für künftige lydische Belange. Dem nicht genug, 117 Barren Gold, Silber und Silberlegierung, ein Löwe aus purem Gold, zehn Talente schwer, ein goldener und ein silberner Mischkessel, vier silberne Fässer, zwei Weihwassergefäße, eines aus Gold, das andere aus Silber, eine Menge silbernes Gußwerk, eine drei Ellen hohe Frauenstatue sowie das Halskollier und ein kostbarer Gürtel der Königin wurden von Krösus um das Jahr 548 nach Delphi geschickt.

Einige dieser Weihegeschenke entdeckten Straßenarbeiter – wohlgemerkt nicht Archäologen – im Sommer 1940 mitten im heiligen Bezirk von Delphi. Ein Unwetter hatte den um die Mitte des 19. Jahrhunderts angelegten Weg durch die Trümmer des Sanktuariums der Athener ausgehöhlt. Bei den Instandsetzungsarbeiten waren die Arbeiter zunächst auf große Marmorplatten gestoßen. Die eilends herbeigerufenen Archäologen ließen die Platten aufwuchten. Fassungslos starrten sie in einen kleinen ausgemauerten Raum, der angefüllt war mit Schätzen aus Gold und Elfenbein, Statuetten, Götterbildern, Gefäßen und Schmuck. Einige der Statuen trugen elfenbeinerne Gesichter und Hände, die Augen waren mit Bronzeplättchen und Halbedelsteinen besetzt, die Brauen aus Emaille. Locken aus Gold umrahmten die Gesichter der Götter. Die Votivgeschenke stammten größtenteils aus dem 6. Jahrhundert v. Chr.

Bei näherem Betrachten der Schätze sahen die Archäologen jedoch, daß alle Objekte entstellende Brandspuren trugen. Und damit war bereits die Bedeutung der unterirdischen Schatzkammer geklärt. Ein Großfeuer hatte die Votivgeschenke in der zweiten Hälfte des 5. Jahrhunderts zerstört oder zumindest unansehnlich gemacht, ein Anblick, den man Apollon nicht zumuten wollte. Also mauerten die Delpher ein Grab und setzten darin die geheiligten Gegenstände bei. Heute kann man sie im Museum von Delphi bewundern.

Die Pythia sprach: »Wenn du denn Halys überschreitest ...«

Die Abgesandten aus Sardes, die vor 2500 Jahren die Geschenke in Delphi abgeliefert hatten, wandten sich damals an das Orakel mit den Worten: »Krösus, der Lyder und der anderen Völker König, hat in dem Glauben, daß dies die einzigen wirklichen Orakel auf der Welt sind, euch Geschenke gegeben, die dessen, was er herausgefunden hat, würdig sind, und er fragt euch jetzt, ob er gegen die Perser zu Felde ziehen und sich ein Heer von Männern zum Bundesgenossen nehmen soll.«

Er werde, lautete die Antwort der Pythia, wenn er den Grenzfluß Halys überschreite, ein großes Reich zerstören. Dazu solle er die mächtigsten Griechen ausfindig und sich zu Freunden machen. Krösus nahm die Botschaft mit Wohlgefallen auf, glaubte er doch, dem allmächtigen Perserkönig Kyros den Todesstoß versetzen zu können, wenn er mit seinen Truppen über den Halys setze, jenen Fluß, den die Türken heute Kizilirmak nennen.

Krösus ließ daraufhin rückfragen, wie viele Einwohner Delphi habe, und nachdem er die Einwohnerzahl erfahren hatte, erhielt jeder einzelne zwei Goldstater, was etwa 40 Drachmen oder 32 Mark entsprach – allerdings bei weit höherer Kaufkraft. Die stolzen Einwohner von Delphi verliehen dem spendablen Lyderkönig und allen seinen Untertanen daraufhin den Status von Privatklienten, das heißt, alle Lyder, die sich hilfesuchend an die delphische Pythia wandten, wurden bevorzugt behandelt, sie mußten nicht warten und hatten kein Honorar zu entrichten, und wem es besonders gut gefiel, der konnte sich auch niederlassen und auf Antrag Delpher werden.

Es ist nirgends überliefert, ob die Lyder gerade von letzterem Angebot regen Gebrauch machten, Krösus hingegen traf vorerst keine Entscheidung mehr ohne einen Spruch aus Delphi, selbst wenn keine unmittelbaren Probleme anstanden, bediente er sich, wie Herodot zu berichten weiß, des Orakels im Übermaß. Zum Beispiel wollte er auch wissen, wie lange seine Alleinherrschaft dauern werde. Die Pythia orakelte zurück:

»Erst wenn ein Maultier den Medern als König gebietet,
dann, zartfüßiger Lyder, entflieh zum steinigen Hermos.
Flieh' und zögere nicht! Fürcht nicht als Feigling zu gelten!«

Ein Maultier als König der Meder? Nicht einmal ein phantasiebegabter Mann wie Krösus konnte sich das vorstellen. Seit 585 v. Chr., seit König Kyaxares seinen Einflußbereich bis an den Halys vorgeschoben hatte, waren Meder und Lyder vom Perserkönig Kyros besiegt worden, was hatte es mit dem Maultier als Mederkönig auf sich, wozu sollte er zum steinigen Hermos fliehen, jenem Fluß, der an Sardes vorbeifloß und bei Phokaia, nahe dem heutigen Izmir, ins Meer mündete? Krösus konnte sich keinen Reim darauf machen. Arglos rüstete er zum Kampf gegen die Perser.

Es gab zwei Gründe, warum der Lyderkönig den Halys überschreiten und damit in persisches Hoheitsgebiet eindringen wollte. Der eine war pures Großmachtstreben und der vermeintlich vom Orakel vorhergesagte Erfolg, zum anderen zürnte Krösus diesem Kyros, weil er seinen Schwager Astyages jenseits des Halys unterjocht hatte.

Eingedenk des delphischen Spruches sah sich der Lyder nach Bundesgenossen um; dabei kamen ihm zunächst die Spartaner in den Sinn. Er hatte dem kleinen, militanten Volk auf der Peloponnes einmal eine größere Menge Goldes geschenkt zur Herstellung einer Apollon-Statue. Die Spartaner, die sich bereits mit sieben Jahren einer paramilitärischen Ausbildung unterzogen und vom 20. bis 60. Lebensjahr kampfbereit sein mußten, waren auf allen Schlachtfeldern der alten Welt gefürchtet.

Krösus sandte die folgende Botschaft nach Sparta: »Lakedämonier, der Gott hat mir den Spruch gegeben, ich solle mir die Griechen zu Freunden machen. Ihr, so habe ich erfahren, steht an der Spitze von Griechenland; an euch also wende ich mich nach dem Orakel mit dem Wunsch, ohne List und Trug euer Freund und Bundesgenosse zu werden.«

Die Spartaner beteuerten ihre Bereitschaft zur Bundesgenossenschaft und überreichten der Delegation als Geschenk für Krösus einen ehernen Mischkessel mit einem Fassungsvermögen von 500 Amphoren; er erreichte jedoch nie sein Ziel!

Mit den Spartanern, Ägyptern und Babyloniern auf seiner Seite sah Krösus sich bereits als gefeierten Sieger über die Perser. Er hatte es zunächst auf Kappadokien abgesehen, das, am Halys gelegen, den Lydern den Weg zum Schwarzen Meer versperrte. Kappadokien war persische Provinz, die Kappadokier ein rauhbeiniges Kriegervolk.

Warnung vor Leuten in Lederhosen

»König«, warnte der bei den Lydern als Weiser angesehene Sandanis, »du schickst dich an, gegen Leute zu ziehen, die lederne Hosen und auch die übrige Kleidung aus Leder tragen, Leute, die nicht so viel essen, wie sie wollen, sondern soviel sie gerade haben; denn ihr Land ist rauh. Dazu trinken sie nicht Wein, sondern Wasser; auch haben sie keine Feigen noch irgend etwas anderes Gutes. Was willst du ihnen, wenn du sie besiegst, denn wegnehmen, sie haben doch selbst nichts? Andererseits, wenn du besiegt wirst, so mache dir klar, welche Güter du dadurch verlierst. Denn wenn sie unsere Güter erst einmal gekostet haben, werden sie sich daran hängen, und wir werden sie nicht mehr zurückdrängen können. Ich für meine Person«, fügte der weise Lyder hinzu, »danke den Göttern, daß sie den Persern nicht den Gedanken ins Herz gegeben haben, gegen die Lyder zu ziehen.«

Die Warnung stieß bei Krösus auf taube Ohren, der Lyderkönig überschritt den Halys, zog nach Norden, nahm die Stadt Pteria ein und machte die Einwohner zu Sklaven. Der Perserkönig Kyros lieferte seinem Kontrahenten vor Pteria eine erbitterte Schlacht, konnte den Lyder aber nicht besiegen. Im Vertrauen auf die Hilfe seiner Bundesgenossen zog sich Krösus in die Hauptstadt Sardes zurück, er erachtete es als unwahrscheinlich, daß die Perser nach erfolgloser Schlacht einen neuen Angriff wagen würden. Doch das Unerwartete geschah: Wenige Tage später stand König Kyros mit seinem Heer in der Hermos-Ebene vor den Toren der Lyder-Hauptstadt Sardes. Krösus mußte in aller Eile sein Heer, das nach dem pterischen Abenteuer bereits aufgelöst werden sollte, neu formieren.

Die mit Lanzen bewaffnete lydische Kavallerie war gefürchtet. Wenn Herodot nicht nur den verhängnisvollen Sieg der Perser rechtfertigen will, dann gewann Kyros die Schlacht, noch ehe sie überhaupt begonnen hatte – mit einer List.

Um die lydische Kavallerie auszuschalten, stellte er seiner eigentlichen Kampftruppe den Troß, die Nachhut voran, und zwar Kamele, die Verpflegung, Waffen und Gerätschaften trugen. Hinter den Kamelen formierte sich die Fußtruppe, hinter dieser die Kavallerie, das war das genaue Gegenteil der normalen Schlachtordnung.

Als die lydischen Reiter nun auf das persische Heer stießen, scheuten die Pferde. Die Größe und der Geruch der persischen Kamele setzten sie in Panik, sie warfen die Reiter ab, und diese Reiter standen nun unerwartet persischen Fußsoldaten gegenüber, die auf diesen Kampf vorbereitet waren. Krösus erlitt furchtbare Verluste, er floh und zog sich nach Sardes hinter die Mauern seiner Burg zurück. An Unterwerfung dachte er nicht, denn er hatte Boten ausgesandt, die in Ägypten, in Babylon und Sparta um Hilfe bitten sollten.

Zwei Wochen passierte jedoch nichts. Die Feinde beäugten sich mißtrauisch, die einen in der Furcht, einen plötzlichen Angriff abwehren zu müssen, die anderen auf der Suche nach der schwächsten Stelle der Burgmauern. Kyros setzte sogar einen Preis aus für den, der als erster die Mauer ersteigen werde.

Da spielte ein winziger Zufall Weltgeschichte: Einem lydischen Soldaten fiel, als er über die Burgmauer spähte, der Helm in die Tiefe, und da dies an einer ganz und gar unzugänglichen Stelle geschehen war, wagte es der helmlose Soldat über die Mauer herabzuklettern und seine schützende Kopfbedeckung zu holen. Aber er wurde dabei von einem persischen Soldaten namens Hyroiades beobachtet. Der prägte sich jeden Schritt, den der Lyder tat, genau ein und drang auf demselben Weg mit einer Handvoll persischer Soldaten nachts in die Festung ein. So wurde Sardes erobert.

Ein zweites Orakel geht in Erfüllung

Der Perserkönig hatte Befehl gegeben, Krösus lebend gefangenzunehmen, selbst wenn dieser bewaffneten Widerstand leistete. Aber offenbar war Kyros vorher vom Erfolg seiner Mauerstürmer nicht so recht überzeugt gewesen, er hatte für das Unternehmen keineswegs eine Elitetruppe ausgesucht, sondern eine Handvoll Soldaten, die nicht einmal wußten, wie Krösus aussah.

Einer dieser persischen Haudegen ging auf Krösus los, der aber machte überhaupt keine Anstalten, sich zu wehren. Neben ihm stand sein taubstummer Sohn, ein verunstalteter Krüppel. Krösus hatte kurz zuvor das Orakel in Delphi befragt, was er tun solle, damit sein Sohn sprechen könne, und er hatte die Antwort erhalten:

»Lyder von Art, fast König der Welt und doch töricht, o Krösus,
Wünsche nur nicht, den ersehnten Ruf im Hause zu hören
Deines sprechenden Sohnes! Das wurde viel besser dir frommen.
Sprechen wird er zuerst an einem gar traurigen Tage.«

Jetzt, da der Sohn sah, wie sein Vater getötet werden sollte, fand er die Stimme wieder: »Mensch«, schrie er, »töte Krösus nicht!« Ein Vorgang, den die moderne Wissenschaft als Schocktherapie zu erklären weiß.

Das Orakel hatte sich erfüllt. Krösus wurde gefangengenommen. Man schrieb das Jahr 546 v. Chr., das war das Ende des lydischen Reiches. Nach neuestem Stand der Forschung liegt das Ende des Königs Krösus im dunkeln. Eine Keilschriftchronik und der Bericht des nachchristlichen Schriftstellers und Bischofs Eusebios (260/65–359/40) vermelden, Kyros habe Krösus töten lassen, Historiker vertreten die Ansicht, Krösus habe, als die Perser die Burg erstürmten, den Versuch gemacht, sich selbst zu verbrennen.

Wieder anders liest sich der Ablauf der Geschehnisse bei dem um das Jahr 480 v. Chr. im kleinasiatischen Halikarnassos geborenen Herodot. Er stand dem historischen Geschehen als Chronist sicher am nächsten, doch ist zu befürchten, daß er die Fakten geschönt hat.

Krösus war in den Augen der Griechen ein frommer Mann, er verehrte den Delphischen Apollon wie kein zweiter und brachte ihm unzählige Opfer dar. Ein Mann wie Krösus durfte einfach kein schmähliches Ende finden. Er durfte zwar sein Reich verlieren – schließlich hatte er, als er den Halys überschritt, den Orakelspruch mißverstanden und prompt ein großes Reich, sein eigenes, zerstört; doch der Tod war ihm in Delphi nie prophezeit worden. Deshalb liest sich das Ende des legendären Königs Krösus bei Herodot ganz anders.

Kyros ließ Krösus zusammen mit 14 Lydern auf den Scheiterhaufen schleppen. Krösus zeigte keine Furcht vor dem Tod, er war sicher, daß ihn die Götter retten würden. Das Feuer prasselte bereits, da rief Krösus dreimal mit lauter Stimme: »Solon, Solon, Solon!«*

»Fragt, wen er da anruft«, herrschte daraufhin der Perserkönig seine Dolmetscher an.

Krösus auf dem Scheiterhaufen antwortete: »Ich hätte viele Schätze dafür hingegeben, wenn dieser Mann mit allen Herrschern ins Gespräch gekommen wäre.« Und von Flammen umzingelt, stammelte Krösus, daß einst der athenische Dichter und Staatsmann Solon ihm trotz allen Reichtums wenig Glück prophezeit habe.

Im Bewußtsein, auch ihm, dem glückhaften Perserkönig Kyros, könnte ein ähnliches Schicksal beschieden sein, gab er Befehl, das Feuer zu löschen. Doch die Flammen waren bereits zu hoch, als daß die Perser ihrer noch Herr wurden. Krösus schrie, schickte ein Stoßgebet zu Apollon, da brach ein Unwetter los, Regen prasselte vom Himmel, das Feuer erlosch.

Könige unter sich

»Krösus«, fragte der Perserkönig, als man den Lyder vom Scheiterhaufen holte, »welcher Mensch hat dich überredet, gegen mein Land zu Felde zu ziehen und mein Feind zu werden anstatt mein Freund?«

* Die folgenden Dialoge nach Herodot, *Historien* I, 86–91

»Mein König«, antwortete Krösus, »ich habe es dir zum Glück und mir zum Unglück getan, der Gott der Griechen war schuld daran, er hat mich zum Feldzug ermuntert. Niemand ist unvernünftig, Krieg statt Frieden zu wählen; im einen begraben die Kinder ihre Väter, im andern die Väter ihre Kinder. Doch daß dies so geschah, das war Götterwille.«

Kyros nahm Krösus die Fesseln ab und hieß ihn neben sich Platz nehmen. »Darf ich sagen, was ich gerade denke«, fragte Krösus, der sah, wie die Perser seine Stadt plünderten, »oder muß ich es augenblicklich verschweigen?«

»Sage ohne Scheu, was du willst!«

»Was«, fragte Krösus, »macht die Menschenmenge mit solchem Eifer?«

Kyros antwortete: »Sie plündern deine Stadt, deine Schätze zerstreuen sie.«

Darauf Krösus: »Nicht meine Stadt und meine Schätze plündern sie, denn nichts gehört mir mehr davon, sondern sie zerstören und verschleppen deinen Besitz!«

»Und was siehst du Schädliches daran?« wollte der Perser wissen, und auf einen Wink verschwanden alle Anwesenden seines Hofstaates.

»Da mich die Götter dir zum Sklaven gemacht haben«, erwiderte der Gefangene des Perserkönigs, »halte ich es für richtig, wenn ich etwas weiter sehe, es dir kundzutun. Die Perser, ihrer Natur nach übermütig, sind arm, wenn du es also geschehen läßt, daß sie plündern und viel Geld in die Hand bekommen, so ist zu erwarten, daß sie folgendes tun. Wer das meiste bekommen hat, der wird sich, das kannst du erwarten, gegen dich erheben. Leuchtet dir ein, was ich sage, so mach' folgendes: Stelle an allen Toren Lanzenträger als Wachtposten auf. Sie sollen einem jeden, der Schätze herausträgt, diese wieder abnehmen und sagen, sie müßten dem Zeus geopfert werden. Auf diese Weise machst du dich bei ihnen nicht unbeliebt, auch wenn du ihnen die Schätze wegnimmst, und jene werden sie dir bereitwillig überlassen, wenn sie erkennen, daß du recht tust.«

Das erschien dem Kyros ein vortrefflicher Rat, und er ließ seine Lanzenträger ausschwärmen. An den geschlagenen Lyderkönig gewandt, aber sagte er: »Krösus, da du dir vorgenommen hast, treffliche Werke und Worte hervorzubringen, die eines königlichen Mannes würdig sind, fordere eine Gabe, die du augenblicklich gerne haben würdest!«

»Lieber Herr«, antwortete Krösus, »du tätest mir den größten Gefallen zu gestatten, dem Gott der Griechen, den ich am meisten verehrt habe, diese Fesseln zu schicken und ihn zu fragen, ob es bei ihm Brauch sei, die zu täuschen, die ihm Gutes tun.«

»Ich gewähre es«, antwortete Kyros lachend, »und alles andere, worum immer du bittest.«

Darauf schickte der Lyder seine letzten Getreuen nach Delphi, hieß sie seine Fesseln auf der Schwelle des Apollon-Tempels niederlegen und den Gott fragen, ob er sich denn nicht schäme, durch sein Orakel Krösus zum verhängnisvollen Kampf gegen die Perser veranlaßt zu haben.

Die Gesandten kamen mit der Botschaft zurück, Krösus erhebe zu Unrecht Vorwürfe. Apollon habe ihm ja vorausgesagt, daß er ein großes Reich zerstören würde, er, Krösus, hätte zurückfragen müssen, ob das sein eigenes oder das des Kyros sei, die Schuld liege also ganz bei ihm. Und was das Maultier angehe, das zum König der Meder ausgerufen würde, so sei damit König Kyros gemeint. Die Pythia wörtlich:

»Er stammte von Eltern, die verschiedenen Völkern angehörten,
Von einer besseren Mutter und einem geringeren Vater;
Sie war eine Mederin, die Tochter des Mederkönigs Astyages,
Er Perser, von jenem beherrscht, er heiratete seine Herrin,
Obgleich er in allen Stücken unter ihr stand.«

Als Krösus dies hörte, fiel es ihm wie Schuppen von den Augen, und er erkannte, daß er sein Schicksal selbst verschuldet hatte – jedenfalls ist dies die von Herodot überlieferte Version.

Eine mit Keilschriftzeichen versehene Walze, eine Archivakte aus Babylon, die im neunten Regierungsjahr König Nabonids, des letzten Königs der babylonischen Chaldäerdynastie, angelegt wurde, also zwischen 547 und 546 unserer Zeitrechnung, bestätigt dagegen die Hinrichtung des Königs Krösus. »Im Monat Nisan [April]«, heißt es in der Chronik, »rüstete Kyros, der König von Persien, seine Truppen und überschritt den Tigris unterhalb von Arbela. Im Monat Ijjar [Mai] zog er gegen das Land LU ... Er tötete den König des Landes, machte reiche Beute und setzte dort eine eigene Garnison ein. Später blieben die Besatzung und der König dort.«

Die Suche nach dem Palast des Krösus

Heute sind die Ruinen von Sardes schon von weitem sichtbar. Säulenstümpfe, Ziegelmauern und tönerne Wasserleitungsrohre liegen unmittelbar an der Fernstraße von Izmir nach Ankara, wo ein Wegweiser auf das Dorf Sart-Mustafa hinweist. Ein paar hundert Meter weiter südlich, am anderen Ufer des Paktolos-Flusses, haben amerikanische Archäologen ein Grabungshaus errichtet; Sardes, die Hauptstadt des Krösus, ist eine amerikanische Domäne.

Noch im vorigen Jahrhundert, als die ersten Altertumsforscher in diese Gegend kamen, glaubte man, die lydische Metropole, die zu Krösus' Zeiten etwa 50 000 Einwohner hatte, sei vom Erdboden verschwunden. Aber schon nach kurzen Grabungen wurde deutlich, daß in der 3000jährigen Geschichte der Stadt jede neue Epoche die vorangegangene überdeckt hatte. Bereits die erste wissenschaftliche Ausgrabung, die der Amerikaner Howard Crosby Butler von der Princeton-Universität im Jahre 1910 unternommen hatte, bestätigte diese Annahme, sie brachte Baureste und Funde nahezu aller Zeitabschnitte der sardischen Geschichte zutage. Mit einer 300köpfigen Mannschaft stieß Mr. Butler bis zum Ausbruch des Ersten Weltkrieges auf nicht weniger als 1100 Gräber, von denen jedoch nur zwei nicht ausgeraubt waren. Diese stammten aus der Perserzeit, die Toten trugen kostbaren Goldschmuck. Die interessanteste Entdeckung war ein Tempel aus der Zeit Alexanders des Großen, der, wie Inschriften verrieten, der Göttin Artemis geweiht war. Mauerreste aus noch früherer Zeit brachten Butler zu der Vermutung, unter dem Tempel sei der Palast des Krösus zu finden.

Es dauerte über 40 Jahre, bis amerikanische Wissenschaftler dieser Theorie auf den Grund gehen konnten. Das Fogg Art Museum der Harvard-Universität, die Cornell-Universität und die American Schools of Oriental Research rüsteten unter Leitung von Professor George M. A. Hanfmann 1958 eine Expedition aus, die sich die Erforschung der Geschichte von Sardes von der prähistorischen Zeit bis zum 15. nachchristlichen Jahrhundert zur Aufgabe gemacht hatte.

»Zuallererst«, berichtet Hanfmann, »faßten wir den Entschluß, Butlers Theorie zu überprüfen, wonach unter dem Griechentempel der Artemis ein Heiligtum aus der Zeit des Krösus liegen sollte. Wir gruben vorsichtig und förderten Objekte früherer Epochen zutage, aber keinen Beweis für ein früheres Bauwerk.«

Allerdings waren die Amerikaner bereits gegen Ende der ersten Grabungskampagne auf lydische Wohnstätten aus der Zeit des Krösus gestoßen. »Sie kamen dicht am Südrand der modernen Landstraße von Turguth nach Salihli an den Tag, etwa zweieinhalb Meter unter dem Niveau der jetzigen Felder. Mauern aus unregelmäßigen Steinen und Kieseln bildeten kei-

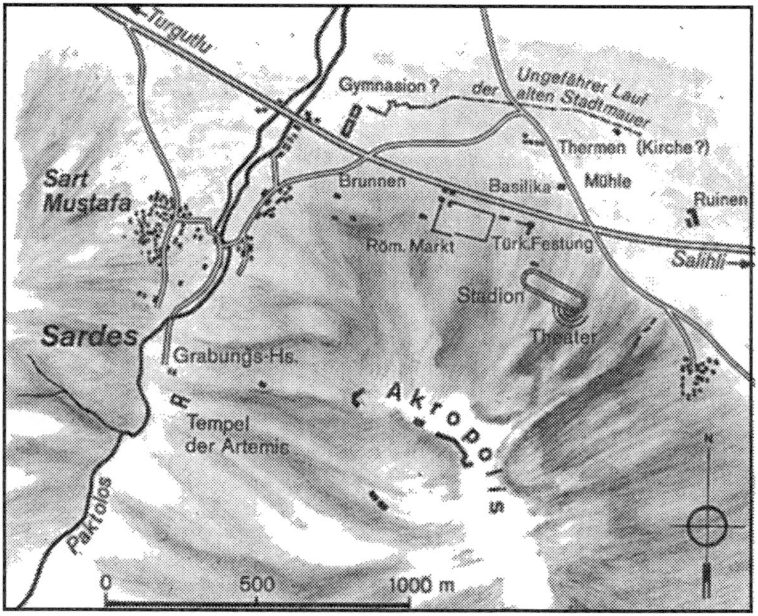

Die Ausgrabungsstätte von Sardes

nen klaren Plan, doch kam in einer Ecke des gestampften Erdbodens ein zum Teil erhaltener, überwölbter Bau zum Vorschein. Da auf dem Boden eine ungewöhnlich große Anzahl von aufeinandergestapelten Töpfen lag, handelte es sich entweder um eine Töpferei oder sogar um einen Töpferladen.«

Es waren nicht weniger als tausend Töpfe, Schüsseln und Pfannen, die den Amerikanern da in die Hände fielen. Anhand der Keramikfunde war es möglich, die Zerstörung des Gebäudes zu datieren: Mitte des 6. Jahrhunderts, vermutlich also bei der Erstürmung von Sardes durch die Perser.

»Nach der Grabung von 1958 glaubten wir, daß die lydische Stadt im wesentlichen am Nordfuß der Burg lag«, erinnert sich Professor Hanfmann. Diese Burg stammte aus byzantinischer Zeit und gab zunächst nicht den geringsten

Hinweis auf einen darunterliegenden älteren Palast. »Jedoch«, sagt Hanfmann, »brachte die Entdeckung lydischer Mauern am Ostufer des Paktolos die Erkenntnis, daß lydische Bauten im Seitental des Paktolos sich möglicherweise bis zum Tempel der Artemis hinzogen. Jetzt steht fest, daß mindestens drei Schichten ansehnlicher, sicher bis ins späte achte Jahrhundert vor Christus zurückreichender Gebäude unter den hellenistischen, römischen und byzantinischen Gräbern und Häusern liegen.«

Diese Erkenntnis legte die Vermutung nahe, daß unter der byzantinischen Zitadelle ein römisches Befestigungswerk und darunter die Burg des Krösus zu finden sei. Der frühaugusteische Fachschriftsteller Vitruvius hat die Burg in seinen Architekturbeschreibungen erwähnt. Sie sei aus ungebrannten Ziegeln gebaut gewesen, habe den persischen Satrapen als Residenz gedient und später der Gerusia, dem Ältestenrat von Sardes, als Tagungsort.

Da die Zitadelle aus mehreren Hügeln bestand und Erdrutsche im Mittelalter die Landschaft und ihre architektonischen Baureste radikal verändert hatten, glich die Suche nach dem Krösus-Palast einem Glücksspiel. Schließlich wurden die Ausgräber auf dem nördlichsten der drei Hügel fündig: Eine Terrasse, Mauerreste und Bronzefunde waren zweifelsfrei der Zeit des Krösus zuzuordnen, aber größere Entdeckungen machten die amerikanischen Archäologen nicht.

Geheimnisvolle Tunnel, ein Beweis für Geschichtsfälschung?

Die interessanteste Entdeckung waren mehrere Tunnel, die an der Nordseite der Palastanlage in die etwa 70 Meter tiefer gelegene Stadt führten. Die Erforschung der zum Teil stark einsturzgefährdeten Geheimgänge erwies sich als lebensgefährlich. Bis heute konnte ihr ursprünglicher Verwendungszweck nicht genau geklärt werden. Es gibt verschiedene Theorien: Vielleicht führten die Gänge zu verborgenen Trinkwasserquellen. Auf den Bergrücken gab es kein Wasser, jede Belagerung der Burg wäre also von kurzer Dauer gewesen. Möglicherweise dienten diese Tunnel aber auch den lydischen Soldaten bei Belagerung als geheime Ein- und Ausgänge, durch die Botschaften und Nachschub gebracht wurden. Oder gruben sich die Soldaten des Kyros, als sie Krösus in seiner Burg belagerten, wie die Maulwürfe zur Zitadelle hinauf? Dann wäre Herodots Geschichte von dem Soldaten, der seinen Helm verlor und über die Burgmauer kletterte, erfunden, eine Notlüge sozusagen, weil sich niemand erklären konnte, wie die Perser in die Burg eindringen konnten.

Aber wir wollen Herodot keine bewußte Geschichtsfälschung unterstellen. Kein Zweifel, wir können dem Historien-Schreiber aus Halikarnaß heute zahlreiche Irrtümer nachweisen, aber Herodot war kein Forscher, er schrieb das nieder, was ihm die Leute berichteten. Wir müssen daher oft zwischen den Zeilen lesen, um ihn zu verstehen.

Richtig hatte Herodot das Grab des Alyattes, des Vaters von Krösus, lokalisiert. Es liege, schrieb er, nördlich von Sardes, jenseits des Hermos-Flusses, und sei das größte aller Königsgräber, das Grab des Krösus erwähnte er nicht.

Die lydischen Königsgräber, von denen nur Tumuli in der Landschaft zu erkennen waren, hatten schon 1853 das Interesse des preußischen Konsuls in Smyrna erregt. Er legte Kriechgänge an, stieß auf ein Gewirr antiker Grabräubertunnel und fand endlich in einem ausgeraubten Grab lydische Keramikfragmente, die von den Archäologen in das späte 7. oder frühe 6. Jahrhundert datiert wurden. Den Forschern der amerikanischen Sardes-Expedition gelang der Nachweis, daß Spiegelthal, so hieß der preußische Konsul, die Grabkammer des Alyattes entdeckt hatte. Sie maß 3,5 mal 2,5 Meter und war 2,5 Meter hoch.

John Griffith Pedley aus Ann Arbor in Michigan, ein Mitglied der amerikanischen Grabungsmannschaft, sagt: »Oben auf der Grabkammer, zwischen den Steinblöcken der Decke und der Schicht von Sandablagerungen, Lehm, Kies und Erde, fand sich eine dicke Ablagerung von Eichenasche, die schon von Spiegelthal erwähnt wurde. Nach der Konstruktion zu schließen muß ein Feuer von beträchtlicher Höhe auf der Dekke der Grabkammer gelodert haben. Dieses Feuer muß wohl Teil der Begräbniszeremonie gewesen sein. Sollte es nur die Kürze und Auslöschung des Lebens symbolisieren, oder können wir hier tatsächlich ein Spiegelbild von Herodots Geschichte über Krösus auf dem Scheiterhaufen erkennen?«

Das Lotterleben von Sardes

Jahrhundertelang galten die Einwohner von Sardes als die mondänsten Großstadtbewohner der Welt. Platon, Aristophanes, Vergil und Alexis machen sich in ihren Werken lustig über den ausgefallenen Lebensstil dieser Leute, denen es viel wichtiger erschien, den Namen einer Parfümkreation zu kennen als die Verhältnisse auf der griechischen Peloponnes. Zum Essen gingen sie rotgekleidet und lümmelten auf Couchen, die mit Purpur bezogen und mit Elfenbein beschlagen waren. Auf dem Boden lagen kostbare Teppiche, und Krösus und die übrigen Könige von Sardes sollen sich standhaft geweigert haben, über einen Teppich zu schreiten, den zuvor ein anderer bereits betreten hatte. Sie legten Parks an und pflanzten schattenspendende Bäume, weil ihnen die helle Hautfarbe vornehmer erschien als die sonnengebräunte, sie standen damit den überzivilisierten Ägyptern nicht nach.

Es war üblich, die Töchter im Teenageralter auf den Strich

zu schicken, damit sie sich ihre Mitgift verdienten. Und die Frauen von Sardes sollen die ersten gewesen sein, die sich, um ein ausschweifenderes Geschlechtsleben führen zu können, sterilisieren ließen. Sie traten im Königspalast anstelle von Eunuchen auf, und man konnte sie in einem Freizeitbordell finden, das pikanterweise den Namen »Ort der Keuschheit« trug.

Die Männer von Sardes, die im übrigen sehr verweichlicht waren, gaben sich, wenn nicht den Frauen, dem Essen oder dem Alkohol, den verschiedensten Arten von Spielen hin, vor allem Ball- und Würfelspielen. Ein 2500 bis 3000 Jahre alter Würfel aus Terrakotta, den Professor Hanfmann im Flußbett des Paktolos fand, ist möglicherweise ein Beweis für die Richtigkeit einer Geschichte, die Herodot erzählt (I, 94).

Die Lyder seien während einer Hungersnot zu Spielern geworden. Sie verkürzten das Warten auf bessere Zeiten durch die Erfindung verschiedener Ball-, Knöchel- und Würfelspiele, wobei sie jeden zweiten Tag einen durchgehenden Spieltag einlegten, um den Hunger zu vergessen, 18 Jahre lang. Das sei zur Zeit des Königs Atys, des Stammvaters der Lyder gewesen. Als die Versorgungslage sich aber nicht besserte, bildeten sich zwei Parteien. Die einen blieben im Land, die anderen wanderten aus unter dem Königssohn Tyrsenos und siedelten sich unter dem Namen Tyrsener (Etrusker) in Italien an. Sardes selbst verfiel der Bedeutungslosigkeit, seine Könige wurden vergessen.

Nur Krösus fand einen festen Platz in den Annalen, zum einen, weil er so sprichwörtlich reich war, zum anderen, weil er keinen Schritt tat, ohne das Orakel zu befragen.

X.

Selbst Götter sind bestechlich

Die Würfel Gottes fallen immer richtig.
Sophokles

Einen Einblick in die Zukunft zu tun, ist eine Neigung des Menschen, die auch die höchste Bildung nie unterdrücken kann, wie viel berechtigte Kritik sich auch gegen die Weissagungen und ihre Methode wendet.
Martin P. Nilsson, Religionshistoriker

Als Michael H. Jameson, Professor für Klassische Archäologie an der Princeton-Universität in New Jersey, im Sommer 1959 zusammen mit seiner Frau Griechenland bereiste, kam er zufällig in das Dorf Troizen. Kaum eine Menschenseele findet zu der kleinen Ortschaft vier Kilometer landeinwärts an der Westküste des Saronischen Golfes, dem die Insel Poros vorgelagert ist. Neben Kirche, Schulhaus und Kaphinion, vor dem die Männer tagaus, tagein die Muße gepachtet zu haben scheinen, waren hier höchstens die Reste eines Tempels der Artemis Soteira erwähnenswert, jedenfalls bis 1959, als Professor Jameson aus New Jersey kam. Er verhalf dem kleinen Dorf zu Weltruhm, denn er machte die wichtigste neuere Entdeckung in der Erforschung der klassischen Geschichte Griechenlands, und dabei nahm er noch nicht einmal einen Spaten in die Hand. Jamesons Entdeckung fand im Kaffeehaus statt.

Die Jamesons suchten nach ihren Exkursionen durch die Gegend zur mittäglichen Siesta das örtliche Kaphinion auf. Die Kunde, daß ein Professor aus Amerika angekommen sei, verbreitete sich wie ein Lauffeuer und drang auch bis zum Schullehrer. Er zeigte den amerikanischen Gästen voll Stolz seine kleine Sammlung von Inschriften, Tonscherben und Münzen, die er in einem Nebenraum des Kaffeehauses ausgestellt hatte.

Jameson betrachtete die Funde mit Interesse und blieb schließlich vor einer unansehnlichen, zur Hälfte völlig abgewetzten Steinplatte stehen. Sie war 60 Zentimeter hoch, 35 Zentimeter breit und sechs bis acht Zentimeter dick. Die noch erhaltenen griechischen Buchstaben, in Stil und Schreibweise typisch für das vierte vorchristliche Jahrhundert, waren nur mit Mühe zu entziffern, aber ein Wort stach Jameson sofort ins Auge, es lautete: Phrearrios. Phrearrioi nannten sich die Angehörigen einer an und für sich unbedeutenden Sippe, die jedoch einen der bedeutendsten Männer der griechischen Geschichte hervorgebracht hatte, Themistokles.

Der Schullehrer bemerkte das Interesse des Amerikaners und berichtete in gebrochenem Englisch, ein Bauer aus dem Dorf habe die Platte um 1932 in der Nähe des Artemis-Soteira-Tempels gefunden und, weil sie so schön glatt behauen war, als Steinstufe vor seine Haustür gelegt. Dort habe er, der Schullehrer, sie im Frühling dieses Jahres gesehen und den Bauern überzeugt, daß es ein Dokument aus ihrer eigenen Vergangenheit sei. Darauf habe der Bauer ihm die Platte geschenkt, und er habe sie hier im Kaffeehaus aufgestellt; worum es sich bei dem Stein handle, wisse er natürlich nicht.

Auch Professor Jameson ahnte zu dieser Zeit noch nicht, daß dieses buchstäblich mit Füßen getretene Steindokument der griechischen Klassik schon bald die Geschichtsschreibung korrigieren, Historiker und Archäologen in zwei Lager verfeinden und zum Lieblingsthema klassischer Doktoranden werden würde. Die Inschrift wies keine Interpunktion und keine Zwischenräume zwischen einzelnen Wörtern auf; die Buchstaben waren allerdings von ungewöhnlicher Gleichmäßigkeit. Jede Zeile hatte also dieselbe Anzahl Buchstaben. »Diese Tatsache«, erinnert sich Professor Jameson, »war eine wichtige Voraussetzung für die Entschlüsselung des Textes, denn das bedeutete, daß selbst dort, wo der Stein stark beschädigt war, die genaue Anzahl fehlender Buchstaben bestimmt werden konnte.«

Die Inschrift ließ den Professor aus Princeton nicht mehr los. »Der Rat und das Volk ...« hieß es am Ende einer der obersten Zeilen, das erinnerte an einen Volksbeschluß. »Ich konnte Bezüge zu ›Salamis‹ und ›den Barbaren‹ entdecken, und ich erinnerte mich, daß die Athener 480 v. Chr., als sie Frauen und Kinder evakuierten, sie nach Troizen geschickt und hinter der schmalen, leicht zu verteidigenden Landenge von Korinth, die die Halbinsel gegen Invasoren vom Festland schützte, in Sicherheit gebracht hatten.« Aber, gesteht der Professor, einen Reim machen konnte er sich noch lange nicht.

Die Tage vergingen, ohne daß Jameson weiterkam, er mußte zurück nach New Jersey. Michael Jameson machte im Licht der untergehenden Sonne fotografische Aufnahmen, ein alter Archäologentrick, um Inschriften im Kontrast starker Schlagschatten ein besseres Profil zu verleihen. Außerdem fertigte er einen sogenannten Abklatsch an, eine Technik, die schon im vergangenen Jahrhundert von den Ägyptologen erfunden wurde. Jameson preßte mehrere Schichten nasses Filterpapier auf die Inschrift und ließ sie auf dem Stein trocknen. Nach der Abnahme hatte der Professor eine Negativform in der Hand, die er zu Hause mit Gips ausgießen konnte.

In seinem Institut in Princeton begann die eigentliche Arbeit. Nachdem alle erhaltenen Schriftzeichen entschlüsselt waren, mußte Michael Jameson darangehen, die fehlenden zu ergänzen. Er kannte nur ihre Anzahl in jeder Zeile, mehr nicht. Von 1900 Buchstaben fehlte ein Drittel. Das war vergleichbar mit der Rekonstruktion eines Briefes, von dem die linke Seite von oben nach unten zu einem Drittel abgerissen ist.

Das unmöglich Scheinende wurde möglich. Professor Jameson rekonstruierte in Zusammenarbeit mit Benjamin D. Meritt und anderen Schriftexperten des »Institute for Advanced Study« in Princeton die Schrifttafel bis auf eine zweifelhaft gebliebene Lücke von 21 Buchstaben. Das geschah innerhalb weniger Wochen und war in der Kürze der Zeit nur deshalb möglich, weil die amerikanischen Forscher bei jedem Wort, das sie entzifferten, Unmengen von Literatur wälzten und schließlich erkannten, daß Plutarch Teile aus eben diesem verschollenen Text zitiert hatte.

Welche Nachricht, welche Information, welche Sensation stand auf dem rätselhaften Stein von Troizen?

Der Text enthielt das sogenannte Psephisma, den Volksbeschluß des Themistokles vor der Schlacht bei Salamis. Er widerlegte alle unsere alten Geschichtsbücher, in denen von einer überstürzten Flucht vor den Persern die Rede ist, und beweist, daß Themistokles sich die Zustimmung zu einem abenteuerlichen Kriegsplan mit Hilfe eines *gekauften* Orakels erschlichen hat, und damit sind wir wieder beim Thema.

Aber lesen wir Michael Jamesons Entschlüsselungswerk einmal im Wortlaut.

Das Themistokles-Dekret

»Der Rat und das Volk haben beschlossen, Themistokles, der Sohn des Neokles, aus dem Demon Phrearroi hat beantragt:

1. Die Stadt der Göttin Athene, der Beschützerin Athens, und allen anderen Göttern anzuvertrauen, sie zu beschützen und den Barbaren zur Rettung des Landes abzuwehren. Alle Athener und die in Athen ansässigen Fremden sollen die Kinder und Frauen nach Troizen bringen in die Obhut des Pittheus, des Stammvaters des Landes.
   Die Alten aber und die Habe sollen sie nach Salamis bringen. Die Schatzmeister aber und Priesterinnen sollen auf der Akropolis bleiben und den Besitz der Götter bewachen.
2. Alle anderen Athener aber und die Fremden im dienstfähigen Alter sollen die 200 bereitliegenden Schiffe besteigen und gegen den Barbaren kämpfen, für ihre eigene Freiheit und die der anderen Griechen, mit Lakedämoniern und Korinthern und Ägineten und den anderen, die an der Gefahr teilnehmen wollen. Und 200 Trierarchen, einen für jedes Schiff, sollen die Strategen von morgen ab ernennen aus der Zahl derer, die Land und ein Haus in Athen besitzen, die eheliche Kinder haben und nicht älter als 50 Jahre sind, und ihnen die Schiffe durch das Los zuteilen. Und sie sollen zehn Soldaten für jedes Schiff ausheben aus denen, die unter 20 und unter 30 Jahren sind, und Bogenschützen. Und sie sollen die Maate für die Schiffe auslosen zur gleichen Zeit, wie sie auch die Trierarchen erlosen.
   Und die Strategen sollen die Mannschaften der Schiffe aus öffentlichen Tafeln bekanntmachen, und zwar die Athener aus den Bürgerlisten, die Fremden aber aus den Verzeichnissen beim Polemarchen. Sie sollen sie aber aufführen, eingeteilt in 200 Mannschaften zu Hunderten, und über jede Mannschaft den Namen der Triere und des Trierarchen

und der Maate setzen, damit sie wissen, auf welcher Triere ein jeder sich einzufinden hat.

3. Wenn aber alle Mannschaften eingeteilt und den Schiffen durch das Los zugeteilt sind, wollen der Rat und die Strategen alle 200 Schiffe bemannen, nachdem sie ein Versöhnungsopfer dargebracht haben Zeus, dem Allmächtigen, und Athene, der Siegenden, und Poseidon, dem Beschützer. Wenn die Schiffe aber bemannt sind, sollen die Strategen mit 100 von ihnen am euböischen Artemision eingreifen und mit 100 von ihnen um Salamis und das übrige Attika vor Anker bleiben und das Land bewachen.
4. Damit aber alle Athener einhellig den Barbaren abwehren, sollen diejenigen, die für zehn Jahre verbannt waren, sich nach Salamis begeben und dort so lange bleiben, bis das Volk einen Beschluß über sie faßt. Diejenigen aber, die Ehrverlust ...«

An dieser Stelle ist der Rand der Steinplatte abgebrochen. Die logische Ergänzung würde lauten: »... erlitten haben, sollen die bürgerlichen Rechte zurückerhalten.«

Worin liegt die spektakuläre Bedeutung dieser zufälligen Entdeckung?

Die meisten Geschichtsbücher berichten im Zusammenhang mit der Schlacht bei Salamis, diesem entscheidenden Fixpunkt der abendländischen Kultur, von einer Massenflucht der Athener nach Salamis und Troizen. Das nun entdeckte Dekret des Themistokles widerlegt jedoch die Ansicht, dies sei eine Maßnahme der letzten Stunde gewesen, es zeigt im Gegenteil, der Rückzug aus Athen, die Preisgabe der Hauptstadt, war eine seit Monaten beschlossene Sache, Bestandteil einer verwegenen Kriegslist.

Ein Genie, radikal und rücksichtslos

Eine solche Strategie konnte nur ein Feldherr und Staatsmann wie Themistokles ausarbeiten, und dabei war ihm natürlich klar, daß er für dieses Unternehmen nie und nimmer die Zustimmung des 500köpfigen Rates der Stadt und des Volkes erhalten hätte. In der festen Überzeugung, nur mit Hilfe dieser seiner Strategie eine Chance gegen die Übermacht der Perser zu haben, mißbrauchte Themistokles das heilige Orakel des Apollon von Delphi.

Er wußte genau, wenn es überhaupt eine Autorität gab, die den Athenern die Preisgabe ihrer Hauptstadt plausibel machen konnte, dann war es ein Gott: Apollon von Delphi. Und wenn es einen Menschen gab, der den Gott in dieser Situation überlisten konnte, dann war es ein Genie: Themistokles.

Themistokles, Sohn des Neokles, aus dem Stamm der Phrearrioi, wirkt äußerlich wie ein ungehobelter, radikaler, rücksichtsloser, stiernackiger Mann. Die lebensgroße Büste, Kopie eines griechischen Originals, das 1939 bei Ausgrabungen in Ostia gefunden wurde, zeigt die pyknische Erscheinung eines bäuerischen Menschen, dessen hervorragende Eigenschaften nicht Bildung, nicht einmal Intelligenz, aber ausgeprägtes Selbstbewußtsein und unbändiger Wille gewesen sein müssen. Dieser Mann stellte als Dreißigjähriger die Politik Athens auf den Kopf, indem er schon damals, 493 als Archon, Piräus als Hafen ausbaute mit dem Ziel, Athen zur See vor den Persern zu schützen. Gegner erwuchsen ihm mehr als genug, aber er verstand es geschickt, das Scherbengericht, den Ostrakismos, für seine Zwecke zu gebrauchen und Oppositionelle in die Verbannung zu schicken.

Die Verwirklichung seines Flottenprogramms gelang ihm im Handstreich: Die staatlichen Silberminen in Laurion hatten 483 v. Chr. so hohen Gewinn erwirtschaftet, daß jedem der

30 000 Athener zehn Drachmen Dividende hätten ausbezahlt werden können. Mit dem Hinweis auf die nautische Schlagkraft der nahe gelegenen Insel Ägina überzeugte er die Volksversammlung davon, lieber Schiffe zu bauen, zweihundert Trieren (Dreiruderer). Der Coup gelang, Herodot meint, die feindlichen Ägineten hätten damals, ohne es zu wollen, Griechenland gerettet. Jedenfalls hatte Themistokles nun die Waffe, die er sich schon in jungen Jahren gewünscht hatte.

Lange genug hatte er darauf gewartet; einen Hafen, Piräus, hatte er schon seit zehn Jahren, aber sein Schiffskatalog war bisher lachhaft bescheiden gegenüber den tausend Fahrzeugen der persischen Flotte. Nun aber wollte Themistokles den Persern auch zur See entgegentreten. Daß er es einzig und allein auf eine Seeschlacht abgesehen hatte, das wußte zunächst er allein. Er hätte nie einen Volksbeschluß zustande gebracht, hätte er diesen Plan bekanntgegeben. Welcher realistisch denkende Volksvertreter hätte das Schicksal der Hauptstadt einer Flotte anvertraut, die noch kein einziges Mal Gelegenheit hatte, sich zu bewähren. Ein entsprechender Vorstoß war bereits im Keim erstickt worden. Deshalb schmiedete Themistokles einen raffinierten Plan.

Auf dem Rückweg von einem Kriegszug zum Tempetal, jenem schluchtartigen, acht Kilometer langen Erosionsdurchbruch zwischen Olympos und Ossa, der in den Perserkriegen von großer strategischer Bedeutung war, muß Themistokles sich von der Truppe abgesetzt und einen Umweg über Delphi genommen haben. Wir wissen nicht, wie er in Delphi vorging, wie er die an sich persophilen Orakelpriester oder die damals weissagende Pythia Aristonike in seine Pläne einweihte. Möglicherweise geschah dies über einen Mittelsmann mit großen Versprechungen. Ein Mann wie Themistokles könnte aber auch das Orakel erpreßt und Sanktionen angedroht haben. Tatsache ist: Themistokles ließ sich seinen einsamen Entschluß, die Perser zur See zu bekämpfen, vom Orakel sanktionieren.

Nur so waren Rat und Volk der Athener zu überzeugen. Und daß die Schlacht bei Salamis ein sorgfältig geplantes Komplott war, dafür gibt es Beweise, der vorläufig letzte Indiz ist der Stein von Troizen.

Befragt das Orakel!

Nehmen wir die geschichtlichen Ereignisse einmal genauer unter die Lupe: Wir schreiben das Jahr 480 v. Chr. Ende März hatte Themistokles den erfolglosen Antrag gestellt, sich fern der Heimat zur See zu verteidigen. Er war Mitte April zum Tempetal gezogen und hatte zur selben Zeit Kontakte mit Delphi aufgenommen. Unmittelbar nach seiner Rückkehr, Ende des Monats, schickten die Athener eine Delegation nach Delphi. Es herrschte Unsicherheit. Wann würden die Perser angreifen? Wie sollte man ihnen entgegentreten? In solchen Situationen der Unschlüssigkeit mußte stets das Orakel herhalten.

Die Theopropoi, die Orakelbefrager, kamen in Delphi an, vollzogen die vorgeschriebenen Reinigungsprozeduren und Opfer, zogen ein Los und warteten, bis ihre Nummer aufgerufen wurde und sie ihre Frage stellen konnten. Doch dazu kam es gar nicht. Unsichtbar im Adyton des Tempels rief die Pythia vom Dienst, Aristonike:

»Ihr Elenden, was sitzt ihr noch hier? Verlaßt die Häuser und die steilen Felsen eurer ringförmig gebauten Stadt und flieht bis ans Ende der Welt. Denn weder der Kopf noch der Rumpf, noch die Füße zuunterst, noch die Hände werden unverletzt bleiben, noch bleibt von der Mitte etwas übrig, sondern alles kommt ins Elend. Denn das Feuer reißt sie nieder und der schreckliche Ares, der mit seinem syrischen Streitwagen darüber hinfährt. Auch viele andere Burgen wird er vernichten,

nicht nur die deine. Dem gierigen Feuer wird er viele Tempel der unsterblichen Götter preisgeben, die wohl jetzt dastehen, angstschweißtriefend und vor Furcht bebend; schwarzes Blut ist von den Zinnen der Tempel geronnen, ein Vorzeichen des Unglücks. Deshalb verlaßt das Heiligtum und macht euch mit dem Unglück vertraut!«

Ein niederschmetternder Spruch, fürwahr. Man kann sich gut vorstellen, daß die athenischen Orakelboten wie benommen aus dem Apollon-Tempel taumelten. Sie hätten vielleicht vollends den Verstand verloren, hätten sie gewußt, was zur selben Zeit in ihrer Heimat vor sich ging. Auf geheimnisvolle Weise waren die Firste der Tempel mit schwarzem Blut besudelt, die Götterstatuen trieften. Will man nicht an ein Wunder glauben, bleibt nur eine Erklärung: Die ganze Operation war ein sorgfältig geplantes Komplott.

Themistokles war sicher nicht der einzige Staatsmann, der sich solcher obskurer Vorzeichen bediente, er war nur einer der ersten. Gut hundert Jahre später, vor der Schlacht bei Leuktra, mißbrauchte Epameinondas die Zeichengläubigkeit der Griechen gleich mehrfach und auf spektakuläre Weise. Das war nötig, denn das feindliche Heer der Spartaner war um die Hälfte größer als die eigene Truppe, Epameinondas mußte den Thebanern Mut machen, ein Wunder mußte geschehen – am besten gleich zwei.

In den *Hellenika,* der griechischen Geschichte des athenischen Historikers und Schriftstellers Xenophon, eines Zeitgenossen des Epameinondas, sind diese der moralischen Aufrüstung dienenden »Wunder« nachzulesen (VI; 4,7). Demnach verschwanden aus dem Tempel des Herakles über Nacht alle Waffen, die das Götterbild trug. Thebanische Orakeldeuter hatten sofort die passende Erklärung parat: Der kriegstüchtige Herakles sei damit zur Schlacht aufgebrochen, der göttliche Held stehe also auf ihrer Seite. Dem nicht genug, ein Bildhauer hatte, von der Öffentlichkeit unbemerkt, ein Standbild der Göttin Athene eilends umgearbeitet, so, daß sie den Schild, der der Göttin bisher zu Füßen lag, plötzlich in der Hand hielt. Die Deutung dieses Vorzeichens war ebenfalls klar: Athene habe den Schild zum Kampf gegen die Feinde aufgenommen.

Xenophon, der Sokrates-Schüler, kann sich allerdings unter Hinweis auf diese »Wunder« die Bemerkung nicht verkneifen, manche Leute hielten das Ganze für einen Schwindel, aber eben nur manche. Auf die Mehrzahl der Soldaten wirkte der Schwindel stimulierend. 371 v. Chr. schlug Epameinondas mit 7000 Mann das 10 000-Mann-Heer der Spartaner vernichtend.

Es scheint, Themistokles' »Wunder« waren spektakulärer, einfach übernatürlicher, glaubhafter, jedenfalls kamen damals keine Zweifel auf. Auch nicht an dem folgenden: Die Theopropoi des Themistokles begegneten beim Verlassen der Orakelstätte einem Mann namens Timon, dem Sohn des Androbulos. Er war ein – wie Herodot berichtet – »unter den Delphern ganz besonders angesehener Mann«. Ihm erzählten sie von dem niederschmetternden Spruch des Orakels. Und Timon wußte auch gleich Rat: Sie sollten Ölzweige nehmen, ein Bittgebet an Apollon richten und um ein zweites Orakel bitten.

»O Herr«, beteten die athenischen Orakelboten tags darauf im Heiligtum, »weissage uns über das Vaterland etwas Besseres, ehre diese Zweige hier, mit denen wir kommen, oder wir gehen dir nicht aus dem Heiligtum, sondern werden hierbleiben, bis wir sterben.«

Da ertönte zum zweiten Mal die Stimme der Priesterin:

»Nicht versöhnen kann eure Pallas Athene den olympischen Zeus, mag sie mit noch so vielen Worten und mit klugem Verstande flehen. Dir aber will ich ein zweites Orakel geben, fest

wie Stahl: Wenn alles erobert ist, was der Berg Kekrops und die Schlucht des heiligen Kithairon einschließt, so verleiht der weithin donnernde Zeus seiner Tochter Pallas Athene die Gnade, daß allein eine hölzerne Mauer unzerstörbar bleibt, die dich und deine Kinder schützen wird. Du aber erwarte nicht in Ruhe die Reiterei und das riesige Landheer, das zu Fuß auf dem Festland heranzieht, sondern wende den Rücken und ziehe dich zurück. Wahrhaftig, du wirst ihm schon noch einmal trotzen. O göttliches Salamis, du wirst vernichten die Kinder der Frauen, entweder zur Zeit der Aussaat oder der Ernte.«

Rätsel um den Spruch der Pythia

Dieser Spruch erschien den Gesandten aus Athen besser, zumindest hoffnungsvoll. Sie schrieben das zweite Orakel auf und kehrten zurück, in Athen begann ein großes Orakeldeuten. Obwohl die Boten nur den zweiten Bescheid aus Delphi schriftlich mitbrachten, so sickerte der niederschmetternde Inhalt der ersten Prophezeiung natürlich trotzdem durch. Das war vom Urheber des Unternehmens auch beabsichtigt. Den Athenern sollte erst einmal gehörig angst gemacht werden. Das Mirakel der blut- und schweißtriefenden Tempel und Statuen konnte diese Angst nur verstärken.

Ein Mann mit politischem Instinkt wie Themistokles wußte natürlich, daß das Orakel seinen Wunsch, die Perser zur See zu bekriegen, nicht ex verbo aussprechen durfte. So kam es zu der rätselhaften Verklausulierung mit der hölzernen Mauer. Für die Priester von Delphi war damit kein Risiko verbunden. Wäre Themistokles zur See erfolglos geblieben, hätten sich andere Auslegungen für die hölzerne Mauer finden lassen.

In konservativen Kreisen war man sicher, daß mit der hölzernen Mauer jene undurchdringliche Dornenhecke gemeint sei, die seit alters die Akropolis umgab, man solle sich von den Persern auf die Burg zurückziehen und die schwer einnehmbare Oberstadt verteidigen. Die Progressiveren konterten mit dem Hinweis, auch Schiffe hätten hölzerne Mauern, man solle zur See gegen die Perser kämpfen. Allmählich gewann diese Auslegung die Oberhand; doch da gab irgend jemand zu bedenken, ob die Athener nicht zur See unterliegen würden, schließlich laute der Spruch:

»O göttliches Salamis, du wirst vernichten die Kinder der Frauen ...«

In der Tat, hier scheint eine Panne passiert zu sein. Dem Bericht Herodots zufolge griff nun nämlich Themistokles selbst in die Diskussion ein: »Dieser Mann leugnete, daß die Orakeldeuter alles richtig auslegten. Er fügte hinzu, wenn das gesagte Wort wirklich auf die Athener hinziele, dann, glaube er, würde es nicht so mild ausgesprochen sein, sondern es würde ›Schreckliches Salamis‹ statt ›Göttliches Salamis‹ heißen, wenn wirklich die Bewohner im Kampf darum sterben sollten. Aber das sei nicht der Fall, denn wenn man den Spruch richtig verstehe, sei er vom Orakelgott auf die Feinde gemünzt, aber nicht auf die Athener.« (VII, 143)

Ob es sich hierbei um einen Übermittlungsfehler handelte (*schatlie* statt *theie Salamis*) oder um eine vom Urheber nicht berücksichtigte Interpretationsmöglichkeit, bleibt ungeklärt. Fest steht, Themistokles wußte sie zu interpretieren. Aber noch interessanter als die Diskussion um Göttlichkeit oder Schrecklichkeit der Insel scheint die Namensnennung von Salamis. Wer anders als der Stratege Themistokles konnte fünf Monate vor dem geplanten Ereignis wissen, wo die auf einer Kriegslist beruhende Seeschlacht stattfinden würde.

Damit hat sich Themistokles als Urheber des Orakelspruches verraten. Auch wenn Delphi sich stets bestens informiert zeigte, so konnte es doch unmöglich einen Plan voraussagen, der erst mit Hilfe eben dieser Prophezeiungen ins Gespräch gebracht werden sollte. Schließlich war die absolute Chancengleichheit des Unternehmens überhaupt der Grund für die Anfrage beim Orakel.

Die seltsamen Begleiterscheinungen der tropfenden Tempelfirste und triefenden Götterstatuen erweisen sich bei näherer Betrachtung ebenfalls als eine nicht in Delphi geborene Idee. Der Sinn ist klar: Mit dieser Manipulation sollte der Ernst der Lage verdeutlicht, ein politischer Meinungsumschwung herbeigeführt werden. Und die Idee zündete auch. Allerdings vor Angst schwitzende Götter, diese Idee entstammte gewiß nicht den Gehirnen delphischer Priester, deren oberstes Anliegen die Demonstration der Allwissenheit und Allmacht eben dieser Götter war.

Das Orakel von Delphi hat mit den beiden Ende April des Jahres 480 v. Chr. gegebenen Orakelsprüchen die größte nationale Tat in seiner Geschichte riskiert. Dies geschah sicher nicht aus freien Stücken; denn es stand nicht nur der gute Ruf des berühmtesten Orakels der Welt auf dem Spiel, es ging um Sein oder Nichtsein, ums nackte Überleben.

Und so sah die Lage in Griechenland aus: Nach der Verbannung seines politischen Gegners Aristidis hatte Themistokles sich um einen hellenischen Bund bemüht. »Die Spartaner, die Athener und ihre Bundesgenossen« trafen sich im Herbst 481 auf dem Isthmus von Korinth zur ersten Bundesversammlung. Thessalien und Böotien glänzten durch Abwesenheit, sie fürchteten die Perser. Die Bundesversammlung schickte, verunsichert ob der Schwarzmalerei des Themistokles, drei Spione nach Sardes. Sie sollten die persische Rüstung auskundschaften. Ihr Bericht übertraf alle Befürchtungen. Die Perser hatten sie als Spione entlarvt und zum Tode verurteilt, der Perserkönig Xerxes hatte ihnen jedoch das ganze Heerlager gezeigt und selbstbewußt gefragt, ob es für die Griechen nicht besser sei, sich kampflos zu ergeben. Dann durften sie heimkehren.

Mit dem Mut der Verzweiflung gegen die Perser

Er strotzte vor Selbstbewußtsein, dieser Xerxes. Die Eroberung Griechenlands war als kombinierte Aktion der See- und Landstreitkräfte geplant. Voraustruppen legten, unterstützt von Flottenteilen, entlang des geplanten Landweges im voraus Magazine an, Ingenieure bauten zwei Schiffbrücken über den Hellespont. Als ein Sturm sie zerstörte, ließ Xerxes angeblich das Meer auspeitschen, baute zwei neue und setzte mit mindestens 120 000 Mann über nach Europa, antike Historiker nennen sogar die zehnfache Zahl.

Dieser persischen Kriegslawine waren Themistokles mit 5000 Athenern und Euainetos mit ebenso vielen Spartanern zum Tempetal entgegengezogen. Unklar ist, ob Themistokles diese lächerliche Minderheit opfern wollte, um damit für seine Pläne eine bessere Ausgangsposition zu schaffen. »Sie blieben dort nur wenige Tage«, schreibt Herodot, »denn es kamen Boten von dem Makedonen Alexandros, dem Sohn des Amyntas, und rieten ihnen, sich zu entfernen. Sie sollten nicht im Paß ausharren und sich von dem anrückenden Heer zertreten lassen. Sie nannten die Größe des Heeres und die Anzahl der Schiffe. Auf diesen Rat hin – er schien brauchbar, der Makedone war ihnen offenbar wohlgesinnt – gehorchten sie.« (VII, 173)

Dem Themistokles scheint diese Meldung einen gehörigen Schrecken versetzt zu haben; denn auf dem Rückweg setzte er sich nach Delphi ab. Jetzt, da das Orakel seine Prophezeiung ausgesprochen hatte, war es für ihn ein leichtes, die Mehrheit der Athener für seinen Plan zu gewinnen. Anfang Juni wurde der Beschluß gefaßt, die Hauptstadt aufzugeben und den Persern eine Seeschlacht zu liefern – so wie es auf dem Stein von Troizen festgehalten ist.

Dies hinderte die Griechen jedoch nicht, den auf der Bündniskonferenz gefaßten Beschluß auszuführen, wonach beim Herannahen der Perser der Thermopylenpaß zu verteidigen sei. Der Spartanerkönig Leonidas besetzte am 10. Juli 480 mit 7000 Mann, davon 300 Spartaner, und einem Seher, er hieß Megistias, den Durchgang von Nord- nach Mittelgriechenland. Megistias prophezeite ihnen allen den Tod, doch der Spartaner Leonidas blieb ungerührt. Nach drei Tagen hatten die Perser die Thermopylen umgangen und fielen den Hellenen in den Rücken. Der größte Teil des Griechenheeres konnte entkommen, nur Leonidas und die 300 Spartaner kämpften bis zum letzten Mann.

»Wanderer, kommst du nach Sparta«, hieß es auf einem später gesetzten Gedenkstein, »verkündige dorten, du habest uns hier liegen gesehn, wie das Gesetz es befahl!« Unmengen von Pfeilspitzen, die die Archäologen gefunden haben, sind ein stummes Zeugnis dieser Tragödie.

In der Zwischenzeit standen 270 griechische Schiffe an der nördlichen Küste der Insel Euböa beim Artemision, dem Heiligtum der Göttin Artemis. Sie überstanden ein dreitägiges Unwetter besser als die Perser, die dabei 400 Dreifachdecker verloren haben sollen. Die nachfolgende Seeschlacht war kurz und endete unentschieden; denn – so Herodot – »die Flotte des Xerxes geriet aufgrund ihrer Größe und der Anzahl der Schiffe durch sich selbst ins Hintertreffen, indem sich die Schiffe gegenseitig in die Quere kamen und sich selber beschädigten.« (VIII, 16) Als die Hiobsbotschaft von den Thermopylen eintraf, bliesen die Athener zum Rückzug. Die große Stunde des Themistokles war gekommen.

Die griechische Flotte sammelte sich im Saronischen Golf. Oberbefehlshaber war der spartanische Nautarch Eurybiades.

Themistokles, der Kommandant der Athener, war sein engster Berater. Das machte ihn bei den übrigen griechischen Flottenkommandanten nicht gerade beliebt. Bei der ersten Lagebesprechung vermochte Themistokles nicht zuletzt unter Hinweis auf das Orakel die Führer der vereinigten Flotte davon zu überzeugen, daß die Schlacht in dem Sund zwischen der Insel Salamis und Attika geschlagen werden müsse. Nur hier könne die zahlenmäßig weit unterlegene Hellenenflotte der persischen Übermacht Paroli bieten. Und in der Tat hatte Xerxes mit einer Konfrontation auf dem offenen Meer gerechnet.

Nur langsam, unendlich langsam rückten die persischen Schiffe gen Salamis vor. Das nervte die griechischen Flottenführer, und als sie gar die Nachricht erreichte, daß das persische Landheer Athen eingenommen habe, da wollten sie den Sund verlassen und den Persern entgegenfahren. Themistokles wurde bei der eilends einberufenen zweiten Lagekonferenz überstimmt: Die Schlacht sollte nicht mehr bei Salamis stattfinden, wo und ob überhaupt – darüber wurde noch diskutiert.

Wie sollte nun das Orakel in Erfüllung gehen?

Die letzte List des Themistokles

Themistokles, der eiskalte Politiker, hatte alles einkalkuliert, er hatte an alles gedacht, nur nicht daran, daß die hellenische Admiralität schwächere Nerven hatte als er. Wollte er seinen Plan, wollte er das Orakel von Delphi und seinen Kopf retten, dann mußte er handeln, sofort.

Die Idee war ebenso genial wie riskant. Hätte man sie durchschaut, Themistokles wäre als Landesverräter verurteilt und mit dem Tode bestraft worden. Wie überlistete dieser Themistokles die gesamte griechische Admiralität?

Er schickte seinen Adjutanten Sikinnos mit einem Schiff

nachts zu den Persern. Das klingt abenteuerlich und wird von manchen Historikern als Erfindung Herodots gedeutet. Allerdings gäbe es dann keine Erklärung dafür, warum die Schlacht, trotz gegenteiligen Beschlusses, doch noch bei Salamis stattgefunden hat. Sikinnos fand bei den persischen Admiralen aufmerksame Zuhörer, als er berichtete: »Mich hat der Feldherr der Athener heimlich vor den anderen Griechen geschickt – er steht nämlich mit dem Herzen auf seiten des Perserkönigs und wünscht lieber, daß eure Sache siege als die der Griechen. Ich soll euch sagen, daß die Griechen in Angst sind und Fluchtpläne haben. Jetzt ist es möglich, daß ihr das allerschönste Werk vollbringt, wenn ihr sie nicht entweichen laßt. Sie sind nämlich untereinander verschiedener Meinung und werden euch keinen Widerstand leisten. Nein, ihr werdet sehen, wie sie zur See aufeinander losgehen, die, welche auf eurer Seite stehen, und jene, die es nicht sind.«

Die Perser glaubten dem Verräter. Im Schutze der Nacht rückte die persische Armada auf Salamis vor. Siegessicher ließ sich König Xerxes auf dem Steilufer des Festlandes einen Reisethron aufstellen, um das vergnügliche Kriegsspiel zu beobachten. Themistokles brachte seine nagelneuen athenischen Kampftrieren in Stellung. So war die Schlacht bei Salamis programmiert.

Wir kennen das Ergebnis: Die Perser erlitten eine vernichtende Niederlage. Wie Themistokles vorausgesehen hatte, kam die mächtige Flotte der Barbaren in dem engen Sund überhaupt nicht zur Entfaltung, die wendigeren Griechenschiffe, vor allem die Trieren der Athener, versetzten ihr den Todesstoß. Xerxes kehrte überstürzt nach Asien zurück. Themistokles stand auf dem Gipfel seines Ruhmes.

Athen war zwar zerstört, aber die Bevölkerung von Athen und Attika hatte den Ansturm der Perser dank dem Themistokles-Dekret schadlos überstanden. Herodot, der vermutlich im Jahr der Schlacht bei Salamis geboren wurde, selbst also nicht

Augenzeuge war, aber bei Kriegsteilnehmern recherchieren konnte, schilderte diese Evakuierung als eine Aktion der letzten Stunde. »Rette sich, wer kann!« soll damals die Parole gelautet haben. Demnach hätten die Athener dem Spruch des Delphischen Orakels, das zum Rückzug aus der Stadt geraten hatte, keinen Glauben geschenkt.

Nach der Schlacht: der Kampf der Historiker

Der Stein von Troizen mit dem Dekret des Themistokles nennt dagegen den wahren Geschichtsablauf. Daraus ist zu entnehmen, daß die Evakuierung bereits vor der Schlacht bei den Thermopylen, also im Juni 480, beschlossen wurde. Diese Unstimmigkeit hat unter den Historikern heftige Diskussionen ausgelöst, die in der Behauptung gipfelten, der Stein von Troizen sei eine Fälschung. Kein Geschichtsexperte, der etwas auf sich hält, hat bisher dazu geschwiegen, die Literatur füllt Bände. Archäologen wurden darüber zu Todfeinden. Warum die Aufregung?

Der Erlanger Professor Helmut Berve, eine Autorität unter den Althistorikern, sagt dazu: »Die Inschrift von Troizen bringt uns eine Fülle neuer Erkenntnisse. Die athenische Tradition von dem ›Verrat‹, der sich in Böotien nicht zur Feldschlacht stellenden Peloponnesier, die schon Eduard Meyers genialer Blick als tendenziöse Entstellung des wahren Sachverhaltes entlarvt hatte, ist nunmehr als solche erwiesen. Beschluß und Ausführung der Evakuierung, Themistokles' Ringen um Verwirklichung seines von Anfang an vertretenen strategischen Planes treten jetzt erst ins volle Licht.«

Berve zählt zusammen mit M. Treu, L. M. Gluskina, W. den Boer, F. Schachermeyer und dem Stein-Entdecker Michael Jameson zu den Forschern von internationalem Rang, die das Dokument für echt halten. Sie stehen damit im Gegensatz zu gleichrangigen Kapazitäten wie Chr. Habicht, L. Robert, W. M. Pritchett, M. Guarducci und Ap. Daskalakis.

Fest steht, der Stein von Troizen ist nicht die Originalurkunde, auf der das Psephisma des Themistokles vom Juni 480 v. Chr. festgeschrieben wurde, sondern eine Kopie, eine Nachschöpfung. Das Dokument ist um mindestens 100 Jahre jünger und enthält sachliche, stilistische und orthographische Ungereimtheiten, wie spitzfindige Forscher längst festgestellt haben. Orthographie und Stil wollen wir hier nicht weiter unter die Lupe nehmen, das ist Sache hochspezialisierter Epigraphiker, aber auch unter rein sachlichen Gesichtspunkten ergibt sich eine höchst interessante Diskussion.

Da taucht zunächst einmal die Frage auf nach dem Warum. Wer hätte welchen Nutzen aus einer möglichen Fälschung ziehen können?

Der Althistoriker J. Hahn sagt dazu: »Mögen die Kritiker der Authentizität die anachronistischen Züge der Inschrift auch noch so scharfsinnig erwiesen haben, so scheinen die konkreten Zwecke und Umstände der Fälschung dennoch ungeklärt geblieben zu sein. Die Fälschung hatte doch jedenfalls den Zweck, anstatt der bekannten Schilderung von Herodot eine mehr oder weniger neue Version der Ereignisse im Jahre 480 zu geben. Welches politische Interesse erklärt aber um die Mitte des vierten Jahrhunderts das Entstehen und das inschriftliche Propagieren einer derartigen Fälschung? Wenn nämlich die Abweichung von Herodots Version beabsichtigt ist, so ist die politisch-propagandistische Zweckmäßigkeit der Fälschung fraglich. Und wenn die Fälschung lediglich die glorreiche Vergangenheit der Perserkriege im Sinne der allgemeinen Restaurationsbestrebungen und des athenischen Patriotismus des vierten Jahrhunderts erwecken wollte, so ist es wiederum fraglich, warum die Verfälscher sich der bekannten Version Herodots widersetzen und die Glaubwürdigkeit ihres Machwerkes schon von vorneherein beeinträchtigen wollten.«

Sollte der Redner Aischines (390–315 v. Chr.), der im Jahre 348 das Themistokles-Dekret verlesen hat, sollten der Schriftsteller Plutarch (45–120 n. Chr.) und der hochgebildete Redner Aelius Aristidis (117–187 n. Chr.), die aus diesem Dekret zitierten, schon damals einer Fälschung aufgesessen sein? Dazu meint Professor Berve: »Daß ein solches Dokument, welcher Art es immer war, im vierten Jahrhundert fixiert worden war, dafür spricht der Stil unserer Inschrift. Es kann jedoch nicht daraus gefolgert werden, daß es sich um das Produkt eines Fälschers handeln muß; vielmehr besteht im gleichen Maße die Möglichkeit, daß ein noch vorhandenes Dokument des fünften Jahrhunderts neu aufgezeichnet und stilistisch modernisiert wurde.«

Plutarch und Aristidis unterscheiden sich in ihrer Textwiedergabe. Aristidis ist – das können wir jetzt, nach Auffindung des Dekrets von Troizen sagen – der Genauere. Er ist darüber hinaus nun von dem Makel befreit, er habe einfach bei Plutarch abgeschrieben. Aber auch Herodot hat bei Aristidis nicht Pate gestanden. Dazu der Althistoriker J. Hahn: »Während Herodot die Rolle des delphischen Heiligtums auch dadurch beschönigt, daß er das Orakel über die ›hölzernen Mauern‹ als hochrichtig erscheinen läßt, verurteilt Aelius Aristidis dessen Perserfreundschaft eindeutig und hebt demgegenüber die Originalität der Politik des Themistokles hervor. Ebenso feindlich ist der Rhetor Sparta gegenüber gesinnt. Abweichend von der herodoteischen Darstellung will er über persönliche Verhandlungen des Themistokles und der persischen Boten wissen. Er zitiert wörtlich die topisch gewordene und von Herodot und Plutarch nur angedeutete Aussage darüber, daß ›nicht die Mauern und Gebäude, sondern die Menschen die Stadt bedeuten‹. Hinter diesen, von Herodot abweichenden Zügen entdecken wir eine selbständige Quelle, in der Aristidis auch den wörtlichen Text der Inschrift gefunden hat. Diese Quelle kannte aber nur die ersten 18 Zeilen der Inschrift.«

Daraus folgt: Schon in alter Zeit wurde aus verschiedenen Quellen über dasselbe Ereignis zitiert, es existierten also von einem Original eine oder mehrere, möglicherweise nur sinngemäße Abschriften, oder diese wurden aus irgendeinem Anlaß aus dem Gedächtnis aufgezeichnet. Was aber könnte ein solcher Anlaß gewesen sein?

Stumme Zeugen für Themistokles

Wir wissen, Themistokles' Ruhm als Retter des Vaterlandes währte nur kurze Zeit. Mit seinen einstigen Kampfgenossen vor Salamis, den Spartanern, verfeindete er sich noch im selben Jahr, weil er begann, Athen mit einer Mauer zu befestigen. Das schuf Argwohn bei den Spartanern, und sie forderten die sofortige Einstellung der Bautätigkeit. Die Schlachten von Marathon und Salamis hatten den Athenern ein solches Ansehen verschafft, daß die Spartaner einen Machtkampf um die Vorherrschaft in Griechenland voraussahen. Themistokles regte Verhandlungen an, doch bevor es dazu kam, waren die Mauern fertig.

Diese Stadtmauer des Themistokles wurde zum Renommierstück deutscher Archäologen. Sie wird seit Beginn dieses Jahrhunderts im antiken Stadtteil Kerameikos ausgegraben und hat die Berichte Herodots bisher voll bestätigt. So zog Professor Willemsen in den letzten Junitagen des Jahres 1962 sechs besonders gut erhaltene Grabplatten aus dem Schutt der ehemaligen Töpfersiedlung, die Themistokles als Baumaterial für seine Mauer zweckentfremdet hatte. Es mußte schnell gehen, und Themistokles war kein Mann der Pietät: Die Grab- und Denkmäler berühmter Athener Familien beiderseits der Heiligen Straße nach Eleusis waren von Xerxes verwüstet worden. Ihre Restaurierung erschien dem Nautarchen weit weniger wichtig als der hurtige Mauerbau. Dieser Rücksichtslosigkeit verdanken wir jedoch die Erhaltung dieser Kunstwerke und Inschriften.

Allerdings entging auch die Themistokleische Mauer nicht der Spitzhacke. Und dieser Vorgang erinnert verblüffend an das beinahe tausend Jahre ältere Geschehen um den Aton-Tempel Echnatons im ägyptischen Theben. Der Tempel wurde von Echnatons Epigonen zerstört, und die reliefverzierten Steine dienten als Baumaterial für mächtige Pylonen. Konserviert in einem jüngeren Bauwerk überdauerten sie die Geschichte. Auch von Themistokles usurpierte Bausteine kamen nun in einem um die Mitte des 4. Jahrhunderts, also gut hundert Jahre später, errichteten Torturm zum Vorschein. Befestigungsanlagen aus verschiedenen Epochen, vom Eridanos, dem vom Lykabettos-Hügel stürzenden Stadtbach seit mehr als 2000 Jahren zugeschwemmt und nun wieder ausgegraben, legen Zeugnis ab von Sternstunden und vom Niedergang des Griechentums. Mauerteile künden von Demosthenes' Tagen und von dem römischen Feldherrn Sulla, der 86 v. Chr. Athen einnahm.

Themistokles scheint nach erfolgreicher Beendigung des Unternehmens von Skrupeln, vielleicht sogar von Dankbarkeitsgefühlen befallen worden zu sein. Jedenfalls begab er sich nach der erfolgreichen Schlacht, für die einzig und allein das Orakel von Delphi die Voraussetzungen geschaffen hatte, mit einer Ladung persischer Beutestücke nach Delphi: Dies berichtet Pausanias ganz nebenbei in einer Beschreibung des Heiligtums (Buch X, 14,5), und es ist auch nicht ungewöhnlich. Ungewöhnlich war jedoch das Ansinnen des Themistokles, sie im Innern des Apollon-Tempels aufzustellen, verriet es doch seltene Vertrautheit zu den Offiziellen der Orakelstätte. Noch ungewöhnlicher ist die Reaktion der Pythia, die doch nur das Sprachrohr der Priester war; und diese Reaktion ist ein deutlicher Hinweis darauf, daß das Orakel von Delphi von Themistokles erpreßt worden war. Die Pythia antwortete nämlich:

»Lege mir nicht von der Perserbeute schönen Schmuck
In den Tempel; schick ihn schnellstens heim.«

Diese Reaktion ist für Pausanias unverständlich. »Ich wundere mich«, schreibt er, daß »Apollon es bei ihm allein ablehnte, die Perserbeute zuzulassen. Die einen meinten, Apollon hätte wohl alles von den Persern gleichermaßen zurückgewiesen, wenn auch andere wie Themistokles gefragt hätten, bevor sie es als Weihegabe darbrachten. Die anderen sagten, Apollon habe gewußt, daß Themistokles dereinst Schutzflehender bei den Persern werden würde. Er habe deshalb die Geschenke nicht annehmen wollen, um den Haß gegen ihn von seiten der Perser wegen der Weihegeschenke nicht unaufhörlich zu machen.« (X, 14,6)

Von Korruption und Erpressung ist bei Pausanias nicht die Rede. Er versucht statt dessen rührende, beinahe fadenscheinige Erklärungen zu geben. Wußte er mehr?

Ein Held wird demontiert

Seine laufenden Erpressungen und seine zur Schau gestellte Prunksucht – die Eltern hatten ihn längst enterbt – hatten Themistokles in kurzer Zeit unbeliebt gemacht. Die Athener schickten ihn nach Argos ins Exil, verurteilten ihn in Abwesenheit wegen Hochverrats; dem Helden von Salamis blieb keine andere Wahl als die Flucht zum Erbfeind, den Persern. Perserkönig Artaxerxes ging auf sein Angebot eines erfolgversprechenden Kriegszuges gegen die Griechen ein und setzte ihm im kleinasiatischen Magnesia eine jährliche Rente von 50 Talenten aus; doch aus Verzweiflung, weil er keine Möglichkeit sah, Griechenland zu erobern, soll er Selbstmord begangen haben. Verständlich, wenn der Name Themistokles in Griechenland für die nächsten hundert Jahre tabu war.

Im 4. Jahrhundert scheint dieser trotz aller persönlichen Schwächen bedeutende Staatsmann jedoch eine Rehabilitierung erfahren zu haben. Und dafür gab es sichtlich einen Anlaß.

»Die Ereignisse nach der Schlacht bei Chaironeia (338 v. Chr.)«, sagt der Stein-Entdecker Professor Michael Jameson, »führten höchstwahrscheinlich zu solch einem Anlaß. Vor oder unmittelbar nach der Schlacht baten die Athener eine Reihe von Städten um Hilfe, einschließlich Troizen; Lykurgos erwähnt Andros, Keos ebenso wie Epidauros. Kurz vor der Schlacht verließ Athenogenes, ein weiser Athener, die Stadt und suchte in Troizen Zuflucht. Er wurde als Bürger aufgenommen und betätigte sich als Agent eines gewissen Mnesias, eines promakedonisch eingestellten Argivers. Einige Troizener, vermutlich antimakedonische, proathenische Demokraten, wurden ins Exil geschickt, kamen nach Athen und erhielten dort die athenische Staatsbürgerschaft. Nach [dem Platon-Schüler] Hypereides war der Grund für die warme Aufnahme in Athen folgender: Man erinnerte sich an die Bereitschaft der Troizener 150 Jahre zuvor, als die athenischen Flüchtlinge 480 v. Chr. aufgenommen wurden. Dieser Willkommensgruß erhielt seinen offiziellen Charakter in einem von [dem nachchristlichen athenischen Redner] Nikagoras zitierten Dekret, das von Plutarch beschrieben wurde, und zwar unmittelbar nach dem Zitat unseres vorliegenden Textes. Es war möglicherweise dieses Dekret des Nikagoras, das Hypereides vor der Volksversammlung verlas, um die Athener an die Tapferkeit der Troizener zu erinnern und gleichzeitig an die Schurkerei des Athenogenes, der – so behauptete er – für das Exil der Troizener verantwortlich war.«

Professor Jameson meint also, antimakedonische Kreise hätten versucht, mit der Neufassung des Themistokles-Dekrets die athenische Koalition gegen den Madekonenkönig Philipp II. zu mobilisieren. Dieser galt damals noch als Todfeind der demokratischen Unabhängigkeit. Aufgrund der Abmessungen des Steins von Troizen erscheint es sogar denkbar, daß das Themistokles-Dekret nur der oberste von zwei oder drei ähnlichen Volksbeschlüssen war, in denen die heroische Vergangenheit athenischer Bundesgenossen verherrlicht wurde.

Und warum ist das so berühmt gewordene Orakel von der hölzernen Mauer auf dem Stein nicht erwähnt?

Professor Berve gibt eine treffende Antwort: »Die Nichterwähnung des Orakels von der hölzernen Mauer in unserer Inschrift ist begreiflich, weil der Spruch ja nicht eindeutig die Evakuierung Attikas und die Bemannung der Flotte anbefahl. Sie könnte sogar für die Echtheit zeugen, hätte sich doch ein Fälscher den Hinweis auf das berühmte Orakel schwerlich entgehen lassen.«

Der Fall Themistokles war nicht der erste

Themistokles war nicht der erste, der das Orakel von Delphi manipulierte.

Es gab immer wieder Versuche, Orakelantworten zu kaufen. Durch Bestechung der Orakelpriester oder Pythien versuchten einflußreiche Persönlichkeiten, Projekte und zweifelhafte Tatsachen zu legitimieren. Allerdings galt Korruption in den Mauern des Orakels als todeswürdiges Verbrechen, und Herodot versäumt nicht, den Lebensweg der Missetäter bis zu ihrem verdienten Ende zu verfolgen.

Der früheste überlieferte Fall geht auf das 6. Jahrhundert v. Chr. zurück. In Sparta standen damals an der Spitze des Staates jeweils zwei Könige, der eine aus dem Geschlecht der Agiaden, der andere aus dem Geschlecht der Eurypontiden. Aufgrund ihrer staatspolitischen Disziplin waren die Spartaner seit der Mitte des 6. Jahrhunderts unter den griechischen Staaten als Führungsmacht anerkannt.

Allerdings gab es laufend Schwierigkeiten, weil beide Königsgeschlechter nicht immer mit dem notwendigen männlichen Nachwuchs präsent waren. So mußten die Königsfamilien bisweilen seltsame Kunststücke vollbringen, um die Dynastie zu erhalten. Wir kennen das aus dem pharaonischen Ägypten.

Eines dieser »Kunststücke« trug den Namen Kleomenes. Er war ein Agiade und regierte etwa von 525 bis 488 v. Chr. Sein Vater, König Anaxandridas, hatte die Tochter seiner Schwester geheiratet, die trotz aller Liebesmüh nicht den ersehnten Thronfolger gebären konnte. Das veranlaßte die mächtigen fünf Ephoren, die die Regierungsgeschäfte der Könige kontrollierten, zu der Aufforderung: »Verstoße deine Frau, da sie dir keine Kinder schenkt, und heirate eine andere: Wenn du das tust, wirst du den Spartiaten gefallen!«

Anaxandridas lehnte ab, er liebe seine Frau.

Ob er nicht wenigstens bereit sei, eine Zweitfrau zu nehmen, wollten die Ephoren wissen, das sei doch Spartiatenart.

Schließlich ließ sich der König auf diesen Vorschlag ein, die Zweitfrau brachte den ersehnten Thronerben zur Welt, und sie nannten ihn Kleomenes. Da aber staunten die Spartaner, als bald darauf verlautete, die erste Frau Anaxandridas' sei jetzt ebenfalls guter Hoffnung. »Die will doch das Kind nur unterschieben!« sagten die Leute. Und Herodot schreibt: »Weil die Leute soviel davon redeten, setzten sich die Ephoren, als ihre Stunde gekommen war, mißtrauisch um die gebärende Frau und paßten auf. Als sie den Dorieus geboren hatte, bekam sie gleich darauf Leonidas und nach diesem bekam sie sogleich Kleombrotos. Manche sagen sogar, Kleombrotos und Leonidas seien Zwillinge gewesen.« Doch der Kindersegen kam zu spät. Kleomenes wurde König.

Sein Mitregent aus dem Eurypontidenhaus hieß Demaratos, was soviel bedeutet wie »der vom Volk Ersehnte«. Auch seine Herkunft war zweifelhaft; denn König Ariston, sein Vater, hatte es trotz zweier Frauen nicht zu einem Thronfolger gebracht, und man munkelte, Majestät sei impotent. Doch Ariston gab nicht auf, ausgerechnet auf die Frau seines besten Freundes Agetos hatte er es abgesehen, Herodot betont, sie sei »die schönste aller Frauen in Sparta« gewesen. Im Tausch gegen ein Landgut kam der schnöde Frauenhandel zustande, Ariston mühte sich.

Sieben Monate nach seinen ersten Bemühungen saß der frustrierte König mit den Ephoren zu Rate, als ein atemloser Bote in die Versammlung platzte: »König, Ihr seid Vater!« Ein Ruf, der nicht nur den König verschreckte. In seinem Schock nahm Ariston die Finger zu Hilfe, rechnete, schüttelte den Kopf und sprach: »Das Kind kann nicht von mir sein.«

Ein folgenschwerer Satz, in jeder Beziehung. Zwar überhörten die Ephoren geflissentlich den Abschwur der Vaterschaft, denn Ariston war beliebt, und man gönnte ihm den ersehnten Thronfolger; aber Kleomenes grub den alten Skandal wieder aus, nachdem die Aversion gegenüber seinem Coregenten Demaratos zu purem Haß ausartete. Er bediente sich dazu eines Mannes namens Leotychidas, der aus demselben Geschlecht stammte wie Demaratos. Ihm bot der Eurypontide die Mitregentschaft an, falls es ihm gelinge, Demaratos zu beseitigen.

Leotychidas war auf Demaratos nicht gut zu sprechen, weil dieser ihm die Braut ausgespannt hatte. Nun rächte er sich in der Hoffnung auf die Königswürde; er schwor einen Eid, daß

Demaratos nicht König Aristons Sohn sein könne, und nannte die fünf Ephoren, die seinerzeit den verhängnisvollen Ausruf des Königs gehört hatten, als Zeugen.

Der Vaterschaftstest der Pythia

Aber der Vorfall lag schon ein paar Jahrzehnte zurück, und keiner vermochte sich mehr exakt zu erinnern. Kleomenes machte daher den Vorschlag, das Orakel von Delphi zu Rate zu ziehen. Vaterschaftsfragen waren ohnehin das am häufigsten vorgetragene Problem in Delphi.

Die Pythia Periallos ließ verlauten, Demaratos sei nicht Aristons Sohn.

Der Orakelspruch hatte katastrophale Folgen. Demaratos wurde abgesetzt und verdiente zunächst in einem Vorstandsamt sein Gnadenbrot, später floh er mit einer Handvoll Getreuen, verfolgt von den Häschern des Nachfolgekönigs Leotychidas, über Elis, Zakynthos nach Kleinasien, wo er vom Perserkönig Dareios mit offenen Armen empfangen wurde und in den folgenden Jahren zum Berater und Kriegsbegleiter des Königs Xerxes bei seinen Feldzügen gegen die Griechen avancierte.

In späterer Zeit, sagt Herodot, wurde jedoch ruchbar, daß die Pythia Periallos bestochen worden war. Kleomenes hatte in Delphi einen Gewährsmann namens Kobon sitzen. Dieser Kobon verfügte über gute Kontakte zum Orakel, er überredete die Pythia zu dem von Kleomenes gewünschten Spruch. Wir wissen nicht, welche Summe dabei im Spiel war, doch die Pythia legte ein Geständnis ab und wurde daraufhin ihrer Priesterwürde enthoben. Kobon floh aus Delphi.

Übrigens ist nie geklärt worden, ob Ariston der Vater des Demaratos war oder nicht. Wahrscheinlich ist die gekaufte Antwort der korrupten Pythia sogar richtig gewesen. Herodot schweigt sich aus, er wußte es selbst nicht. Demaratos' Mutter gab auf die flehentlichen Fragen ihres Sohnes, ob sie nicht von ihrem *ersten* Mann schwanger gewesen sei oder gar, wie die Leute behaupteten, von einem Eseltreiber, eine orakelhafte Antwort.

Sie habe, sagte sie treuherzig, in der dritten Nacht mit einem Mann geschlafen, der wie König Ariston aussah. Er hatte Kränze umhängen und ließ diese nach verrichteter Tätigkeit im Bett zurück und verschwand. Kurz darauf kam ein zweiter Mann und behauptete, Ariston zu sein, sogar der einzig richtige, und fragte, woher das geflochtene Grünzeug komme. Die schöne Spartanerin schwor bei allen Göttern, ein Mann, von ebensolchem Aussehen wie ihr Gemahl, habe sie als Erinnerung zurückgelassen.

Die Recherchen des Königs ergaben, daß die Kränze aus dem Heroon stammten, einem Heiligtum, in unmittelbarer Nachbarschaft des Königspalastes gelegen. Ohne rot zu werden, meinte die Königin, vielleicht sei es ein Heros, ein Halbgott, gewesen, der sich ihr in Gestalt des Ariston genähert habe, aber wie dem auch sei, als Väter kämen nur der Heros oder Ariston in Frage, Demaratos sei ein Siebenmonatskind ...

Leotychidas, der gekaufte Nachfolger, regierte nur kurz, er starb nach einem Bestechungsprozeß auf der Flucht. Kleomenes endete als Trinker, er wurde wahnsinnig und beging wie Themistokles Selbstmord.

Nur Lysandros bekam eine Abfuhr

Zur Ehrenrettung der Orakel sei gesagt, daß es aber auch erfolglose Bestechungsversuche gab. Der spektakulärste Fall in dieser Hinsicht ereignete sich um die Jahrhundertwende des Jahres 400 v. Chr. Drahtzieher des großangelegten Komplotts war der Spartaner Lysandros, ein Mann, der – wie Cornelius

Nepos schreibt – von jeher für politische Streitigkeiten zu haben war und die Spartaner in ganz Griechenland unbeliebt machte. Berühmt wurde er durch seinen Flottensieg über die Athener bei Aigos Potamoi im Jahre 405 v. Chr. Sein nächster großer Plan war die Beseitigung des Erbrechts des spartanischen Königs. Auch normale Bürger wie er sollten zum König gewählt werden können.

Lysandros war Realist, er wußte, daß er auf verlorenem Posten stand, wenn er seine Landsleute nicht von der Göttlichkeit seiner Pläne überzeugen konnte. Also versuchte er, genau wie Themistokles, das Orakel von Delphi zu bestechen. Doch der Plan ging schief. Daraufhin probierte er es in Dodona. Auch hier ohne Erfolg. Schließlich reiste er nach Ägypten, um beim Amun-Orakel sein Glück zu versuchen. Die Priester in der Oase Siwa lehnten nicht nur Lysandros' Ansinnen ab, sie schickten sogar Gesandte nach Sparta, die von dem Korruptionsversuch ihres Flottenkommandanten berichteten. Lysandros wurde vor Gericht gestellt, aber mangels Beweise freigesprochen.

Erst nach seinem Tod 395 v. Chr. wurde der raffinierte Plan bekannt, den er der Priesterschaft von Delphi unterbreitet hatte. In Pontos, an der nordöstlichen Küste Kleinasiens, lebte damals eine Frau, die auf Lysandros' Wunsch das Gerücht verbreitete, sie sei von Apollon schwanger. Wahrscheinlich war er selbst der Schwängerer, Gelegenheit hätte er gehabt bei seinen Kriegszügen zu den Dardanellen. Er selbst setzte das Gerücht in Umlauf, im Apollon-Tempel von Delphi lagerten uralte Orakelsprüche, die nicht einmal die Priester lesen dürften, erst wenn ein Sohn des Apollon erscheine, dürften die geheimen Schriften herausgegeben werden.

Jahre sollten vergehen, dann sollte eines Tages ein junger Mann in Delphi die Herausgabe der alten Orakelsprüche fordern, er sollte vor Zeugen einige vorlesen, unter anderem jenen, der es als besser ansah, die Könige der Spartaner fortan unter den tüchtigsten Bürgern auszuwählen. Plutarch weiß zu berichten, daß der Plan in letzter Minute schiefging, »weil einer seiner Mitspieler und Gehilfen bei der Ausführung in Furcht geriet und zurücktrat«.

Eine merkwürdige Gedankenakrobatik. Die Mühe, mit der dieses komplizierte Komplott inszeniert wurde, zeigt jedoch deutlich, daß man hoffte, mit Hilfe eines Orakelspruches selbst aussichtslose Pläne durchsetzen zu können.

XI.

Wie Orakel Schlachten entschieden

Gewaltig ist, wer sich vor Göttern beugt.
Aischylos

Es war schon in Friedenszeiten riskant genug, die Götter durch den Zweifel an ihrer Existenz zu beleidigen oder dadurch, daß man die Sonne einen Stein nannte. Im Krieg aber kam das Verrat gleich und lief auf Hilfe für den Feind hinaus.
Eric Robertson Dodds, Althistoriker

In Istanbul auf dem At-Maidan, der antiken Rennbahn, steht zwischen den beiden Obelisken die sogenannte Schlangensäule von Delphi. Fremdenführer erzählen, daß sie Konstantin der Große hierher in seine neue Hauptstadt gebracht habe, daß das skurrile 5,85 Meter hohe Gebilde aus Bronze einst einen goldenen Dreifuß getragen habe und daß es von den Siegern der Schlacht bei Plataä 479 v. Chr. gestiftet worden sei. Das alles ist richtig; aber viel interessanter ist folgendes: Wir haben hier ein Beweisstück vor Augen, daß Orakelsprüche Schlachten entschieden und damit Weltgeschichte gemacht haben.

Rufen wir uns die Zusammenhänge ins Gedächtnis: Der Ionische Aufstand in Kleinasien, den Athen und die Stadt Eretria auf der Insel Euböa unterstützten, war den Persern Anlaß, gegen Griechenland zu ziehen. Perserkönig Dareios schickte Datis und Artaphernes mit einem gewaltigen Heer nach Europa. Sie kamen zur See, zerstörten Eretria, wurden aber bei Marathon geschlagen, der Rest des Perserheeres mußte nach Asien zurückkehren. Das war im Jahre 490 v. Chr.

Als zehn Jahre später Xerxes in Griechenland einfiel, zahlte er den Griechen diese Niederlage zurück, er schlug Leonidas bei den Thermopylen vernichtend, zerstörte sogar Athen und die Akropolis, wurde dann aber zur See von Themistokles überwältigt, Xerxes floh. Prinz Mardonios überwinterte mit dem Heer in Thessalien. Im Frühling fiel er nochmals in Athen ein; doch beim Rückmarsch nach Böotien trat ihm der Spartaner Pausanias bei Plataä mit einem 70 000-Mann-Heer entgegen. Das Perser-Heer dürfte noch um ein paar tausend Mann größer gewesen sein.

Bevor beide Heere in Ektion treten durften, ging ein Krieg der Orakel und Seher voraus. Nach kurzem Scharmützel lagen sich Perser und Griechen zehn Tage tatenlos gegenüber, und keine Partei wagte den Angriff. Ein zunächst unverständliches Verhalten; denn weder Pausanias noch Mardonios ging der Ruf des Zauderers vor aus.

Der Grund für die von beiden Seiten eingehaltene Kampfpause waren Orakelsprüche, sie verhießen Persern wie Griechen im Angriffsfalle schlechte Aussichten. Und Pausanias wie Mardonios wagten nicht, diese Prophezeiungen zu mißachten.

Die Stars der Augurenzunft

Sieht man von den beiden Heerführern ab, so waren es drei Männer, die die Schlacht bei Plataä entschieden, drei Seher, die aus dem Rauch und der Asche der auf dem Felde verbrannten Opfertiere weissagten und schließlich das Zeichen zum Angriff gaben: Teisamenos für die Griechen, Hegesistratos für die Perser und Hippomachos für die zu den Persern übergelaufenen Hellenen. Pikanterweise waren alle drei Zukunftsdeuter griechischer Herkunft, hochbezahlte Stars der Augurenzunft, das erforderte der Ernst der Lage.

Teisamenos, Sohn des Antiochos aus dem uralten Sehergeschlecht der Iamiden, ließ sich von den Griechen für teures Geld gewinnen. Es war ein Pokerspiel, denn Teisamenos' Forderungen waren so hoch, daß die Spartaner schon bereit waren, auf seine Dienste zu verzichten, sich angesichts der nahenden Perser jedoch eines Besseren besannen. Inzwischen hatte der clevere Teisamenos es sich jedoch anders überlegt, er forderte als Honorar das spartanische Bürgerrecht auf Lebenszeit – für sich und seinen Bruder Hegias. Zähneknirschend stimmten die Spartaner zu.

Doch mit Teisamenos, dessen Kompetenz der eines Heerführers gleichkam, hatten die Griechen eine Erfolgsgarantie. Der Seher Teisamenos hatte nämlich lange vor der Schlacht bei Platää das Orakel von Delphi mit der Frage bemüht, ob er jemals noch auf Nachwuchs hoffen dürfe; aber statt einer Kinderschar hatte die Pythia ihm, dem Seher, der es doch eigentlich selbst am besten hätte wissen müssen, fünf siegreiche Kämpfe prophezeit.

Auf den ersten Blick erscheint dies als ein abgekartetes Spiel unter Wahrsagern. Zwei Gründe sprechen jedoch dagegen: Auch heute sehen sich Wahrsager außerstande, ihr eigenes Schicksal zu dechiffrieren. Und Teisamenos hatte den Spruch der Pythia zunächst mißverstanden. Er glaubte, mit den fünf siegreichen Kämpfen sei der sportliche Fünfkampf gemeint, und begann alsbald zu trainieren, bis er seine Leistungen für olympiareif hielt. Als Teilnehmer an den Olympischen Spielen ging er nur knapp am Lorbeer vorbei, weil ein gewisser Hieronymus von der Insel Andros in einer Disziplin besser war als er.

Es ist ziemlich unwahrscheinlich, daß sich ein Mensch zu solchen Leistungen aufschwingt, nur um die Fälschung eines Orakelspruchs zu vertuschen.

Jedenfalls gingen die Spartaner nach dieser Niederlage des Teisamenos davon aus, daß sich der Spruch nur auf kriegerische Auseinandersetzungen beziehen könne. Also engagierten sie ihn.

Sein Konkurrent auf der Gegenseite, Hegesistratos, war ein noch verwegenerer Typ. Er stammte aus Elis, aus dem angesehenen Sehergeschlecht der Telliaden, und war den Spartanern seit langem ein Dorn im Auge. Hegesistratos hatte sich beim Versuch der Einwohner von Tegea im südöstlichen Arkadien, die spartanische Oberhoheit abzuschütteln, auf deren Seite geschlagen und war nach dem Ende der Fehde in Gefangenschaft geraten. In Sparta lag er in einem Verlies, mit einem Fuß an einen Felsblock angekettet. Im Bewußtsein seiner ausweglosen Situation hackte er sich in einem unbewachten Augenblick den Fuß ab, streifte die Fesseln ab, stemmte in diesem Zustand, weil alle Türen bewacht waren, ein Loch durch die Mauer und machte sich unter unerträglichen Schmerzen humpelnd auf den Weg nach Tegea. Er marschierte nachts, tagsüber rastete er und versteckte sich im Wald, nach drei Tagen und drei Nächten erreichte er Tegea. Die Tegeaten pflegten Hegesistratos gesund, er selbst konstruierte sich einen Holzfuß, und kaum daß er wieder richtig gehen konnte, bot er allen Feinden Spartas seine Dienste an. Die Perser nahmen ihn mit offenen Armen.

Über den dritten, Hippomachos, ist dagegen wenig bekannt, außer daß er ein Leukadier war und für die abtrünnigen Griechenstämme auf seiten der Perser weissagte.

150 000 Mann warten auf ein Zeichen

Alle drei stimmten in der Prognose überein, die Vorzeichen stünden günstig, wenn sich das jeweilige Heer auf die Abwehr beschränke. Einer wartete also auf den Angriff des anderen, und so geschah erst einmal zehn Tage nichts. Man muß sich das vorstellen: Mehr als 150 000 schwerbewaffnete Soldaten standen sich bei Plataä einsatzbereit gegenüber, tagtäglich wurde geopfert und das Orakel befragt, mehr geschah nicht.

Teisamenos warnte die Griechen ausdrücklich, den Asopos-Fluß zu überschreiten; doch anscheinend hatte Hegesistratos auf persischer Seite die gleiche Warnung ausgesprochen. Persische Soldaten flanierten am anderen Flußufer auf und ab, um einen Angriff zu provozieren – vergeblich.

Mardonios war der erste, der die Nerven verlor, Zaudern war nie persische Taktik. Der Feldherr meinte, es sei besser, sich nicht um die Sprüche des Hegesistratos zu kümmern, schließlich könne man günstige Vorzeichen nicht mit Gewalt erzwingen. Er ließ die Obersten seiner Truppe und die der befreundeten Griechenstämme vortreten und fragte: »Kennt jemand einen Götterspruch, nach dem die Perser in Griechenland vernichtet werden?«

Die Antwort – eisiges Schweigen. Herodot erzählt, die einen hätten geschwiegen, weil sie entsprechende Orakelsprüche wirklich nicht kannten, die anderen, weil sie solche zwar kannten, es aber für gefährlich hielten, den Mund aufzumachen (IX, 42).

Da sprach Mardonios: »Da ihr also entweder nichts wißt oder nicht zu reden wagt, will ich es sagen, und ich weiß gut Bescheid. Es gibt einen Götterspruch, daß die Perser nach ihrer Ankunft in Griechenland das Heiligtum in Delphi ausplündern, nach der Ausplünderung aber alle umkommen müssen. Weil wir das wissen, werden wir nicht zu diesem Heiligtum gehen, wir werden nicht versuchen, es auszuplündern, und werden deshalb auch nicht schuldig werden und umkommen. Ihr alle, die ihr den Persern wohlgesinnt seid, freut euch darum, denn wir werden den Griechen überlegen sein.«

Bis heute ist ungeklärt, auf welchen Orakelspruch Mardonios anspielte. Herodot meint, der Perser habe ihn mit einer Prophezeiung verwechselt, die einen Einfall der Illyrier und Encheleer in Griechenland und insbesondere in Delphi ankündigte. Möglicherweise spielte Mardonios aber auch auf ein Orakel des Sehers Onomakritos an, der, nachdem ihm eine Orakelfälschung nachgewiesen werden konnte, von Hipparchos, dem Sohn des Tyrannen Peisistratos, aus Athen vertrieben und bei den Persern mit offenen Armen aufgenommen worden war.

Jedenfalls gab Mardonios den Befehl für den Angriff am nächsten Morgen. Heute wissen wir warum. Das Wasser stand ihm bis zum Hals: Die griechische Flotte lag vor Samos an der kleinasiatischen Küste, und die jonische Provinz drohte abzufallen, damit wäre dem persischen Heer die Verbindung mit dem Mutterland abgeschnitten gewesen. Mardonios mußte losschlagen.

In der Nacht vor der Schlacht erschien vor den Lagerwachen der Athener ein Reiter. Er nannte seinen Namen: Alexandros, Feldherr der gegnerischen Makedonen, Sohn des Amyntas. Alexandros war den Athenern kein Unbekannter. Seine Schwester hatte einen Perser zum Mann, ihm selbst war von den Athenern vor langer Zeit der Titel eines Wohltäters verliehen worden, kein Mensch wußte mehr warum, jetzt standen sie sich als Feinde gegenüber, oder besser als faire Gegner. Alexandros war bereits einmal als Kurier der Perser in Athen erschienen, um ein Friedensangebot zu unterbreiten. Die schwankenden Athener waren jedoch von den radikalen Spartanern überredet worden, dieses abzulehnen. Seine damalige Mission war höchst offiziell, Mardonios hatte ihn geschickt. Dieses Mal kam er offensichtlich auf eigene Veranlassung.

»Ihr Männer von Athen«, sprach er, »als Pfand vertraue ich euch folgende Worte an und verbiete euch, sie irgend jemand anderem zu sagen als Pausanias, damit ihr mich nicht ins Verderben stürzt. Denn ich würde sie nicht sagen, wenn ich nicht gewaltige Sorge um ganz Griechenland trüge. Ich selbst nämlich bin von alters her Grieche und möchte statt eines freien kein unterjochtes Griechenland sehen. So sage ich also, daß Mardonios und dem Heer die Schlachtopfer nicht nach Wunsch ausfallen können; denn sonst würdet ihr schon längst im Kampf stehen. Jetzt aber hat er beschlossen, sich um die Schlachtopfer nicht mehr zu kümmern, sondern mit Tagesanbruch die Schlacht herbeizuführen ...« (Herodot IX, 45)

Der tödliche Irrtum des Mardonios

Aus den Flammen und dem Rauch der Schlachtopfer pflegten die Seher den Ausgang der Schlacht zu prophezeien. Diese Prognosen waren gleichbedeutend mit den Orakelsprüchen. Die unerwartete Information war für Pausanias Grund genug, mit der zweiten Nachtwache einen Stellungswechsel vorzunehmen. Mardonios vermutete nun, die Griechen zögen sich zurück. Es war der folgenschwerste Irrtum seines Lebens. Mardonios gab seinen Heeren das Zeichen zum Angriff, er selbst ritt auf einem Schimmel, um sich die tausend tapfersten Perser, doch der Vormarsch war überstürzt und ungeordnet, Mardonios fiel, es kam zu einem furchtbaren Gemetzel.

»Den Griechen«, schreibt Herodot, »war es möglich, derart zu morden, daß von den 300 000 Mann, wenn man von den 40 000 absieht, mit denen Artabazos auf der Flucht war, nicht 3000 übrigblieben. Von den Lakedämoniern aus Sparta aber fielen bei dem Zusammentreffen insgesamt 91, von den Tegeaten 16, von den Athenern 52 Mann.« Diese Zahlenangaben sind mit Vorsicht zu genießen. Die Zahl von 256 000 Toten auf seiten der Perser ist sicher übertrieben, sie ist auch nur symbolisch gemeint. Diodor beziffert die Verluste der Perser auf 100 000, in Wirklichkeit war es wohl nur ein Bruchteil davon. Andererseits mußten sicher mehr als 159 Griechen ihr Leben lassen. Bei Plutarch lesen wir von 1360 gefallenen Griechen, auch das erscheint als sehr niedrig gegriffen. Allerdings dürfte feststehen, daß die Zahl der gefallenen Perser ein Vielfaches der getöteten Griechen betrug.

Die Beute, die den griechischen Soldaten in die Hände fiel, war die größte, die von den Hellenen je gemacht worden war; denn das Perserheer war auf einen jahrelangen Kriegszug eingerichtet und führte alles mit sich, was ein Truppenverband dieser Größenordnung brauchte. Die Zelte der Feldherren im persischen Lager waren mit Gold und Silber beschlagen, ebenso die Feldbetten, und beim Essen gaben sich Mardonios und seine Offiziere auch nicht mit bronzenem oder gar irdenem Kochgeschirr zufrieden, man tafelte von Gold und Silber. Ganze Wagenladungen dieses kostbaren Geschirrs fielen den Griechen in die Hände, und die Heloten hielten unter den herumliegenden Leichen reichlich Ernte, wobei Hals- und Armbänder, vor allem aber die zum Teil vergoldeten Krummschwerter besonders begehrt waren.

Pausanias ließ deshalb schließlich alle Beutestücke zusammentragen und teilte Gold und Silber, Wagen, Pferde, Kamele und Frauen (denn die Perser waren mit Animierdamen in den Krieg gezogen) unter seinen Soldaten auf. Er selbst nahm sich den zehnfachen Anteil eines gewöhnlichen Soldaten.

Ein Großteil der Beute ging als Dankgeschenk an die Götter. Pausanias ließ eine über drei Meter hohe Poseidon-Statue aus Bronze fertigen, der Zeus-Tempel in Olympia wurde mit einer viereinhalb Meter hohen Bronzeskulptur bedacht, und nach Delphi sandte der siegreiche Feldherr jene eingangs erwähnte Schlangensäule, auf der ein goldener Dreifuß prangte. Der Wert dieses Weihegeschenkes betrug ein Zehntel der Gesamtbeute. Pausanias hat sich seinen Sieg also etwas kosten lassen, er war sicher, daß er die Schlacht nur mit Hilfe der Orakel gewonnen hatte.

Auch Siegen will gelernt sein

Allerdings beging Pausanias einen unverzeihlichen Fauxpas, der ihm letztlich Kopf und Kragen kostete. Thukydides behauptet in seiner Vorgeschichte des Peloponnesischen Krieges, »er konnte nicht mehr in herkömmlicher Weise leben, sondern trug persische Tracht, umgab sich auf seinem Weg durch Thrakien mit einer persischen und ägyptischen Leibwache, ließ sich persische Mahlzeiten auftischen und konnte seine Gesinnung nicht verbergen, sondern gab durch kleine Züge seines Handelns zu erkennen, was sein Geist für später zu vollführen gedachte. Er erschwerte den Zugang zu sich und war so aufbrausend gegen alle ohne Unterschied, daß niemand ihm zu nahen wagte.« (I, 130)

Stolz über sich und seine Leistung als Feldherr, hatte Pausanias auf dem aus der Perserbeute gefertigten Weihegeschenk den Zweizeiler eingravieren lassen:

»Fürst der Hellenen im Feld, da er Persiens Scharen vernichtet,
Stellt Pausanias dies Denkmal, Apollon, dir auf.«

Doch, sagt Thukydides, »diesen Zweizeiler hatten die Spartaner schon damals von dem Dreifuß weggefeilt und dafür die Namen aller Städte aufgeschrieben, die gemeinsam die Barbaren geschlagen und das Weihegeschenk errichtet hatten« (I, 132).

Fortan richteten sich Haß und Mißtrauen gegen Pausanias. Gerüchte von geheimen Kontakten mit dem Perserkönig waren in Umlauf, Pausanias habe angeblich ein Auge auf die Tochter des Großkönigs geworfen. Schließlich wurde ruchbar, daß Pausanias die Heloten aufwiegelte, um mit deren Unterstützung die Macht an sich zu reißen.

Der drohenden Verhaftung entging er nur, indem er sich in ein Nebengebäude des Athene-Tempels von Sparta flüchtete. An der Schwelle eines Tempels endete jedwede weltliche Machtbefugnis. Die Spartaner, berüchtigt wegen ihrer rauhen Sitten, mauerten daraufhin die Tür zu und deckten das Dach ab. Damit verstießen sie gegen keines der heiligen Gesetze. Kurz vor seinem Tod rissen sie die vermauerte Türe wieder auf, Pausanias torkelte heraus, brach zusammen und starb.

Das Weihegeschenk des Pausanias, der Dreifuß, maß 5,85 Meter, und die Delpher stellten es auf einem 2,20 Meter hohen Marmorsockel nahe dem Hauptaltar des großen Apollon-Tempels auf. 124 Jahre symbolisierte es an diesem bevorzugten Platz den Erfolg des Orakels. Übrigens revanchierte sich das Orakel von Delphi postum bei Pausanias. Die Spartaner wollten nämlich seine Leiche in einen Fluß werfen; doch das Orakel forderte ungefragt, sie müßten ihn dort bestatten, wo er gestorben war.

Der goldene Dreifuß wurde von den Phokern im dritten Heiligen Krieg 355 v. Chr. geraubt, die eherne Schlangensäule blieb zurück. Bis zum Beginn des 4. nachchristlichen Jahrhunderts stand das Monstrum dort herum, Konstantin der Große brachte es nach Konstantinopel, dort geriet seine Herkunft in Vergessenheit. Die Schlangensäule überdauerte die byzantinische Zeit nur deshalb, weil der Volksglaube sie inzwischen zum Talisman gegen giftige Schlangen umfunktioniert hatte. Irgendwann einmal muß sie dann umgestürzt sein, und sie verschwand unter dem Schutt der Jahrhunderte. 1856 wurde sie durch Zufall bei den Ausgrabungen des antiken Hippodroms entdeckt.

Wenn Mond und Sonne sich verfinstern ...

Astronomen sind bisweilen die treuesten Weggefährten der Historiker. Sie können Schlachten, Geburts- und Todesdaten auf den Tag genau bestimmen, was Archäologen selbst mit Hilfe reicher Grabungsfunde mitunter nicht möglich ist. Voraussetzung dafür ist allerdings die Erwähnung irgendeines Naturereignisses, einer Himmelserscheinung. Diese lassen sich auf Jahrtausende zurückberechnen, und so kommt es, daß der ganz nebensächlich erscheinende Satz eines antiken Schriftstellers plötzlich ungeheure Bedeutung für die gesamte Geschichtsschreibung annimmt.

Ein solcher Satz steht bei Herodot im 10. Kapitel des IX. Buches. Dort ist von dem Spartanerkönig Kleombrotos die Rede, dem Bruder des bei den Thermopylen gefallenen Heerführers Leonidas. Er hatte in der Euphorie des Sieges von Salamis den Entschluß gefaßt, die auf dem Rückzug befindlichen persischen Landstreitkräfte zu verfolgen. »Als er«, schreibt nun Herodot, »wegen des Kampfes gegen die Perser opfern ließ, hatte sich ihm die Sonne am Himmel verfinstert.«

Astronomen erkannten darin den Hinweis auf eine Sonnenfinsternis, sie rechneten nach, das Ergebnis war verblüffend: In Mittelgriechenland herrschte um die Mittagszeit des 2. Oktobers 480 v. Chr. eine partielle Sonnenfinsternis. Dabei wurde die Sonnenscheibe etwa zur Hälfte vom Mond verdeckt.

Das Ereignis ist für uns doppelt interessant. Denn Kleombrotos ließ darauf von seinem Plan ab, die Perser zu verfolgen. Er sah die Sonnenfinsternis als negatives Vorzeichen an und kehrte vom Isthmos, wo er sich hinter einer kilometerbreiten Mauer verschanzt hatte, nach Sparta zurück.

Wir Heutigen mögen das als Aberglauben bezeichnen, in der klassischen Zeit Griechenlands gab es jedoch noch keinen Unterschied zwischen Glauben und Aberglauben. Und Himmelserscheinungen oder Naturereignisse wurden nun einmal als Zeichen der Götter gedeutet. So kam es, daß die Verdunkelung der Sonne oder des Mondes, das Auftauchen eines Kometen, aber auch das Rollen eines Erdbebens eine Schlacht entschied und mitunter Zehntausende von Menschen das Leben kostete.

Ein solches Ereignis, vielleicht das verhängnisvollste in der gesamten klassischen Geschichte Griechenlands, war die Mondfinsternis vom 27. August 413 v. Chr. Nikias, ein steinreicher Silberbergwerksbesitzer aus Athen, Günstling des Perikles und nach dessen Tod fünf Jahre lang Feldherr, war mit einem riesigen Heer nach Sizilien gesegelt, um der Stadt Segesta zu helfen. Doch Nikias hatte die Rechnung ohne seine beiden gleichberechtigten Feldherren Alkibiades und Lamachos gemacht, die eine Ausweitung des Unternehmens befürworteten. Nikias eroberte nach Abberufung des Alkibiades die Höhen von Epipolai, verstrickte sich aber zunehmend in ein aussichtsloses Unternehmen: die Einnahme von Syrakus. Obwohl Nikias nach dem Tod des Lamachos wieder alleiniger Oberbefehlshaber der athenischen Flotte war, vermochte er den Syrakusanern nicht den entscheidenden Schlag zu versetzen. Im Gegenteil, die tapferen Sizilianer spielten mit den Griechen Katz und Maus, sie fingen Transportschiffe ab, die Nachschub brachten, raubten griechische Vorratslager aus und machten kecke Streifzüge aufs offene Meer hinaus.

Der Mann, der sich diese Kabinettstückchen leistete, war ein Spartaner. Er hieß Gylippos, und die Syrakusaner hatten ihn in höchster Not angefordert. Er schlug die Athener zur See, deshalb hofften diese nun auf eine Hilfsflotte, die bereits nach Sizilien unterwegs war.

Admiral Demosthenes kommandierte 73 Trieren mit 5000 schwerbewaffneten Kriegern und ein paar tausend Leichtbewaffnete. Das unerwartete Auftauchen dieser Streitmacht setzte die Syrakusaner in Schrecken, aber die erste militärische Aktion, die Rückeroberung der Höhen von Epipolai mißlang. Demosthenes war ein Realist, das athenische Heer war dezimiert, der stürmische Herbst stand bevor, er blies zum Rückzug.

Doch Nikias legte sein Veto ein. Die Vorstellung, sich vor der Volksversammlung für ein mißlungenes Unternehmen rechtfertigen zu müssen, bestärkte ihn in dem Entschluß auszuharren, bis die Kriegsmittel der Feinde erschöpft seien und die Hilfstruppen der Syrakusaner abzögen. Darüber vergingen Wochen, in denen die Athener kampflos dezimiert wurden, weil das Sumpffieber ausgebrochen war. Als die Syrakusaner gar von einer versprengten peloponnesischen Streitmacht Verstärkung erhielten, sah auch Nikias im Rückzug den letzten Ausweg.

Der verhängnisvolle 27. August des Jahres 413 v. Chr.

27. August 413 v. Chr.: Die Athener hatten alle Vorbereitungen zur Abreise während der Nacht getroffen. Vollmond kam ihrem Unternehmen entgegen. Da, gegen 21 Uhr, verfinsterte sich der Mond, eine Mondfinsternis stürzte die zum Rückzug gerüsteten Truppen in Panik: ein Zeichen der Götter. Man rief nach dem Seher. Nikias, der von Thukydides und Diodor übereinstimmend als ein der Mantik verfallener Mann charakterisiert wird, hatte seinen erfahrenen Seher Stilbides gerade erst verloren. Er war während der Belagerung gestorben. Jetzt hatten irgendwelche Amateure die Rolle des Zeichendeuters übernommen. Sie weissagten, die Mondfinsternis sei ein Zeichen dafür, den Rückzug dreimal neun Tage aufzuschieben, einen ganzen Mondumlauf. Keiner wagte zu widersprechen.

Die Syrakusaner nutzten die Orakelgläubigkeit der Athener und lieferten dem Feind eine vernichtende Seeschlacht, die Griechen versuchten sich auf dem Landweg durchzuschlagen und in Sicherheit zu bringen, 40 000 Mann, aufgeteilt in zwei Heerhaufen. Nikias führte das Hauptkontingent, Demosthenes die Nachhut. Während ihres Rückzuges suchten sie einen strategisch günstigen Punkt zur Verteidigung vor ihren Verfolgern. Doch dazu kam es nicht mehr. Demosthenes, von feindlichen Truppen eingeschlossen, mußte sich mit den restlichen 6000 Mann ergeben, Nikias wurde wenige Tage später mit den letzten 7000 Mann gefangengenommen. Die meisten endeten als Sklaven. Nikias und Demosthenes wurden zum Tode verurteilt und hingerichtet, ihre Leichen am Stadttor von Syrakus ausgestellt.

Die Mondfinsternis vom 27. August 413 v. Chr. ist ein bedeutsames Datum; denn dieser Tag brachte die Orakelgläubigkeit der Athener stark ins Wanken. Die Volksseele kochte. Alkibiades hatte sich auf alte Orakelsprüche berufen, die ihnen großen Ruhm in Sizilien verheißen hatten, die gottesfürchtige Reaktion des Nikias auf die Mondfinsternis hatte gar zur Vernichtung des gesamten Expeditionsheeres beigetragen. Zum erstenmal war von Aberglauben die Rede, von *deisidaimonia*, Mißtrauen wurde wach.

Doch ein halbes Jahrhundert später scheint man den Vorfall schon wieder vergessen zu haben; denn am 9. August 357 v. Chr. störte eine Mondfinsternis erneut ein kriegerisches Unternehmen – wenn auch mit weniger katastrophalen Folgen.

Dion, Schwager und Schwiegersohn des Tyrannen Dionysos I. von Syrakus, lebte in Griechenland im Exil. Er hatte bereits Söldner angeworben und plante an jenem 9. August 357 v. Chr. die Abfahrt nach Syrakus, um die dortige Tyrannis zu stürzen. »Aber nach den Trankopferspenden und den üblichen Gebeten verfinsterte sich der Mond«, berichtet Plutarch (*Dion* 24, 1). Dion konnte, anders als der glücklose Nikias, in dieser Situation auf seinen Hausseher Miltas zurückgreifen. Und dieser Miltas interpretierte das Vorzeichen am nächtlichen Himmel ganz anders als die Amateure des Nikias. Miltas, übrigens ein akademisch gebildeter Seher, erklärte, die aufgebrachten Söldner sollten keine Furcht haben, die Mondfinsternis zeige nichts weiter als das Verlöschen einer glänzenden Erscheinung an. Diese glänzende Erscheinung sei die Tyrannis des Dionysos, und sobald sie in Sizilien gelandet seien, würden sie deren Glanz vernichten. Nach Plutarchs Bericht segelte Dion mit seinen Söldnern ab, ohne sich von der Mondfinsternis beeinflussen zu lassen.

Wenn Seher etwas übersehen

Mehr als 2000 Jahre lang galt dies als ein Beweis für die Unerschrockenheit und Aufgeklärtheit des Dion, der offenbar noch unter dem Eindruck des verhängnisvollen Orakelgeschehens 56 Jahre zuvor alle Zeichen der Götter mißachtete und bedenkenlos in See stach. Diskutiert wurde von den Historikern höchstens die Frage, ob Miltas nicht von seinem Herrn gekauft worden war, um seinen Kriegszug nicht zu gefährden. Der Althistoriker Dr. Harald Popp, ein deutscher Experte auf dem Gebiet der Vorzeichen bei der Kriegführung der Griechen, meint dazu: »Es wäre denkbar, daß Dion den Miltas vorschob, um das Ansehen, das er als Seher genoß, für sein militärisches Vorhaben auszunützen. Miltas kann aber auch von sich aus unter die Söldner getreten sein, um sie zu beschwichtigen, denn selbstverständlich richteten sich in einer solchen Situation die Blicke auf den Seher.«

Die Frage nach der Ernsthaftigkeit einer solchen Prophezeiung beantwortet der Wissenschaftler ausweichend: »Es wäre natürlich sehr wichtig und interessant«, meint Dr. Popp, »wenn wir hier und bei all den anderen Fällen der Zeichen- und Opferdeutung etwas über die jeweilige Einstellung der Seher erführen. Doch wieweit sie an ihre Erklärungen glaubten und in welchem Maße sie sich etwa von dem Gesichtspunkt der Zweckmäßigkeit bestimmen ließen, darüber geben uns die Quellen leider nur selten Auskunft.«

Plutarch beschreibt die Abfahrt Dions und die Ankunft der Griechen an der Südostküste Siziliens am 13. Tag. Er erwähnt einen gewaltigen Sturm und den Aufgang des Arkturus, eines Sternes erster Größe im Sternbild des Bootes – ein verhängnisvolles Detail. Plutarch stolperte nämlich über seine eigene Genauigkeit. Er erwähnte den Arkturus-Aufgang vermutlich nur, um zu beweisen, daß Dion, ein aufgeklärter, mit der Astronomie vertrauter Mann, sich von einer Himmelserscheinung wie der Mondfinsternis überhaupt nicht beeindrucken ließ. Er konnte ja nicht ahnen, daß Astronomen im 20. Jahrhundert nach Christus diese Nebensächlichkeit zum Anlaß kühner Rechenexperimente nehmen würden.

Die Berechnungen der Astronomen hatten ein höchst peinliches Ergebnis. Zwar fanden die Wissenschaftler das Datum der Mondfinsternis am 9. August 357 v. Chr. bestätigt, aber für den Arkturus-Aufgang in jenen Breiten errechneten sie nicht den 22. August (13 Tage Fahrt nach der Mondfinsternis vom 9. August), sondern den 21./22. September. Daraus folgt eindeutig: Dion und seine Söldner hatten nach der Mondfinsternis sehr wohl einen Mondumlauf abgewartet, bevor sie ihren Feldzug starteten. In Athen hatte sich also nichts geändert seit dem Debakel von Syrakus im Jahre 437 v. Chr. Göttliche Zeichen, vor allem wenn sie am Himmel sichtbar waren, galten als unabdingbarer Wille ihrer Verursacher.

Offen bleibt die Frage, warum Plutarch nachweislich falsch berichtet hat. War es Unwissenheit oder steckte eine Absicht dahinter? Der Experte Dr. Harald Popp glaubt, »daß der Aufschub der Abfahrt und seine Gründe schon in Plutarchs Quellen nicht erwähnt gewesen seien, ist wegen der genauen Zeitangaben für die Überfahrt nicht anzunehmen. Näher liegt die Vermutung, daß Plutarch selbst in dem Bestreben, Dion zu verherrlichen und ihn gerade gegenüber Nikias als ›aufgeklärten‹ Mann hinzustellen (*Nikias* 23, 6), die durch den Mond bedingte Wartezeit überging. Selbst wenn Dion so unerschüttert war, wie

Plutarch angibt, und wirklich jene astronomischen Kenntnisse besaß (*Dion* 24, 1), so konnte er dennoch durch die Furcht der Söldner zum Abwarten gezwungen worden sein.«

Ein Orakelpriester geißelt den Aberglauben

»Ist es denn schrecklich, daß die Erde nach einer langen Zeit einmal zwischen die Sonne und den Mond tritt und auf diesen ihren Schatten wirft? Fürchterlich ist es nur, wenn die Finsternis des Aberglaubens einen Menschen befällt und seine Vernunft eben dort verwirrt und verblendet, wo sie am wenigsten zu entbehren ist.«

Es mag verblüffen, daß der Urheber dieser Zeilen der Orakelpriester Plutarch ist. In seiner philosophischen Schrift *Der Aberglaube* zieht der weitgereiste Akademiker gegen »Dummheit und Unwissenheit in göttlichen Dingen« zu Felde und setzt damit die nahezu krankhafte Vorzeichendeutung der Griechen erkennbar von der heiligen Institution der Orakel ab. Uns Heutigen fällt es schwer, den Unterschied zwischen einem Vorzeichendeuter und einem Orakeldeuter zu begreifen, das Ergebnis ist in beiden Fällen das gleiche: Prophetie.

Plutarch, der philosophisch gebildete Platoniker, ein tiefgläubiger Mann mit erstaunlichen naturwissenschaftlichen Kenntnissen, geißelte jedoch das Tun des einen als Aberglaube, während er das Orakelwesen als religiöse Handlung betrachtete. Plutarch ignoriert dabei freilich allzugern jene Mischformen von Glauben und Aberglauben, wie sie bei allen Orakelstätten der Welt praktiziert wurden. Denken wir nur an den fragwürdigen Test, mit dem die Priester in Delphi die Bereitschaft des Orakels feststellten: Sie bespritzten ein Zicklein mit Wasser, und nur wenn das Tier zitterte, wurde die Befragung eingeleitet. Andernfalls brachen sie die Zeremonie ab.

Wo, fragt man, ist der Unterschied zwischen dieser Vorzeichendeutung und dem Entschluß des Nikias, aus Furcht vor der Mondfinsternis ein 40 000-Mann-Heer zurückzuziehen. Plutarch erregt sich darüber, daß der Messenierkönig Aristodemos im Kampf gegen die Spartaner resignierte, weil seine Wahrsager das Gras, das um seinen Hausaltar wuchs, als Zeichen des Unglücks deuteten. Er erwähnt an anderer Stelle jedoch die denkwürdigen Zeichen, welche die in Delphi aufgestellten Weihestatuen bisweilen gaben. Dies zeige in wie enger Beziehung die Votivgaben zur Seherkraft des Apollon stünden und wie sehr sie von Göttlichkeit erfüllt seien: Da stürzte eine von Hieron, dem Tyrannen von Syrakus, für Delphi gestiftete Bronzesäule gerade an jenem Tag um, an dem Hieron in Sizilien starb. Der Skulptur des Spartaners Hermon fielen die aus Halbedelsteinen gefertigten Augen aus, als er in der Schlacht bei Leuktra den Tod fand. Und während der sizilischen Katastrophe der Athener purzelten die goldenen Datteln von der kunstvoll gestalteten Palme, die sie vor dem Tempel aufgestellt hatten.

Plutarch ist hier eindeutig parteiisch, wenn er in seiner Schrift *Über Gott und Vorsehung, Dämonen und Weissagung* dem Boethos die Worte in den Mund legt: »Es genügt ja nicht, den Gott einmal jeden Monat in einen sterblichen Körper einzuschließen, sondern wir werden ihn auch noch in jedes Stück Marmor und Bronze hineinmengen, als ob wir nicht im Zufall und im Ungefähr einen hinreichenden Urheber für solche Ereignisse hätten.« (8, 398 a)

Im Grunde begegnen wir hier bereits dem Schicksalsglauben der christlichen Religionen, die Glück wie Unglück als gottgewollt ansehen, Zeichen und Wunder respektieren, deren Deutung bei anderen Religionsgemeinschaften jedoch als heidnischen Brauch abtun. Der Glaube, heißt es, kann Berge versetzen, für die Orakel der Antike war er die wichtigste Voraussetzung.

XII.

Die Traumfabriken von Oropos, Epidauros und Lebadeia

Alle Träume haben einen Grund, und laßt uns bei den unsterblichen Göttern zusehen, daß wir diesen nicht durch unseren Aberglauben und unsere Verkehrtheit vergrößern!
Cicero (*Von der Weissagung*, LXVII)

Amphiaraos erteilte Traumorakel, und Trophonios zelebrierte ein merkwürdiges Ritual, bei dem der Orakelsuchende eine Höhle unter der Erde aufsuchen mußte. Wenn er sie wieder verließ, produzierte er im Delirium seine eigenen Weissagungen.
Herbert W. Parke, Althistoriker

Alfred Hitchcock hätte die Szene nicht gespenstischer gestalten können: In der totenstillen Halle, die nur von gedämpftem Licht erleuchtet wird, liegen, auf steinernen Tischen aufgebahrt, mit weißen Tüchern zugedeckt, Hunderte menschlicher Körper. Hier hängt ein Arm herab, dort lugt ein Fuß hervor, wo das Leinen vom Kopf gerutscht ist, gibt es den Blick frei auf fratzenhafte Gesichter, aufgerissene Münder. Rauchschwangere Luft durchzieht den Raum. Da auf einmal beginnt sich einer der vermummten Körper zu regen, ein Stöhnen. Lautlos, als wäre er aus dem Boden gewachsen, baut sich ein weißgekleideter Mann vor der Bahre auf. Beinahe teilnahmslos zieht er das Tuch von der liegenden Gestalt, so weit, daß gerade der Kopf hervorlugt. Alle Bewegungen wirken unheimlich in dieser hundertfachen Starrheit. Verängstigt reißt der Liegende die Augen auf, blickt sich hilflos um, der Weißgekleidete springt auf ihn zu, packt ihn bei den Schultern, schüttelt ihn und zischt leise: »Was hast du gesehen?«

Der, unter heftigem Schütteln, stammelt Wortfetzen hervor: »Eine Frau – nackt – aus ihrem Schoß – wuchs ein Weinstock ...« »Weiter!« Der Weißgekleidete versucht mehr aus seinem Opfer herauszuschütteln, »weiter!« – aber ohne Erfolg. Schließlich läßt er von ihm ab, zieht ein Täfelchen aus den Falten seines Gewandes und kritzelt ein paar flüchtige Zeilen darauf, dann faßt er sein Opfer am Arm und flüstert leise: »Komm, laß uns gehen, fort von hier!«

So oder ähnlich spielte sich unzählige Male die wohl ungewöhnlichste Prozedur im antiken Orakelkult ab: das Traumorakel. Das Amphiareion, 50 Kilometer nördlich von Athen, war eine regelrechte »Traumfabrik«, in der Menschen mit zweifelhaften Methoden in tagelangen Schlaf versetzt und auf zukunftweisende Träume programmiert wurden.

Das Amphiareion bei Oropos war in der Tat eine Besonderheit unter den Orakelstätten der antiken Welt, denn hier, zwischen Attika und Böotien, wurde die Zukunft nicht geweissagt, sondern erträumt. Es war ein sehr vornehmes Orakel, Hotels und Kuranlagen lockten vor allem Reiche und Intellektuelle an, die dem Ritual der großen Orakel skeptisch gegenüberstanden. Die Orakelstätte präsentierte sich als mondänes Sanatorium, in dem Mineralwasser für den Heilschlaf gereicht wurde, in schwierigen Fällen auch Wein.

Die Träume, die von den Priestern nach »psychoanalytischen« Methoden gedeutet wurden, ersetzten den Spruch der Pythia und waren – weil persönlich kontrollierbar – vielen Menschen weniger suspekt als der übliche Orakelkult. Dies mag gerade uns Heutigen einsichtig erscheinen, weil nach wissenschaftlichen Erkenntnissen der offenbarende Traum intuitiv und abgeschirmt von der Außenwelt Zeichen zu setzen vermag.

Schon bei Homer spielen Träume eine wichtige Rolle für das spätere Geschehen, sie gehören zu den ältesten Formen der Mantik. Homer personifiziert die Träume und verleiht gewissen Gestalten ein kurzes Scheinleben. Aber auch Götter erscheinen im Traum und weisen den Schicksalsweg. Bildlich-symbolische Erscheinungen bedürfen jedoch des Traumdeuters: 20 Gänse, die von einem Adler getötet werden, sind nichts anderes als die Freier, die Odysseus umbringt. Träume waren in der Antike göttlicher Natur, und selbst aufgeklärte Skeptiker wie Cicero, Sokrates, Xenophon, Aristoteles und Sophokles glaubten an den Traum als Offenbarung.

Ein bißchen Lourdes, ein bißchen Baden-Baden

Der Orakelklient, der den Weg zum Amphiareion fand, wurde von der gediegenen Atmosphäre eines religiös orientierten Kurortes empfangen, ein bißchen Lourdes, ein bißchen Baden-Baden. Der Andrang war groß, man kam nach Anmeldung oder auf die Warteliste. Am Eingang des Heiligtums hing öffentlich zugänglich eine Tafel, auf der Name und Adresse der Kurschläfer vermerkt waren. Das Amphiareion war, wie gesagt, ein vornehmes Orakel, und die öffentliche Bekanntmachung der Anwesenden sollte verhindern, daß kriminelle Elemente das Orakel mißbrauchten, man hatte schließlich einen Namen zu verlieren. Der Pharao Ptolemäus IV. (240–204 v. Chr.) und seine schöne Gemahlin Arsinoë, der römische Feldherr Sulla (138–78 v. Chr.) und seine Frau Metella, Staatsmänner und Dichter hatten hier ihr zukünftiges Schicksal erträumt und zum Dank ihre Weihestatuen hinterlassen.

Wie zu jedem bedeutenderen Orakel gehörte auch zum Amphiareion ein Stadion für Wettspiele, ein Theater zur Erbauung und eine umfangreiche Hotelerie außen herum. Im Zentrum des Heiligtums standen der Tempel des böotischen Lokalgottes Amphiaraos, ein riesiger Opferaltar und die 110 Meter lange Schlaf halle. Diese Halle ist zusammen mit dem Theater der besterhaltene Gebäudekomplex des gesamten Heiligtums, sogar die Sockelfundamente der einzelnen Liegeplätze sind noch erhalten, der Tempel ist kaum zu rekonstruieren, und am Stadion hat der Zahn der Zeit so stark genagt, daß davon nichts mehr übrigblieb – ein kleines Museum steht an seiner Stelle.

Amphiaraos war ein zum Gott emporgestiegener Heros und Seher, ein Sohn des Oikles und der Hypermestra, genealogisch mit Melampus und Apollon verbunden. Seinen Aufstieg in göttliche Sphären verdankte Amphiaraos seiner Sehergabe. Er hatte seinen eigenen Tod vorausgesagt, der ungewöhnlich genug war: Beim Zug der Sieben gegen Theben fuhr ein Blitz vom Himmel, riß einen Spalt in die Erde, und der verschlang Amphiaraos samt seinem Wagen. Dort fortlebend, genoß er im Bewußtsein der böotischen Bevölkerung göttliche Verehrung. Die Ursprünge dieses Heiligtums gehen in die erste Hälfte des 5. Jahrhunderts v. Chr. zurück. Schon der orakelbesessene König Krösus war hier Klient und bezog das Amphiareion auch in seinen legendären Test ein.

Für die Thebaner war das Orakel bei Oropos übrigens tabu. Dies, so erzählt Herodot (VIII, 134), aus einem sehr menschlichen Grund: Die Thebaner hatten Amphiaraos beleidigt, indem sie – vor die Wahl gestellt – seine Dienste als schlichter Bundesgenosse denen eines Zukunftsdeuters vorzogen. »Deshalb«, so Herodot, »ist es keinem Thebaner erlaubt, dort im Tempel zu schlafen.«

Die wackeren Thebaner standen damit auf einer Ebene mit den Barbaren, also allen Nichtgriechen, die das Traumsanatorium ebenfalls nicht betreten durften. Dieses Verbot führte bisweilen zu grotesken Situationen. Der persische Feldherr Mardonios, Schwiegersohn des Dareios, ließ deshalb irgendeinen Fremden bestechen, er sollte sich im Amphiareion zur Schlafkur legen, um die Lage des Perserheeres, das in Thessalien überwinterte, zu erfragen. Herodot berichtet dies mit süffisantem Unterton, weil er wußte, daß damit die Voraussetzungen der Traumprognose gestört waren.

So wurden Träume produziert

Der Klient des Orakels bei Oropos erhielt nach Entrichtung einer Drachme eine Kurkarte aus Blei oder Bronze mit den Prägeköpfen des Amphiaraos und der Kurgöttin Hygieia. Mit dieser Kurkarte anerkannte er die Kurordnung, die ein festgelegtes Ritual zum Inhalt hatte. Das begann mit einem Widder- oder Hammelopfer auf dem großen Opferaltar und einem strengen Diätplan. An den Tagen vor dem Inkubationsschlaf wurden Schweinefleisch, gewisse Fische, Zwiebeln, Bohnen und Knoblauch gemieden. Es gab nur Wasser zum Trinken. Dies entsprach pythagoreischer und platonischer Reinheitslehre.

Wie bei dem römischen Schriftsteller Plinius nachzulesen ist, waren sich die Alten durchaus bewußt, daß übermäßiger Genuß von bestimmten schweren Speisen, aber auch Alkohol, die Träume negativ beeinflußten. Auch krankhafte Veränderungen im Organismus und fiebrige Infektionen waren als alptraumfördernd bekannt und wurden damit für das Traumorakel als ein Hindernis angesehen.

»Wenn sich das Gehirn«, sagt der griechische Arzt Hippokrates, »plötzlich durch die Galle erhitzt, indem das Blut in Wallung gerät, dann sehen die Kranken schreckhafte Traumgesichte, und wenn sie erwachen, glüht ihr Gesicht, die Augen sind gerötet, und sie denken Schlimmes« (Epist. 19).

Deshalb war der für ein Jahr gewählte Oberpriester im Amphiareion auch Kurarzt und Psychotherapeut, und er hatte obendrein das Amt des Traumdeuters zu versehen. Voraussetzung für ihre erfolgreiche Arbeit waren empirische Tricks, die in den sogenannten Zauberpapyri aufgezeichnet waren. Der Orakelklient legte sich zwar in der Absicht nieder, »irgend etwas« zu träumen, doch die Priester wandten Mittel an, mit deren Hilfe sie bestimmte Träume herbeizuführen glaubten. Die moderne Hypnoseforschung hat Versuche dieser Art bestätigt. Wie beim Orakel von Delphi, wo echte, in Trance gegebene Weissagungen und billige Losorakel wechselten, dürften auch im Traumsanatorium bei Oropos Traumbeeinflussung und Zufallsträume einander abgelöst haben – je nach Klientel.

Die Anwendung traumfördernder Zwangsmittel wird von Artemidoros, einem berühmten Traumdeuter des 2. Jahrhunderts n.Chr., indirekt bestätigt: »Wenn du einen Traum forderst«, schreibt der Wahrsager aus Kleinasien (Onirocr. IV, 2), »zünde weder Räucherwerk an noch gebrauche magische Zwangsformeln; denn es wäre lächerlich, wenn bedächtige Menschen Leuten, die etwas zwangsweise und gewalttätig fordern, ihre Wünsche versagen, die Götter aber ungestümen Forderungen ein williges Ohr liehen.«

Die Hierobotanik, die Lehre von den Pflanzen, die zu rituellen und heiligen Zwecken eingesetzt wurden, ist ein ernsthafter Wissenschaftszweig. Es ist kein Geheimnis mehr, daß gewisse Pflanzen oder deren Produkte halluzinatorisch wirken und manche, zum Beispiel Opium und indischer Hanf, starke Träume hervorrufen. Bei Naturvölkern werden noch heute Pflanzentränke gemixt, die Zukunftsvisionen und seherische Fähigkeiten auslösen. Aber auch schlichte Steine oder Amulette wirken traumfördernd, indem sie die Konzentration des Klienten auf sich ziehen.

Eine Fundgrube der Psychoanalyse

Träume sind in den seltensten Fällen realistisch konkret, meist handelt es sich um allegorische oder symbolische Traumgesichte, die eine kunstgerechte Deutung erforderlich machen. Diese Fähigkeit war im Altertum eine geachtete Kunst, und die berühmtesten Traumdeuter schrieben vielbändige Lehrbücher. Der bereits erwähnte Artemidoros aus Ephesus gab ein fünfbändiges Traumbuch heraus, das bis heute erhalten ist und unter anderem 95 erfüllte Träume aufzählt – eine Fundgrube der modernen Psychoanalyse. Andere namhafte Traumdeuter neben Artemidoros waren der Staatsmann und Philosoph Demetrios von Phaleron, ein Schüler des Aristoteles, Geminos von Tyros, ein Stoiker des letzten Jahrhunderts v. Chr., der sich auch mit Astrologie beschäftigte, Artemon von Milet, Pappos von Alexandria und Hermippos aus Berytos.

Doch diese Experten brauchten von den Besuchern des Schlaforakels bei Oropos nicht zu Rate gezogen zu werden, der diensthabende Priester im Amphiareion schrieb jeden Traum auf eine Tafel, erklärte dem aus dem Heilschlaf Erwachten den Symbolgehalt und legte die Tafel zu den Akten. Diese ungewöhnliche Art der Zukunftsdeutung erfreute sich großer Beliebtheit, die Ausmaße der Schlafhalle lassen ahnen, daß hier Hunderte gleichzeitig vor sich hin träumen konnten.

Wenngleich das Amphiareion mit den großen Orakelstätten nie konkurrieren konnte, so war man in Oropos doch auf sein Renommee bedacht. Wie in den übrigen Heiligtümern gab es Spiele, die »Amphiaraa«, deren erstes Zeugnis im Jahr 335 v. Chr. auftaucht, und man rechnete die Zeit nach dem Patronat der jeweiligen Oberpriester. Seltsam ist, daß Barbaren zwar vom Tempelschlaf ausgeschlossen, als Teilnehmer an den Amphiaraa jedoch geduldet waren. Auf den vorgefundenen Siegerlisten sind jedenfalls sogar Asiaten aufgeführt.

Der Inkubationsschlaf dürfte ägyptischen Ursprungs sein,

denn schon der Serapis- und Isis-Kult kannte das Schlaforakel. Herodot berichtet von einem Pharao der 25. Dynastie namens Sebichos (704–688 v. Chr.), der seine Soldaten in Friedenszeiten schlecht behandelte und sich bei einem Araberangriff meuternden Truppen gegenübersah. In seiner Verzweiflung suchte Sebichos den Tempel auf und klagte den Göttern sein Leid. Darüber schlief er ein und – so Herodot (II, 141): »Es sei ihm gewesen, als ob der Gott im Traum zu ihm trete und ihn ermutige, daß ihm nichts Schlimmes widerfahren werde, wenn er dem Heer der Araber gegenübertrete. Er selbst werde ihm nämlich Hilfe senden.« Statt der Soldaten folgten dem Pharao Handelsleute, Handwerker und Leute vom Markt; die Waffen der Araber, Pfeile, Bogen und Schild, wurden im Feldlager angeblich von Mäusen angenagt und unbrauchbar, so daß die Ägypter siegten. Das ist das erste überlieferte Traumorakel, so wie es »die Ägypter und Priester« Herodot erzählt haben.

Die Wunderheilungen von Epidauros

In Griechenland war neben dem Amphiaraos-Kult in Oropos vor allem der Schlafkult des Asklepios gefragt. Asklepios, von den Römern Äskulap genannt, war ein Sohn Apollons und galt, nach erfolgreichen Wunderheilungen, als Gott der Heilkunst. Sein berühmtestes Heiligtum war Epidauros, dem sich seit dem 5. Jahrhundert v. Chr. weitere Gründungen von griechischen Asklepieien anschlossen. Auf Anraten der Sibyllinischen Bücher, auf die wir noch zurückkommen, übernahmen die Römer während einer Seuche im Jahre 293 v. Chr. den Äskulap-Kult. Dieser Kult, als dessen Symbol der Gott mit einem von einer Schlange umwundenen Stab in Erscheinung trat, erfreute sich bis in die Spätantike hinein höchster Beliebtheit.

Das zentrale Heiligtum des Asklepios lag an der Südküste des Saronischen Golfes, neun Kilometer südwestlich der Stadt Epidauros. Es war ein mondäner Kurort wie das Amphiareion mit einem 150-Betten-Hotel, Kurpark, öffentlichen Bädern, Odeon, Gymnasterion und Hippodrom. 15 000 Menschen faßte das Theater, das heute besterhaltene Griechenlands. Im 4. Jahrhundert v. Chr. von Polyklet erbaut, brachte es schon Pausanias ins Schwärmen: »Welcher Architekt könnte hinsichtlich Ebenmaß und Schönheit mit Polyklet wirklich in Wettbewerb treten?« (II 27,5)

Derselbe Baumeister hatte auch die Tholos errichtet, einen harmonischen Rundbau, über dessen Bedeutung noch heute Unklarheit herrscht. Wahrscheinlich diente er geheimnisvollen Riten; denn er soll über dem Grab des Asklepios – seine Mutter war eine Sterbliche – errichtet worden sein. Hier züchteten die Priester die dem Asklepios heiligen hellbraunen Schlangen.

Es gab mehrere Tempel in diesem Heiligtum. Sie waren Aphrodite, Artemis, Athene, Themis und Dionysos geweiht. Am größten und prächtigsten präsentierte sich der Tempel des Asklepios, von dem nur noch die Fundamente zu sehen sind. Im dorischen Stil erbaut, barg er in seinem Innern das Götterbild des Asklepios aus Gold und Elfenbein über einem Holzkern, ein Werk des Thrasymedes aus Paros.

In unserem Zusammenhang erscheint die 70 Meter lange, zweigeschossige Schlaf- und Traumhalle von besonderem Interesse. Sie trug den Namen Abaton und diente ähnlichen Prozeduren, wie wir sie im Amphiareion kennengelernt haben. Allerdings spielte in Epidauros die Psychotherapie eine größere Rolle als die Zukunftsdeutung. Traumvisionen sollten Wünsche erfüllen, hier durfte man sich gesund träumen. Innere Erregung und Autosuggestion scheinen tatsächlich Wunder vollbracht zu haben. Unzählige Votivinschriften in dorischer Sprache, der Stolz der Priesterschaft von Epidauros, kündeten von Blinden, die wieder sehen, Lahmen, die wieder gehen, Frauen, die wieder gebären konnten.

Etwa 70 Wunderheilungen im Traum sind überliefert. Da war eine Messenerin, die kein Kind bekam und sich zur Schlafkur im Abaton von Epidauros einfand. Im Traum erschien Asklepios mit einer Schlange, die er ihr ins Bett schob. Aber anstatt sich zu grauen, trieb sie mit ihr neckische Spiele – im Traum wohlgemerkt. Trotzdem gebar sie noch im selben Jahr Zwillinge.

Der Thessalier Pandaros war nach Epidauros gekommen, weil übergroße Pigmentflecken auf der Stirne an seinem Selbstbewußtsein nagten. An Hauttransplantationen dachte im 4. Jahrhundert v. Chr. noch niemand. Asklepios war seine letzte Hoffnung. Auch Pandaros hatte einen Traum: Asklepios umwickelte seine Stirn mit einer Binde und befahl seinem Schützling schließlich, die Binde wieder abzunehmen und sie nebenan im Tempel als Votivgabe zu hinterlassen. Als der Patient am nächsten Morgen erwachte, hatte er tatsächlich einen Verband um den Kopf. Er löste ihn und – die Flecken waren verschwunden. Ein schwerer Stein vor der Schlafhalle kündete von einem anderen Wunder: Hermodikos aus Lampsakos war gelähmt. Verwandte hatten ihn auf einer Bahre nach Epidauros getragen, wo er sich im Abaton des Asklepios einer Traumkur unterziehen sollte. Im Schlaf erschien dem Gelähmten der Gott, hieß ihn aufstehen, aus dem Heiligtum gehen und den schwersten Stein, den er finden konnte, zum Tempel schleppen. Der Traum des Hermodikos ging in Erfüllung, der Stein blieb als Votivgabe vor der Schlafhalle liegen.

Zur Unterhaltung des Publikums wurden in Epidauros seit dem 5. Jahrhundert v. Chr. die Großen Asklepien, Festspiele zu Ehren des Schutzherrn des Heiligtums, veranstaltet. Sie fanden alle vier Jahre statt und schlossen wie in Delphi sportliche und künstlerische Wettbewerbe ein. Während im Stadion Reiter und Athleten gegeneinander antraten, war das Theater, dessen Akustik noch heute gerühmt wird, Sängern und Dichtern vorbehalten.

Musen und Muße gehörten zur Therapie der Asklepios-Priester. Waren diese zunächst nur Narkoseärzte und Traumdeuter, so wurden sie vor allem nach der Zeitenwende schließlich zu Psychotherapeuten und Heilpraktikern. Sie verschrieben gymnastische Übungen und Diätkuren und führten klinische Behandlungen aus. Die Kosten nannte Asklepios seinen Patienten angeblich im Traum, doch ist darunter wohl zu verstehen, daß die Priester nach Ermessen des einzelnen honoriert wurden. Fest steht, Reiche zahlten mehr, Arme weniger. Denken wir an Delphi, so wird auch die Behandlung entsprechend unterschiedlich gewesen sein.

Der schauerliche Backofen des Trophonios

Ein Schlaf- und Traumorakel besonderer Art ist das von Lebadeia. Lebadeia heißt heute Livadia und ist eine malerisch gelegene Stadt mit einer mittelalterlichen Burg im Südwesten der Kopaisebene am Ausgang der Herkynaschlucht. Kein Mensch möchte glauben, daß ausgerechnet hier in dieser Idylle die schauerliche Höhle des Trophonios zu finden war, eines der renommiertesten Orakel der griechischen Welt. Und obwohl die griechischen Archäologen A. D. Keramopulos zu Beginn dieses Jahrhunderts und J. Threpsiadis in den fünfziger Jahren die halbe Stadt, den Burgberg und die Umgebung von Livadia umgewühlt haben, blieb es verschollen.

Man könnte meinen, das Trophonion sei eine mythologische Erfindung, ein Phantasiegebilde, wären nicht Orakelbesuche prominenter Männer wie Krösus von Lydien, Aristomenes von Messenien, Epameinondas, Philipp II., Aemilius Paullus und Apollonios verbürgt. Ja, ausgerechnet dieses verschollene Orakel, dessen Spuren sich erst in christlicher Zeit verlieren, ist das am besten dokumentierte – was den eigentlichen Orakelvorgang betrifft. »Ich schreibe das nicht nur vom Hörensagen«, schreibt Pausanias, »sondern weil ich andere gesehen und auch selber das Orakel von Trophonios befragt habe.«

Die Ursprünge von Lebadeia und seinem Orakel verlieren sich wie bei allen anderen kultischen Fragestätten in grauer Vorzeit. Obwohl Homer den Ort und sein Orakel nicht zu kennen scheint, weisen Grabungsfunde bis in mykenische Zeit zurück.

Nach der Sage hat die Orakelstätte einen traurigen Ursprung: Trophonios, der Sohn des Apollon, ein Heros, tötete seinen Bruder Agamedes und floh nach Lebadeia in eine unterirdische Höhle, wo er schließlich auch starb. Die Griechen erzählten deshalb, wer bei Trophonios gewesen sei, habe das Lachen verlernt, umgekehrt sagten sie über einen Griesgram: Er war bei Trophonios.

Die Stadt selbst war eine der wohlhabendsten Städte Griechenlands, hieß ursprünglich Mideia und lag damals auf einem etwa zwei Kilometer entfernten Hügel. Bei Pausanias heißt es: »Als Lebados aus Athen in die Stadt kam, stiegen die Menschen in die Ebene hinab, und die Stadt wurde nach ihm Lebadeia genannt. Den Namen des Vaters des Lebados, und weshalb er kam, weiß man nicht, nur, daß die Frau des Lebados Laonike war.« (IX, 39) Archäologen lokalisierten in der Tat Baureste auf dem angegebenen Hügel, aber auch unter der heutigen Stadt.

Lebadeia war im 5. Jahrhundert v. Chr. Mitglied des Böotischen Bundes, wurde 395 v. Chr. von Lysandros verwüstet, gehörte im 3. Jahrhundert zum Aitolischen Bund, stand gegen Perseus auf seiten der Römer, wurde 86 v. Chr. von den Truppen des Mithradates verwüstet und erlebte schließlich in der römischen Kaiserzeit eine neue Blüte.

Das Orakel von Lebadeia hatte sicher seine Stammkundschaft, die vor allem auf das schaurige Ritual eingeschworen war, mit dem die Prophezeiungen abliefen. Allerdings profitierte das Trophonion auch von der zeitweisen Überlastung des Orakels in Delphi. Um längere Wartezeiten zu vermeiden, sandten die Apollon-Priester die letzten auf der durch Los ermittelten Warteliste bisweilen in das nahe gelegene Lebadeia.

So weiß Pausanias zum Beispiel zu berichten: »Diese Orakelstätte, die früher nicht so bekannt war, haben die Böoter aus folgendem Grund kennengelernt. Sie schickten einmal Gesandte von jeder Stadt nach Delphi, da es bereits im zweiten Jahr bei ihnen nicht regnete. Als sie um Behebung der Dürre baten, befahl ihnen die Pythia, zu Trophonios nach Lebadeia zu gehen und von ihm das Heilmittel zu erfahren. Als sie nun nach Lebadeia kamen und das Orakel nicht finden konnten, da sah einer von den Männern aus Akraiphnion namens Saon, er war der älteste der Gesandtschaft, einen Bienenschwarm, und er riet ihnen, sie sollten ihm folgen. Sofort sah er die Bienen an dieser Stelle in der Erde verschwinden, und er tauchte mit ihnen in die Orakelstätte ein ...« (IX, 40)

Zu Pausanias' Zeiten waren Lebadeia und sein Orakel in besserem Zustand als Delphi. Der Hain des Trophonios präsentierte sich als gepflegte Parkanlage mit kostbaren Statuen, von der Stadt getrennt durch den Fluß Herkyna. Praxiteles war der Schöpfer eines Kultbildes, von dem Pausanias erzählt, es sei dem Asklepios, dem Gott der Heilkunst, sehr ähnlich gewesen. Es gab ein Stadion, Theater, Demeter-Heiligtum und einen Zeus-Tempel, allerdings nur halb fertig, wohl aufgrund der zahlreichen Kriege. Die Fundamente dieses Tempels wurden bei Ausgrabungen auf der Bergkuppe Hagios Elias westlich von Livadia freigelegt, von einem weiteren Tempel mit den Statuen des Chronos, der Hera und des Zeus fehlt jede Spur.

Imagepflege wurde großgeschrieben

Die Lebadeier legten großen Wert auf Imagepflege. Anders als in Delphi, wo man wegen des großen Andranges froh war, wenn die Fragesteller möglichst schnell wieder verschwanden, mußte im Trophonion jeder Klient die erhaltene Prophezeiung auf einer Votivtafel in einem Vorraum des Orakelheiligtums aufstellen. Offensichtlich waren die Orakelpriester von Lebadeia sehr selbstbewußt, schließlich konnte jedermann den objektiven Wahrheitsgehalt der Weissagung nachkontrollieren. Und natürlich wurden auch Weihegeschenke ausgestellt.

Am berühmtesten war der Schild des Aristomenes, auf dem ein Adler mit ausgebreiteten Flügeln prangte. Aristomenes war ein Held der Messenier in ihrem Freiheitskampf gegen Sparta im 7. Jahrhundert v. Chr. Dazu bedurfte es dreier Messenischer Kriege. Im ersten wurde Messenien, eine fruchtbare Landschaft im Südwesten der Peloponnes, von den Spartanern erobert, die Bevölkerung versklavt. Im zweiten Messenischen Krieg brachte eben jener Aristomenes den Spartanern mehrere Niederlagen bei. Und dabei spielte das Orakel von Lebadeia im Altertum eine ganz wesentliche Rolle.

Wie viele Kriege war auch diese Schlacht ein Krieg der Seher. Verunsichert hatten sich die Spartaner an das Orakel von Delphi gewandt, wie sie sich in dieser Situation verhalten sollten. Aristomenes dagegen verließ sich einzig und allein auf seinen Seher Theoklos. Die Antwort der Pythia lautete, sie sollten die Athener als Ratgeber zuziehen. Verblüfft und nicht wissend, wie sie zu der hohen Ehre gekommen waren, schickten die Athener einen Schreiblehrer nach Sparta. Der, dachten sie, konnte den Spartanern, denen sie ja nie sehr wohlgesinnt waren, wohl kaum einen brauchbaren Rat erteilen. Er hieß Tyrtaios, schien – so Pausanias – sehr wenig Verstand zu haben und hinkte auf einem Bein. Tyrtaios betrieb nach heutigem Sprachgebrauch moralische Aufrüstung, indem er überall seine selbstverfaßten Kriegsgesänge vortrug.

Aber Kriege werden nun einmal nicht mit der Lyra entschieden, sondern mit dem Schwert, und so kam es, daß Aristomenes mit einer kleinen Elitetruppe den Spartanerkönig Anaxandros in die Flucht schlug. Bei der Verfolgung unterlief Aristomenes ein Mißgeschick, er verlor seinen kostbaren Schild, weil er den Rat seines Privatpropheten Theoklos, nie an einem Birnbaum vorbeizulaufen, in der Hast der Verfolgung vergessen hatte. Alles Suchen half nichts, der Schild blieb unauffindbar.

Traurig wandte sich Aristomenes an das Orakel von Delphi. Die Pythia schickte ihn aber zur Fragestätte des Trophonios nach Lebadeia, und dort nannte man ihm die Stelle, wo er seinen Schild verloren hatte. Aristomenes lieferte später diesen Schild als Votivgabe im Trophonion ab, wo er von Pausanias bestaunt wurde.

Der Schild hatte auch in der durch einen Orakelspruch entschiedenen Schlacht bei Leuktra eine Rolle gespielt. In Leuktra besiegten 371 v. Chr. die Thebaner unter Epameinondas die Spartaner mit Hilfe der sogenannten »schiefen Schlachtordnung«; doch der Sieg war vorprogrammiert. Das Trophonios-Orakel hatte auf Befragen der Thebaner folgende Vorhersage gemacht:

»Bevor ihr mit der Lanze auf die Feinde stoßt, stellt ein Siegesmal auf,
Es schmückend mit dem Schild, den meinem Tempel brachte
Der messenische Held Aristomenes. Aber ich werde dir
Das Heer der schildtragenden Feinde vernichten.«

Die Thebaner bauten in der Tat das Siegesdenkmal, bevor es überhaupt zur Schlacht gekommen war. Sie liehen sich den

Schild des Aristomenes aus, hängten ihn an das Siegesmal und gaben ihn nach erfolgreicher Schlacht zurück.

Auch die Prophezeiung über den Ausgang der Schlacht bei Leuktra ist von eindeutiger Klarheit, ganz anders als die Sprüche Delphis um Sieg oder Niederlage. Es gibt überhaupt nur eine einzige Vorhersage, bei der das Orakel von Lebadeia schieflag, das war vermutlich beim Orakeltest des Königs Krösus. Leider ist nirgends die tatsächliche Antwort aus Lebadeia im Wortlaut überliefert, aber wenn Herodot erklärt, die einzige richtige Antwort sei aus Delphi gekommen, müssen wir das glauben, dann war die Antwort des Trophonios falsch.

Für uns ist das Trophonios-Orakel von besonderem Interesse, weil Pausanias in seiner Beschreibung Böotiens (IX, 39, 5ff.) den Vorgang der Befragung präzise beschreibt. Er tut dies unter dem persönlichen Eindruck einer Konsultation, wobei er allerdings sein Anliegen verschweigt.

Der Orakeltest des Pausanias

Wie alle anderen Klienten mußte Pausanias zunächst einige Tage in einem Haus verbringen, das dem guten Dämon und dem guten Geschick geweiht war. In dieser Zeit wurde vor allem auf bestimmte Reinigungsvorschriften geachtet, denen man im Fluß Herkyna nachkam. Warm baden war streng verboten. Tagtäglich mußte Pausanias ein Opfertier schlachten, meist Geflügel. Bevor er es ins Feuer warf und fromme Gebete zu Trophonios, Apollon, Chronos, Zeus, Hera und Demeter sprach, begutachtete ein Orakelpriester die Eingeweide der Tiere und verkündete danach, ob Trophonios ihn günstig und gnädig empfangen werde. War das endlich der Fall, so kündete der Seher für die kommende Nacht den Abstieg in die Orakelhöhle an.

Dies begann bei völliger Dunkelheit mit dem Opfer eines

Widders, dessen innere Organe nochmals von den Priestern begutachtet wurden. Waren Farbe und Verwachsungen ungünstig, so wurde die Prozedur noch in diesem Stadium abgebrochen. Im günstigen Fall führte ein Priester den Fragesteller zum Herkynafluß hinab, wo zwei Hermai bereitstanden, zwei dreizehnjährige Knaben, die ihn nochmals gründlich wuschen, von Kopf bis Fuß einsalbten und mit einem leinenen Chiton bekleideten. An einer Quelle schöpfte er mit hohler Hand das sogenannte Wasser des Vergessens, um alles Vergangene zu vergessen, und wurde schließlich in finsterer Nacht zu der auf dem Berg gelegenen Orakelhöhle geleitet.

»Eine Plattform aus Marmor«, erzählte Pausanias, »ist ringsum gebaut in der Größe einer kleinen Tenne und weniger als zwei Ellen hoch. Auf der Plattform stehen Gitterstäbe, die ebenso wie die sie verbindenden Bänder aus Bronze sind; durch sie ist eine Tür hergestellt. Innerhalb des Bezirks befindet sich ein Erdschlund, der nicht einfach natürlich, sondern künstlich und sorgfältig aufs genaueste gebaut ist. Die Form dieses Bauwerks gleicht einem Backofen; in der Breite beträgt sein Durchmesser schätzungsweise etwa vier Ellen (180 Zentimeter), und auch die Tiefe des Bauwerks kann man wohl auf nicht mehr als acht Ellen [360 Zentimeter] schätzen. Eine Treppe hinunter gibt es nicht. Wenn jemand zum Trophonios geht, bringt man ihm eine schmale leichte Leiter.«

Das Trophonios-Orakel von Lebadeia war, das wird durch diese Schilderung deutlich, weit weniger auf großen Publikumsandrang eingerichtet als das Orakel von Delphi. Der Abstieg zur Orakelhöhle wirkte improvisiert und beschwerlich und schloß Massenandrang von vornherein aus. Es scheint, Lebadeia war ein ziemlich exklusives Orakel, das seine Klienten individuell betreute. Nur so sind auch die schon erwähnten klaren Antworten zu verstehen, die auf den einzelnen Fragesteller zugeschnitten waren. Doch läßt sich wohl der Einfluß des nahen Delphi nicht verkennen, wenn es um die Bezahlung geht. Hier wie da mußte, gleichsam als Eintrittskarte, teuerer Honigkuchen gekauft werden, den der Fragesteller dann als Opfer darbrachte. Wir erfahren das bei Pausanias nur ganz im Vorbeigehen:

»Wenn man hinabgestiegen ist, ist da ein Loch zwischen Boden und Bauwerk; die Breite schien zwei Spannen, die Höhe eine Spanne zu betragen. Der Hinabsteigende legt sich nun auf den Boden, indem er mit Honig gebackene Kuchen in der Hand hält, schiebt zuerst seine Füße in das Loch und folgt dann selber nach, wobei er darauf Bedacht nimmt, daß sich seine Knie in dem Loch befinden. Der übrige Körper wird dann sofort ergriffen und folgt den Knien nach, wie der größte und reißendste Fluß einen vom Strudel erfaßten Menschen verschlingt.«

Diese Beschreibung des Pausanias ist nicht gerade meisterhaft. Was er sagen will, ist folgendes: Der Backofen hat an einer Seite eine enge Öffnung, durch die der Klient mit den Füßen voraus in die eigentliche Orakelhöhle gezogen wird. Und hier an dieser Öffnung beginnt das Tabu des Trophonios-Orakels. Was sich nun in der hinter dem Backofen liegenden Orakelzelle abspielte, erfahren wir nur in einem allgemein gehaltenen Satz: »Von da an ist für die, die in das Allerheiligste gelangt sind, die Art und Weise, wie sie die Zukunft erfahren, nicht ein und dieselbe, sondern der eine sieht, der andere hört etwas.«

Gehirnwäsche bis zur Bewußtlosigkeit

Diese Bemerkung läßt sich wohl am ehesten dahingehend interpretieren, daß dem Fragesteller Erscheinungen vorgegaukelt wurden wie im Totenorakel von Ephyra, daß aber auch mündliche Antworten erteilt wurden. Ob der Klient zwischen der einen oder anderen Möglichkeit wählen konnte, erfahren wir leider nicht. Pausanias erwähnt nur, die Fragesteller seien wieder durch dieselbe Luke hinausbefördert worden, obwohl kein Zweifel bestehen kann, daß die Orakelhöhle, in der der Orakelpriester saß und Erscheinungen inszeniert wurden, einen eigenen Zugang gehabt haben muß.

Bei nüchterner Betrachtung hatte der unheimliche, beschwerliche Abstieg und das anschließende Auf-dem-Boden-Herumschleifen eine wohlbedachte Funktion, es diente dazu, den Fragesteller willenlos, kritiklos, gottergeben zu machen. Die Angst, von der jeder Fragesteller während dieser rauhen Prozedur befallen wurde, was mit ihm geschehe – diese Angst wird bei Pausanias ganz deutlich, wenn er ausdrücklich darauf hinweist, es sei wirklich nur ein einziger dort unten umgekommen. Aber auch nur deshalb, weil er weder eine der vorgeschriebenen Handlungen vollzogen habe, noch überhaupt das Orakel befragen wollte, es war ein Einbrecher, der Gold und Silber suchte. Sein Leichnam wurde später »an anderer Stelle« gefunden, obwohl er nie durch die Einstiegsöffnung heraufgebracht worden war.

Der Fragesteller mußte nämlich auf demselben Weg zurück, wie er eingestiegen war. Pausanias berichtet: »Denjenigen, der vom Trophonios heraufkommt, nehmen die Priester und setzen ihn auf den sogenannten Thron des Erinnerns, der nicht weit vom Allerheiligsten steht, und fragen ihn dort, was er gesehen und erfahren hat. Danach überlassen sie ihn seinen Angehörigen. Diese tragen ihn in das Haus, in dem er sich auch vorher aufhielt bei dem guten Geschick und dem guten Daimon, noch ganz benommen vom Schrecken und ohne Bewußtsein seiner selbst und seiner Umgebung. Im übrigen ist er dann später durchaus nicht weniger bei Verstand als vorher, und das Lachen kommt ihm auch wieder ...«

In diesen drei Sätzen gibt Pausanias die interessanteste Information überhaupt: »Benommen vom Schrecken und ohne Bewußtsein« muß der Orakelklient von seinen Angehörigen fortgetragen werden! In Lebadeia wurde demnach der Fragesteller ähnlich wie im Totenorakel von Ephyra mit Rauch, Duft und Drogen betäubt, und *er* fiel in einen tranceartigen Zustand, nicht die Pythia wie in Delphi. Dabei ist anzumerken, daß wir überhaupt nicht wissen, ob in Lebadeia ein Priester oder eine Priesterin weissagte, jedenfalls macht keiner der antiken Autoren eine entsprechende Bemerkung. Wie dem auch sei, es stellt sich natürlich die Frage: Wie kann ein bewußtloser Fragesteller die Antwort des Orakels aufnehmen?

Erste Möglichkeit: Der Klient war nicht in völliger Bewußtlosigkeit, sondern in einem Zustand der Benommenheit, der ihm gerade noch die Aufnahme der Antwort möglich machte.

Zweite Möglichkeit: Der Klient verlor tatsächlich das Bewußtsein, und dafür spricht, daß er nicht nur aus dem Orakel geführt, sondern *getragen* werden mußte, dann erhielt er seine Antwort schriftlich. Wir erinnern uns an die Bemerkung von Pausanias, jeder Fragesteller habe seine Antwort, die auf einer Tafel geschrieben stand, aufstellen müssen.

Welche Variation auch die richtige sein mag, auf dem »Thron des Erinnerns« bot sich den Priestern die Gelegenheit, dem Orakelklienten die Antwort zu interpretieren. Vielleicht wurde sie sogar erst hier aufgezeichnet. Eine eindeutige Antwort auf diese Fragen werden wir wohl nie mehr geben können, auch wenn Archäologen eines Tages den geheimnisvollen Backofen von Lebadeia ausgraben sollten.

XIII.

Die vergessenen Orakel

Er ist auch zum Orakel nach Abai im Phokerland gekommen, und so zuerst auch nach Theben. Sobald er dorthin kam, ließ er sich von Apollon Ismenios ein Orakel geben. Es ist dort wie in Olympia üblich, Brandopfer zu befragen.
Herodot (*Historien* VIII, 134)

Der Grundriß von Olympia vervollständigt sich ununterbrochen. Ein kleiner Erdaltar fesselt jetzt meine ständige Aufmerksamkeit. Er ist wenigstens ein dutzendmal mit einer dünnen Stuckschicht neu überzogen, und jede Schicht trägt an drei Seiten Blätterornament und auf der Vorderseite die Dedikation eines Heros. Da die Blätter Lorbeerblätter sind, so muß es der Altar des Heros der Weissagung sein ...
Ernst Curtius, Historiker und Archäologe

»Druwa bei Olympia, 29. April 1874
Gestern kamen wir mit einer Karawane von zwölf Pferden hier an. Druwa ist ein Dorf, das erst vor 30 Jahren sich hier angesiedelt hat auf einer Höhe über dem Alpheiostal. Man sieht von hier das ganze Alpheiostal. Auf steilen Wegen steigt man hinunter. Gestern nachmittag haben wir zum erstenmal die Gegend durchmustert, heute den ganzen Tag unten gearbeitet. Die ganze Gegend ist in Aufregung und erwartet eine neue Ära des Ruhmes und Wohlstandes.«

So schilderte der Lübecker Historiker und Archäologe Ernst Curtius in einem Brief die Vorbereitungen für die Ausgrabungen des heute weltbekannten Heiligtums von Olympia. Es mag verwundern, den Namen Olympia unter die großen Orakel der Antike eingereiht zu finden. Und doch, in Olympia, jenem Olympia, dem in der Antike wie in der Neuzeit die weltumspannende Bewegung sportlichen Wettkampfes ausging, lebten einstmals Seher und Propheten.

Lange bevor Ring- und Faustkämpfer, Wagenlenker und Diskuswerfer sich hier ein Stelldichein gaben, war Olympia ein schlichtes Heiligtum des Urgottes Chronos und der Erdmutter Ge. Der rabiate Sohn Zeus tötete schließlich seinen Vater Chronos und herrschte fortan über diese Gegend, die sich Elis nannte.

Zeus hatte einen unehelichen Sohn namens Herakles, der zeitlebens von Frau Hera verfolgt wurde und zwölf Arbeiten zu bestehen hatte, von denen eine zum Himmel stank. Herakles mußte den Stall des Königs von Elis, Augias, an einem Tag ausmisten. Das war ein beinahe unlösbares Problem; denn Augias hatte seinen Stall schon seit Jahren nicht mehr gereinigt. Gegen Abtretung eines Zehntels seiner Herden ging Herakles auf das Reinigungsangebot ein, leitete zwei Bäche durch den Stall und schaffte so das für unmöglich Gehaltene. Weil Augias sich weigerte, den vereinbarten Lohn zu zahlen, brachte Herakles den König um und zog daraufhin nach Olympia, um Buße zu tun.

Dort hatten nordgriechische Einwanderer, die mit Dodona in Verbindung gestanden haben müssen, einen Zeus-Kult gegründet. Bis auf das 11. Jahrhundert gehen Weihegaben zurück, die von Archäologen in Olympia ausgegraben wurden. Schon damals gab es Festspiele, wenn auch in ganz bescheidenem Rahmen. Mit Einführung der Siegerlisten in Olympia 776 v. Chr. begann die griechische Zeitrechnung. Alle vier Jahre fanden diese Spiele statt, und der Zeitraum dazwischen hieß Olympiade.

Die Seher von Olympia

Die Wahrsagepriester von Olympia entstammten einem uralten Sehergeschlecht, dessen mythischer Ahnherr Iamos war. Der thebanische Lyriker Pindar (522–446 v. Chr.) hat sich der Sage angenommen und erzählt, daß Euadne, eine Tochter Poseidons, im nahen Phaisane am Alpheiosbach ein Kind zur Welt gebracht habe, dessen Vater Apollon hieß. Sie verbarg »die Schande« im Gebüsch zwischen Veilchen (griechisch: *ia*), was dem Jungen den Namen Iamos einbrachte. Schlangen sollen den Iamos im Busch mit Honig versorgt haben, und als er größer war, erinnerte Apollon sich gewisser Vaterpflichten, und er schenkte dem Sprößling die Sehergabe. Der Heros Iamos und seine Nachfahren, die Iamiden, waren angesehene Leute, die beinahe tausend Jahre aus den Flammen des Opferfeuers oder dem Aussehen der Asche die Zukunft prophezeiten.

Die Orakel, welche den Klienten der näheren Umgebung am Zeus-Altar erteilt wurden, betrafen meist arme Leute, Bauern und Viehzüchter; der Besuch war zahlreich. Man hatte Zeus einen Altar auf einem Berg von Asche errichtet, die vom Feuer verbrannter Schenkelstücke der Tieropfer stammte. Pausanias bemerkt, daß Frauen nur bis zur ersten Stufe dieses Altares hinaufsteigen durften, Männer hingegen bis zur obersten. »Und jedes Jahr«, so der griechische Reiseschriftsteller wörtlich, »warten die Seher den neunzehnten Tag des Monats Elaphios ab und bringen dann die Asche aus dem Prytaneion, rühren sie mit Wasser aus dem Alpheiosbach an und übergießen damit den Altar.« (V, 13, 11)

Auf diese Stelle bei Pausanias spielte der Ausgräber Ernst Curtius in der eingangs zitierten Präambel an, als er von einem Erdaltar sprach, der »wenigstens ein dutzendmal mit einer dünnen Stuckschicht neu überzogen« war.

Zeus hatte den schönsten und größten Tempel von Olympia. Dieses Bauwerk des elischen Architekten Libon wurde 457 v. Chr. nach zehnjähriger Bauzeit fertiggestellt. Dreizehn dorische Säulen an den Längsseiten, sechs an den Querseiten, jede elf Meter hoch und mit 2,60 Meter Durchmesser an der Basis, gaben ihm ein monumentales Aussehen. Berühmt war dieser Tempel wegen der Giebelfiguren an Vorder- und Rückseite, die die zwölf Taten des Herakles darstellten, vor allem aber wegen der Zeus-Statue im Innern.

Das Weltwunder im Zeus-Tempel

Die Monumentalskulptur zählte zu den Sieben Weltwundern und war ein Werk des Phidias: Zeus hielt thronend sein Zepter in der Linken, eine Nikegöttin in der ausgestreckten Rechten, das Götterbild maß zwölf Meter, der Holzkern war mit Gold, Silber und Elfenbein beschlagen. Pausanias geriet ins Schwärmen: »Obwohl ich weiß, daß die Maße des Zeus in Olympia nach Höhe und Breite aufgezeichnet sind, möchte ich diejenigen doch nicht loben, die sie gemessen haben, da auch die von ihnen angegebenen Maße weit zurückbleiben hinter dem Eindruck, den das Kultbild auf den Beschauer macht, wo man ja doch erzählt, daß der Gott selbst Zeuge für die Kunst des Phidias gewesen sei. Denn als die Statue fertig war, betete Phidias zum Gott, er möge ihm ein Zeichen geben, ob ihm das Werk noch Wunsch sei, und er habe sofort an der Stelle des Bodens einen Blitz niederfahren lassen, wo noch zu meiner Zeit der bronzene Wasserkrug daraufstand.« (V, 11, 9)

Die großartige Zeus-Statue des Phidias stand bis 393 n. Chr. im Tempel von Olympia; sie wurde dann nach Konstantinopel verschleppt, wo sie einem Brand zum Opfer fiel.

Die näheren Umstände der Prophetie in Olympia kennen wir nicht, weil das Heiligtum mehr und mehr zum Treffpunkt für Sportler wurde, während das Orakel im selben Maß in den

Hintergrund trat. Im Gymnasion trainierten die nackt kämpfenden Athleten oft schon zehn Monate vor Beginn der Spiele, die Palästra war eine Übungsstätte für Ringkämpfer, im Leonidaion übernachteten prominente Gäste der Spiele, das Buleuterion diente dem olympischen Komitee als Tagungsstätte, im großen Stadion fanden bis zu 40 000 Zuschauer Platz, und am Eingang zum olympischen Bezirk stand ein pompöses Prytaneion, die Verwaltungsbehörde.

Der Zeus-Altar, an dem die Orakelpriester Dienst taten, nahm den Platz zwischen dem Zeus-Tempel und einem noch älteren Hera-Tempel ein. Dieser Hera-Tempel stammte aus dem 7. Jahrhundert v. Chr. und ist damit einer der ältesten Tempel Griechenlands. Pausanias berichtete, man habe bei einer Restaurierung des Bauwerkes zwischen der Zierdecke und dem ziegeltragenden Dach die mumifizierte Leiche eines verwundeten elischen Soldaten gefunden, der im elisch-spartanischen Krieg (402–400 v. Chr.) vom Dach des Tempels aus gekämpft hatte und dort seinen Verletzungen erlegen sei.

Bis 1723 war Olympia verschollen. Ein französischer Mönch entdeckte schließlich die traditionsreiche Stätte, französische Archäologen begannen 1829 mit ersten Grabungen. Doch erst mit dem ersten Spatenstich, den der Lübecker Historiker und Archäologe Ernst Curtius am 4. Oktober 1875 tat, begann die Wiederbelebung Olympias. Curtius »vergrub« in sechs Jahren 600 000 Mark. Seine Leistung, die in diesem Jahrhundert von den deutschen Professoren Wilhelm Dörpfeld und Emil Kunze fortgesetzt wurde, bleibt beispielhaft für das gesamte Ausgrabungswesen.

Das Heiligtum von Olympia ist heute freigelegt, fünf Meter Sand und Schutt mußten stellenweise abgetragen werden. Aber das Orakel von Olympia gab kein einziges Geheimnis preis.

Prophetenspuren am Berg Ptoion

Mit den Orakelstätten der Antike war es nicht anders als heute mit Ärzten, Psychiatern oder Rechtsanwälten: Je prominenter die Klientel, desto besser der Ruf. Glücklich das Orakel, das von einem Staatsmann oder Feldherrn aufgesucht wurde. Ein bedeutender Name war die beste Werbung.

Nun hatten nicht alle Orakel Griechenlands das Glück wie Delphi, einem Krösus, Themistokles oder Alexander die Zukunft weissagen zu dürfen. Manche Heiligtümer wurden jahrhundertelang von Bauern und Handwerkern frequentiert, ohne daß ein Geschichtsschreiber davon Notiz nahm. Folglich gerieten die Wahrsagestätten in Vergessenheit, und auch die Archäologen zeigten mangels historischer Bedeutung nur geringes Interesse. Ein solches vergessenes Orakel ist das am Berg Ptoion, nordöstlich des verlandeten Kopaissees in Böotien.

Genaugenommen gab es zwei Heiligtümer am Berg Ptoion, denen ein Orakel angeschlossen war. Die historische Überlieferung nimmt sich sehr dürftig aus. Strabon, Pausanias und Plutarch erwähnten es mit nur wenigen Zeilen, Herodot widmete ihm ein kurzes Kapitel. Der Geschichtsschreiber aus Halikarnaß fand an der böotischen Wahrsagestätte bemerkenswert, daß sie »in fremdländischer Sprache« orakelte. Dies geschah, als ein Abgesandter des persischen Feldherrn Mardonios namens Mys zum Berg Ptoion kam. In Sorge um die Zukunft seines Herrn hatte er bereits alle Orakel aufgesucht und wollte nun noch die Meinung des Apollon Ptoios hören. Also engagierte er drei Thebaner, die für ihn, den Nichtgriechen, die Formalitäten übernehmen und die Antwort des Wahrsagepriesters aufschreiben sollten. Völlig unerwartet antwortete der Orakelpriester jedoch in karischer Sprache, der Muttersprache des Gesandten. Die Thebaner, berichtet Herodot, gerieten in Staunen, als sie die barbarische Sprache statt der griechischen hörten, und sie wußten nicht, was sie damit an-

Rekonstruktion der Dreifuß-Straße im Heiligtum des Heros Ptoios (Zeichnung von Kostis Iliakis)

fangen sollten. Sie begriffen erst, was geschehen war, als Mys ihnen die Schreibtafel aus den Händen riß, um das Gehörte aufzuzeichnen.

Die genaue Antwort des Orakels verschwieg Herodot, sie war auch nicht wichtig. Von weit größerer Bedeutung war Herodots Ortsangabe: »Das Heiligtum heißt Ptoion, gehört den Thebanern und liegt über dem Kopaissee am Gebirge ganz nahe der Stadt Akraiphia.« (VIII, 13)

Mit dieser Beschreibung gingen 1884 französische Archäologen auf die Suche nach dem Heiligtum, und dabei gab es zunächst eine große Überraschung: Die Archäologen unter ihrem Grabungsleiter Holleaux entdeckten gleich zwei Heiligtümer »nahe der Stadt Akraiphia«. Im Westen einen kleinen Tempel des Heros Ptoios aus dem späten 4. Jahrhundert v. Chr. und einen Kilometer weiter östlich bei der Quelle Perdikovrysis auf drei Terrassen am Hang einen dorischen Tempel des Apollon Ptoios. Daneben stießen die Ausgräber auf das Gewölbe einer Quellgrotte, das Orakel des Berges Ptoion.

Keine einzige schriftliche Überlieferung nimmt Bezug auf das, was in dieser Grotte vor sich ging. Thebanische Siedler und Bauern, die diese Stätte mit ihren alltäglichen Problemen aufsuchten, wurden nicht für wert erachtet, in die Annalen der Geschichte einzugehen. Wir können auch nur vermuten, daß es sich hier um ein Inspirationsorakel handelte, bei dem der Priester Wasser aus der Quelle trank und die Fragen seiner Klienten beantwortete.

Abai, ein Denkmal des Hasses

Ein anderes vergessenes Orakel ist das von Abai in der mittelgriechischen Landschaft Phokis. Obwohl es mit Krösus einen prominenten Klienten aufzuweisen hatte, geriet es dennoch in Vergessenheit, nachdem Perser und Thebaner es zweimal zerstört hatten. Herodot, der im selben Jahr in Kleinasien geboren wurde, als der Perserkönig Xerxes die Orakelstätte von Abai dem Erdboden gleichmachte, erzählt, zu seiner Zeit sei das Heiligtum bereits wieder aufgebaut gewesen, zahlreiche Schatzhäuser quollen über von Weihegeschenken, und auch das Orakel war wieder in Betrieb.

600 Jahre später schrieb dagegen Pausanias, man habe das Heiligtum von Abai schon damals nach dem Perserüberfall nicht mehr aufgebaut, sondern beschlossen, die Ruinen »für alle Zukunft als Denkmäler des Hasses« zu belassen (X, 35, 3). In Wirklichkeit geschah dies wohl erst nach der Zerstörung durch die Thebaner 352 v. Chr., »wo die Thebaner im Phokischen Krieg Phoker, die in der Schlacht besiegt und nach Abai

geflohen waren, und zwar die Schutzsuchenden und das Heiligtum zum zweitenmal also nach den Persern, dem Feuer überlieferten«. Pausanias sah noch bescheidene Gebäudereste. Seine Bemerkung, Kaiser Hadrian habe in dem verlassenen Heiligtum einen zweiten Tempel errichtet, hat Archäologen in Ratlosigkeit gestürzt, weil sie diese Reste nicht mit Sicherheit orten konnten.

Mehr als die Tatsache, daß Abai einst Sitz einer berühmten Orakelstätte war, ist nicht bekannt und wird wohl auch anhand der kargen Baureste nie mehr zu ergründen sein; Perser und Thebaner haben ganze Arbeit geleistet.

Es gab noch zahlreiche griechische Orakelstätten, deren Stimme jedoch nie über den lokalen Bereich hinausdrang. Von Ihrer Existenz wissen wir nur deshalb, weil Herodot, Strabon, Pausanias oder Plutarch zufällig ihren Namen erwähnen. Diese Kleinorakel lebten in der Hauptsache vom Ruhm der großen; denn eine Reise nach Delphi oder Didyma konnte sich nicht jeder leisten.

Zum Schluß sollten wir jedoch noch einen Blick nach Osten und Westen werfen und uns die Frage stellen: War das Orakelwesen eine rein griechisch-ägyptische Domäne? Wie hielten es die Völker des Orients, wie die Römer mit der Prophetie?

XIV.

Die Sprüche der Sibyllen

In dem euböischen Fels ist tief eine riesige Grotte
Eingehauen, sie hat an hundert Gänge und Münder,
Ebensooft erschallt daraus der Spruch der Sibylle.
An die Schwelle gelangt, schon rief sie: Fordert die Sprüche
Schnell. Der Gott, o schauet, der Gott!« – Und wie sie am Eingang
Solches rief, da wechselt sie plötzlich Miene und Farbe,
Und es löst sich ihr Haar, schwer keucht ihr Busen, und wilder
Wahnsinn schwellt ihr Herz, sie scheint zu wachsen, die Stimme
Hat nichts Menschliches mehr, der Hauch der begeisternden Gottheit
Dringt schon näher heran ...

Vergil (*Aeneis* VI, 42–51)

Kein Volk gibt es, wie ich sehe, mag es noch so fein und gebildet, noch so roh und unwissend sein, das nicht der Ansicht wäre, die Zukunft könne gedeutet und von gewissen Leuten erkannt und vorhergesagt werden.

Cicero (*Von der Weissagung* I, 1)

Eines der bestgehüteten Geheimnisse der Römer ruhte streng bewacht in einem Steintrog tief unter den Fundamenten des

Jupitertempels auf dem Kapitol. Es waren die Sibyllinischen Schicksalsbücher, in griechischer Sprache abgefaßte Zukunftsdeutungen, die nach einem Senatsbeschluß nur von 15 ausgewählten Männern gelesen werden durften. Die Zustimmung des Senats wiederum war nur in allgemeiner Notlage zu erwarten, wozu Kriege, Hunger und Not, Seuchen und Naturereignisse und – die Götter wissen warum – das Auftauchen eines Androgynen gehörte, eines Menschen, der bis zur Taille eine Frau und weiter abwärts ein Mann war. Dann, und nur dann, holten die 15 Priester, die Quindecimviri, die geheime Orakelsammlung hervor und forschten nach passenden Prophezeiungen. Auf Mißbrauch stand die Todesstrafe. Was waren das für Geheimakten, und weshalb wurde mit ihnen ein solcher Kult getrieben?

Die Römer hatten auf eigenem Boden kein Orakel von Bedeutung. Das ihnen wie allen Völkern ureigene Bedürfnis für Prophetie stillten sie durch Reisen nach Dodona, Delphi, ja bis zu den Wahrsagestätten an der Küste Kleinasiens. Schließlich übernahmen sie jedoch eine Randerscheinung des griechischen Orakelwesens, die in Hellas selbst aufgrund der Übermacht ihrer weltberühmten Orakel nur peripher registriert wurde, die Sprüche der Sibyllen.

Die Sibyllen waren medial begabte Frauen, die bisweilen in den Zustand der Ekstase fielen und dann meist von bösen Ahnungen heimgesucht wurden – eine Fähigkeit, die auch heute verbreitet ist. Die Washingtoner Geschäftsfrau Jeane Dixon hatte schon 1952 für das Jahr 1963 die Ermordung eines amerikanischen Präsidenten vorausgesagt. John F. Kennedy wurde am 22. November 1963 erschossen. Auch der Selbstmord Marilyn Monroes war von Jeane Dixon prophezeit worden, und Mrs. Dixon kann deshalb als Nachfahre jener Sibyllen des Altertums angesehen werden, die damals ohne entsprechende Anfrage oder Kontakt mit einer Orakelstätte ihre Visionen verkündeten. Da diese Visionen sich oft erst Jahrzehnte später erfüllen sollten, begannen fromme Priester das Prophezeite aufzuschreiben, um es der Nachwelt zu erhalten. Und weil bis zu zehn Sibyllen gezählt wurden, füllten die Weissagungen allmählich ganze Bände.

Warum Kassandra nur Unheil prophezeite

Die erste dieser Unheil verheißenden Prophetinnen geht in mythologische Zeit zurück. Sie stammte aus Troja und hieß Kassandra. Kassandra war eine Tochter des Priamos und der Hekabe. Die Sehergabe erhielt Kassandra vom Gott der Weissagung, Apollon, der sein Geschenk jedoch, nachdem sie sich ihm verweigert hatte, zu einem Fluch ummünzte: Kassandra durfte nur drohendes Unheil prophezeien, und niemand sollte ihr Glauben schenken.

Kassandra ist ein erster Hinweis auf die Herkunft der Sibyllen. Die ersten tauchten in Kleinasien auf, wo namentlich gekennzeichnete Weissagungen in Umlauf waren. Dies war überhaupt die Voraussetzung, daß ihr Andenken in der Folge lebendig blieb. Und immer wenn einer der sibyllinischen Sprüche in Erfüllung ging, wuchs das Ansehen der Prophetin, die freilich zu dieser Zeit meist schon ihren Wohnsitz gewechselt hatte. Denn die Sibyllen hielten sich selten längere Zeit an einem Ort auf. Aus dieser Tatsache heraus, und weil sie oft Ereignisse für Generationen voraussagten, bildete sich die Legende, daß die wandernden Prophetinnen, wenn nicht unsterblich, so doch übernatürlich alt würden. Tausend Jahre gab ihnen der Lyriker Ovid.

Die Sibyllen standen zu gewissen Zeiten unter dem regelrechten Zwang der Weissagung; dann fühlten sie sich von göttlicher Kraft in Besitz genommen, sie wurden rasend, entrückt und redeten. Dies geschah jedoch unregelmäßig und vor allem ohne äußere Beeinflussung. Deshalb war es nicht möglich, Orakeltermine festzusetzen, und schon gar nicht, vorher gestellte Fragen zu beantworten.

Im Osten war die Sibylle von Erythrai am populärsten, einer ionischen Stadt an der kleinasiatischen Küste gegenüber der Insel Chios. Sie hieß Herophile und lebte nach Aussage des nachchristlichen Gelehrten Hieronymus um 744 v. Chr. Französische Archäologen entdeckten 1891 im alten Erythrai die Baureste einer aufgemauerten Grotte. Eine Restaurierungsinschrift am Türpfosten aus der Zeit Kaiser Marc Aurels wies das Bauwerk als Behausung der erythraischen Sibylle aus. Wie lange die Sibylle hier lebte, bleibt unklar, zumal die Inschrift von Wanderungen der Prophetin spricht. Bei Pausanias (X, 12, 1, 5) erfahren wir, sie habe einen großen Teil ihres Lebens in Delphi, Delos, Klaros und Samos verbracht. Historiker vertreten jedoch die Ansicht, daß sibyllinische Sprüche, die zu gewissen Zeiten in den genannten Orten auftauchten, noch kein Beweis für die Anwesenheit der Prophetin seien.

Antike Autoren geben Kunde von weiteren Seherinnen, von denen jedoch außer dem Ort ihres Wirkens beinahe gar nichts bekannt ist. Wir hören von der Sibylle von Marpessos, einem Ort in der Troas, gelegentlich auch Marmessos genannt, heute vermutlich die Ruinenstätte nordöstlich von Erenköy. Pausanias erwähnt eine Seherin von Klaros bei Kolophon, bei Suidas ist von einer rhodischen Sibylle die Rede. Eine phrygische Sibylle namens Artemis gelangte nach Delphi, wo sie, zum Leidwesen der Priesterschaft, dem Apollon-Orakel Konkurrenz machte. Sie weissagte angeblich an jenem Steinblock, der noch heute als Felsen der Sibylle in Delphi zu sehen ist. Und schließlich geistern noch eine thessalische, eine libysche, chaldäische und eine thesprotische Sibylle mit ihren Prophezeiungen durch die antike Literatur.

Die Sibylle von Cumae, eine Frau mit Vergangenheit

Zur Sibylle schlechthin wurde jedoch die Seherin von Cumae in der römischen Campagna. Ihr Ruf verbreitete sich über das ganze Römerreich, ihre Höhle wurde zur Orakelstätte. Cumae, griechisch Kyme, gilt als älteste griechische Kolonie in Italien. Sie war Mitte des 8. Jahrhunderts von Siedlern aus Kyme und Chalkis von der Insel Euböa gegründet worden, weshalb die römischen Dichter wie der im Eingangszitat erwähnte Vergil die Sibylle und ihre Grotte auch als »euböische« bezeichnen. Im Gefolge der griechischen Kolonisten scheint sich jedenfalls eine Seherin befunden zu haben, die sich am Fuße des Hügels niederließ, der die Akropolis Cumaes und den Apollon-Tempel trug. Hier entwickelte sich im Laufe der Zeit ein regelrechter Orakelbetrieb, das heißt, diese Sibylle weissagte nicht nur aus eigener Intuition, sie beantwortete auch Fragen.

In der Frühzeit der Sibylle von Cumae sollen alle Sprüche auf Palmblätter aufgezeichnet worden sein. Doch hier vermengen sich Tatsachen und Legenden. Legende ist auch der Ankauf von drei Sibyllinischen Büchern zum Wucherpreis von 300 Goldphilippeioi durch den römischen König Tarquinius Priscus. Vermutlich sollte damit nur die Rechtmäßigkeit der Überführung nach Rom und ihr unermeßlicher Wert verdeutlicht werden. Tatsache ist, daß die Sibyllinischen Bücher im kapitolinischen Tempel des Jupiter deponiert waren, bis sie beim großen Brand im Jahre 83 v. Chr. ein Raub der Flammen wurden. Der Tempel des Iuppiter Capitolinus war damit zum prophetischen Zentrum des Reiches geworden, zum römischen Delphi. Plautus bezeugt, daß man im Jupiter-Tempel sogar schlief, um Offenbarungen der Götter zu empfangen.

Man kann sich des Eindruckes nicht erwehren, daß hier in Rom auf engstem Raum, das gesamte griechische Orakelwesen imitiert wurde. In Ciceros Traktat *Von der Weissagung* lesen wir: »Auch wichtigere Träume, wenn sie etwa den Staat zu betreffen schienen, wurden von der obersten Behörde, dem Senat, nicht außer acht gelassen. Ja noch in unserer Zeit hat Lucius Iulius, der mit Publius Rutilius Konsul war [110 v. Chr.], auf Senatsbeschluß den Tempel der Iuno Sospita herstellen lassen infolge eines Traumes der Caecilia, der Tochter des Balearicus.« (I, 4)

Cumae und sein Orakel waren ein bedeutsamer Faktor für die Vermittlung der griechischen Kultur, Kunst und Schrift an die Etrusker und Römer. Erst seit dem Jahre 180 v. Chr. war Latein die offizielle Amtssprache in Cumae. Trotzdem, oder gerade weil Cumae ein umgewandeltes griechisches Orakel war, konnte das einzige ursprünglich römische Orakel Praeneste in Latium der Sibylle von Cumae nie das Wasser reichen.

Praeneste, das Orakel für Arme

Praeneste, heute Palestrina, war Standort eines Fortuna-Heiligtums, dessen Priester im 2. und 1. Jahrhundert v. Chr. Orakelsprüche erteilten. In dieser Stadt, einst Mitglied des Latinischen Bundes, dann in der Gefolgschaft Roms, 381 v. Chr. wieder abgefallen und 338 aufs neue unterworfen, wurde – im Gegensatz zu Cumae – seit dem 6. Jahrhundert v. Chr. lateinisch gesprochen. Aber das Orakel fand bei den Römern wenig Zuspruch, es war in der Hauptsache Zufluchtstätte für Sklaven und kleine Leute. Cicero bemerkt, die dort gepflegte Art der Weissagung sei sogar von einfachen Leuten verhöhnt worden, Praeneste war nämlich ein Losorakel. »Aber welche obrigkeitliche Person«, fragt Cicero, »oder welcher bedeutende Mann bedient sich schon der Lose? An anderen Orten sind sie gänzlich außer Gebrauch gekommen.« (II, 87)

»Was ist schon ein Los?« mokiert sich Cicero, »beinahe

dasselbe wie das Fingerspiel, Knöchel- oder Würfelwerfen, wobei das Ungefähr und der Zufall, nicht Vernunft oder Klugheit walten. Die ganze Sache ist durch Betrug erfunden oder hat es auf Gewinn, auf Aberglauben oder auf Täuschung abgesehen.« (II, 85) Nach den Worten Ciceros wurde das Losorakel von Praeneste von einem angesehenen Mann namens Numerius Suffucius gegründet, der aufgrund eines Traumes einen Stein zerschlug und darin Eichenholzlose mit altertümlichen Schriftzeichen fand. »Diese Stelle ist heute gewissenhaft eingezäunt, dicht neben dem Tempel des Iuppiter puer [Jupiter als Knabe], der, als Säugling mit der Iuno im Schoß der Fortuna sitzend, nach der Brust greift und von den Müttern mit der größten Andacht verehrt wird. Und zu derselben Zeit soll an der Stelle, wo jetzt der Tempel der Fortuna steht, Honig aus einem Ölbaum geflossen sein, und die Opferschauer sollen gesagt haben, daß jene Lose großes Ansehen erlangen würden, und auf ihr Geheiß sei aus jenem Ölbaum ein Kasten gemacht und darin die Lose aufbewahrt worden, die jetzt auf den Wink der Fortuna gezogen werden.« (II, 85/86)

Fortuna war die Göttin des Schicksals und Glücks, aber auch des Zufalls. Natürlich waren die Ergebnisse des Losorakels von Praeneste, bei dem anstelle eines Priesters ein Kind die Lose zog, dem puren Zufall überlassen, ein Umstand, der die realistischen Römer am Wert der Prozedur zweifeln ließ. Schließlich entwickelte sich Praeneste im Laufe der Zeit mehr und mehr zum Wallfahrtsort für unfruchtbare Frauen und Kurort für reiche Aristokraten.

Nicht weit entfernt von Praeneste hatte Fortuna in der Hafenstadt Antium ein weiteres Kultzentrum, in dem Orakel erteilt wurden. Doch auch dieses Orakel erlangte nie nationale Bedeutung. Interessant erscheint nur die Prozedur, mit der die Orakel erteilt wurden: Wie bei den alten Ägyptern trugen Priester das Götterbild bei Prozessionen durch die Menge und deuteten aus den Nickbewegungen die Zukunft.

Antium und Präneste wurden von den Römern nie voll akzeptiert. Noch im 3. Jahrhundert v. Chr. untersagte der römische Senat die Befragung des Orakels von Präneste, später duldete man den Zulauf der kleinen Leute. Heute gehören die Ruinen des Fortuna-Heiligtums mit ihren Terrassen, Treppen und Hallen zu den schönsten Zeugnissen früher römischer Baukunst.

Der Einfluß der Sibyllinischen Bücher

Weder Praeneste noch Antium oder Cumae vermochten bei wichtigen Entscheidungen auf Stimmung oder Meinung des Volkes einzuwirken. Das blieb allein den Sibyllinischen Büchern vorbehalten, die, mit dem Götterwillen in Beziehung gebracht, Einfluß auf Gesittung, Gestaltung und Hellenisierung der römischen Religion nahmen und so zu einer moralischen Institution wie Delphi wurden. Wachte in frührömischer Zeit eine Kommission von zwei Männern über den Inhalt dieser Bücher, so wurde 369 v. Chr. das Kollegium auf zehn Mitglieder erhöht, fünf stellten die Patrizier, fünf die Plebs, das gemeine Volk. Seit dem 1. Jahrhundert v. Chr. hatte das Gremium 15 Mitglieder.

Fraglich ist, ob damit die Möglichkeit, neue Sprüche den alten hinzuzufügen, eingeengt oder gar erweitert wurde. Kritisch war zweifellos die Situation nach dem Brand des Kapitols, bei dem die Bücher vernichtet wurden. Nach einem Bericht des Tacitus besorgten die Römer damals in Samos, Troja, Erythrai, Libyen, Sizilien und Annae Abschriften der Sibyllinischen Bücher, die dann, nach Überprüfung durch das Fünfzehnmännergremium im Jahre 12 v. Chr. in den palatinischen Apollon-Tempel eingebracht wurden. Damals, so entrüstet sich Tacitus, sei ein Weissagebuch ungesehen in das neue Archiv gelangt: »Caninius Gallus, einer der Quindecimvirn, hatte die Aufnahme des Buches unter die übrigen Bücher dieser Seherin und einen Senatsbeschluß über diese Frage gefordert. Als der Beschluß durch einfache Abstimmung erfolgt war, sandte der Kaiser ein Schreiben, worin er den Tribun, der wegen seiner Jugend mit den alten Gebräuchen nicht genügend bekannt sei, tadelte. Dem Gallus aber machte er den Vorwurf, daß er als alter Kenner des Zeremonienwesens die Aufnahme des Buches, dessen Verfasser nicht feststehe, vor den nicht einmal vollzähligen Senat gebracht habe, statt vorher das Gutachten des sibyllinischen Kollegiums einzuholen und, wie es Sitte ist, die Weissagung durch den Vorsitzenden verlesen und prüfen zu lassen.« (*Annalen* VI, 12)

Trotz Erneuerung des Sibyllenkultes unter Augustus schwand diese Art der Zukunftsdeutung immer mehr. Der Hauptgrund dafür war eine ganz andere, grauenhaft anmutende Form der Weissagung, die inzwischen bei den Römern Fuß gefaßt hatte und die sich zum typisch römischen Orakel entwickelte.

XV.

Wenn Cäsar seinem Orakeldeuter geglaubt hätte ...

Denn der König von Babel steht an der Wegscheide, am Ausgangspunkt beider Wegrichtungen, um das Orakel einzuholen. Er schüttelt die Pfeile, befragt das menschengestaltige Götterbild und beschaut die Leber.

Ezechiel 21,26

Was hat der Opferschauer für einen Grund, daß die gespaltene Lunge auch bei guten Eingeweiden die Zeit unterbreche und den Tag hinausschiebe? Was der Augur, daß der Rabe zur Rechten und die Krähe zur Linken etwas bestätigt? Was der Astrologe, daß der Stern des Jupiter oder der Venus in Verbindung mit dem Mond bei der Geburt der Kinder heilbringend, der des Saturn oder Mars feindlich sei? Warum soll uns Gott im Schlafe ermahnen, im Wachen vernachlässigen?

Cicero (*Von der Weissagung* I, 85)

Das Attentat geschah am 15. März. Eine Handvoll finster dreinblickender Gestalten stürmte das Parlamentsgebäude der Hauptstadt, in dem gerade der Senat tagte. Sie stießen die alten, würdigen Männer beiseite und umstellten den Sessel des Diktators. Einer griff zum Kragen und zog ihn vom Hals herab – das verabredete Zeichen: Dolche blitzten in den Händen der Verschwörer, der erste stach zu, das Messer blieb im Hals stecken, ein zweiter, ein dritter. Es dauerte nur Sekunden – der verzweifelt um sich schlagende Diktator sank von 25 Dolchstichen getroffen zu Boden; aber er lebte noch. Da trat der Anführer hervor. »Auch du, mein Sohn!« stammelte der Sterbende. Dann rammte der Attentäter seinem wehrlosen Opfer das Schwert in den Unterleib, der Diktator war tot.

Sein Name: Gaius Julius Caesar.

Alter: 56

Beruf: Diktator des römischen Reiches auf Lebenszeit

Todesjahr: 44 v. Chr.

Die Attentäter: 60 Verschworene unter Führung der Republikaner Brutus und Cassius.

Ein Mann, der nicht gerade zu Cäsars Freunden zählte und dem Orakelwesen skeptisch gegenüberstand, vertrat wenig später die Auffassung, Cäsar hätte noch leben können, wenn er nur auf seinen Orakeldeuter gehört hätte. Gaius Julius hatte, wie alle späteren Cäsaren, einen Leib-Haruspex, der ihm die Zukunft deutete.

Die Warnungen des Eingeweideschauers

Ein paar Tage vor jenen verhängnisvollen Iden des März hatte Cäsar einen fetten Stier geopfert, bei dessen ritueller Zerteilung der Eingeweideschauer das Herz des Tieres nicht finden konnte. Der Haruspex Spurinna Vestricius warnte Cäsar, das bedeute nichts Gutes, man müsse befürchten, daß ihm, Cäsar, Rat und Leben abhanden kämen; denn beide gingen vom Herzen aus. Als die Leber des Tieres schließlich auch keinen Pyramidalfortsatz *(processus pyramidalis)* aufwies, schien das Unglück vorprogrammiert; doch Cäsar, selbstsicher und rücksichtslos gegen sich selbst, ließ sich nicht beeinflussen. Er ging trotz gespannter Atmosphäre in die Kurie, wo die Attentäter sich auf ihn stürzten.

Cicero, den Skeptiker, scheint die Vorhersage des Haruspex'

Spurinna Vestricius sehr beeindruckt zu haben, sonst hätte er den Vorfall in seinem Werk *Von der Weissagung* nicht so eingehend und positiv behandelt.

Die Haruspizin, deren Ausübung den Haruspizes oblag, war den Lateinern ein Fremdwort, das soviel wie Eingeweidebetrachtung bedeuten sollte. Diese Orakeldisziplin kam von den Etruskern, die sie vermutlich von den Griechen oder Babyloniern gelernt hatten. Bis in die Kaiserzeit übten ausschließlich Etrusker das Amt des Zukunftsdeuters aus. Viele waren beamtet, mit Pensionsberechtigung, und ihr Ansehen stieg seit dem Zweiten Punischen Krieg (218–201 v. Chr.) ständig, so daß die Orakel der Sibyllen allmählich verdrängt wurden. Bereits im 2. Jahrhundert v. Chr. befragten die Römer in wichtigen Angelegenheiten die Haruspizes öfter als die Sibyllinischen Bücher. Und von den Auguren, denen Romulus, der erste König von Rom, sein Amt verdankte, sprach kaum noch jemand, obwohl sie bis zum Ende der Republik tätig waren.

Diese Auguren waren Deuter göttlicher Zeichen. Das heißt, sie sagten nicht die Zukunft voraus, sondern sie holten mit Hilfe von Naturerscheinungen die göttliche Zustimmung zu beabsichtigten Handlungen ein. Der römische Historiker Livius, Freund und Zeitgenosse des Kaisers Augustus, beschrieb in seiner *Römischen Geschichte* eine solche Auguration im Zusammenhang mit der Einsetzung des legendären zweiten römischen Königs Numa Pompilius: »Ein Augur, dem zu Ehren man später dieses Amt zu einem dauernden und öffentlichen Priestertum erhob, führte ihn [Numa Pompilius] auf die Burg; und er setzte sich auf einen Stein, nach Süden gerichtet. Der Seher nahm den Platz zu seiner Linken, hielt in der Rechten einen Krummstab ohne Knorren und verhüllte sein Haupt. Ein solcher Krummstab hieß Lituus. Der Augur ließ seine Blicke über die Stadt und die Felder schweifen, rief die Götter an und bezeichnete die Himmelsrichtungen von Osten bis Westen. Dann nannte er die rechte Seite Mittag, die linke Mitternacht. Als Grenze zwischen beiden steckte er sich gegenüber in Gedanken ein Ziel, soweit sein Blick reichte. Dann wechselte er den Stab von der rechten in die linke Hand, ließ die rechte auf Numas Kopf sinken und betete: ›Jupiter, Vater! Wenn es deinem heiligen Wollen entspricht, daß dieser Numa Pompilius, dessen Kopf ich nun berühre, König von Rom wird, so sende uns ein deutliches Zeichen innerhalb der Grenzen, die ich gesteckt habe!‹ Dann vollendete er die Auspizien, die er gesandt wissen wollte.« (I, 18)

Bedauerlicherweise schwieg Livius sich über die Zeichen, die der Göttervater sandte, aus. Er sagte nur, daß Zeichen erschienen und Numa als König von Rom bestätigt wurde. Livius mag die Zeichen gekannt haben, aber in einem populären Werk wie der *Römischen Geschichte* durften sie natürlich nicht veröffentlicht werden. Die Deutung dieser Zeichen beruhte auf einer komplizierten Lehre, die von den Auguren vererbt wurde. Seitdem in Rom bei wichtigen Staatshandlungen die Zuziehung der Auguren zur Pflicht gemacht worden war, hatten die Orakeldeuter ein geheimes Archiv angelegt, in dem alle Gutachten und das spätere Ereignis aufgezeichnet wurden. Das betraf vor allem Feldzüge und Kriege, die erst nach Einholung der Auspizien gestartet werden durften.

Die Blitzbücher der Haruspizes

Die Haruspizes, welche die Auguren ablösten, übernahmen weitgehend deren Klassifizierung günstiger oder ungünstiger Vorzeichen nach der Himmelsrichtung; denn ihre Tätigkeit beschränkte sich keineswegs auf die Eingeweideschau. Wichtiges Hilfsmittel für ihre Prognosen waren die sogenannten Blitzbücher, in denen die Lehre von der Erforschung und Deutung, der Sühnung und Beschwörung der Blitze aufgezeichnet war.

Für das Blitzorakel teilten die Haruspizes das Firmament in

16 Regionen ein. Sie zeichneten ein Rechteck auf den Boden, viertelten es viermal und orteten dann die Richtung, aus der die Blitze kamen. Die verschiedenen Sektoren waren von neun verschiedenen Blitzgottheiten besetzt, über die restlichen Felder verfügte Jupiter, der jedoch aus allen Richtungen Blitze schleudern konnte.

Blitze aus dem Osten bedeuteten Glück, Westblitze waren Unglücksblitze. Je mehr ein Blitz aus dem Norden, der Wohnung der Götter, kam, als desto bedeutungsvoller wurde er angesehen. Nur von Nordwesten durfte der Feuerstrahl nicht kommen, dies war das schrecklichste Vorzeichen. Die Haruspizes unterschieden, wenn ein Blitz einschlug, drei verschiedene Arten, den schnellen durchdringenden Blitz, der das Innere eines Hauses verwüstete, ohne die Außenteile zu beschädigen, den zerschmetternden Blitz, der, von heftigem Donner begleitet, alles zerstörte, und den zündenden oder schmorenden Blitz, jeder wurde unterschiedlich gedeutet. Dem nicht genug, ein Blitz, der ein Heiligtum traf, wurde je nach dem Inhaber der Stätte gedeutet: Ein Einschlag im Juno-Tempel bezog sich auf das weibliche Geschlecht, im Jupiter-Tempel auf die Männer. Zerschmetterte der Feuerstrahl eine Mauer, so bezog sich dies auf die Feinde, eine beschädigte Mauer kündigte feindliche Krieger an.

Als im Jahre 65 v. Chr. schwere Unwetter die Hauptstadt am Tiber heimsuchten und heftige Blitzschläge das Zentrum verwüsteten, da orakelten die Haruspizes angesichts der von einem Blitz getroffenen Bronzewölfin mit den Stadtgründern Romulus und Remus auf dem Kapitol, die Stadt und das gesamte Imperium seien in größter Gefahr, und aufgrund der bei einem Einschlag geschmolzenen Gesetzestafeln, Gesetz und Recht von Rom würden untergehen. In beiden Fällen behielten die Blitzdeuter recht.

Es war auch Sache der Haruspizes, die Spuren eines Blitzeinschlages zu beseitigen. Dazu mußte die Stelle gereinigt und alles, was Schaden genommen hatte, begraben werden. War dies geschehen, so wurde der Bezirk eingezäunt und, mit einem Schild versehen, dem Jupiter geweiht.

Die Leber, ein Abbild des Kosmos

Weniger wetterabhängig war die Eingeweideschau, ein etwas unappetitlich anmutendes Unterfangen, das sich bei den derben Römern jedoch großer Beliebtheit erfreute. Vor allem Schafe und Rinder wurden für diese Prozedur geschlachtet, sie waren die beliebtesten Opfertiere. Der Leber der Tiere galt das besondere Interesse der Haruspizes. Warum gerade der Leber?

In Babylonien (!) wurde die Leber als Sitz der Seele angesehen. Die Etrusker bezeichneten sie als Abbild des Kosmos, als Weltall en miniature. 1877 fanden Archäologen bei Piacenza eine Leber aus Bronze, die neben 40 Götternamen auch die Gradeinteilung der 16 Himmelsrichtungen trug, offensichtlich das Lehrmodell einer etruskischen Prophetenschule. Ein zweites ähnliches Modell aus Alabaster wurde in Volterra entdeckt. Im Britischen Museum in London wird eine babylonische Terrakotta-Leber aufbewahrt. Die Etrusker und später die Römer glaubten, daß die Götter durch bestimmte Zeichen auf diesem Organ mit den Menschen in Verbindung traten.

Den geheimen Lehrbüchern der Eingeweideschauer war zu entnehmen, daß eine kleingeschrumpfte, verkümmerte Leber Unglück bedeutete. Das scheint vom anatomischen Standpunkt durchaus verständlich. Die antike Leberlehre teilte das Organ jedoch in drei Teile, in das *caput iocineris*, womit der obere Pyramidalfortsatz gemeint war, die *pars familiaris* und schließlich die *pars hostilis sive inimica*.

Der Pyramidalfortsatz, der in der Form stark variiert, war Hauptgegenstand der Untersuchungen. Besondere Größe verhieß Glück, ein Spalt deutete Umwälzungen an, eine kranzähnliche Bildung wurde als Siegeszeichen aufgefaßt. Auf den die Familie oder die Feinde betreffenden Teilen der Leber wurden günstige oder ungünstige Zeichen gedeutet. Markantestes Merkmal die besonders bei Schaflebern häufigen Fissa oder Streifen. Diese Streifen erlangten Bedeutung durch ihre Anzahl, aus der günstige oder ungünstige Prognosen verkündet wurden. Wie bei den Auguren galt auch hier: rechts = »günstig«, links = »ungünstig«, eine Klassifizierung, die vielerorts noch heute ihre Anhänger hat. In Deutschland sagt man an einem Tag, an dem so gar nichts gelingen will: »Ich bin heute mit dem linken Fuß zuerst aufgestanden!«

Ursprünglich diente nur die Leber dem Interesse der Eingeweideschauer, später kam die Gallenblase hinzu, und nach Plinius war seit dem Jahre 274 v. Chr. auch das Herz Objekt der Zukunftsdeutung. Cicero erwähnte erstmals die Lungen im Zusammenhang mit der Eingeweideschau.

Wie die Orakelpriester bei den Griechen, so hatten die Haruspizes der Römer einen nicht zu unterschätzenden politischen Einfluß. Vor allem die Aristokraten Roms standen in naher Verbindung mit den Eingeweideschauern, in deren Antworten nicht selten die Abneigung gegen Königtum und Demokratie deutlich wurde. So versuchten sie 121 v. Chr. die Gründung der Kolonie des Gaius Gracchus auf dem Boden Karthagos zu verhindern, im Jahre 99 v. Chr. opponierten sie gegen das Ackergesetz des Volkstribunen Sex. Titius, 84 v. Chr. gegen die von Cinna geleiteten Komitien. Sie warnten 87 v. Chr. Octavius vor Marius, unterstützten Cicero gegen Catilina, sprachen sich aber gegen die Alleinherrschaft von Sulla, Cäsar und Augustus aus.

Letzterer hatte zu den Haruspizes ein besonderes Verhältnis. Augustus war sehr abergläubisch und trug fast ständig ein Seekalbsfell zum Schutz vor Blitzschlag. Die Haruspizes pflegte er selbst zu ernennen, er erließ aber auch die erste bekanntgewordene Verordnung gegen Eingeweideschauer, indem er ihnen verbot, Fragen über den Tod zu beantworten. Andererseits scheute er sich nicht, nach Anweisung der Eingeweideschauer den palatinischen Tempel zu errichten, das Mekka der römischen Prophetie, wo die Lehrbücher der »Disciplina Etrusca« zusammen mit den Sibyllinischen Büchern aufbewahrt wurden.

Ein mythischer Seher mit Flügeln und Bart beugt sich über eine Schafsleber, um sie zu deuten. Er hat die für etruskische Seher vorschriftsmäßige Haltung eingenommen: Leber in der linken Hand, linker Arm auf dem linken Knie und linker Fuß auf einem Felsblock. Szene von der Rückseite eines Bronzespiegels aus dem 5. Jh. v. Chr.

War die Lehre der Haruspizes zunächst dem Adel vorbehalten, der sie vom Vater auf den Sohn weitergab, so wandelte sie sich mit zunehmender Nachfrage zu einem Modeberuf. Sulla und Cäsar, die persönliche Eingeweideschauer hielten, galten als Vorbilder des zur Schau gestellten Standesdünkels. Kolonien und Municipien hielten eigene Orakeldeuter, ebenso Feldherrn und Statthalter. Schließlich traten neben den offiziellen Haruspizes auch private Vorzeichendeuter auf, die die Kunst zum Gewerbe machten. Alexander Severus, der selbst mit der Disziplin vertraut war, kam diesem Trend entgegen, als er in Rom einen staatlich besoldeten Lehrstuhl für Haruspizin neben den übrigen praktischen Wissenschaften einrichtete.

Die gewerbsmäßigen Vorzeichendeuter waren es schließlich, die das einmal hochgepriesene Ansehen dieses Berufsstandes schädigten. Kaiser Claudius brach im 1. Jahrhundert n. Chr. vor dem römischen Senat noch einmal eine Lanze für die Haruspizin: »Man möge diese älteste Wissenschaft Italiens nicht aus Nachlässigkeit in Vergessenheit geraten lassen. In unglücklichen Zeiten des Staates seien oft die Opferschauer berufen worden, nach deren Weissagung die heiligen Handlungen erneuert und fürderhin genauer beobachtet worden seien. Die Großen Etruriens hätten von sich aus oder auf Betreiben des römischen Senats diese Kunst bewahrt und in ihren Familien fortgepflanzt. Dies geschähe jetzt lässiger, weil man sich in der Öffentlichkeit wenig um die Wissenschaft kümmere und fremdländischem Aberglauben huldige. Gegenwärtig stehe zwar alles gut, aber man müsse den gnädigen Göttern dadurch seine Dankbarkeit beweisen, daß man die in mißlichen Zeiten beobachteten heiligen Gebräuche im Glück nicht aus dem Gedächtnis tilge. Demzufolge wurde ein Senatsbeschluß gefaßt: Die Pontifizes sollten untersuchen, welche Gebräuche der Opferschauer beizubehalten und einzuprägen seien.« (Tacitus, *Annalen* XI, 15)

Der letzte Haruspex kam mit Billigung des Papstes

Weder gesetzliche Bestimmungen noch strikte Verbote vermochten während der Kaiserzeit die Haruspizin zu ersticken. Der letzte bekannte Auftritt eines Vorzeichendeuters fand 408 n. Chr. mit stillschweigender Billigung des Papstes Innocenz I. statt, als etruskische Haruspizes bei der Einschließung Roms durch Alarich dem Papst das Versprechen gaben, die Stadt durch herabgezauberte Blitze zu schützen.

Um auf die Einleitung unserer römischen Orakelbetrachtungen zurückzukommen: Cäsars gewaltsamer Tod war von einer Reihe magischer Erscheinungen begleitet. Plutarch erzählt, nach dem Mord sei sieben Nächte ein Komet über den Himmel gezogen, und ein volles Jahr sei die Sonne »bleich und ohne Strahlenglanz« aufgegangen, sie habe nie ihre natürliche Wärme erlangt, so daß Früchte halb reif von den Bäumen fielen.

Die beiden Cäsarmörder endeten durch Selbstmord. Auf dem Weg nach Philipp!, wo es zur entscheidenden Schlacht zwischen den Republikanern Brutus und Cassius und Octavian und Antonius kam, hatte Brutus Halluzinationen: Nachts in seinem Zelt erblickte er die fürchterliche Gestalt eines Mannes. Der Schreckliche stand schweigend neben seinem Feldlager und sagte kein Wort.

»Wer bist du?« fragte Brutus verängstigt.

»Ich bin dein böser Geist, Brutus«, antwortete die Erscheinung und fügte hinzu: »Bei Philippi sehen wir uns wieder!«

»Gut, ich bin bereit«, stammelte Brutus, und die Erscheinung verschwand (Plutarch, *Cäsar* 69).

Brutus und Cassius wurden bei Philippi vernichtend geschlagen. Brutus stürzte sich in sein Schwert, Cassius erstach sich mit demselben Dolch, durch den Cäsar gefallen war.

XVI.

Das Ende der Propheten

Wenn es Götter gibt und sie den Menschen das Zukünftige nicht vorhersagen, so lieben sie entweder die Menschen nicht, oder sie wissen selbst nicht, was sich ereignen wird ... Aber fürwahr, sie lieben uns ...

Lehre der Stoiker Chrysippos, Diogenes und Antipater

Denn was gibt es Unchristlicheres und dem Geist unserer Religion mehr Entgegenstehendes, als über eine ganze Zeit und alle, die ihr angehören, ein Urteil der Verdammung auszusprechen und ihre entschiedene Verachtung zu fordern?

Ernst Curtius, Historiker und Archäologe

Wir sind am Ende unserer Forschungsreise angelangt, ein Abenteuer, das wir nur mit Hilfe von Generationen von Historikern und Archäologen bestehen konnten. Schon im sechzehnten Jahrhundert unserer Zeitrechnung haben Wissenschaftler mehr als hundert verschiedene Arten der Weissagung aufgezeichnet, und seither ist die Forschung dem Orakel-Phänomen Schritt für Schritt auf die Spur gekommen. Ein Abenteuer, in der Tat, das die Grenzen Griechenlands, des Mittelmeerraumes, ja Europas gesprengt hat. Denn die Vorhererkundung des Schicksals war weder das

Phänomen einer Epoche noch das Anliegen eines einzigen Volkes.

Nicht einmal bei den Barbaren, meinte Cicero, wurde die Weissagung vernachlässigt: »So sind doch in Gallien die Druiden ... Auch bei den Persern deuten und weissagen die Magier, die sich in einem Heiligtum versammeln, um sich zu beraten und sich miteinander zu besprechen. Auch kann niemand König der Perser sein, der nicht zuvor die Lehre und Wissenschaft der Magier erlernt hat. Man kann ferner gewisse Familien und Nationen sehen, die sich dieser Wissenschaft gewidmet haben.« (*Von der Weissagung* I, 90)

Das grausamste Orakel fand nach einem Bericht des Diodoros bei den Kelten Anwendung: »Indem sie einen Menschen mit Weihwasser besprengen, stoßen sie ihm das Opfermesser in die Gegend oberhalb des Zwerchfells. Wenn er dann von dem Stoß zu Boden fällt, erkennen sie aus der Art seines Hinstürzens und aus dem Zucken seiner Glieder und wohl auch aus dem Rinnen des Blutes die Zukunft.«

Die dunklen Rituale der Skythen

Es ist von besonderem Interesse, wenn Herodot auf die Orakel der barbarischen Völker eingeht. Hier stehen an erster Stelle die mantischen Gebräuche der Skythen. Sie zeigen eine gewisse Ähnlichkeit mit der Weissagung der Germanen. Als Skythen bezeichnet Herodot jene am Schwarzen Meer, an Don, Dnjepr und Donau lebenden Stämme, die schon seit dem 7. Jahrhundert v. Chr. mit den griechischen Kolonien an der Pontosküste in Handelsbeziehung standen.

»Viele Seher«, schreibt Herodot, »gibt es bei den Skythen. Sie weissagen mit Hilfe vieler Weidenruten. Wenn sie große Bündel von Weidenruten geholt haben, legen sie sie auf die Erde und nehmen sie auseinander. Sie legen eine Rute hinter die andere und sagen Zaubersprüche her. Unter solchen Sprüchen sammeln sie die Ruten wieder ein und legen sie erneut aus. Diese Art der Weissagung ist von den Vätern übernommen. Die Enarees, die Mannweiber, sagen, Aphrodite habe ihnen die Gabe der Weissagung verliehen; sie wahrsagen jedenfalls mit der Rinde des Lindenbaums. Wenn einer die Rinde in drei Stücke zerschnitten hat, wickelt er sie um seine Finger und gibt, während er sie wieder ablöst, das Orakel.«

Diese Art der Orakeldeutung wirkte auf Herodot befremdend, und so ist sein Bericht auch wenig instruktiv. Jedenfalls konnten Historiker bis heute nicht ermitteln, wie der Orakelspruch beim Auslegen der Weidenruten überhaupt zustande kam. Das gleiche gilt für das Orakel der dreifach gespaltenen Lindenrinde. Entgegen sonstiger Gewohnheit gibt Herodot zu diesem Bericht keine Gewährsleute an. Der Grund dafür ist wohl darin zu suchen, daß Herodot bei der Beschreibung der Skythen-Orakel sich weder auf eigene Anschauung noch auf Quellen aus erster Hand berufen konnte, sondern berichten mußte, was er irgendwo gehört oder gelesen hatte. Althistoriker, die dem Vater der Geschichtsschreibung streng auf die Finger geschaut haben, vertreten nämlich die Ansicht, Herodot habe nicht viel mehr als die Westküste des Schwarzen Meeres von Byzanz bis Olbia gekannt.

Herodots Berichten ist jedoch zu entnehmen, daß Orakel bei den Skythen sehr beliebt und die Seher sehr zahlreich waren. Herodot nennt auch ein Beispiel: Wenn einer ihrer drei Könige erkrankte, dann wurden Nachforschungen angestellt, ob nicht ein Skythe »beim Herd des Königs« einen Meineid geschworen hatte. Der »Eid beim Herd des Königs« war der bedeutungsvollste, den die Skythen kannten. Drei Wahrsager traten auf den Plan, und meist machten sie auch einen Stammesgenossen aus, den sie des Meineids beschuldigten und der deshalb die Schuld an der Erkrankung des Königs trug. Leugnete der Delinquent, wurden sechs weitere Seher zugezogen.

Kamen sie zum selben Ergebnis, wurde der meineidige Skythe geköpft. Sprachen ihn die sechs hinzugekommenen Wahrsager jedoch frei, so wurden nochmals zwölf Orakeldeuter hinzugezogen. Lautete auch ihr Spruch »nicht schuldig«, so hatte den ersten drei Sehern das letzte Stündlein geschlagen. Ein grausames Ende übrigens, wenn man Herodot glauben darf:

»Wenn sie einen Wagen mit Reisig voll beladen und Ochsen angespannt haben, fesseln sie die Wahrsager, binden ihnen die Arme zurück, stopfen ihnen Knebel in den Mund und stekken sie mitten in das Reisig hinein. Dann zünden sie es von unten an, machen die Rinder scheu und jagen sie los. Viele Rinder verbrennen mit den Wahrsagern, viele aber kommen, ringsum versengt, wenn ihre Deichsel durchgebrannt ist, davon. Auf die angegebene Weise verbrennen sie auch aus anderen Gründen die Weissager und nennen sie falsche Propheten. Von denen, die der König hat töten lassen, läßt er auch die Söhne nicht übrig, sondern er tötet alle männlichen Angehörigen, den Frauen dagegen tut er nichts Böses ...«

Der skythische Seher-Wettstreit mußte auf einen Griechen befremdend wirken; denn nirgends gibt es bei ihnen eine vergleichbare Situation, in der Orakeldeuter gegeneinander ausgespielt oder zu numerischer Abstimmung gezwungen wurden – von Bestrafung wegen falscher Aussage ganz zu schweigen. Die Tatsache, daß nicht der Spruch *eines* Mannes entschied, sondern eine Mehrheit, zeigt deutlich die Unsicherheit im Umgang mit der Mantik bei den Skythen. Und Herodot, der die berühmtesten Orakelstätten der Welt kannte, bemerkte abfällig, das einzige, was die Skythen besser als andere beherrschten, sei es, die Flucht zu ergreifen und den Feind zu verfolgen.

Die fünf Funktionen der Orakel

Die Altphilologin Jutta Kirchberg hat sich lange Zeit mit den Orakeln im Werk Herodots befaßt, sie kommt dabei zu einem interessanten, allgemeingültigen Ergebnis, das also auch die außergriechischen Orakel einschließt. Jutta Kirchberg hat fünf Funktionen analysiert:

1. Die kathartische (reinigende) Funktion: Bei Krankheit, Unfruchtbarkeit von Land, Tieren und Menschen, bei häufigen Todesfällen, bei Mißerfolgen von Unternehmungen und ähnlichem Unheil glaubte man, daß eine erzürnte Gottheit versöhnt werden müsse, und befragte darum das Orakel als vermittelnde Instanz. Die Antworten reichen von schlichter Angabe des Heilmittels bis zu indirekten Hinweisen auf die nicht erkannte Ursache des Übels.

2. Die ratende und vermittelnde Funktion des Orakels in schwierigen politischen Situationen. Dabei fügt man sich im allgemeinen dem Rat der Gottheit, soweit er eindeutig ist, da man ja in der Absicht anfragte, sich einen Ausweg zeigen zu lassen.

3. Die kolonialpolitische Funktion von Orakeln, als besonderer Bereich innerhalb des politischen Wirkungskreises. Sowohl die Bestätigung von Auswanderungsplänen als auch die Anregung dazu und das nachdrückliche Bestehen auf dem einmal gestellten Auftrag finden sich mehrfach. Sogar Propaganda für die Unterstützung einer Kolonie schreibt Herodot der göttlichen Inspiration des Delphischen Orakels zu.

4. Die kultische Funktion des Orakels, als eigentlicher, da religiös bestimmter Wirkungsbereich des göttlichen Einflusses. Oft werden durch Orakelberichte alte Bräuche oder Kulte erklärt, oft werden schon bestehende Einrichtungen durch ein Orakel gesichert, oder gefährdetes Recht wird gewahrt. Gelegentlich dienen solche Orakel auch zur Bestätigung anderer übernatürlicher Zeichen.

5. Die charismatische (eine Berufung aussprechende) Funktion einiger Orakel, die, ohne direkt eine Wirkung erzielen zu wollen, in spontaner Anrede einzelne Menschen auszeichnen, die meist wegen anderer Anliegen fragen wollten und solchermaßen auf ihre größere Aufgabe hingewiesen wurden.

Die Christen zogen den Schlußstrich

Das Ende der Orakel kam mit dem Christentum und seinem alleinigen Anspruch auf Verheißung. Die jüdische Religion hatte ihre eigenen Propheten, noch vor den sogenannten Schriftpropheten, die nicht anders agierten als andere Orakeldeuter. An eine Aufzeichnung der Prognosen dachte damals noch niemand. Als Israeliten und Judäer jedoch im 8. Jahrhundert v. Chr. zum Spielball assyrischer und babylonischer Machtinteressen wurden, änderte sich dies plötzlich.

Der deutsche Alttestamentler Dr. Erich Rößler aus München schreibt: »Die Sprüche der in dieser Zeit auftretenden Propheten wurden nicht nur deshalb überliefert und nachträglich zu ›Büchern‹ vereinigt, weil in Zeiten politischer Umwälzungen Aussagen über bevorstehende Ereignisse besondere Aufmerksamkeit erregen. Ihre Bedeutung für die Zeitgenossen und deren Nachkommen bestand vor allem in der Interpretation des politischen Geschehens. Indem die Propheten die militärische Niederlage und die Deportation – vor allem 587 v. Chr. nach der zweiten Eroberung Jerusalems – als Strafgericht Jahwes deuteten und damit den Nationalgott zum Herrn der Völker und der Geschichte erhoben, vermittelten sie den Eindruck, im Zentrum des Weltgeschehens zu stehen. Sie gaben dadurch dem Geschichtsverlauf einen Sinn und bewahrten ihre Landsleute vor dem Zweifel an der Existenz und Macht Jahwes.«

Die Sprüche der drei großen Propheten Jesaja, Jeremia und

Ezechiel sowie die der zwölf »kleinen Propheten« sollten jetzt und für alle Zukunft nach dem Willen des Christentums die alleingültigen Orakel sein.

Wie stark aber der Begriff des Orakels in breiten Schichten der Bevölkerung verhaftet war, zeigen zwei winzige Papyri, jeder kleiner als eine Handfläche, die im ägyptischen Oxyrhynchos, 200 Kilometer südlich von Kairo, ausgegraben wurden. Sie stammen beide aus dem 6. nachchristlichen Jahrhundert und sind mit dem Symbol des Kreuzes versehen. Der eine wendet sich an einen Heiligen namens Philoxenos und fragt nach der Notwendigkeit eines Krankenhausaufenthaltes. Den zweiten kleinen Papyrus hätte auch ein griechischer Geschäftsmann tausend Jahre früher in Delphi oder Dodona abgegeben haben können – fände da nicht ein bestimmter Name Erwähnung.

Der Wortlaut der Orakelfrage: »Gott, Pantokrator, Heiliger, Wahrhaftiger, Menschenfreund und Weltschöpfer, Vater des Herrn und Heilandes Jesus Christus! Offenbare mir die Wahrheit, die bei dir ist. Ob du mich nach Chiut verreisen lassen willst? Oder ob ich dich anderswo als Helfer und Wohltäter für mich finden werde? Es geschehe. Amen!«

Im römischen Volksglauben war die Eingeweideschau noch Jahrhunderte verhaftet. Christliche Schriftsteller wie Tertullian und Augustinus wetterten gegen diese gefürchteten Konkurrenten des Christentums. Kaiser Constantius leitete 319 n. Chr. mit einer rigorosen Verordnung die Verfolgung der Haruspizes ein: Ein Vorzeichendeuter, der die Schwelle eines Bürgerhauses betrat, und sei es das eines alten Freundes, sollte verbrannt, die Leute, die ihn angefordert hatten, deportiert und die Denunzianten belohnt werden. Der wankelmütige Kaiser mußte jedoch wenig später sein Edikt revidieren beziehungsweise präzisieren: Auf öffentlichen Altären und in den Tempeln durften auch weiterhin die Haruspizes beim Opfer befragt werden.

Erst Konstantin der Große erließ 357 ein allgemeines Verbot gegen Orakel und Weissagung. Übertretungen sollten mit dem Tode bestraft werden. Julian Apostata hob das Gesetz wieder auf – er hatte selbst Haruspizes im Gefolge –, aber schon seine zum Christentum tendierenden Nachfolger verboten wieder jede Art von fremder oder verbrecherischer Magie, zu der sie die Eingeweideschau jedoch nicht zählten. Zwar war die Anwendung der *Ordo haruspicum* seit Kaiser Theodosius (385 n. Chr.) offiziell verboten, trotzdem lebte das Orakelwesen in Rom weiter. Die letzten Verbote finden wir im 7. Jahrhundert n. Chr.

Und ein letzter Blick nach Griechenland: Was geschah in Dodona und Delphi?

Die letzten Klienten von Dodona und Delphi

Zu einer Zeit, da keine 2000 Kilometer entfernt, in Palästina, ein Mann geboren wurde, den die Leute Jesus nannten, fand Kaiser Augustus Gefallen an der traditionsreichen Orakelstätte von Dodona und ließ sie wieder aufbauen. Das Buleuterion erstand in neuem Glanz, vor allem aber das Theater. Damals, unter Augustus, erhielt es jene architektonische Gestaltung, die wir heute nach Abschluß der Ausgrabungen bewundern können. Doch statt Theater und Sängerwettstreit wurden nun Tierhetzen veranstaltet, Stiere kämpften gegen Eber, Gladiatoren gegen Löwen. Auch Kaiser Hadrian besuchte die Orakelstätte, das war 132 v. Chr., und auch damals florierte das Geschäft mit der Zukunft. Stadt und Heiliger Bezirk waren wieder aufgebaut, und Pausanias nannte das Zeus-Orakel und die heilige Eiche zu dieser Zeit sehenswert. Die Naien, die Zeus-Festspiele, fanden mindestens bis zum Jahre 241 n. Chr. statt. Auf dieses Ereignis nimmt nämlich eine Steininschrift Bezug, die Archäologen vor einigen Jahren in einem Gebäude der Zitadelle von Joannina entdeckten. Danach war ein gewisser Pophius Memmius Leon 241 n. Chr. der Organisator der Naien.

Der letzte prominente Fragesteller, der das Orakel von Dodona besuchte, war der Neffe Konstantins des Großen, Kaiser Julianus, jener Schöngeist und Christ (nach außen), der das Traktat gegen *Die ungebildeten Hunde* verfaßt hat. Er selbst, 331 n. Chr. in Konstantinopel geboren, kam auf seinen Kriegszügen bis nach Köln und eroberte die Stadt von den Franken zurück. Es war eine Zeit religiöser Spannungen und Unsicherheit, und so nimmt es nicht wunder, daß Julianus vor einer seiner wichtigsten Entscheidungen das Orakel von Dodona konsultierte. Er fragte, ob er gegen die Perser ziehen solle. Leider kennen wir die Antwort im Wortlaut nicht; sie scheint jedoch positiv gewesen zu sein, denn im Mai 362 n. Chr. zog er über Syrien zum Euphrat, wurde schwer verwundet und starb in der Nacht vom 26. auf 27. Juni 363 – ungeachtet des Spruches des Dodonischen Orakels.

Von diesem peinlichen Vorfall einmal abgesehen, war der Ruf Dodonas um die Mitte des 4. nachchristlichen Jahrhunderts nicht mehr der beste. Das Buleuterion lag verfallen da, auf seinen Mauerresten hatten Handwerker eine Porphyr-Werkstätte errichtet; doch die Orakelklienten schienen die Ruinen, über die sie zur Fragestätte stolperten, nicht bemerken zu wollen. Noch 30 Jahre nach Kaiser Julians spektakulärem Orakel mit Todesfolge kamen die letzten Fragesteller. Eine kurze Agonie, dann erlag auch das Heiligtum von Dodona dem Christentum.

Theodosius der Große, Kaiser von Byzanz, verbot die heidnischen Olympischen Spiele, und sicher fiel diesem Edikt von 393 n. Chr. auch das Dodonische Orakel zum Opfer. Ein Illyrer, aus deren Reihen bedeutende römische Kaiser hervorgegangen sind, fällte die jahrhundertealte Zeus-Eiche. Das Symbol des Orakelkultes wurde gründlich ausgemerzt, sogar die mannsdicken Wurzeln gruben die Zerstörer bis zum gewachsenen Felsengrund aus. Die Archäologen staunten, als sie diese Entdeckung machten.

Im nahen Delphi weissagte noch immer eine Pythia, ja sie weissagte sogar wie in alten Tagen in Versform. Das erscheint wie ein Aufbäumen gegen den unaufhaltsamen Verfall der griechischen Religion, der die Römer den Glanz und der Apostel die Idole genommen hatten.

Kaiser Julianus, der ein Leben lang schwankte zwischen dem neuen Christentum und heidnischer Tradition, hatte 362 n. Chr. das Orakel von Delphi noch einmal zu beleben versucht. Das Heiligtum vegetierte nur noch vor sich hin, bis auf eine einzige Pythia und ein paar Priester war es verlassen. Julians Abgesandter, der Arzt und Gelehrte Oribasios, hatte den Auftrag, zu erkunden, was für das Orakel von Delphi getan werden könnte. Ratsuchend wandte er sich an die Pythia. Und sie sprach noch einmal, zum letztenmal. Sie, die das Leben von Generationen gelenkt und bestimmt hatte, sprach nun ihren eigenen Nachruf, wohlgesetzt in Versen:

»Künde dem König, das schöngefügte Haus ist gefallen.
Phoibos Apollon besitzt keine Zuflucht mehr, der heilige Lorbeer verwelkt,
Seine Quellen schweigen für immer, verstummt ist das Murmeln des Wassers.«

398 n. Chr. wurde der Orakeltempel des Apollon in Delphi von Theodosius' Sohn Arkadios abgerissen.

Quellenangaben

Kapitel I: Das Totenorakel am Acheron

Eingangszitat nach Prof. Sotiris Dakaris aus dem Aufsatz »Das Totenorakel am Acheron« in *Tempel und Stätten der Götter Griechenlands*, Köln 1970.

Kapitel II: Die künstlichen Stimmen von Dodona

Das Zitat der Marie Wiegand aus dem Buch *Halbmond im letzten Viertel*. Briefe und Reiseberichte aus der alten Türkei von Theodor und Marie Wiegand 1895 bis 1918, herausgegeben und erläutert von Gerhard Wiegand, München 1970. Scheffer-Zitat: Thassilo von Scheffer, *Helenische Mysterien und Orakel*, Stuttgart o. J. Die Zitate von Herbert W. Parke aus *Greek Oracles*, London, o. J., S. 21. Daraus sind auch die Parke-Zitate zu den indoeuropäischen Zusammenhängen (S. 22). Das Zitat von Sotiris Dakaris zur Erforschung von Dodona aus »Das Heiligtum von Dodona« in *Tempel und Stätten der Götter Griechenlands*, Köln 1970. Das Zitat von Herbert W. Parke zum System der Orakelbefragung aus *Greek Oracles*, London, S. 92. Das Zitat von Sotiris Dakaris zur Neuanlage von Dodona 218 v. Chr. in Sotiris Dakaris, »Das Heiligtum von Dodona«, in *Tempel und Stätten der Götter Griechenlands*, Köln 1970.

Kapitel III: Die Propheten der Oase Siwa

Die Schilderung Gerhard Rohlfs' nach seinem Buch: Gerhard Rohlfs, *Kreuz und quer durch die Sahara*, Leipzig 1936. Die Steindorff-Zitate sind Georg Steindorffs Arbeit »Der Orakeltempel in der Ammonsoase«, Band 69 der *Zeitschrift für Ägyptische Sprache* entnommen. Das Steindorff-Zitat zu dem Geheimgang neben der Orakelzelle aus *Zeitschrift für Ägyptische Sprache*, Band 69. In derselben Nummer der Zeitschrift, »Die Baureste des Burgtempels von Aghurmi« von Herbert Ricke. Das Steindorff-Zitat zu der Ausstattung der Orakelzelle ebenfalls aus *Zeitschrift für Religions- und Geistesgeschichte*,

Köln 1958, »Das Orakel als Mittel der Rechtsfindung im Alten Ägypten«. Prof. Siegfried Morenz publizierte seine »Untersuchungen zur Rolle des Schicksals in der Ägyptischen Religion«, in Band 52, Heft I der *Abhandlungen der Sächsischen Akademie der Wissenschaften zu Leipzig*, 1960 in Berlin.

Kapitel IV: Das Rätsel von Didyma

Die Briefzitate zu diesem Kapitel stammen aus dem Buch *Halbmond im letzten Viertel*, Briefe und Reiseberichte aus der alten Türkei von Theodor und Marie Wiegand (1895 bis 1918), herausgegeben und erläutert von Gerhard Wiegand, München 1970. Tuchelt-Zitat über den Reichtum des Heiligtums: Interview des Autors im September 1975 in Didyma. Die hervorragende Übersetzung des Apama-Dekrets aus: Wolfgang Günther, *Das Orakel von Didyma in hellenistischer Zeit*, Tübingen 1971. Antiochus-Dekret, Günther, s. o. Auch das folgende Günther-Zitat s. o.

Kapitel V: Klaros – das Orakel der tausend Namen

Buresch-Zitate aus: Karl Buresch, *Klaros, Untersuchungen zum Orakelwesen des Späteren Altertums*, Leipzig 1889.

Kapitel VI: Delphi – der geheimnisvollste Nabel der Welt

Klees-Zitat in Präambel aus: Hans Klees, *Die Eigenart des griechischen Glaubens an Orakel und Seher*, Stuttgart 1965. Das Wheeler-Zitat ist dem von George Wheeler 1682 unter dem Titel *Journeys* herausgegebenen Werk entnommen. Die Übersetzung stammt aus dem 1968 bei Brockhaus in Wiesbaden erschienenen Buch *Delphi und sein Orakel* von Peter Hoyle. Parke-Zitat aus: H. W. Parke, O. E. W. Wormell, *The Delphic Oracle*, Oxford, 1956, S. 17. Parke-Zitat: s. o. S. 28. Parke-Zitat: s. o. S. 29.

Kapitel VII: Wenn Pythia auf dem Dreifuß saß ...

Das Präambel-Zitat von Prof. Parke stammt aus: Herbert W. Parke, *The Delphic Oracle*, Oxford 1956, S. 38. Das Reinigungsgebet stammt aus dem Drama *Ion* des Euripides. Parke-Zitat zu den Orakelkosten: Herbert W. Parke, *The Delphic Oracle*, Oxford 1956, S. 32. Die Parke-Theorien über den Zustand der Pythia aus: H. W. P., *The Delphic Oracle*, S. 36. Dodds-Zitat aus: E. R. Dodds, *Die Griechen und das Irrationale*, Darmstadt 1970, S. 48 (Original: *The Greek and the Irrational*, Berkeley + Los Angeles 1966). Parke-Zitat über das Handeln der Pythia: H. W. P., *The Delphic Oracle*, siehe Präambel. Zur Meinung von Georges Roux: G. R., *Delphi*, München 1971, S. 144. Plutarch-Zitat aus »Warum weissagt die Pythia jetzt nicht in Versen?«, 18, 402e, 30, 409d. Parke-Zitat: Herbert W. Parke, *The Oracles of Zeus*, Oxford 1967, S. 104.

Kapitel VIII: Götter, Priester, Scharlatane

Der Hymnus wurde entnommen: Thassilo von Scheffer, *Homerische Götterhymnen*, An den delischen Apollon, Jena, 127, S. 146ff.

Kapitel IX: Krösus – der Mann, der sich die Zukunft erkaufte

Das Dodds-Zitat der Präambel aus: Eric R. Dodds, *Die Griechen und das Irrationale*, Darmstadt 1970, S. 48 (Originaltitel: *The Greek and the Irrational*, Berkeley und Los Angeles 1966). Alle historischen Zitate, Orakelsprüche wie Dialoge mit Krösus, sind bei Herodot überliefert. Zitat Artemis-Tempel aus: George M. A. Hanfmann, »Excavations at Sardis«, *Scientific American* 1961, S. 124. Zitat lydische Wohnstätten, G. M. A. H., »Sardis und Lydien«, *Akademie der Wissenschaften und der Literatur*, Mainz 1960, S. 520. Zitat Grabung 1958: George M. A. Hanfmann, »Sardis und Lydien«, *Akademie der Wissenschaften und Literatur*, Mainz, 1960. Zitat Alyattes-Grab: John Griffiths Pedley, *Sardis in the Age of Croesus*, University of Oklahoma Press: Norman, 1968.

Kapitel X: Selbst Götter sind bestechlich

Troizen-Inschrift nach: Werner Ekschmitt, *Der Aufstieg Athens*, München 1978. Berve-Zitat: Helmut Berve, »Zur Themistokles-Inschrift von Troizen«, *Bayerische Akademie der Wissenschaften*, München 1961. Hahn-Zitat über die mögliche Troizen-Fälschung: I. Hahn, »Zur Echtheitsfrage der Themistokles-Inschrift«, *Acta Antiqua*, Budapest 1965. Berve-Zitat zur Fixierung des Themistokles-Dekrets, H. B., s.o. Hahn-Zitat zu den Quellen des Aristides: I. Hahn, »Zur Echtheitsfrage der Themistokles-Inschrift«, *Acta Antiqua*, Budapest 1965. Jameson-Zitat zum Anlaß der Troizen-Inschrift, Michael H. Jameson, »A Decree of Themistokles from Troizen«, *Hesp*. 29, o.O. 1960, S. 207. Berve-Zitat zur hölzernen Mauer: H. B. siehe oben. Kleomenes-Zitate: Herodot V, 39; V, 41 und VI, 63.

Kapitel XI: Wie Orakel Schlachten entschieden

Das Dodds-Zitat der Präambel ist dem Buch *Die Griechen und das Irrationale* von E. R. Dodds, Kap. VI, »Rationalismus und Reaktion im Zeitalter der griechischen Klassik«, Berkeley, Los Angeles 1966, entnommen. Die Miltas-Zitate aus: Harald Popp, *Die Einwirkung von Vorzeichen, Opfern und Festen auf die Kriegführung der Griechen im 5. und 4. Jahrhundert v. Chr.*, Inaugural-Dissertation, Erlangen, 1957. Zitat zum falschen Bericht Plutarchs: Harald Popp, s.o.

Kapitel XII: Die Traumfabriken von Oropos, Epidauros und Lebadeia

Das Parke-Zitat der Präambel stammt aus dem Buch H. W. Parke, *Greek Oracles*, London 1968, Seite 94.

Kapitel XIII: Die vergessenen Orakel

Kapitel XIV: Die Sprüche der Sibyllen

Kapitel XV: Wenn Cäsar seinem Orakeldeuter geglaubt hätte ...

Kapitel XVI: Das Ende der Propheten

Herodot-Zitat zur Weissagekunst bei den Skythen: Herodot, Buch IV, 67. Herodot-Zitat zur Bestrafung der falschen Propheten: Herodot IV, 69. Das Zitat von Jutta Kirchberg aus: »Die Funktion der Orakel im Werke Herodots«, S. 117/118 in *Hypomnemata, Untersuchungen zur Antike und zu ihrem Nachleben*, Göttingen, o. H. Das Zitat des Bibelwissenschaftlers Dr. Erich Rößler aus: *Kindlers Literatur Lexikon* »Prophetenbücher des Alten Testaments«.

Die Klassiker-Zitate stammen aus folgenden Werken: Cicero, *Von der Weissagung*, übersetzt von Raphael Kühner, München o. J.; Herodot, *Historien*, übertragen von Dr. Eberhard Richtsteig, München o. J.; Homer, *Odyssee*, übertragen von Johann Heinrich Voß, München o. J.; Livius, *Römische Frühgeschichte*, übertragen von Josef Feix, München, o. J.; Pausanias, *Beschreibung Griechenlands*, übersetzt und herausgegeben von Ernst Meyer, München 1972; Tacitus, *Annalen*, übertragen von Carl Hoffmann, München 1978; Thukydides, *Geschichte des Peloponnesischen Krieges*, herausgegeben und übertragen von Georg Peter Landmann, München 1977; Vergil, *Aeneis*, übertragen von Thassilo von Scheffer, München, o. J.

Register

Äacus, König von Ägina 59f.
Abai, Orakel von 243, 333, 340f.
Abaton von Epidauros 321f.
Aberglaube 43, 305, 308, 311, 313, 349, 361
Aberglaube, Der (Plutarch) 311
Achaier (Achäer) 53, 169f.
Acheron, Totenfluß 17ff., 21, 25, 37f., 373
Acherousia-See 37
Achilles 174
Achoris, Pharao 87
Adyton von Delphi 176-179, 183f., 189, 195, 203, 271
Aeneis (Vergil) 343, 376
Agamedes 116, 324
Agelados von Argos 151
Agelaos aus Tegea 220, 239
Aghurmi 79, 81, 83f., 373
Agiaden-Dynastie (Sparta) 289
Agias, Seher 156
Agrippina, Julia s. Julia Agrippina
Ägypten 55, 57, 67, 70, 74f., 77, 81, 87f., 92, 94, 98, 117, 136, 215, 250, 289, 293, 374
ägyptische Weissagekunst 55
Aigos Potamoi, Seeschlacht bei 156, 293
Aischines 283
Aischylos 42, 178, 230, 241, 295
Aitoler (Ätoler) 65f., 168
Aitolischer Bund 66, 324
Akademie von Athen 164f.
Akanthusblätter 193
Akköy 100, 104
Akropolis, Athen 83, 115, 172, 234, 267, 275, 296, 347
Alarich, Gotenkönig 362
Alexander der Große 42, 64, 71-79, 84, 87, 100, 120ff., 134f., 164, 242, 256, 338

Alexandria 75, 77f., 80, 136, 319
Alexandros, Sohn des Amyntas 277, 300
Alexis 260
Alkibiades 306, 308
Allkampf 239
Alpheios-Bach, Alpheios-Tal 333, 335
Altes Testament 117, 200, 376
Alyattes, König der Lyder 134, 167f., 243, 259, 375
Ambrakia am Golf von Arta 170
American Schools of Oriental Research 256
Ammonios von Chaironeia 199
Amphiaraos, Gott 313, 316f., 320
Amphiareion von Argos 28
Amphiareion von Oropos 314-219, 321
Amphiktyon 236f.
Amphiktyonen 166, 199, 236ff.
Amun-Kult 87f.
Amun-Orakel von Siwa 70, 72, 75ff., 79, 82f., 86f., 121, 243, 293
Amun-Tempel von Karnak 93
Amunemwia 96
Amyntas von Makedonien 277, 300
Anacharsis 220
Anaxandridas, König von Sparta 289
Anaxandros, König von Sparta 327
Androbulos von Delphi 273
Andromache (Euripides) 178
Andros 161, 287, 297
Annalen (Tacitus) 131, 140, 351, 361, 376
Anthela 236
Antigonos, Feldherr 135
Antikleia 25
Antiochos aus Syrakus 160
Antiochos der Iamide 297
Antiochos, Sohn des Seleukos 122-125
Antiochus, Vater des Seleukos 122, 374
Antipater 363
Antiphanes aus Argos 156
Antium, Kultstätte 349f.
Anton, Marc 134
Anubis-Kult 80
Apama, Frau des Seleukos 122f., 274
Aphrodite, Göttin 64, 122, 158, 164, 196, 321, 365
Aphrodite von Knidos (Praxiteles) 164
Apollodotos von Milet 124
Apollon 105, 108, 116f.,

126, 128, 156f., 159, 190, 194, 196f., 227-233, 236, 252, 286
Apollon der Pythier 229
Apollon Ismenios 333
Apollon Ptoios 338, 340
Apollon Sitalkas 166
Apollon-Orakel von Delphi 42, 70, 73, 147ff., 152, 161, 166, 169, 172ff., 200, 244, 254, 269, 293
Apollon-Tempel von Didyma 103, 105f., 113, 115, 120, 122, 129
Apollon-Tempel von Klaros 132, 134f., 138-142
Apollonios 323
Appius Claudius 202f.
Apries, Pharao 117
Arashia-See 80
Archäologische Gesellschaft Griechenland 22, 51
Archidamos III. 165
Ares, Kriegsgott 89, 271
Argos 28, 66, 151f., 156ff., 239, 286
Aristarchos 206
Aristeides von Milet 124
Aristidis, Aelius 276, 283
Aristinos 233
Aristodemos von Messenien 312
Aristodikos aus Kyme 109
Aristogeiton 157
Aristokleides 176
Aristokritos 156
Aristomenes von Messenien 323, 326ff.
Ariston, König von Sparta 290ff.
Aristonike, Pythia 270f.
Aristophanes 70, 260
Aristoteles 72, 315, 319
Aristyllos 206
Arkadios, Kaiser 372
Arkturus-Aufgang 310
Arsinoë, Pharaonin 315
Artabazos 301
Artaphernes, pers. Feldherr 296
Artaxerxes, König von Persien 231, 286
Artemidoros aus Ephesus 318f.
Artemis, Göttin 89, 105, 156, 159, 161, 228f., 278, 321
Artemis, Sibylle aus Phrygien 346
Artemis Soteira 263f.
Artemis-Tempel von Didyma 123
Artemis-Tempel von Ephesus 108, 115
Artemis-Tempel von Sardes 256
Artemision auf Euböa 268, 278

Artemon von Milet 319
Ärzteschule von Knidos 158
Asklepion von Epidauros 28
Asklepios (Äskulap) 320-323, 325
Asklepios-Priester 321, 323
Äsop (Aisopos) 15, 186
Assur 117
Assyrer 38
Astyages 247
Athena Chalkioikos 225
Athenaios 123, 125, 164
Athene, Göttin 89, 157, 161, 267f., 273f., 321
Athene-Tempel von Assesos 167f.
Athenodoros aus Kleitor 156
Athenogenes von Argos 66, 287
Äthiopen 87
At-Maidan (Istanbul) 295
Aton-Tempel in Theben (Ägypten) 285
Attisch-Delischer Seebund 230f.
Atys, König von Lydien 261
Atys, Sohn des Krösus 243
Augias, König von Elis 334
Auguren 296f., 355f., 359
Augustinus Augustus, Kaiser 136, 242, 351, 359, 370
Auspizien 356
Autosuggestion 195, 203, 205, 321
Babylon 28, 77, 248, 250, 255, 355, 358
Bakchis, König von Korinth 212
Bakchiaden 212-215
Bakchon, ägypt. Priester 96f.
Barkenorakel 94
Bastet (= Artemis), Göttin 89
Berve, Helmut 281, 283, 288, 375
Bias von Priene 173
Bibliotheke historike (Diodor) 375
Biceps Parnassus 147
Bieberstein, Marschall von 104, 106
Bir (Zisternen) 78
Biton von Argos 152
Blitzorakel 356
Blutrache 233
Boer, W. den 281
Boghazköi 138
Böhringer, Erich 102
Böotien 154, 229, 276, 281, 296, 314, 328, 338
Böotischer Bund 324
Branchidai (Didyma) 99, 116f.
Branchiden-Orakel 119
Branchos, mythol. Hirt 116, 128
Britisches Museum (London) 96, 101, 358
Browne, W. G. 80f.

Brutus, Marcus Junius 354, 362
Bubastis, Orakel von 89
Bücher (AT) 368
Buleuterion 64ff., 161, 337, 370f.
Burckhardt, Jacob 45
Buresch, Karl 131ff., 137, 374
Butler, Howard Crosby 256
Buto, Orakel von 89f., 92
Byron, George Gordon Lord 148

Caesarea (Kaisareia) 132
Calder, Alexander 157
Caligula, Kaiser 136
Cäsar (Gaius Julius Caesar) 202, 242, 353f., 359, 361
Cassius, Gaius 354, 362
Catilina, Lucius Sergius 359
Chairemon, ägypt. Priester 202
Chairon der Mazedonier 73
Chaironeia, Schlacht bei 199, 287
Chaldäer-Dynastie (Babylon) 255
Chattuscha, Hethiter-Hauptstadt 138
Chefren (Cha'efre), Pharao 91
Cheimerer 38
Cheops, Pharao 90f.
Cheops-Pyramide 90
Chilon von Sparta 173, 220, 235
Chnum, ägypt. Gott 96
Christentum 48, 67, 368-373
Chronos (Kronos), Urgott 194, 325, 328, 334
Chrysippos 363
Chrysothemis 238
Chufu (= Cheops) 91
Cicero, Marcus Tullius 195, 242, 313, 315, 343, 348f., 353f., 359, 364, 376
Cinna, Lucius Cornelius 359
Claudius, Kaiser 135f., 361
Constantius, Kaiser 369
Cornelius Nepos 292f.
Cornell-Universität 256
Cumae (Kyme), Orakel von 347f., 350
Curtius, Ernst 149f., 223, 333ff., 337, 363
Curtius Rufus, Quintus 88

Dakaris, Sotiris 17-24, 26-31, 34-38, 40, 43, 51f., 56f., 61, 65f., 373
Dalí, Salvador 157
Dameas aus Kleitor 156
Dante Alighieri 29
Daphnis, Nymphe 224
Daphnis aus Milet 108
Dareios (Darius), König von

Persien 75, 118f., 231, 291, 296, 317
Daskalakis, Ap. 282
Datis, pers. Feldherr 160, 231, 296
De Mysteriis Aegyptiorum (Jamblichos) 141
Delischer Apollon-Hymnus 228
Delos 227-232, 346
Delphi 52, 59, 65, 70, 73, 145-156, 160-172
Demaratos von Sparta 290ff.
Demeter, Göttin 236, 328
Demeter-Heiligtum von Anthela 325
Demetrios von Phaleron 20, 51, 61, 319
Demodamas von Milet 123f.
Demokrates aus Rhodos 75
Demosthenes 285, 306ff.
Deukalion 236
Deutsches Archäologisches Institut 51, 101f., 128
Didyma 74, 99-113, 116-129, 131f., 135f., 138, 227, 243, 341, 374
Didymeen (Wettspiele) 125
Diodor(os) 28, 46, 79, 84, 88f., 171, 179, 188, 302, 307, 364
Diogenes 363
Dion 47, 66, 308-311
Dione, Göttin 48, 56, 64, 66
Dione-Tempel in Dodona 48, 66
Dionysien von Milet 125
Dionysos, Gott 73, 171f., 194, 196, 321
Dionysos I. von Syrakus 308
Dioskuren 156
Disciplina Etrusca 360
Dixon, Jeane 344
Dodds, Eric Robertson 201, 241, 295, 374f.
Dodona 26, 41, 45-61, 63-67, 70, 95, 243, 293, 334, 344, 469ff., 373
Dorieus von Sparta 289
Dörpfeld, Wilhelm 337
Dreifuß der Pythia 114, 147, 178f., 181, 186ff., 193, 195, 197, 202f., 222, 238, 295, 302ff.
Dreifuß von Platää 162, 295ff., 299
Dreifuß vom Ptoion 338ff.
Drerup, Prof. H. 102
Druiden 364
Drusus, Nero Claudius 136

Echembrotos der Arkader 238f.
Echnaton, Pharao 285
Eëtion aus Petra 213f.
Ehekrates aus Petra 213
Eingeweideschau 354, 356, 359ff., 369f.

Ekstase der Pythia 196, 344
Eleusis 209, 284
Elis 291, 298, 334
Elyros auf Kreta 168
Enarees (Mannweiber) 365
Endoxos 206
Epameinondas 272f., 323, 327
Ephesus 104, 108, 115, 143, 319
Ephoren 289ff.
Ephyra 18, 20-23, 26, 28, 35-42, 59, 67, 330, 332
Epidauros 28, 66, 287, 313, 320ff., 376
Epilepsie 195
Epimenides 234
Epipolai, Höhen von 306
Epirus 40f., 47, 51f., 56, 64f., 67, 243
Eridanos-Bach 285
Eros, Gott 196, 270
erotischer Wannsinn 195f., 202
Erxikleides von Athen 226
Erythrai 143, 346, 350
Eski Hisar (= Didyma) 100, 103
Etrusker 160, 168f., 261, 348, 355, 358
Euadne, Tochter des Poseidon 335
Eukadmos von Athen 173
Eumeniden (Aischylos) 178
Euripides 42, 178, 374
Eurymedon, Schlacht am 167
Eurypontiden-Dynastie (Sparta) 289f.
Eusebios aus Kaisareia 251
Evangelides, Demetrios 51, 61
Exekestides aus Phokis 239
Ezechiel, Prophet 353, 369

Fayyum-Oase 225
Fetischismus 88, 193, 195
Flaubert, Gustave 145
Flötengesang 238f.
Fogg Art Museum (Harvard) 256
Fohlenrennen 239
Fontenrose, Joseph 200
Fortuna-Heiligtum in Praeneste 348ff.
Foucart, Paul 150
Franco, Kapitän 149f.
Frühhelladicum 52, 56

Galater 126
Gallenblasenschau 359
Gallien 364
Gallus, Caninius 350f.
Ge, Erdgöttin 56f., 178, 188, 200, 224, 229f., 334
Gelon von Syrakus 153
Geminos von Tyros 319
Georg, König von Griechenland 146

Germanicus 136f.
Glaukias aus Kroton 238
Gluskina, L. M. 281
Gobryas 166
Gong von Dodona 61ff.
Gordion (Phrygien) 74f., 77
Gordios, phrygischer König 74
Gordischer Knoten 74
Gorgias aus Leontinoi 170f.
Gracchus, Gaius 359
Große Asklepien 322
Grünau, Curt von 83f.
Guarducci, M. 282
Günther, Wolfgang 128, 374
Gyges, König von Lydien 162, 220f.
Gylippos von Sparta 306
Gymnasion von Delphi 147, 337

Habicht, Chr. 282
Hades, Totengott 21, 25, 30
Hades, Unterwelt 21, 30ff., 38
Hadrian, Kaiser 143, 199, 341, 370
Hahn, J. 282f., 375
Halluzinationen 29, 59, 362
Halys-Fluß 246-249, 251
Hamilton, James 82
Hanfmann, George M. A. 256ff., 261, 375
Harsaphis-Orakel in Herakleopolis 89
Haruspizes 355-359, 361f., 369f.
Harvard-Universität 256
Haschisch 28
Hatschepsut, Pharaonin 93f.
Haussoullier, Bernard 103
Hegesistratos aus Elis 297ff.
Heilige Eiche 61, 65, 370
Heilige Kriege 162, 211, 237, 304
Heilige Straße nach Eleusis 284
Heilige Straße von Delphi 161
Heilige Straße von Didyma 99f., 118
Heiliger Bezirk von Delphi 155, 158, 160, 172, 182f., 245
Heiliger Bezirk von Didyma 123
Heiliger Bezirk von Klaros 139
Heilschlaf 314, 319
Hekabe von Troja 345
Hekataios 118f.
Helladicum III 52
Hellenika (Xenophon) 272
Heloten 234, 302, 304
Hephaistos 225f.

Hera, Göttin 40, 227, 325, 328, 334
Hera-Tempel in Olympia 152
Heraion auf Peiraion 40
Herakleopolis 89
Herakleoten 166
Herakles 64, 171, 238, 272, 334, 336
Herakles Misogynes 191
Herakles-Orakel 89
Herkyna-Fluß 323, 325, 328f.
Hermippos von Berytos 319
Hermodikos von Lampsakos 322
Hermon aus Sparta 156, 312
Hermos-Fluß 247, 249, 259
Herodes Atticus 171
Herodot(os) 18, 28, 37f., 40, 42, 46, 54-58, 67, 87, 89-92, 98f., 109, 116-120, 148, 152, 159, 175, 177, 207, 212, 215, 218f., 221, 231, 236, 244, 247, 259ff., 270, 277, 300, 316, 333, 338-341, 364-367, 375f.
Herophile, Sibylle von Erythrai 161, 346
Hesiod(os) 51, 57, 206, 238
Hestia-Altar 183f., 186
Hestia-Feuer 179, 189
Hethiter 138
Hierobotanik 318
Hieronymus 297, 346
Hipparch(os) 206, 300
Hippokrates 317
Hippomachos der Leukadier 297f.
Historien (Herodot) 99, 244, 252, 259, 333, 376
Hitchcock, Alfred 313
Höhle der Pythia in Delphi 149
Homer 18f., 21, 23, 25f., 35, 38, 45, 47, 51, 57, 173, 226, 228, 238, 315, 324, 375f.
Homolle, Théophile 105, 151f.
Honigkuchenopfer 184, 330
Hori, ägypt. Schreiber 95
Hornemann, Friedrich Konrad 81f.
Horus (= Apollon)-Orakel in Edfu 89
Hosioi 183
Humann, Karl 104
Hyampischer Felsen 186
Hygieia, Göttin 317
Hypatodoros 157
Hyperboräer 226
Hypereides 165, 287
Hypermestra 316
Hypnose 186, 195, 205, 318

Iamos der Seher 335
Ilias (Homer) 21, 53, 226
Incubatio (Tempelschlaf) 28
Individualschuld 233

Initiatonswahnsinn 195
Inkubationsschlaf s. Incubatio
Innocenz I., Papst 362
Ionischer Aufstand 116, 118f., 295
Isis-Kult 28, 80, 320
Issos, Schlacht von 75
Itea-Bucht 146, 229
Iulius, Lucius 348
Iuno Sospita 348
Iuppiter Capitolinus 347, 349
Iuppiter puer 349

Jamblichos aus Chalkis 141
Jameson, Michael H. 263-266, 281, 287f., 375
Jeremia, Prophet 368
Jesaja, Prophet 368
Jesus von Nazareth 370
Joannina 18, 20f., 46ff., 50, 371
Jolaidas aus Theben 239
Josia, König von Juda 117
Julia Agrippina 137f.
Julianus, Kaiser (Julian Apostata) 371f.
Jupiter-Tempel auf dem Kapitol 347, 357

Kaineiden 213
Kaiser, Otto 96f.
Kalamis von Athen 172
Kambyses, Perserkönig 195
Kappadokien 248
Karapanos, Konstantin 48f.
Kardos, Ursula 241f.
Karnak 93
Karthago 359
Karystier von Euböa 168
Kassandra 345
Kassotis-Quelle 182f.
Kastalische Quelle 148, 182, 184
Kastri (= Delphi) 48, 146-150
Kaufmann aus Magnesia 218, 235
Keledonen 225
Kelten 65, 364
Kennedy, John F. 344
Keos 287
Kerameikos, Stadtteil von Athen 284
Keramikfunde 56, 257
Keramopulos, A. D. 323
Kimmerer 38
Kimon von Athen 69f., 167
Kinder-Lesche von Delphi 147, 172
Kirchberg, Jutta 367, 376
Kirke, Zauberin 18, 23, 25
Kithara-Gesang 191, 238f.
Kjolafis, Georgios 111
Klaros, Oraker von 131f., 134-143, 227, 346, 374
Klearchos aus Methydrion 218, 235

Klees, Hans 145, 374
Kleisthenes von Sikyon 239
Kleobis von Argos 152
Kleobulos aus Lindos 173
Kleombrotos von Sparta 290, 305
Kleomenes von Sparta 289-292, 375
Knackfuß, Hubert 107, 109, 114
Knidos 158ff., 164
Kobon von Delphi 291
Kokytos-Fluß 21, 34
Kollektivschuld 233
Kolophon, Orakelheiligtum von 131, 134ff., 141, 143, 346
Konstantin der Große 295, 304, 370f.
Kopais-See 323, 338f.
Koretas-Bericht 188f., 192
Korinth 38, 40, 158, 161, 173, 212-215, 220, 265, 276
Korkyräer 63, 155f.
Korkyräische Peitsche 63f.
Korykische Höhle 148, 200
Krateia von Korinth 215
Kratippos aus Athen 225
kretisch-mykenische Religion 56
Krisaier 237
Kronos s. Chronos
Krösus (Kroisos), König der Lyder 17, 42, 70, 87, 100, 118f., 135, 153, 162, 167, 175, 178, 184, 216, 219, 235, 241-256, 258-261, 316, 323, 328, 338, 340, 375
Krösus-Palast 258
Kundenkartei von Delphi 143, 218
Kunze, Emil 337
Kyaxares, König 247
Kyklon aus Athen 233f.
Kypselos von Korinth 161, 215
Kyrene in Libyen 88, 161
Kyros, Perserkönig 178, 222, 246f., 249-255, 259

Labda von Korinth 213f.
Laevinus, Publius Valerius 41
Lamachos von Athen 306
Lampenfest von Sais 92
Lamprias von Chaironeia 199
Laonike, Frau des Lebados 324
Leake, William Martin 48
Lebadeia (Livadia) 28, 243, 313, 323-329, 332, 376
Lebados aus Athen 324
Leberschau 353f., 358ff.
Leonidas, König von Sparta 278, 290, 296, 305

Leonidas, Bauer von Didyma 106
Leotychidas von Sparta 290ff.
Lesche der Knidier 172
Leto, Göttin 89, 105, 159, 172, 227-230
Leto-Orakel von Buto 89
Leuktra, Schlacht bei 160, 272, 312, 327f.
Leotychidas von Sparta 290ff.
Libon aus Elis 336
Liparische Inseln 160, 168
Livadia s. Lebadeia 323, 325
Livia Augusta 136
Livius, Titus 355f., 376
Lollia Paulina 137f.
Lollius, Marcus 137
London African Association 80
Losorakel 318, 348f.
Lucanus, Marcus Annaeus 69
Lukian(os) 34f., 202f.
Lungenschau 359
Luxor 89, 93
Lyder 177, 184, 219, 221, 246-252, 254, 261
Lykabettos-Hügel 285
Lykormas aus Larisa 239
Lykos von Milet 122, 124
Lykurgos 177, 287
Lysandros von Sparta 196, 292f., 324
Lysimachos, Feldherr 135

Mäander-Ebene 100, 106
Maat (Weltordnung) 97
Macridi-Bey, Theodore 138f.
Mantineia in Arkadien 162
Manto, Tochter des Teiresias 135
Marathon, Schlacht bei 157, 160, 173, 284, 296
Marc Aurel, Kaiser 346
Mardonios von Persien 166, 296, 299-302, 317, 338
Marius, Gaius 359
Markttor von Milet 112
Marsa Matruh 76, 78
Martin, Roland 139f., 142
Mauer des Themistokles 274f., 283ff., 288
Medialität 196f., 344
Megakles, Archont 234
Megalopolis 71
Megaron in Delphi 175ff.
Megiddo, Schlacht von 117
Megistias von Sparta 278
Melampus 239, 316
Melissa von Korinth 38ff.,
Memmius Leon, Pophius 371
Memphis 75, 121
Menippos (Lukian) 34f.
Meritt, Benjamin D. 266

Mesopotamon 19f., 22, 26
Messalina 137
Messapier 158
Messenien 158, 323, 326
Messenische Kriege 326
Metamorphosen (Ovid) 59
Metella, Frau des Sulla 315
Meyer, Eduard 381, 376
Midas, phrygischer König 74, 162
Milet 98f., 101, 104-108, 112, 115, 118-125, 127, 131, 135, 173, 319
Miltas aus Syrakus 308f., 376
Miltiades 69, 157
Minnion von Milet 124
Mithradates 67, 324
Mittelhelladicum 56
Mnesias von Argos 287
Mohammedaner 80
Moiren (Schicksalsgöttinnen) 174
Molosser 170
Mondfinsternisse 306-310, 312
Monroe, Marilyn 344
Moore, Henry 157
Mopsos, Apollon-Priester 135
Morenz, Siegfried 97, 374
Müller, Karl Otfried 149
Musen 172, 196, 323
Museum von Delphi 152, 155, 160f., 192f., 245
Mut, Göttin 86
Mykalegebirge, Schlacht am 119
Mykene 52
Mykerinos (= Senkaure) 90ff.
Myrmidonen 60
Myson aus Oeta 220, 235

Nabonid, König von Babylon 255
Naien (Zeus-Festspiele) 66, 370f.
Napata am Nil 87f.
Napoleon I. 81
Napoleon III. 146
Naumann, Prof. R. 102
Naxos 230f.
Nebunnef (Neouenenef), ägypt. Oberpriester 94
Necho, Pharao 116f.
Nefer Renpet, Wesir 96
Neit (= Athene), Göttin 89
Nemesis-Göttinnen 134
Neokles 267, 269
Neoptolemos 174
Nepos, Cornelius s. Cornelius Nepos
Nikagoras von Athen 287
Nikandra 54
Nikandros, Oberpriester 135, 204
Nikias von Athen 306ff., 310, 312

Nilsson, Martin P. 263
Nisaia, Schlacht bei 166
Numa Pompilius 355f.
Numerius Suffucius 349

Octavian 362
Octavius 359
Odysseus 18, 23, 25, 30, 33f., 40, 45, 315
Oikles 316
Olympia 56, 149f., 156, 239, 302, 333-337
Olympias von Makedonien 64, 72f., 77
Olympische Spiele 42, 150, 153, 233, 297, 371
Omphalos von Delphi 88, 168, 178, 192ff.
Onomakritos 300
Onomarchos 211
Opfergefäße (Pithoi) 27
Opferprozessionen 170
Opfertiere 30f., 296, 328, 358
Opium 318
Orakelgrotte von Klaros 140
Orakelpriester 15, 27ff., 34, 36, 41ff., 62, 93f., 109, 115, 118, 120, 135, 173, 182, 185f., 190f., 206, 217, 219, 221, 229f., 235, 238, 270, 288, 311, 326, 328, 331, 337f., 359
Orakelpriesterinnen 54f.
Orakeltäfelchen 26, 46, 58, 94, 208f.
Oribasios 372
Orneaten in Argolis 170
Oropos, Orakel von 313f., 316-320, 376
Orphik 73
Osiris-Kult 92
Ostrakismos (Scherbengericht) 269
Otto I., der Bayer, von Griechenland 149
Ovidius Naso, Publius 49, 345
Oxyrhynchos-Papyri 225, 369

Pagos-Gebirge 134f.
Paionen 161
Paionios, Architekt 108
Paktolos-Fluß 242, 255, 258, 261
Palestrina s. Praeneste
Pandaros aus Thessalien 322
Panormos, Hafenstadt 99, 115
Panousis, Demetrios 20
Papadia-Schlucht 147
Pappos von Alexandria 319
Papyrus 10 335 (British Museum) 96
Papyrus Turin 96
Parapsychologie 190, 197
Parke, Herbert W. 52ff., 56,

58, 175f., 178, 181, 185, 201, 205, 211, 313, 373-376
Parnaß-Gebirge 11, 146f., 149, 183, 171, 188, 194, 229
Parthenon, Athen 115, 172, 234
Paullus, Lucius Aemilius 41, 323
Pausanias 18, 46f., 116, 125, 134f., 146ff., 154-164, 166ff., 170-176, 179, 193, 199, 224ff., 236ff., 285f., 296, 301-304, 321, 324-332, 335-338, 340f., 346, 370, 376
Pausanias, spartan. Feldherr 302f.
Pazawemdi-Amun 96
Pedley, John Griffith 360, 375
Peirene-Quelle 212
Peisistratos 232, 300
pelanos (Honigkuchen-Opfer) 184
Pelasger 57
Peloponnes 40, 212, 229, 234, 247, 260, 281, 326
Peloponnesischer Krieg 156, 234, 303, 376
Pentathlos aus Knidos 160
Perdikovrysis-Quelle 340
Pergamon 102, 104
Pergamon-Museum (Berlin) 112
Periallos, Pythia 291
Periandros von Korinth 38ff., 173, 215
Perikles 306
Persephone, Totengöttin 21, 25, 30, 32, 36
Perserkriege 231, 270, 282
Perseus, König von Epirus 41, 324
Pferderennen 239
Phaidriaden-Schlucht 182
Phallus-Kult 195
Phana in Aitolien 169
Pharaonen 91, 93
Pharaonengräber 27
Pharsalia (Lucanus) 69
Phaseliter 185
Pherai in Thessalien 166
Phidias 157, 336
Philammon 238
Philipp II. von Makedonien 165, 288, 323
Philipp V. von Makedonien 65
Philippi, Schlacht bei 362
Philoxenos, hl. 369
Phliasier 162
Phoibe, Göttin 230
Phoibos (= Apollon) 227f., 372
Phoker 161f., 166, 179, 193, 237, 243, 304, 333., 341

Phöniker 55
Phrearrioi 264, 269
Phrygien 74, 186
Phryne 163ff., 171
Picard, Pierre-Charles 138f.
Pindar 42, 54, 71, 174, 224ff., 335
Piräus, Hafen 269f.
Piso 137
Pison aus Kalaureia 156
Pithoi (Opfergefäße) 27
Pittakos von Mytilene 173
Platää, Schlacht bei 162, 295ff., 299
Platäer 166
Platon 164, 195, 260, 287, 311
Plautus, Titus Maccius 347
Plinius Secundus, Gaius 317, 359
Plutarch 69f., 72, 76f., 119, 148, 154, 165, 177, 181, 189ff., 195f., 198f., 201-204, 206f., 218, 233, 266, 283, 287, 294, 302, 308-312, 338, 341, 362, 375f.
Pneuma 198, 200f.
poetischer Wahnsinn 195f.
Polybios 65
Polygnot(os) 172
Polyklet(os) 321
Polymedes von Argos 151
Polyneikes 157
Polyzalos aus Syrakus 153
Pompeius, Gnaeus 202
Pontremoli, E. 103
Popp, Harald 309f., 376
Poros-Insel 263
Poseidon, Gott 156, 174, 176, 234, 268, 302, 335
Praeneste, Orakel von 348ff.
Präkognition 195, 197, 216
Praxias von Athen 172
Praxiteles 164f., 325
Preußische Museen, Berlin 113
Priamos von Troja 345
Priene 104, 173
Pritchett, W. M. 282
Promantie 184f.
Promeneia 54
Propheten, biblische 368f., 376
prophetischer Wahnsinn 195f., 201
Proxenie (Gastrecht) 172
Proxenos 185f.
Prytaneion 64, 66, 125, 335, 337
Psammetich I., Pharao 116
Psammetich II., Pharao 215
Psammetichos von Korinth 215
Psephisma (Volksbeschluß) des Themistokles 266, 282
Psychoanalyse 319
Psychotherapie 321

Pteras aus Delphi 224
Pteria, Schlacht bei 249
Ptoion, Berg 338ff.
Ptoios-Orakel 338ff.
Ptolemäer-Dynastie 127
Ptolemaios
aus Makedonien 239
Ptolemäus (Ptolemaios) I. 77
Ptolemäus IV., Pharao 315
Pyramidalfortsatz 354, 358
Pyrrha 236
Pyrrhus, König von Epirus
41, 64
Pythagoras 317
Pythia 146ff., 173, 178f.,
181-184, 188-207, 216-
222, 227, 233, 274, 285f.,
291, 372, 374
Pythia-Zelle 176ff.
Pythische Spiele 147, 238f.
Python, Drache 229

Quindecimviri (röm.
Orakelpriester) 344, 350

Ramses II., Pharao 94,
97, 117
Ramses V., Pharao 96
Rehm, A. 129
Reinigungsriten 27
Rhakios aus Kreta 135
Rhea, Göttin 194
Rhenaia, Insel 232
Ricke, Herbert 84, 373
Ritualwahnsinn 195
Ritualwaschungen 28
Robert, Louis 139f.,
142, 282
Rohlfs, Gerhard 82ff., 373
Römische Geschichte
(Livius) 356, 376
Ross, Ludwig 149
Rößler, Erich 368, 379
Roux, Georges 205, 375
Rufus, Curtius s. Curtius
Rufus, Quintus
Rutilius, Publius 348

Sais, Orakel von 89
Sakadas aus Argos 239
Salamis, Schlacht bei
265-268, 271, 274f., 279f.,
284, 286, 305
Samos 139, 143, 159, 300,
346, 350
Sandanis von Lydien 248
Santorin, Kykladeninsel 88
Saon aus Akraiphnion 325
Sardes, Hauptstadt von
Lydien 219, 221f., 242,
244, 246f., 249f., 255-261,
276
Sart-Mustafa 255
Schachermeyer, F. 281
Schatzhaus der Athener 161,
193, 224
Schatzhaus der Korinther
161f., 215, 220

Schatzhaus der Sikyonier 158
Schatzhaus der Siphnier 158ff.
Schatzhaus der Thebaner 160
Scheffer, Thassilo von 51, 373, 375f.
Scherbengericht (Ostrakismus) 269
Schiff, Alfred 65
Schlaforakel 28, 319f.
Schlangensäule des Pansanias 295, 302, 304
Schliemann, Heinrich 49
Schuldbegriff 233ff.
Sebichos, Pharao 320
Sekketam (= Siwa)
Seleukiden 121, 126
Seleukos I. 121-126
Seleukos II. 126
Seller 53f., 63
Senecio, Sosius 199
Senkaure, Pharao 90
Serapis-Kult 28, 95, 320
Seth (= Ares), Gott 89
Sibyllen 161, 343ff., 351, 355
Sibylle von Cumae 347f.
Sibylle von Erythrai 346
Sibylle von Klaros 346
Sibylle von Marpessos 346
Sibyllinische Bücher 320, 344, 347, 350, 355, 360
Sibyllinischer Felsen 161
Sieben gegen Theben 316
Sikinnos von Athen 279f.
Sikyonier 158, 170
Silberminen von Laurion 269
Siphnos, Kykladeninsel 159f.
Siwa, Oase 69ff., 73, 76-82, 87ff., 121, 243, 293, 373
Skiathos 185
Skythen 38, 364ff., 376
Smyrna 111, 134, 143, 259
Snofru, Pharao 91
Sokia (Söke) 111
Sokrates 273, 315
Solon 173, 252
Sophokles 17, 42, 223, 263, 315
Sotades aus Thespia 154f.
Sparta 71, 156f., 168, 173, 177, 225, 232-235, 237, 247f., 250, 272f., 276ff., 283f., 289f., 292f., 296ff., 300f., 303-306, 312, 326f.
Sphinx von Giseh 91
Sphinx von Naxos 155, 161
Spiegelthal, Konsul 259f.
Spiritismus 204
Spon, Jacques 146
Spurinna Vestricius 354f.
Stadion von Delphi 147, 149, 171, 322
Stein von Troizen 156, 263,

265, 266ff., 271, 278, 281ff., 287f., 375
Steindorff, Georg 69, 83, 86f., 373
Steininschrift von Klaros 370
Stier von Korkyra 155
Stier von Platää 166
Stiftung Volkswagenwerk 101
Strabon 18, 115, 118f., 179, 197, 338, 341
Stratonike, Frau des Seleukos 122
Sühneopfer 23, 27
Sühnepriester 234
Suidas 346
Sulla, Lucius Cornelius 285, 315, 359, 361
Susa in Baktrien 119f., 122, 125
Syrakus 46, 153f., 160, 306ff., 310, 312

Tacitus, Publius Cornelius 131, 135, 137, 140, 142, 350, 361, 376
Taharka, König der Äthiopier 88
Tanis, Orakel von 89
Tarent 41, 158, 162
Tarquinius Priscus 347
Tegea in Arkadien 239, 298, 301
Teiresias 18, 25, 30, 33, 135
Teisamenos 297ff.
Telepathie 197, 216
Telliaden aus Elis 298
Telphusa, Nymphe 229
Tempelschlaf (Incubatio) 28, 319
Tertullian 369
Thales von Milet 173, 206
Thamyris 238
Theagenes von Megara 233
Theater von Delphi 147, 171
Theater von Dodona 50, 64ff.
Theater von Epidauros 321f.
Theben (Ägypten) 54f., 89, 93f., 285
Theben (Griechenland) 55, 71, 157f., 164, 316, 333
Themis, Göttin 64, 66, 230, 321
Themistokles 42, 242, 264, 266-288, 292f., 296, 338, 375
Themistokles-Dekret 266f.
Theodosius I., der Große 370ff.
Theoklos von Messenien 326f.
Theokosmos aus Megara 156
Theopomp(os) 235
Theopropoi (Orakelbefrager) 271, 273

Theopropos von Aigina 155
Thermopylen, Schlacht bei den 236, 278, 281, 296, 305
Thespia in Böotien 154
Thesproter 55f
Thrasymedes aus Paros 321
Threpsiadis, J. 323
Thukydides 18, 36ff., 46, 231f., 234, 303, 307, 376
Thutmosis I., Pharao 93
Thutmosis II., Pharao 93
Thutmosis III., Pharao 93f.
Thyiaden 172
Tiberius, Kaiser 136
Timainetos aus Phlius 239
Timarete 54
Timocharis 206
Timon von Delphi 273
Titius, Sextus 359
Tomaros-Gebirge 47f., 50, 52
Totengerichte (-speisen) 27
Totenorakel von Ephyra 17f., 20, 22f., 26, 34ff., 38-42, 59, 330, 332, 373
Totenstadt von Theben 95
Trajan, Kaiser 101, 199
Trajan-Forum in Rom 224
Trancezustände 59f., 147, 189, 202, 318
Traumbücher 319
Traumgesichte 317, 319
Traumorakel 313f., 317, 320, 323
Treu, M. 381
Triopas von Knidos 159
Troizen 156, 263, 265-268, 271, 278, 281ff., 287f., 375
Trophonion in Lebadeia 28, 323, 325ff.
Trophonios, Heros 226, 313, 323ff., 327-331
Tschakidij, Mohammad 111f.
Tuchelt, Klaus 99-102, 104, 118, 129f., 374
Tyrsener (Etrusker) 261
Tyrtaios aus Athen 326

Vergilius Maro, Publius 260, 343, 347, 376
Vögel, Die (Aristophanes) 70
Vogelorakel 109
Von der Weissagung (Cicero) 313, 348, 353, 355, 364, 376

Votivgaben s. Weihegeschenke 57f., 153, 155, 157ff., 162f., 170, 176, 192, 238, 245, 312, 321f., 326f.

Waffenlauf 239
Wagenlenker von Delphi 152, 154f., 334

Weidenruten-Orakel 364f.
Weihegeschenke s. Votivgaben
Wheeler, George 146ff., 374
Wiegand, Marie (geb. von Siemens) 50, 373f.
Wiegand, Theodor 50, 104-107, 109-115, 373f.
Willemsen, Professor 284
Winckler, Hugo 138
Winnefeld, Hermann 113
Wordsworth, Christopher 48

Xenokrates 164f.
Xenophanes aus Syrakus 160
Xenophon 272f., 315
Xerxes, König von Persien 119, 161, 231, 276-280, 284, 291, 296, 340
Xylokastro (= Ephyra) 40

Yeni Hisar 103

Zasamoner 28
Zauberpapyri 318
Zeus Helios 95
Zeus-Orakel von Dodona 47f.
Zeus-Tempel in Olympia 64, 302
Zicklein-Test 183, 186, 200, 203, 311
Zölibat 192